착!붙는
비즈니스 중국어
단어장

착!붙는
비즈니스 중국어 단어장

초판발행	2018년 5월 20일
1판 2쇄	2024년 6월 25일
저자	김기숙
감수	우인호
편집	최미진, 연윤영, 엄수연, 高霞
펴낸이	엄태상
디자인	진지화
콘텐츠 제작	김선웅, 장형진
마케팅본부	이승욱, 왕성석, 노원준, 조성민, 이선민
경영기획	조성근, 최성훈, 김다미, 최수진, 오희연
물류	정종진, 윤덕현, 신승진, 구윤주
펴낸곳	시사중국어사(시사북스)
주소	서울시 종로구 자하문로 300 시사빌딩
주문 및 문의	1588-1582
팩스	0502-989-9592
홈페이지	http://www.sisabooks.com
이메일	book_chinese@sisadream.com
등록일자	1988년 2월 12일
등록번호	제300-2014-89호

ISBN 979-11-5720-108-2 13720

＊ 이 책의 내용을 사전 허가 없이 전재하거나 복제할 경우 법적인 제재를 받게 됨을 알려 드립니다.
＊ 잘못된 책은 구입하신 서점에서 교환해 드립니다.
＊ 정가는 표지에 표시되어 있습니다.

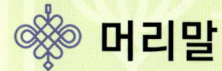 **머리말**

　어휘는 다른 언어를 배울 때 가장 기본 바탕이 됩니다. 요리의 기본 재료가 없으면 요리를 만들 수 없듯이 어휘가 없으면 문장을 만들 수 없습니다. 언어는 하나 하나의 단어가 관련 문법과 결합하여 문장을 만들고 이로 인해 교류를 하는 것입니다. 문법은 약간 틀려도 소통이 가능하지만 어휘가 없으면 말의 의미는 전혀 전달되지 않습니다.

　이 책은 중국과 비즈니스를 준비하거나 교류 중인 분들을 위해 개발되었습니다. 현재 중국과 비즈니스를 하고 있는 학습자들의 요구를 바탕으로 비즈니스 기본 어휘, 회사생활, 업종별 업무 Ⅰ·Ⅱ, 부서별 업무의 5개 챕터로 나눈 후, 챕터당 5개의 주제 관련 어휘를 나누어 분류하였습니다. 또한 기업에서 필요로 하는 시험인 BCT(A형, B형)와 BCT Speaking도 함께 대비할 수 있도록 하였습니다. (BCT: Business Chinese Test)

　효율적으로 공부할 수 있도록 어휘를 주제별로 분류하여, 쉬운 어휘부터 어려운 어휘의 순서로 단어를 배열하였고, 앞에 제시되었던 단어들이 Voca+로 계속 반복되어 자연스러운 반복 노출을 통해 학습할 수 있도록 하였습니다. 예문은 BCT에 출제되었던 기출예문 중, BCT Speaking에서도 사용할 수 있는 예문 위주로 제시하였습니다. Voca+를 통해 연관 단어를 소개하여 풍부한 어휘력을 갖출 수 있도록 하였고, 중국 돋보기에서는 중국의 다양한 기업들을 소개하여 중국 기업을 이해하는 데 도움이 되도록 하였습니다.

　이 책이 여러분이 중국과 비즈니스 교류를 하는 데 많은 도움이 되길 바랍니다. 끝으로 감수를 맡아주신 우인호(宇仁浩) 교수님, 교정을 도와주신 류린(柳琳) 선생님, 좋은 교재가 나올 수 있도록 도움 주신 차웅식 님, 런쑤핑(任素萍) 선생님, 베타테스트와 단어 수집에 도움을 주신 CJ학습자 분들과 아낌없는 지원을 해주신 출판사 관계자 분들께 감사드립니다. 또한 항상 든든한 버팀목이 되어주는 가족에게 온 마음을 담아 감사드립니다.

저자 김기숙

차례

- 머리말 · 3
- 차례 · 4
- 이 책의 구성 · 6
- 일러두기 · 8

Chapter 1 비즈니스 기본 어휘 · 9
- 01 업종 · 10
- 02 직업 · 24
- 03 부서·직책 · 38
- 04 제품 종류 · 52
- 05 사무용품 · 66
- 중국 돋보기 · 80

Chapter 2 회사생활 · 81
- 01 구직·면접 · 82
- 02 출·퇴근 · 96
- 03 업무일정 · 110
- 04 회의·보고 · 124
- 05 출장·연회 · 138
- 중국 돋보기 · 152

Chapter 3 업종별 업무 I · 153
- 01 무역 · 154
- 02 생산·제조 · 168

03	물류	· 182
04	금융·증권	· 196
05	부동산	· 210
	중국 돋보기	· 224

Chapter 4 업종별 업무 Ⅱ · 225

01	의료·성형	· 226
02	관광·숙박	· 240
03	식당·카페	· 254
04	인터넷·게임	· 268
05	면세점·백화점	· 282
	중국 돋보기	· 296

Chapter 5 부서별 업무 · 297

01	영업·마케팅	· 298
02	인사·행정	· 312
03	홍보·광고	· 326
04	구매·재무	· 340
05	AS·고객관리	· 354
	중국 돋보기	· 368

별책부록

voca Quick check! · 3

BCT Speaking 필수단어 4000 · 29

이 책의 구성

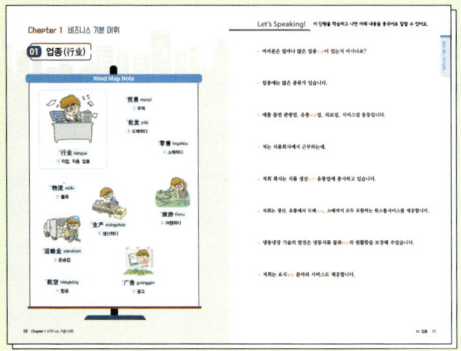

Mind Map Note
마인드맵 노트를 두어 주제별 대표 단어와 연관 지어 자연스럽게 관련 단어를 익힐 수 있도록 했습니다.

Let's Speaking!
주제별 스토리와 짐작 가능한 단어를 제시하여 미리 말해보고 또 중작을 해볼 수 있도록 하였습니다. 정답 확인은 단어를 모두 학습한 후에 체크해보세요!

Let's Start Up!
비즈니스 회화에 활용도가 높은 엄선된 단어와 적절한 예문, 그리고 깊이 있는 추가 단어까지 학습해보세요!

BCT (A), (B) 필수단어 4000
BCT (A), (B) 필수단어 4000에 해당하는 단어에는 ★표를 했습니다. 시험 대비에도 큰 도움이 됩니다.

Voca+
표제어와 관련된 단어를 모아 실었습니다. 같이 알아두면 외우기도 쉽고 다양한 상황에 활용하기에도 좋습니다!

Voca Review
학습한 단어를 복습해볼 수 있도록 간단한 문제를 구성하였습니다. 꼼꼼하게 풀어보면 실력 체크에 큰 도움이 됩니다.

Let's Checking!
단어를 학습하기 전과 후, 달라진 스스로의 단어량을 점검해보세요. 어려웠던 중작이 쉬워집니다!

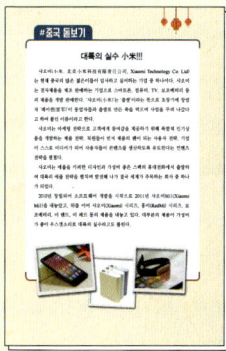

#중국 돋보기
아는 것이 힘이다! 중국과의 비즈니스에서 활용해볼 수 있는 꼭 알아야 할 중국문화 팁 코너입니다.

별책부록

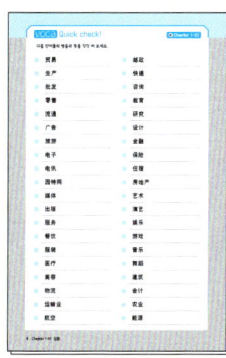

voca Quick check!
본책에서 암기했던 단어가 확실하게 내 것이 되었는지 체크해 볼 수 있습니다. 암기했던 내용을 기억하며 한자 옆에 병음과 뜻을 써보고 맞는지 체크해보세요.

BCT (A), (B) 필수단어 4000

BCT (A), (B) 시험 응시에 꼭 필요한 4000 단어를 모았습니다. 제공되는 음원을 들으며 한자와 뜻만 잘 보아도 시험을 대비하기에 충분합니다!

일러두기

- 품사

명사	몡 이름, 개념 등을 나타낸다.
대명사	대 인칭·지시·의문 대명사 등을 가리킨다.
동사	동 동작이나 상태를 설명한다.
형용사	형 성질, 모습, 상태를 설명한다.
조동사	조동 동사 앞에서 의미를 더해준다.
부사	부 동사와 형용사 앞에서 정도, 시간, 상태 등을 나타낸다.
접속사	접 단어, 구, 절을 연결한다.
전치사 (개사)	전 명사와 대명사 앞에 쓰여 시간, 장소, 대상 등을 나타낸다.
조사	조 시제, 상태, 어감을 표현한다.
감탄사	감 감정을 나타내는 말을 가리킨다.
수사	수 숫자 표현을 가리킨다.
양사	양 사람이나 사물 등의 수를 세는 단위를 가리킨다.

- 표기

- 중국 인명과 지명 및 기타 고유명사는 중국어 발음으로 표기하였습니다.
- 명사와 명사가 결합한 복합명사는 품사 표기를 따로 하지 않았습니다.
- 모든 품사 등의 표기법은 사전에 의거하여 표기하였습니다.

Chapter 1
비즈니스 기본 어휘

01	업종	10
02	직업	24
03	부서·직책	38
04	제품 종류	52
05	사무용품	66
—	중국 돋보기	80

Chapter 1 비즈니스 기본 어휘

01 업종 (行业)

Mind Map Note

*行业 hángyè
명 직업, 직종, 업종

*贸易 màoyì
명 무역

*批发 pīfā
동 도매하다

*零售 língshòu
동 소매하다

*物流 wùliú
명 물류

*生产 shēngchǎn
동 생산하다

*旅游 lǚyóu
동 여행하다

*运输业 yùnshūyè
명 운송업

*航空 hángkōng
명 항공

*广告 guǎnggào
명 광고

Let's Speaking! 이 단원을 학습하고 나면 아래 내용을 중국어로 말할 수 있어요.

- 여러분은 얼마나 많은 업종行业이 있는지 아시나요?

- 업종에는 많은 종류가 있습니다.

- 예를 들면 관광업, 유통流通업, 의료업, 서비스업 등등입니다.

- 저는 식품회사에서 근무하는데,

- 저희 회사는 식품 생산生产 유통업에 종사하고 있습니다.

- 저희는 생산, 유통에서 도매批发, 소매까지 모두 포함하는 원스톱서비스를 제공합니다.

- 냉동냉장 기술의 발전은 냉동식품 물류物流의 원활함을 보장해 주었습니다.

- 저희는 요식餐饮 분야의 서비스도 제공합니다.

Let's Start Up!

주제에 맞는 단어와 예문을 학습해 보세요. 🔵 Track1-1

0001
贸易*
màoyì

명 **무역**

예 你好！大同贸易公司。请问，您找哪位？
Nǐ hǎo! Dàtóng màoyì gōngsī. Qǐngwèn, nín zhǎo nǎ wèi?
안녕하세요! 다통무역회사입니다. 실례지만, 어느 분 찾으세요?

Voca+
*外贸 wàimào 명 대외무역 (对外贸易의 준말) | 贸易公司 màoyì gōngsī
명 무역회사 | 贸易纠纷 màoyì jiūfēn 명 무역분쟁 | 贸易伙伴 màoyì huǒbàn
명 무역파트너

0002
生产*
shēngchǎn

명 **생산** 동 **생산하다**

예 我们公司从事生产流通行业。
Wǒmen gōngsī cóngshì shēngchǎn liútōng hángyè.
저희 회사는 생산 유통업에 종사하고 있습니다.

Voca+
*生产率 shēngchǎnlǜ 명 생산율, 생산성 | 生产力 shēngchǎnlì 명 생산력 |
生产线 shēngchǎnxiàn 명 생산라인 | 生产日期 shēngchǎn rìqī 명 생산날짜

0003
批发*
pīfā

명 **도매** 동 **도매하다**

예 批发市场的东西很便宜，但一次要买很多。
Pīfā shìchǎng de dōngxi hěn piányi, dàn yícì yào mǎi hěn duō.
도매시장의 물건은 매우 저렴하지만 한 번에 많이 사야 합니다.

Voca+
批发商 pīfāshāng 명 도매상 | 批发价 pīfājià 명 도매가(격) |
批发业 pīfāyè 명 도매업

0004
零售*
língshòu

동 **소매하다**

예 我们从生产流通到批发、零售提供一条龙服务。
Wǒmen cóng shēngchǎn liútōng dào pīfā, língshòu tígōng yìtiáolóng fúwù.
저희는 생산 유통에서 도매, 소매까지 원스톱 서비스를 제공합니다.

Voca+
零售商 língshòushāng 명 소매상인 | 零售价 língshòujià 명 소매가(격) |
零售业 língshòuyè 명 소매업

Business VOCA

0005 流通* liútōng

[명] 유통　[동] 유통하다

[예] 比如旅游行业、流通行业、医疗行业、服务行业等等。
Bǐrú lǚyóu hángyè、liútōng hángyè、yīliáo hángyè、fúwù hángyè děng děng.
예를 들면 여행업, 유통업, 의료업, 서비스업 등등입니다.

Voca+
流通阶段 liútōng jiēduàn 유통단계 | 流通业 liútōngyè [명] 유통업계 |
流通渠道 liútōng qúdào 유통경로 | 流通利差 liútōng lìchā 유통마진

0006 广告* guǎnggào

[명] 광고

[예] 我在电视上看到了这个化妆品的广告。
Wǒ zài diànshìshang kàndào le zhè ge huàzhuāngpǐn de guǎnggào.
저는 텔레비전에서 이 화장품의 광고를 보았습니다.

Voca+
广告牌 guǎnggàopái [명] 광고판 | 广告栏 guǎnggàolán [명] 광고란 |
广告词 guǎnggàocí [명] 광고멘트 | 横幅广告 héngfú guǎnggào [명] 배너광고 |
公益广告 gōngyì guǎnggào [명] 공익광고

0007 旅游* lǚyóu

[명] 여행　[동] 여행하다

[예] 比如旅游行业、流通行业、医疗行业、服务行业等等。
Bǐrú lǚyóu hángyè、liútōng hángyè、yīliáo hángyè、fúwù hángyè děng děng.
예를 들면 여행업, 유통업, 의료업, 서비스업 등등입니다.

Voca+
旅游业 lǚyóuyè [명] 관광업 | 旅游景点 lǚyóu jǐngdiǎn 관광명소 |
旅游团 lǚyóutuán [명] 여행단 | 旅游车 lǚyóuchē [명] 관광버스

0008 电子 diànzǐ

[명] 전자. 일렉트론

[예] 根据消费者的点评，电子地图将每月更新一次。
Gēnjù xiāofèizhě de diǎnpíng, diànzǐ dìtú jiāng měi yuè gēngxīn yí cì.
소비자의 논평에 따라 전자지도는 매월 한 번씩 갱신됩니다.

Voca+
*电子邮件 diànzǐyóujiàn [명] 이메일. 전자우편 | 电子产品 diànzǐ chǎnpǐn
전자제품 | 电子证书 diànzǐ zhèngshū 공인인증서 | 电子票 diànzǐpiào
전자 탑승권

0009
电讯*
diànxùn

명 전기통신. 전화 · 전보 · 팩스 등 무선설비로 보내는 소식

예 电讯是电子讯息，一般指用电话、电报或无线电设备传播的消息。
Diànxùn shì diànzǐ xùnxī, yìbān zhǐ yòng diànhuà、diànbào huò wúxiàn diàn shèbèi chuánbō de xiāoxi.
전기통신은 전자정보로, 일반적으로 전화, 전보 혹은 무선 전자설비로 전달하는 정보를 가리킵니다.

Voca+
电讯中断 diànxùn zhōngduàn 전신이 두절되다 | 电讯公司 diànxùn gōngsī 명 텔레콤

0010
因特网
yīntèwǎng

명 인터넷(Internet)

예 越来越多的人喜欢通过因特网来订购所需的产品。
Yuèláiyuè duō de rén xǐhuan tōngguò yīntèwǎng lái dìnggòu suǒ xū de chǎnpǐn.
점점 많은 사람들이 인터넷으로 필요한 제품을 구매하는 것을 좋아합니다.

0011
媒体*
méitǐ

명 대중매체. 매스미디어

예 新闻媒体对交易会进行了全方位的采访报道。
Xīnwén méitǐ duì jiāoyìhuì jìnxíng le quán fāngwèi de cǎifǎng bàodào.
매스미디어는 박람회에 대해 다각도로 취재 보도하였습니다.

Voca+
媒体人 méitǐrén 언론인 | 媒体报道 méitǐ bàodào 명 대중매체 보도 | 媒体评论 méitǐ pínglùn 대중매체 평론 | 多媒体 duōméitǐ 멀티미디어

0012
出版*
chūbǎn

동 출판하다

예 这本《商务汉语词汇》是时事出版社出版的。
Zhè běn《Shāngwù Hànyǔ Cíhuì》shì Shíshì Chūbǎnshè chūbǎn de.
이《비즈니스 중국어 어휘》는 시사출판사에서 출판된 것입니다.

Voca+
出版社 chūbǎnshè 명 출판사 | 出版物 chūbǎnwù 명 출판물 | 出版业 chūbǎnyè 명 출판업 | 电子出版 diànzǐ chūbǎn 전자출판

Business VOCA

0013 服务 fúwù

명 봉사, 서비스 동 봉사하다, 서비스하다

예 外资银行历史悠久，有比较丰富的服务经验。
Wàizī Yínháng lìshǐ yōujiǔ, yǒu bǐjiào fēngfù de fúwù jīngyàn.
외자은행은 역사가 유구하고, 비교적 풍부한 서비스 경험이 있습니다.

Voca+
*服务员 fúwùyuán 명 종업원 | *上门服务 shàngmén fúwù 방문서비스 |
*售后服务 shòuhòu fúwù 명 애프터서비스, A/S

0014 餐饮 cānyǐn

명 요식업, 음식과 음료

예 我们还提供餐饮方面的服务。
Wǒmen hái tígōng cānyǐn fāngmiàn de fúwù.
저희는 요식 분야의 서비스도 제공합니다.

Voca+
餐饮供应 cānyǐn gōngyìng 케이터링 서비스 | 餐饮业 cānyǐnyè 명 요식업

0015 服装* fúzhuāng

명 복장

예 一家德国公司想从中国进口一批服装。
Yì jiā Déguó gōngsī xiǎng cóng Zhōngguó jìnkǒu yì pī fúzhuāng.
한 독일 회사가 중국에서 의류를 수입하고 싶어합니다.

Voca+
*衣服 yīfu 명 옷 | 服饰 fúshì 명 복식, 의복과 장신구 | 韩服 hánfú 명 한복 |
和服 héfú 명 일본식 복장, 기모노 | 中山装 zhōngshānzhuāng 명 중산복, 인민복 |
服装店 fúzhuāngdiàn 명 의류상점 | 服装设计 fúzhuāng shèjì 의상 디자인 |
服装模特 fúzhuāng mótè 명 패션모델 | 服装城 fúzhuāngchéng 명 의류쇼핑몰

0016 医疗 yīliáo

명 의료

예 这几年家庭医疗和教育支出的负担越来越大。
Zhè jǐ nián jiātíng yīliáo hé jiàoyù zhīchū de fùdān yuèláiyuè dà.
요 몇 년간 가정의 의료와 교육 지출 부담이 점점 심해졌습니다.

Voca+
健康 jiànkāng 형 건강하다 | 保健 bǎojiàn 명 동 보건(하다) | 医疗费 yīliáofèi
의료비 | 医疗保险 yīliáo bǎoxiǎn 명 의료보험 | 医疗废物 yīliáo fèiwù
명 의료 폐기물

0017
美容 měiróng

동 미용하다. 용모를 아름답게 꾸미다

예 上次我去的那家美容店，技术太差。
Shàngcì wǒ qù de nà jiā měiróngdiàn, jìshù tài chà.
지난번 제가 간 그 피부관리실은 실력이 너무 없었습니다.

Voca⁺
美容院 měiróngyuàn 명 피부관리실 = 美容店 měiróngdiàn |
美容师 měiróngshī 명 피부관리사 | 汽车美容 qìchē měiróng 명 카 인테리어

0018
物流 wùliú ★

명 물류. 물품유통

예 冷冻冷藏技术的发展保障了速冻食品的物流畅通。
Lěngdòng lěngcáng jìshù de fāzhǎn bǎozhàng le sùdòng shípǐn de wùliú chàngtōng.
냉동냉장 기술의 발전은 냉동식품 물류의 원활함을 보장해 주었습니다.

Voca⁺
物流费 wùliúfèi 물류비 | 物流中心 wùliú zhōngxīn 물류센터 | 物流系统 wùliú xìtǒng 명 물류시스템 | 物流管理 wùliú guǎnlǐ 물류관리

0019
运输业 yùnshūyè

동 운송업(transport industry)

예 随着高铁的发展，运输业也越来越发达。
Suízhe gāotiě de fāzhǎn, yùnshūyè yě yuèláiyuè fādá.
고속철이 발전함에 따라 운수업도 점점 발달하고 있습니다.

Voca⁺
运输船 yùnshūchuán 수송선 | 运输带 yùnshūdài 컨베이어 벨트

0020
航空 hángkōng ★

명 항공

예 南方航空公司的飞机晚上8点起飞，9点半到达上海浦东机场。
Nánfāng Hángkōng Gōngsī de fēijī wǎnshang bā diǎn qǐfēi, jiǔ diǎn bàn dàodá Shànghǎi Pǔdōng Jīchǎng.
남방항공의 비행기는 저녁 8시에 이륙하여 9시 반에 상하이 푸둥공항에 도착합니다.

Voca⁺
航空公司 hángkōng gōngsī 항공사 | 航空航天 hángkōng hángtiān 항공 우주 |
航空信 hángkōngxìn 명 항공우편

Business VOCA

0021 邮政 yóuzhèng

명 우정. 우편행정

예 对方要求使用邮政汇款，你可以帮我去邮局汇一下吗？
Duìfāng yāoqiú shǐyòng yóuzhèng huìkuǎn, nǐ kěyǐ bāng wǒ qù yóujú huì yíxià ma?
상대방이 우편송금을 요구하는데, 당신이 나를 도와 우체국에 가서 송금해 줄 수 있나요?

Voca⁺
*邮政编码 yóuzhèng biānmǎ 명 우편번호 | 邮政信箱 yóuzhèng xìnxiāng 우편사서함

0022 快递 kuàidì

명 속달. 빠른우편. 택배

예 我们用快递给客户公司寄样品和产品目录。
Wǒmen yòng kuàidì gěi kèhù gōngsī jì yàngpǐn hé chǎnpǐn mùlù.
우리는 택배로 고객사에 샘플과 상품 카탈로그를 부칩니다.

Voca⁺
快递公司 kuàidì gōngsī 택배회사 | 快递员 kuàidìyuán 택배기사

0023 咨询* zīxún

동 자문하다. 상의하다

예 一位男士向银行工作人员咨询如何办理住房贷款。
Yí wèi nánshì xiàng yínháng gōngzuò rényuán zīxún rúhé bànlǐ zhùfáng dàikuǎn.
한 남성이 은행직원에게 어떻게 주택대출을 받는지 문의합니다.

Voca⁺
咨询台 zīxúntái 안내데스크 | 咨询服务 zīxún fúwù 자문서비스 | 上门咨询 shàngmén zīxún 자문하러 찾아가다

0024 教育* jiàoyù

명 교육 동 교육하다

예 我们国家高科技类、智力开发类、教育类玩具已占市场主流。
Wǒmen guójiā gāokējìlèi、zhìlì kāifālèi、jiàoyùlèi wánjù yǐ zhàn shìchǎng zhǔliú.
우리나라 하이테크놀로지류, 지적능력 개발류, 교육용 완구는 이미 시장의 주류가 되었습니다.

Voca⁺
教育费 jiàoyùfèi 교육비 | 教育部 jiàoyùbù 명 교육부 | 教育学 jiàoyùxué 명 교육학 | 素质教育 sùzhì jiàoyù 전인교육. 인성교육

0025 研究 yánjiū

명 연구, 탐구 동 연구하다, 탐구하다

예 本公司在十四个地方成立了研究中心。
Běn gōngsī zài shísì ge dìfang chénglì le yánjiū zhōngxīn.
저희 회사는 14개 지역에 연구센터를 설립하였습니다.

Voca⁺
*研究生 yánjiūshēng 명 대학원생 | 研究室 yánjiūshì 명 연구실 |
研究费 yánjiūfèi 명 연구비

0026 设计* shèjì

명 설계, 디자인 동 설계하다

예 玩具设计需要美术和电子等多个领域的知识。
Wánjù shèjì xūyào měishù hé diànzǐ děng duō ge lǐngyù de zhīshi.
완구디자인은 미술과 전자 등 여러 영역의 지식을 필요로 합니다.

Voca⁺
设计师 shèjìshī 명 설계사 | 设计方案 shèjì fāng'àn 명 설계방안 |
抗震设计 kàngzhèn shèjì 내진설계

0027 金融* jīnróng

명 금융

예 前边是金融区的最高建筑新世纪贸易大厦。
Qiánbian shì jīnróngqū de zuì gāo jiànzhù Xīnshìjì Màoyì Dàshà.
앞쪽은 금융구역의 가장 높은 건축물인 신세기 무역빌딩입니다.

Voca⁺
金融危机 jīnróng wēijī 명 금융위기 | 金融街 jīnróngjiē 은행중심지, 금융가(街) |
金融家 jīnróngjiā 금융가 | 金融公司 jīnróng gōngsī 금융회사 | 金融时报
Jīnróng Shíbào 파이낸셜 타임스

0028 保险* bǎoxiǎn

명 보험

예 明天我们在多功能厅举办保险产品推介会。
Míngtiān wǒmen zài duōgōngnéng tīng jǔbàn bǎoxiǎn chǎnpǐn tuījièhuì.
내일 우리는 멀티홀에서 보험상품 추천 소개회를 거행합니다.

Voca⁺
人寿保险 rénshòu bǎoxiǎn 명 생명보험 | 医疗保险 yīliáo bǎoxiǎn 명 의료보험 |
社会保险 shèhuì bǎoxiǎn 명 사회보험

Business VOCA

0029 住宿 zhùsù

동 묵다. 숙박하다

예 根据统计，游客们喜欢在交通方便的地方住宿。
Gēnjù tǒngjì, yóukèmen xǐhuan zài jiāotōng fāngbiàn de dìfang zhùsù.
통계에 따르면 여행자들은 교통이 편리한 곳에서 숙박하는 것을 좋아합니다.

Voca⁺
住宿手续 zhùsù shǒuxù 체크인 수속 | 住宿费 zhùsùfèi 숙박료 |
寺庙住宿 sìmiào zhùsù 템플 스테이

0030 房地产* fángdìchǎn

명 부동산

예 您认为大概到什么时候房地产的价格会下降？
Nín rènwéi dàgài dào shénme shíhou fángdìchǎn de jiàgé huì xiàjiàng?
당신은 대략 언제쯤 부동산 가격이 떨어질 것이라고 생각하나요?

Voca⁺
房地产公司 fángdìchǎn gōngsī 부동산 중개업소 | 房地产经纪人 fángdìchǎn jīngjìrén 공인중개사 | 中介费 zhōngjièfèi 명 중개수수료 | 炒房地产 chǎo fángdìchǎn 부동산 투기를 하다

0031 艺术* yìshù

명 예술

예 我喜欢唱歌跳舞，我想考艺术学校。
Wǒ xǐhuan chànggē tiàowǔ, wǒ xiǎng kǎo yìshù xuéxiào.
저는 노래하고 춤추는 것을 좋아해서 예술학교에 가고 싶습니다.

Voca⁺
艺术家 yìshùjiā 명 예술가 | 艺术品 yìshùpǐn 명 예술품 |
艺术节 yìshùjié 명 예술제 | 造型艺术 zàoxíng yìshù 명 조형예술. 공간예술

0032 演艺 yǎnyì

명 연기예술. 극예술

예 韩国最有名的三大演艺公司是JYP、SM、YG。
Hánguó zuì yǒumíng de sān dà yǎnyì gōngsī shì JYP、SM、YG.
한국에서 유명한 3대 연예기획사는 JYP, SM, YG입니다.

Voca⁺
演艺圈 yǎnyìquān 명 연예계 | 演艺生涯 yǎnyì shēngyá 연예계 생활

0033
娱乐*
yúlè

명 오락. 엔터테인먼트　동 오락하다

예 我们酒店有国际会议厅、餐饮设施，还有新开的娱乐设施。
Wǒmen jiǔdiàn yǒu guójì huìyìtīng、cānyǐn shèshī, háiyǒu xīn kāi de yúlè shèshī.
저희 호텔은 국제 회의홀, 요식시설, 게다가 새로 오픈한 오락시설도 있습니다.

Voca+
娱乐节目 yúlè jiémù 오락 프로그램 | 娱乐设施 yúlè shèshī 오락시설

0034
游戏*
yóuxì

명 게임

예 他一有时间就打网络游戏，通过游戏缓解压力。
Tā yì yǒu shíjiān jiù dǎ wǎngluò yóuxì, tōngguò yóuxì huǎnjiě yālì.
그는 시간이 나면 인터넷게임을 하는데, 게임을 통해 스트레스를 해소합니다.

Voca+
作弊码 zuòbìmǎ 치트키 | 玩游戏 wán yóuxì 놀이하다 |
电脑游戏 diànnǎo yóuxì 컴퓨터게임 | 图版游戏 túbǎn yóuxì 보드게임

0035
音乐*
yīnyuè

명 음악

예 我的爱好是听音乐，我什么音乐都喜欢。
Wǒ de àihào shì tīng yīnyuè, wǒ shénme yīnyuè dōu xǐhuan.
제 취미는 음악을 듣는 것으로, 저는 어떤 음악이든 모두 좋아합니다.

Voca+
音乐会 yīnyuèhuì 명 음악회 | 音乐影片 yīnyuè yǐngpiàn 뮤직 비디오

0036
舞蹈
wǔdǎo

명 무도. 춤. 무용　동 춤추다. 무용하다

예 舞蹈是一种表演艺术，使用身体完成各种动作。
Wǔdǎo shì yì zhǒng biǎoyǎn yìshù, shǐyòng shēntǐ wánchéng gèzhǒng dòngzuò.
춤은 일종의 표현예술로, 몸으로 각종 동작을 완성합니다.

Voca+
舞蹈编排 wǔdǎo biānpái 명 안무 | 舞蹈团 wǔdǎotuán 명 무용단

Business VOCA

0037
建筑★
jiànzhù

명 건축물 동 세우다. 건축하다

예 你告诉我周围有什么标志性建筑，我自己去。
Nǐ gàosu wǒ zhōuwéi yǒu shénme biāozhìxìng jiànzhù, wǒ zìjǐ qù.
주위에 어떤 랜드마크 빌딩이 있는지 알려주세요. 저 혼자 가겠습니다.

Voca+
建筑物 jiànzhùwù 명 건축물 | 建筑师 jiànzhùshī 명 건축사 | 古建筑 gǔ jiànzhù 고건축물 | 高层建筑 gāocéng jiànzhù 명 고층건물 | 标志性建筑 biāozhìxìng jiànzhù 랜드마크 빌딩

0038
会计★
kuàijì

명 회계. 경리

예 他们是税务局的，找会计做例行检查。
Tāmen shì shuìwùjú de, zhǎo kuàijì zuò lìxíng jiǎnchá.
그들은 세무국 사람으로, 회계를 찾아가서 관례대로 검사를 합니다.

Voca+
会计证 kuàijìzhèng 명 회계증 | 会计学 kuàijìxué 명 회계학 | 会计报表 kuàijì bàobiǎo 회계보고서. 회계 | 粉饰会计 fěnshì kuàijì 분식회계

0039
农业★
nóngyè

명 농업

예 随着农业技术现代化程度的提高，产量也明显提高了。
Suízhe nóngyè jìshù xiàndàihuà chéngdù de tígāo, chǎnliàng yě míngxiǎn tígāo le.
농업기술의 현대화 정도가 제고됨에 따라 생산량도 현저하게 제고되었습니다.

Voca+
有机农业 yǒujī nóngyè 명 유기농업 | 吃饭农业 chīfàn nóngyè 자급자족 형태로 식량을 생산하는 전형적인 농업

0040
能源★
néngyuán

명 에너지원

예 节约用水、用电，家用电器的节能有助于节约能源。
Jiéyuē yòngshuǐ、yòngdiàn, jiāyòng diànqì de jiénéng yǒuzhùyú jiéyuē néngyuán.
물, 전기, 가정용 전기기구의 에너지를 절약하는 것은 에너지원을 절약하는 데 도움이 됩니다.

Voca+
能源危机 néngyuán wēijī 에너지 위기 | 能源保护 néngyuán bǎohù 명 에너지 절약 | 清洁能源 qīngjié néngyuán 명 친환경에너지 | 新能源 xīnnéngyuán 명 새로운 에너지자원

01 업종

VOCA Review 학습한 단어를 복습해 보세요.

1. 우리말을 중국어로 말해본 후 직접 한자와 병음을 써보세요.

① 무역

② 도매하다

③ 소매하다

④ 생산하다

⑤ 유통하다

⑥ 광고

⑦ 여행하다

⑧ 물류

2. 호응하는 어휘끼리 연결한 후 직접 써보세요.

① 网络 •　　　　　• 报道

② 采访 •　　　　　• 聊天

③ 寄　 •　　　　　• 能源

④ 节约 •　　　　　• 快递

3. 보기에서 알맞은 어휘를 골라 넣으세요.

| 보기 | a. 咨询　b. 艺术　c. 行业　d. 批发 |

① (　　　)市场的东西很便宜，但一次要买很多。

② 比如旅游(　　　)、流通(　　　)、医疗(　　　)、服务(　　　)等等。

③ 一位男士向银行工作人员(　　　)如何办理住房贷款。

④ 舞蹈是一种表演(　　　)，使用身体完成各种动作。

answer

1. ① 贸易 màoyì　② 批发 pīfā　③ 零售 língshòu　④ 生产 shēngchǎn　⑤ 流通 liútōng　⑥ 广告 guǎnggào　⑦ 旅游 lǚyóu　⑧ 物流 wùliú

2. ① 网络聊天　② 采访报道　③ 寄快递　④ 节约能源　　3. ①d ②c ③a ④b

Let's Checking! 주어진 한국어 문장을 중국어로 말해 보세요.

여러분은 얼마나 많은 업종이 있는지 아시나요?

✓ 你们知道有多少种行业吗？

업종에는 많은 종류가 있습니다.

✓ 行业有很多种类。

예를 들면 관광업, 유통업, 의료업, 서비스업 등등입니다.

✓ 比如旅游行业、流通行业、医疗行业、服务行业等等。

저는 식품회사에서 근무하는데,

✓ 我在食品公司工作，

저희 회사는 식품 생산 유통업에 종사하고 있습니다.

✓ 我们公司从事食品生产流通行业。

저희는 생산, 유통에서 도매, 소매까지 모두 포함하는 원스톱서비스를 제공합니다.

✓ 我们提供一条龙服务，从生产、流通到批发、零售都涉及。

냉동냉장 기술의 발전은 냉동식품 물류의 원활함을 보장해 주었습니다.

✓ 冷冻冷藏技术的发展保障了速冻食品的物流畅通。

저희는 요식 분야의 서비스도 제공합니다.

✓ 我们还提供餐饮方面的服务。

Chapter 1 비즈니스 기본 어휘

02 직업 (职业)

Mind Map Note

*职业 zhíyè
명 직업

*老师 lǎoshī
명 선생님

*学生 xuésheng
명 학생

*服务员 fúwùyuán
명 종업원

*医生 yīshēng
명 의사

*护士 hùshi
명 간호사

*上班族 shàngbānzú
명 샐러리맨

*公务员 gōngwùyuán
명 공무원

*秘书 mìshū
명 비서

*售货员 shòuhuòyuán
명 판매원

*导游 dǎoyóu
명 관광가이드

Let's Speaking! 이 단원을 학습하고 나면 아래 내용을 중국어로 말할 수 있어요.

— 현재 많은 대학생学生들이 학교에 다니기 위해

— 아르바이트打工를 하면서 공부합니다.

— 제가 대학에 다닐 때에도 많은 임시직临时工을 해본 적이 있습니다.

— 저는 음식점, 카페, 상점에서 종업원服务员을 해본 적이 있습니다.

— 저는 백화점과 옷가게에서도 판매원售货员을 해본 적이 있습니다.

— 저는 대학 졸업 후, 무역회사에서 일하는 직장인上班族이 되었습니다.

— 아르바이트打工로 많은 사람들을 접한 적이 있어서,

— 이러한 경험이 제 일工作에 많은 도움이 됩니다.

Let's Start Up!
주제에 맞는 단어와 예문을 학습해 보세요.   Track1-2

0001
上班族*
shàngbānzú

🏷 샐러리맨. 직장인

📝 我大学毕业以后在贸易公司工作，成为一名上班族。
Wǒ dàxué bìyè yǐhòu zài màoyì gōngsī gōngzuò, chéngwéi yì míng shàngbānzú.
저는 대학 졸업 후, 무역회사에서 일하는 직장인이 되었습니다.

Voca+
*上班 shàngbān 동 출근하다. 근무하다 | 公司职员 gōngsī zhíyuán 명 회사원 | 新职员 xīnzhíyuán 명 신입사원

0002
临时工
línshígōng

🏷 임시직원

📝 我上大学的时候也做过很多临时工。
Wǒ shàng dàxué de shíhou yě zuòguo hěn duō línshígōng.
저는 대학에 다닐 때에도 많은 임시직을 해본 적이 있습니다.

Voca+
*临时 línshí 형 잠시의. 일시적인 | 临时放假 línshí fàngjià 임시휴업 | *打工 dǎgōng 동 아르바이트하다. 일하다 | *钟点工 zhōngdiǎngōng 명 시간제 아르바이트

0003
合同工
hétonggōng

🏷 계약 노동자. 임시 노동자

📝 合同工是短期性工人，企业通过签合同招短期工人。
Hétonggōng shì duǎnqīxìng gōngrén, qǐyè tōngguò qiān hétong zhāo duǎnqī gōngrén.
계약직원은 단기성 직원으로, 기업은 계약체결을 통해 단기직원을 모집합니다.

Voca+
*合同 hétong 명 계약서

0004
实习生
shíxíshēng

🏷 실습생. 견습생. 인턴

📝 实习生在公司里都需要做些什么?
Shíxíshēng zài gōngsī li dōu xūyào zuò xiē shénme?
실습생은 회사에서 어떠한 일들을 해야 하나요?

Voca+
*实习 shíxí 동 실습하다 | 企业实习生 qǐyè shíxíshēng 기업인턴 | 实习医生 shíxí yīshēng 명 레지던트 | 实习期间 shíxí qījiān 명 수습기간

Chapter 1 비즈니스 기본 어휘

Business VOCA

0005
公务员 *
gōngwùyuán

[명] 공무원

[예] 公务员不但工作很稳定，而且收入也不错。
Gōngwùyuán búdàn gōngzuò hěn wěndìng, érqiě shōurù yě búcuò.
공무원은 일이 안정적일 뿐 아니라 수입도 괜찮습니다.

Voca+
公务员年金 gōngwùyuán niánjīn 공무원 연금

0006
秘书 *
mìshū

[명] 비서

[예] 张秘书，刚才到公司来的那两个人是干什么的?
Zhāng mìshū, gāngcái dào gōngsī lái de nà liǎng ge rén shì gàn shénme de?
장 비서, 방금 회사에 온 그 두 사람은 뭐하는 사람인가요?

Voca+
秘书长 mìshūzhǎng [명]비서실장 | 配秘书 pèi mìshū 비서를 붙여주다

0007
导游 *
dǎoyóu

[명] 관광가이드

[예] 请问，您是我们这个团的导游吗?
Qǐngwèn, nín shì wǒmen zhè ge tuán de dǎoyóu ma?
말씀 좀 여쭙겠습니다, 당신이 저희 팀의 가이드인가요?

Voca+
导游费 dǎoyóufèi [명]가이드비 | 登山导游 dēngshān dǎoyóu 등산가이드

0008
司机 *
sījī

[명] (자동차·전차·기차 등의) 기사

[예] 司机先生，到人民广场吧!
Sījī xiānsheng, dào Rénmín Guǎngchǎng ba!
기사님, 런민광장으로 가주세요!

Voca+
卡车司机 kǎchē sījī 트럭 운전사 | 雇佣司机 gùyōng sījī 운전사를 고용하다

02 직업

0009
机长
jīzhǎng

명 (비행기의) 기장

예 航空公司机长的年薪大概是多少?
Hángkōng gōngsī jīzhǎng de niánxīn dàgài shì duōshao?
항공사 기장의 연봉은 대략 얼마인가요?

Voca⁺
飞行员 fēixíngyuán 명 조종사. 비행사

0010
乘务员 *
chéngwùyuán

명 승무원

예 乘务员是在公共交通工具上为乘客提供服务的人。
Chéngwùyuán shì zài gōnggòng jiāotōng gōngjù shang wèi chéngkè tígōng fúwù de rén.
승무원은 공공 교통수단에서 승객을 위해 서비스를 제공하는 사람입니다.

Voca⁺
*空姐 kōngjiě 명 여승무원(空中小姐의 약칭)

0011
银行职员 *
yínháng zhíyuán

명 은행원. 은행 직원

예 每次去银行的时候银行职员都建议我办理活期存款业务。
Měicì qù yínháng de shíhou yínháng zhíyuán dōu jiànyì wǒ bànlǐ huóqī cúnkuǎn yèwù.
은행에 갈 때마다 은행원은 저에게 자유식적금에 가입하라고 권합니다.

Voca⁺
转账 zhuǎnzhàng 동 계좌이체하다 | 银行卡 yínhángkǎ 명 현금카드 | *存折 cúnzhé 명 예금통장. 저축통장 | *贷款 dàikuǎn 명 대부금 동 대출하다

0012
教授 *
명 jiàoshòu
동 jiāoshòu

명 교수 동 (지식이나 기능을) 가르치다

예 大同公司招聘了十二名博士、硕士、教授等高级人才。
Dàtóng gōngsī zhāopìn le shí'èr míng bóshì、shuòshì、jiàoshòu děng gāojí réncái.
다통회사는 12명의 박사, 석사, 교수 등 고급인력을 채용하였습니다.

Voca⁺
客座教授 kèzuò jiàoshòu 명 객원교수. 초빙교수 | 教授法 jiāoshòufǎ 명 교수법

Business VOCA

0013
老师＊
lǎoshī

명 선생님

예 请问，你们有没有孙老师的简历？
Qǐngwèn, nǐmen yǒu mei yǒu Sūn lǎoshī de jiǎnlì?
말씀 좀 여쭐게요, 당신들은 손 선생님의 이력서를 가지고 있나요?

Voca+
好老师 hǎo lǎoshī 훌륭한 선생님

0014
学生＊
xuésheng

명 학생

예 现在很多大学生为了赚学费一边打工一边学习。
Xiànzài hěn duō dàxuéshēng wèile zhuàn xuéfèi yìbiān dǎgōng yìbiān xuéxí.
현재 많은 대학생이 학비를 벌기 위해 아르바이트를 하면서 공부합니다.

Voca+
学生证 xuéshēngzhèng 명 학생증 ｜ 留学生 liúxuéshēng 명 유학생 ｜
小学生 xiǎoxuéshēng 명 초등학생 ｜ 大学生 dàxuéshēng 명 대학생

0015
医生＊
yīshēng

명 의사

예 医生让我回家按时吃药、多喝水、多休息。
Yīshēng ràng wǒ huíjiā ànshí chīyào、duō hēshuǐ、duō xiūxi.
의사가 제게 집에 가서 제때에 약을 먹고, 물을 많이 마시고, 많이 쉬라고 말했습니다.

Voca+
大夫 dàifu 명 의사 ｜ 看医生 kàn yīshēng 동 (의사에게) 보이다. 진료를 받다

0016
护士＊
hùshi

명 간호사

예 医生给我开了药方，护士给我打了针。
Yīshēng gěi wǒ kāi le yàofāng, hùshi gěi wǒ dǎ le zhēn.
의사가 제게 처방전을 발급했고, 간호사가 제게 주사를 놓아주었습니다.

Voca+
护校 hùxiào 명 간호학교 (护士学校의 약칭)

0017
店员 diànyuán

명 직원

예 为了提高店员的服务水平，公司建立了一个培训中心。
Wèile tígāo diànyuán de fúwù shuǐpíng, gōngsī jiànlì le yí ge péixùn zhōngxīn.
점원의 서비스 수준을 끌어올리기 위해서 회사가 교육센터를 지었습니다.

Voca⁺
店铺 diànpù 명 상점 | 店主 diànzhǔ 명 (가게의) 주인

0018
服务员＊ fúwùyuán

명 종업원

예 我在饭馆儿、咖啡厅做过服务员。
Wǒ zài fànguǎnr、kāfēitīng zuòguo fúwùyuán.
저는 음식점과 카페에서 종업원을 해본 적이 있습니다.

Voca⁺
上门服务 shàngmén fúwù 방문서비스 | ＊售后服务 shòuhòu fúwù 명 애프터서비스, A/S | 服务活动 fúwù huódòng 명 봉사활동

0019
售货员＊ shòuhuòyuán

명 판매원

예 我也在百货商店、服装店做过售货员。
Wǒ yě zài bǎihuòshāngdiàn、fúzhuāngdiàn zuòguo shòuhuòyuán.
저는 백화점과 옷가게에서도 판매원을 해본 적이 있습니다.

Voca⁺
售货单 shòuhuòdān 명 판매리스트 | 电话售货 diànhuà shòuhuò 전화판매 | 登门售货 dēngmén shòuhuò 방문판매

0020
收银员 shōuyínyuán

명 수납원

예 付款之前应该给收银员出示会员贵宾卡获得积分。
Fùkuǎn zhīqián yīnggāi gěi shōuyínyuán chūshì huìyuán guìbīnkǎ huòdé jīfēn.
돈을 지불하기 전에 수납원에게 VIP회원카드를 제시하여 포인트를 쌓아야 합니다.

Voca⁺
收银 shōuyín 통 돈을 받다, 계산하다 | ＊收银台 shōuyíntái 명 계산대

Business VOCA

0021 清洁工 qīngjiégōng

명 환경미화원, 청소원

예 公司的清洁工上班时间一般由公司安排。
Gōngsī de qīngjiégōng shàngbān shíjiān yìbān yóu gōngsī ānpái.
회사 청소원의 근무시간은 일반적으로 회사가 배정합니다.

Voca+
清洁剂 qīngjiéjì 명 세제 | 清洁车 qīngjiéchē 명 쓰레기차

0022 消防员 xiāofángyuán

명 소방대원

예 消防员不顾自己的安危冒着危险救人。
Xiāofángyuán búgù zìjǐ de ānwēi màozhe wēixiǎn jiùrén.
소방대원은 자신의 안위를 돌보지 않고 위험을 무릅쓰고 사람을 구합니다.

Voca+
消防局 xiāofángjú 명 소방서 | 消防车 xiāofángchē 명 소방차 |
消防大队 xiāofángdàduì 소방대대

0023 演员* yǎnyuán

명 연기자

예 我觉得作为一个演员演技最重要。
Wǒ juéde zuòwéi yí ge yǎnyuán yǎnjì zuì zhòngyào.
저는 연기자는 연기가 가장 중요하다고 생각합니다.

Voca+
电影演员 diànyǐng yǎnyuán 영화배우 | 配音演员 pèiyīn yǎnyuán 명 성우 |
喜剧演员 xǐjù yǎnyuán 명 개그맨, 코메디언

0024 导演 dǎoyǎn

명 연출자, 감독

예 导演是制作影视作品的人，也是通过演员表达自己思想的人。
Dǎoyǎn shì zhìzuò yǐngshì zuòpǐn de rén, yě shì tōngguò yǎnyuán biǎodá zìjǐ sīxiǎng de rén.
감독은 영상작품을 제작하는 사람이고, 또한 연기자를 통해 자신의 사상을 표현하는 사람입니다.

Voca+
导演助手 dǎoyǎn zhùshǒu 명 조감독

0025
歌手
gēshǒu

명 가수

예 黄致列参加中国版《我是歌手》后人气也增加了。
Huáng Zhìliè cānjiā Zhōngguóbǎn《Wǒ shì gēshǒu》hòu rénqì yě zēngjiā le.
황치열은 중국판《나는 가수다》에 참가한 후 인기도 증가했습니다.

Voca⁺
*唱歌 chànggē 동 노래하다 | 歌星 gēxīng 명 유명가수

0026
模特儿
mótèr

명 모델

예 我们这儿有很多年轻漂亮的职业模特儿。
Wǒmen zhèr yǒu hěn duō niánqīng piàoliang de zhíyè mótèr.
저희는 많은 젊고 예쁜 직업모델들을 보유하고 있습니다.

Voca⁺
超级模特 chāojí mótè 명 슈퍼모델 | 服装模特 fúzhuāng mótè 명 패션모델

0027
主持人
zhǔchírén

명 사회자, 진행자, MC

예 主持人首先介绍了教育电子产品的情况。
Zhǔchírén shǒuxiān jièshào le jiàoyù diànzǐ chǎnpǐn de qíngkuàng.
사회자가 우선 교육용 전자제품의 상황을 소개하였습니다.

Voca⁺
*主持 zhǔchí 동 주관하다, 주재하다

0028
记者*
jìzhě

명 기자

예 我在韩国做过五年记者，然后到中国留学三年，现在毕业了。
Wǒ zài Hánguó zuòguo wǔ nián jìzhě, ránhou dào Zhōngguó liúxué sān nián, xiànzài bìyè le.
저는 한국에서 5년간 기자를 한 적이 있고, 그런 다음 중국에서 3년간 유학을 하고 지금은 졸업했습니다.

Voca⁺
记者证 jìzhězhèng 명 기자증 | *采访 cǎifǎng 동 취재하다, 인터뷰하다

Business VOCA

0029 工程师* gōngchéngshī

명 기사. 엔지니어

예 我们公司拥有很多技术高而且熟练的工程师。
Wǒmen gōngsī yōngyǒu hěn duō jìshù gāo érqiě shúliàn de gōngchéngshī.
우리 회사는 기술이 좋고 숙련된 엔지니어를 많이 보유하고 있습니다.

Voca+
技工 jìgōng 명 기술자 | 豆腐渣工程 dòufuzhā gōngchéng 명 부실한 건축 공정

0030 设计师 shèjìshī

명 설계사. 디자이너

예 这位是我们的服装设计师，叫麦克。
Zhè wèi shì wǒmen de fúzhuāng shèjìshī, jiào Màikè.
이 분은 저희 의상디자이너로 마이크라고 합니다.

Voca+
*设计 shèjì 명 설계. 디자인 동 설계하다 | 设计方案 shèjì fāng'àn 명 설계방안

0031 厨师* chúshī

명 요리사. 셰프

예 厨师在电视节目里告诉观众做菜的秘诀。
Chúshī zài diànshì jiémù li gàosu guānzhòng zuòcài de mìjué.
요리사는 텔레비전 프로그램에서 시청자에게 요리를 하는 비결을 알려줍니다.

Voca+
*厨房 chúfáng 명 주방 | 大厨 dàchú 명 주방장

0032 律师* lǜshī

명 변호사

예 关于反倾销案子，明天我要跟姜律师谈谈。
Guānyú fǎnqīngxiāo ànzi, míngtiān wǒ yào gēn Jiāng lǜshī tántan.
반덤핑안에 대해 내일 저는 강 변호사와 이야기를 나누어야 합니다.

Voca+
律师学院 lǜshī xuéyuàn 로스쿨(law school) | 律师事务所 lǜshī shìwùsuǒ 로펌(law firm) | 执业律师 zhíyè lǜshī 개업변호사

0033
会计师
kuàijìshī

명 회계사

예 他们找会计师做例行检查，有人举报公司有漏税行为。
Tāmen zhǎo kuàijìshī zuò lìxíng jiǎnchá, yǒurén jǔbào gōngsī yǒu lòushuì xíngwéi.
그들은 회계사를 찾아가서 관례대로 하는데, 누군가가 회사에 탈세행위가 있음을 신고했습니다.

Voca⁺
*会计 kuàijì 명 회계, 경리 | 会计证 kuàijìzhèng 명 회계증

0034
美容师
měiróngshī

명 피부관리사

예 这个美容师的技术好是好，就是价钱太贵了。
Zhè ge měiróngshī de jìshù hǎo shì hǎo, jiùshì jiàqián tài guì le.
이 피부관리사는 기술이 좋기는 좋은데, 가격이 너무 비쌉니다.

Voca⁺
美容院 měiróngyuàn 명 피부관리실

0035
美发师
měifàshī

명 헤어디자이너

예 这个美发师技术很好，而且很便宜，洗、剪、吹才五十块钱。
Zhè ge měifàshī jìshù hěn hǎo, érqiě hěn piányi, xǐ, jiǎn, chuī cái wǔshí kuài qián.
이 헤어디자이너는 기술이 좋고, 게다가 저렴하여, 머리 감고, 커트하고, 드라이하는 데 겨우 50위안입니다.

Voca⁺
*理发 lǐfà 통 이발하다, 머리를 깎다 | 剪发 jiǎnfà 통 머리를 깎다, 커트하다 | 洗发 xǐfà 통 머리를 감다 | 吹发 chuīfà 통 드라이하다

0036
化妆师
huàzhuāngshī

명 메이크업 아티스트

예 她对化妆很感兴趣，所以上了美容培训学校，想成为一名化妆师。
Tā duì huàzhuāng hěn gǎn xìngqù, suǒyǐ shàng le měiróng péixùn xuéxiào, xiǎng chéngwéi yì míng huàzhuāngshī.
그녀는 화장에 매우 관심이 많아서 미용사양성학교에 진학하여 메이크업 아티스트가 되고 싶어합니다.

Voca⁺
化妆品 huàzhuāngpǐn 명 화장품 | 化妆浓 huàzhuāng nóng 화장이 진하다

Business VOCA

0037
工人★
gōngrén

명 노동자

예 我们工厂拥有大量的优秀设计人员和技术熟练的工人。
Wǒmen gōngchǎng yōngyǒu dàliàng de yōuxiù shèjì rényuán hé jìshù shúliàn de gōngrén.
우리 공장은 많은 우수한 설계직원과 기술이 숙련된 직원을 보유하고 있습니다.

Voca⁺
产业工人 chǎnyè gōngrén 명 산업 노동자. 현대식 공장의 노동자

0038
老板★
lǎobǎn

명 (상공업계의) 사장

예 那家公司的老板说，他们的产品销售很好。
Nà jiā gōngsī de lǎobǎn shuō, tāmen de chǎnpǐn xiāoshòu hěn hǎo.
그 회사의 사장은 그들의 상품이 판매가 잘 된다고 말했습니다.

Voca⁺
老板娘 lǎobǎnniáng 명 여사장. 주인 아줌마 | 后台老板 hòutái lǎobǎn 명 극단 주인. 백(back). 배후 조종자

0039
警察★
jǐngchá

명 경찰

예 警察先生，我刚才在南京路下车时把手提包忘在出租车上了。
Jǐngchá xiānsheng, wǒ gāngcái zài Nánjīnglù xiàchē shí bǎ shǒutíbāo wàngzài chūzūchē shang le.
경찰아저씨, 제가 방금 난징루에서 하차할 때 가방을 택시에 두고 내렸습니다.

Voca⁺
警察局 jǐngchájú 명 경찰서 | 交通警察 jiāotōng jǐngchá 명 교통경찰 | 网络警察 wǎngluò jǐngchá 명 사이버 경찰

0040
接待员
jiēdàiyuán

명 안내원

예 接待员主要负责接待公司的访问者。
Jiēdàiyuán zhǔyào fùzé jiēdài gōngsī de fǎngwènzhě.
안내원은 주로 회사의 방문객을 접대하는 것을 맡고 있습니다.

Voca⁺
*接待 jiēdài 동 접대하다 | 象样的接待 xiàngyàng de jiēdài 변변한 대접

Voca Review 학습한 단어를 복습해 보세요.

1. 우리말을 중국어로 말해본 후 직접 한자와 병음을 써보세요.

① 선생님
② 학생
③ 의사
④ 간호사
⑤ 종업원
⑥ 판매원
⑦ 샐러리맨
⑧ 공무원

2. 호응하는 어휘끼리 연결한 후 직접 써보세요.

① 签 • • 吃药
② 工作 • • 合同
③ 提供 • • 稳定
④ 按时 • • 服务

3. 보기에서 알맞은 어휘를 골라 넣으세요.

보기   a. 医生   b. 成为   c. 演员   d. 导游

① 我大学毕业以后在贸易公司工作，(　　　)上班族。
② 请问，您是我们这个团的(　　　)吗?
③ (　　　)给我开了药方，护士给我打了针。
④ 我觉得作为一个(　　　)演技最重要。

answer

1. ①老师 lǎoshī ②学生 xuésheng ③医生 yīshēng ④护士 hùshi ⑤服务员 fúwùyuán
   ⑥售货员 shòuhuòyuán ⑦上班族 shàngbānzú ⑧公务员 gōngwùyuán
2. ①签合同 ②工作稳定 ③提供服务 ④按时吃药   3. ①b ②d ③a ④c

Let's Checking! 주어진 한국어 문장을 중국어로 말해 보세요.

현재 많은 대학생들이 학교에 다니기 위해

✓ 现在很多大学生为了上学

아르바이트를 하면서 공부합니다.

✓ 一边打工一边学习。

제가 대학에 다닐 때에도 많은 임시직을 해본 적이 있습니다.

✓ 我上大学的时候也做过很多临时工。

저는 음식점, 카페, 상점에서 종업원을 해본 적이 있습니다.

✓ 我在饭馆儿、咖啡厅、商店做过服务员。

저는 백화점과 옷가게에서도 판매원을 해본 적이 있습니다.

✓ 我也在百货商店、服装店做过售货员。

저는 대학 졸업 후, 무역회사에서 일하는 직장인이 되었습니다.

✓ 我大学毕业以后在贸易公司工作，成为一名上班族。

아르바이트로 많은 사람들을 접한 적이 있어서,

✓ 因为打工的时候接触过很多人，

이러한 경험이 제 일에 많은 도움이 됩니다.

✓ 这些经验对我的工作很有帮助。

Chapter 1 비즈니스 기본 어휘

03 부서·직책(部门·职位)

Mind Map Note

*部门 bùmén
명 부서

职位 zhíwèi
명 직위

*人事部 rénshìbù
명 인사부

*科长 kēzhǎng
명 과장

销售部 xiāoshòubù
명 판매부

客服部 kèfúbù
명 고객서비스부

市场部 shìchǎngbù
명 마케팅부

*总经理 zǒngjīnglǐ
명 (기업) 최고 경영자

生产部 shēngchǎnbù
명 생산부

*董事长 dǒngshìzhǎng
명 이사장. 대표이사. 회장

采购部 cǎigòubù
명 구매부

研发部 yánfābù
명 연구개발부

Let's Speaking!

이 단원을 학습하고 나면 아래 내용을 중국어로 말할 수 있어요.

- 저는 대기업에서 근무하고, 저희 회사에는 많은 부서部门가 있습니다.

- 회사에는 인사부, 마케팅부, 연구개발부, 재무부财务部 등등이 있습니다.

- 인사부人事部는 주로 구인, 교육, 직원평가 등의 일을 맡고 있습니다.

- 마케팅부市场部는 주로 시장조사, 시장개발 등의 업무를 합니다.

- 연구개발부研发部는 주로 신제품을 개발하는 일을 합니다.

- 저는 예전에 영업부营业部에서 근무했고, 지금은 마케팅부에서 근무합니다.

Let's Start Up!
주제에 맞는 단어와 예문을 학습해 보세요. Track1-3

0001
总务部
zǒngwùbù

명 **총무부**

예 我在<u>总务部</u>工作，我负责公司后勤保障。
Wǒ zài zǒngwùbù gōngzuò, wǒ fùzé gōngsī hòuqín bǎozhàng.
저는 총무부에서 근무하고, 회사의 관리책임을 맡고 있습니다.

Voca⁺
总务 zǒngwù 명 총무. (기관·기업의) 물자조달·관리 업무

0002
人事部*
rénshìbù

명 **인사부**

예 <u>人事部</u>主要做招聘、培训、职员评估等工作。
Rénshìbù zhǔyào zuò zhāopìn、péixùn、zhíyuán pínggū děng gōngzuò.
인사부는 주로 구인, 교육, 직원평가 등의 업무를 합니다.

Voca⁺
人事 rénshì 명 인사 | 人事调动 rénshì diàodòng 인사 이동 |
人力资源部 rénlì zīyuánbù 인적자원부

0003
销售部
xiāoshòubù

명 **판매부**

예 这是合同书，明天上午九点以前你送到大同公司<u>销售部</u>。
Zhè shì hétongshū, míngtiān shàngwǔ jiǔ diǎn yǐqián nǐ sòngdào Dàtóng Gōngsī xiāoshòubù.
이것은 계약서입니다. 내일 오전 9시 전에 다퉁회사 판매부로 보내주세요.

Voca⁺
*销售 xiāoshòu 동 팔다. 판매하다 | 销售额 xiāoshòu'é 명 매출금액 |
销售量 xiāoshòuliàng 매출고. 판매량

0004
市场部
shìchǎngbù

명 **마케팅부**

예 <u>市场部</u>主要做调查市场、开拓市场等工作。
Shìchǎngbù zhǔyào zuò diàochá shìchǎng、kāituò shìchǎng děng gōngzuò.
마케팅부는 주로 시장조사, 시장개발 등의 업무를 합니다.

Voca⁺
*市场 shìchǎng 명 시장. 상품 판로 | 市场份额 shìchǎng fèn'é 마켓셰어 =
市场占有率 shìchǎng zhànyǒulǜ 마켓셰어. 시장점유율

Business VOCA

0005
营业部
yíngyèbù

명 **영업부**

예 我以前在营业部工作，现在在市场部工作。
Wǒ yǐqián zài yíngyèbù gōngzuò, xiànzài zài shìchǎngbù gōngzuò.
저는 예전에 영업부에서 근무했고, 지금은 마케팅부에서 근무합니다.

Voca⁺
*营业 yíngyè 동 영업하다 | 营业证号 yíngyè zhènghào 사업자 등록번호

0006
营销部
yíngxiāobù

명 **영업판매부**

예 营销部的李华刚才找你，你给他回个电话吧。
Yíngxiāobù de Lǐ Huá gāngcái zhǎo nǐ, nǐ gěi tā huí ge diànhuà ba.
영업판매부의 리화가 방금 당신을 찾았어요, 그에게 회신전화를 해 주세요.

Voca⁺
*营销 yíngxiāo 동 판촉하다. 마케팅하다 | 营销战略 yíngxiāo zhànlüè 마케팅전략

0007
企划部
qǐhuàbù

명 **기획부**

예 企划部不仅要找商机，同时要认真研究市场。
Qǐhuàbù bùjǐn yào zhǎo shāngjī, tóngshí yào rènzhēn yánjiū shìchǎng.
기획부는 비즈니스 기회를 찾을 뿐 아니라, 동시에 진지하게 시장을 연구합니다.

Voca⁺
企划 qǐhuà 동 기획하다 | 企划书 qǐhuàshū 기획서 | 商品企划 shāngpǐn qǐhuà 상품기획

0008
技术部
jìshùbù

명 **기술부**

예 明天下午三点在第四会议室开技术部的研讨会。
Míngtiān xiàwǔ sān diǎn zài dì sì huìyìshì kāi jìshùbù de yántǎohuì.
내일 오후 3시에 제4회의실에서 기술부의 연구토론회가 열립니다.

Voca⁺
*技术 jìshù 명 기술 | 软技术 ruǎn jìshù 명 소프트 기술(soft technology). 경영 관리 | 硬技术 yìng jìshù 명 상품·설비·장치 등 가공제조 기술

0009
客服部
kèfúbù

🏷️ 고객서비스부

💬 我在客服部工作，我主要做客户咨询、处理投诉等工作。
Wǒ zài kèfúbù gōngzuò, wǒ zhǔyào zuò kèhù zīxún、chǔlǐ tóusù děng gōngzuò.
저는 고객서비스부에서 근무하고, 주로 고객문의, 컴플레인 처리 등의 일을 합니다.

Voca+
*客服 kèfú 명 고객서비스 | 客服中心 kèfú zhōngxīn 고객센터 | 客服电话 kèfú diànhuà 고객센터 전화

0010
生产部
shēngchǎnbù

🏷️ 생산부

💬 几年前我在生产部搞过技术工作。
Jǐ nián qián wǒ zài shēngchǎnbù gǎoguo jìshù gōngzuò.
몇 년 전 저는 생산부에서 기술업무를 한 적이 있습니다.

Voca+
*生产 shēngchǎn 동 생산하다 | *生产率 shēngchǎnlǜ 명 생산율, 생산성

0011
研发部
yánfābù

🏷️ 연구개발부

💬 研发部主要负责新产品的开发工作。
Yánfābù zhǔyào fùzé xīn chǎnpǐn de kāifā gōngzuò.
연구개발부는 주로 신제품의 개발업무를 맡습니다.

Voca+
研发 yánfā 동 연구개발하다 | 研发费 yánfāfèi 명 연구개발비

0012
采购部
cǎigòubù

🏷️ 구매부

💬 现在采购部正在和供应商讨论相关事宜。
Xiànzài cǎigòubù zhèngzài hé gōngyìngshāng tǎolùn xiāngguān shìyí.
현재 구매부는 공급업체과 관련 사업을 토론하고 있습니다.

Voca+
*采购 cǎigòu 동 (기관·기업 등에서) 구입하다 | *购买 gòumǎi 동 사다, 구매하다

Business VOCA

0013
会计部
kuàijìbù

몡 회계부

예 他们是税务局的，来会计部做例行检查。
Tāmen shì shuìwùjú de, lái kuàijìbù zuò lìxíng jiǎnchá.
그들은 세무국 사람으로, 회계부에 와서 관례대로 검사를 합니다.

Voca+
*会计 kuàijì 몡 회계. 경리 | 会计审计 kuàijì shěnjì 회계감사

0014
财务部
cáiwùbù

몡 재무부

예 公司有人事部、市场部、研发部、财务部等等。
Gōngsī yǒu rénshìbù、shìchǎngbù、yánfābù、cáiwùbù děngděng.
회사에는 인사부, 마케팅부, 연구개발부, 재무부 등등이 있습니다.

Voca+
*财务 cáiwù 몡 재무. 재정

0015
后勤部
hòuqínbù

몡 (지원 · 공급 · 보급 업무 등을 하는) 후방부서. 지원부서

예 会议室里的几把椅子坏了，我去后勤部拿新的。
Huìyìshì li de jǐ bǎ yǐzi huài le, wǒ qù hòuqínbù ná xīn de.
회의실 안의 의자 몇 개가 고장 났으니, 제가 지원부서에 새것을 가지러 가겠습니다.

Voca+
*后勤 hòuqín 몡 물자조달 관리 업무. 병참 보급 업무

0016
信息部
xìnxībù

몡 정보부

예 信息部一般做公司软件设计、更新、维护等工作。
Xìnxībù yìbān zuò gōngsī ruǎnjiàn shèjì、gēngxīn、wéihù děng gōngzuò.
정보부는 보통 회사의 소프트웨어 디자인, 업데이트, 보호 등의 일을 합니다.

Voca+
*信息 xìnxī 몡 소식. 정보 | *情报 qíngbào 몡 (주로 기밀성을 띈) 정보 |
*消息 xiāoxi 몡 소식. 뉴스. 정보

0017
行政部
xíngzhèngbù

명 행정부

예 我在行政部工作五年了，但总觉得工作不适合自己。
Wǒ zài xíngzhèngbù gōngzuò wǔ nián le, dàn zǒng juéde gōngzuò bú shìhé zìjǐ.
저는 행정부에서 5년간 일했지만, 늘 일이 저에게 맞지 않는다고 생각합니다.

Voca+
*行政 xíngzhèng 명 행정. 관리. 운영 | 行政法 xíngzhèngfǎ 명 행정법

0018
维修部
wéixiūbù

명 수리부

예 上个月买的电脑有问题，你跟电脑公司的维修部联系一下吧。
Shàng ge yuè mǎi de diànnǎo yǒu wèntí, nǐ gēn diànnǎo gōngsī de wéixiūbù liánxì yíxià ba.
지난달에 산 컴퓨터에 문제가 있으니 네가 컴퓨터회사 수리부에 연락 좀 해봐.

Voca+
*维修 wéixiū 동 수리하다. 보수하다 | *修理 xiūlǐ 동 수리하다. 고치다

0019
售后服务部
shòuhòu fúwùbù

명 애프터서비스(A/S)부

예 你不是在大同公司售后服务部工作吗？
Nǐ búshì zài Dàtóng Gōngsī shòuhòu fúwùbù gōngzuò ma?
당신은 다통회사 A/S부서에서 근무하지 않나요?

Voca+
*售后服务 shòuhòu fúwù 명 애프터서비스(A/S)

0020
质量部
zhìliàngbù

명 품질부

예 质量部主要负责产品检查、检测、合格判定等工作。
Zhìliàngbù zhǔyào fùzé chǎnpǐn jiǎnchá、jiǎncè、hégé pàndìng děng gōngzuò.
품질부는 주로 제품의 검사, 측정, 합격판정 등의 업무를 합니다.

Voca+
*质量 zhìliàng 명 질. 품질 | *品质 pǐnzhì 명 품성. 소질. 인품. 품질

Business VOCA

0021 总经理* zǒngjīnglǐ

명 (기업) 최고 경영자

예 自从前年换了新的总经理后，我们公司的发展速度就加快了。
Zìcóng qiánnián huàn le xīn de zǒngjīnglǐ hòu, wǒmen gōngsī de fāzhǎn sùdù jiù jiākuài le.
재작년 새로운 사장으로 바뀐 후 우리 회사의 발전속도가 가속화되었습니다.

Voca⁺
总经理秘书 zǒngjīnglǐ mìshū 사장 비서

0022 总裁* zǒngcái

명 (기업) 총수

예 今天我们请来一位著名互联网的总裁进行演讲。
Jīntiān wǒmen qǐng lái yí wèi zhùmíng hùliánwǎng de zǒngcái jìnxíng yǎnjiǎng.
오늘 우리는 한 저명한 인터넷의 총수를 모셔다가 강연을 진행합니다.

Voca⁺
*老板 lǎobǎn 명 상점주인. 사장

0023 董事长* dǒngshìzhǎng

명 이사장. 대표이사. 회장

예 董事长，这是我的辞职信，我干不了这个工作。
Dǒngshìzhǎng, zhè shì wǒ de cízhíxìn, wǒ gànbuliǎo zhè ge gōngzuò.
이사장님, 이것은 제 사직서입니다. 저는 이 일을 감당하기 힘듭니다.

Voca⁺
名誉董事长 míngyù dǒngshìzhǎng 명 명예회장

0024 副总经理 fùzǒngjīnglǐ

명 부사장

예 公司副总经理正在运用PPT文件介绍新产品。
Gōngsī fùzǒngjīnglǐ zhèngzài yùnyòng PPT wénjiàn jièshào xīn chǎnpǐn.
회사의 부사장은 PPT를 사용하여 신제품을 소개하고 있습니다.

Voca⁺
副 fù 형 제2의

03 부서·직책

0025 部长 bùzhǎng

명 (기업이나 단체 내 각 부서의) 책임자. 장관

예 某公司采购部长表示，空调价格受钢板价格的影响很大。
Mǒu gōngsī cǎigòu bùzhǎng biǎoshì, kōngtiáo jiàgé shòu gāngbǎn jiàgé de yǐngxiǎng hěn dà.
모 회사의 구매부장은 에어컨 가격은 강철 가격의 영향을 크게 받는다고 밝혔습니다.

Voca+
部长级 bùzhǎngjí 장관 직급 | 外交部长 wàijiāo bùzhǎng 명 외교부장

0026 主管* zhǔguǎn

명 주관자. 팀장 동 주관하다

예 人事部主管想知道新员工在试用期间的工作情况。
Rénshìbù zhǔguǎn xiǎng zhīdào xīn yuángōng zài shìyòng qījiān de gōngzuò qíngkuàng.
인사부 팀장은 신입사원의 인턴기간 동안의 업무상황을 알고 싶어합니다.

Voca+
主管单位 zhǔguǎn dānwèi 주관부서 | 主管人 zhǔguǎnrén 담당자

0027 主任* zhǔrèn

명 장. 주임

예 王主任，我们的办公用品早该更新换代了。
Wáng zhǔrèn, wǒmen de bàngōng yòngpǐn zǎo gāi gēngxīn huàndài le.
왕 주임님, 저희 사무용품은 진작에 새로 교체해야 했습니다.

Voca+
班主任 bānzhǔrèn 명 담임교사 | 室主任 shìzhǔrèn 실장

0028 经理* jīnglǐ

명 (기업) 사장. 매니저

예 一位客户来找汽车租赁公司的经理，要求退款。
Yí wèi kèhù lái zhǎo qìchē zūlìn gōngsī de jīnglǐ, yāoqiú tuìkuǎn.
한 고객이 자동차 렌터카 회사의 매니저를 찾아와서 환불을 요구했습니다.

Voca+
业务经理 yèwù jīnglǐ 업무관리자 | 部门经理 bùmén jīnglǐ 부서장, 부서책임자

Business VOCA

0029 处长* chùzhǎng

명 (직급으로서의) 처장

예 李华到了五十岁终于升为处长了。
Lǐ Huá dào le wǔshí suì zhōngyú shēngwéi chùzhǎng le.
리화는 50세가 되었을 때 마침내 처장으로 승진되었습니다.

Voca⁺
教务处长 jiàowù chùzhǎng 명 교무처장

0030 局长* júzhǎng

명 (관공서 등의) 국장

예 局长、处长、科长哪个级别更高?
Júzhǎng、chùzhǎng、kēzhǎng nǎ ge jíbié gèng gāo?
국장, 처장, 과장 중 어느 직급이 더 높습니까?

Voca⁺
警察局长 jǐngchá júzhǎng 경찰서장 | 局长待遇 júzhǎng dàiyù 국장 대우

0031 科长* kēzhǎng

명 과장

예 张科长, 会议室的桌子和椅子这样布置行吗?
Zhāng kēzhǎng, huìyìshì de zhuōzi hé yǐzi zhèyàng bùzhì xíng ma?
장 과장님, 회의실의 책상과 의자는 이렇게 배치하면 되나요?

Voca⁺
科长代理 kēzhǎng dàilǐ 명 과장대리, 과장대행 | 老科长 lǎokēzhǎng 명 만년 과장 | 科长级待遇 kēzhǎng jí dàiyù 과장급 대우

0032 组长 zǔzhǎng

명 조장, 반장, 팀장

예 恭喜恭喜, 听说你升为组长了。祝你工作顺利。
Gōngxǐ gōngxǐ, tīngshuō nǐ shēngwéi zǔzhǎng le. Zhù nǐ gōngzuò shùnlì.
축하해요, 당신이 팀장이 됐다고 들었어요. 일이 잘 풀리기를 바랄게요.

Voca⁺
*组 zǔ 명 조, 그룹, 팀 | *小组 xiǎozǔ 명 소그룹, 팀, 동아리

03 부서·직책 47

0033
助理*
zhùlǐ

명 보좌관　동 보조하다. 보좌하다

예 我当过总裁助理，对公司运作的总体情况十分了解。
Wǒ dāngguo zǒngcái zhùlǐ, duì gōngsī yùnzuò de zǒngtǐ qíngkuàng shífēn liǎojiě.
저는 총재 보좌관을 맡은 적이 있어서 회사 운영에 대한 전체적인 상황을 아주 잘 이해합니다.

Voca+
助理教授 zhùlǐ jiàoshòu 조교수 | 主力制片人 zhǔlì zhìpiānrén 명 주력 영화(드라마) 제작자

0034
职工*
zhígōng

명 직원과 노무자. 종업원

예 这个周末你参加职工培训吗?
Zhè ge zhōumò nǐ cānjiā zhígōng péixùn ma?
이번 주말 당신은 직원교육에 참가하시나요?

Voca+
职员 zhíyuán 명 직원 | 男职员 nán zhíyuán 남직원 | 女职员 nǚ zhíyuán 여직원

0035
领导*
lǐngdǎo

명 지도자. 리더　동 이끌고 나가다

예 公司领导刚开会讨论决定买一批新的办公用品。
Gōngsī lǐngdǎo gāng kāihuì tǎolùn juédìng mǎi yì pī xīn de bàngōng yòngpǐn.
회사의 상사는 방금 회의를 열고 토론하여 새 사무용품을 구입하기로 결정하였습니다.

Voca+
*上级 shàngjí 명 상급. 상사. 상급자 | 上司 shàngsi 명 상급자. 상사. 상관

0036
下级*
xiàjí

명 하급 부서. 하급자. 부하직원

예 我不知道怎么处理上级、同级和下级关系。
Wǒ bù zhīdào zěnme chǔlǐ shàngjí、tóngjí hé xiàjí guānxi.
저는 상사, 동기, 부하직원의 관계를 어떻게 처리해야 할지 모르겠습니다.

Voca+
*下属 xiàshǔ 명 부하. 아랫사람 = 属下 shǔxià

Chapter 1 비즈니스 기본 어휘

Business VOCA

0037 行长 hángzhǎng

명 은행장

예 我们公司缺资金，今天我打算去找农业银行行长贷点儿钱。
Wǒmen gōngsī quē zījīn, jīntiān wǒ dǎsuàn qù zhǎo Nóngyè Yínháng hángzhǎng dài diǎnr qián.
우리 회사는 자금이 부족해서 오늘 제가 농업은행의 은행장을 찾아가서 대출을 좀 받을 계획입니다.

Voca+
班长 bānzhǎng 명 반장 | 团长 tuánzhǎng 명 단장

0038 厂长 chǎngzhǎng

명 공장장

예 厂长领着客户参观工厂、到处看一看。
Chǎngzhǎng lǐngzhe kèhù cānguān gōngchǎng, dàochù kàn yi kàn.
공장장은 고객들을 인솔하여 공장을 견학하고, 이곳저곳을 참관하였습니다.

Voca+
*工厂 gōngchǎng 명 공장

0039 校长 xiàozhǎng

명 학교장. (초·중·고교의) 교장. (단과대학의) 학장. (대학의) 총장

예 我们学校的校长快要退休了，我想送他一份礼物做纪念。
Wǒmen xuéxiào de xiàozhǎng kuàiyào tuìxiū le, wǒ xiǎng sòng tā yí fèn lǐwù zuò jìniàn.
우리 학교의 교장은 곧 퇴직이라, 저는 그에게 기념이 될 선물을 하고 싶습니다.

Voca+
校园 xiàoyuán 명 교정. 캠퍼스 | 校庆 xiàoqìng 명 개교기념일

0040 院长 yuànzhǎng

명 원장

예 院长是指某个单位的主管人员、法定负责人。
Yuànzhǎng shì zhǐ mǒu ge dānwèi de zhǔguǎn rényuán, fǎdìng fùzérén.
원장은 어떤 기관의 주관인사이자 법적 책임자입니다.

Voca+
医院院长 yīyuàn yuànzhǎng 병원장 | 学院院长 xuéyuàn yuànzhǎng 학원장

voca Review 학습한 단어를 복습해 보세요.

1. 우리말을 중국어로 말해본 후 직접 한자와 병음을 써보세요.

① 총무부
② 인사부
③ 판매부
④ 마케팅부
⑤ 최고경영자
⑥ 주임
⑦ 상사
⑧ 부하직원

2. 호응하는 어휘끼리 연결한 후 직접 써보세요.

① 调查 •   • 投诉
② 升为 •   • 检查
③ 处理 •   • 市场
④ 例行 •   • 科长

3. 보기에서 알맞은 어휘를 골라 넣으세요.

보기   a. 信息部   b. 助理   c. 人事部   d. 后勤部

① (   )主要做招聘、培训、职员评估等工作。
② (   )一般做公司软件设计、更新、维护等工作。
③ 会议室里的几把椅子坏了，我去(   )拿新的。
④ 我当过总裁(   )，对公司运作的总体情况十分了解。

answer

1. ①总务部 zǒngwùbù ②人事部 rénshìbù ③销售部 xiāoshòubù ④市场部 shìchǎngbù
   ⑤总经理 zǒngjīnglǐ ⑥主任 zhǔrèn ⑦领导 lǐngdǎo ⑧下级 xiàjí
2. ①调查市场 ②升为科长 ③处理投诉 ④例行检查   3. ①c ②a ③d ④b

Let's Checking! 주어진 한국어 문장을 중국어로 말해 보세요.

저는 대기업에서 근무하고, 저희 회사에는 많은 부서가 있습니다.

✓ 我在大公司工作，我们公司有很多部门。

회사에는 인사부, 마케팅부, 연구개발부, 재무부 등등이 있습니다.

✓ 公司有人事部、市场部、研发部、财务部等等。

인사부는 주로 구인, 교육, 직원평가 등의 일을 맡고 있습니다.

✓ 人事部主要负责招聘、培训、职员评估等工作。

마케팅부는 주로 시장조사, 시장개발 등의 업무를 합니다.

✓ 市场部主要做调查市场、开拓市场等工作。

연구개발부는 주로 신제품을 개발하는 일을 합니다.

✓ 研发部主要做开发新产品的工作。

저는 예전에 영업부에서 근무했고, 지금은 마케팅부에서 근무합니다.

✓ 我以前在营业部工作，现在在市场部工作。

Chapter 1 비즈니스 기본 어휘

04 제품 종류(产品种类)

Mind Map Note

*产品 chǎnpǐn
명 제품

*电脑 diànnǎo
명 컴퓨터

*空调 kōngtiáo
명 에어컨

*手机 shǒujī
명 휴대전화

数码相机 shùmǎ xiàngjī
명 디지털 카메라

*冰箱 bīngxiāng
명 냉장고

*耳机 ěrjī
명 이어폰

连衣裙 liányīqún
명 원피스

化妆水 huàzhuāngshuǐ
명 화장수. 스킨

*包 bāo
명 가방

Let's Speaking!

이 단원을 학습하고 나면 아래 내용을 중국어로 말할 수 있어요.

- 저는 다통전자 회사에서 근무합니다.

- 저희 회사는 아래의 각종 전자제품 电子产品을 생산합니다.

- 첫째는 가정용 기기로, 예를 들면 냉장고, TV, 세탁기 洗衣机 등입니다.

- 둘째는 사무용 기기로, 예를 들면 컴퓨터, 복사기, 프린터 打印机 등입니다.

- 셋째는 휴대전화 手机와 각종 휴대전화 액세서리로,

- 예를 들면 스마트폰, 이어폰 耳机, 배터리 등입니다.

- 저희가 생산한 스마트폰 智能手机은 가성비가 높아, 소비자에게 매우 각광받습니다.

Let's Start Up!

주제에 맞는 단어와 예문을 학습해 보세요.   ⦿ Track1-4

0001
产品*
chǎnpǐn

명 제품. 상품

예 我们公司生产各种各样的电子产品。
Wǒmen gōngsī shēngchǎn gèzhǒng gèyàng de diànzǐ chǎnpǐn.
우리 회사는 각양각색의 전자제품을 생산합니다.

Voca+
产品名称 chǎnpǐn míngchēng 명 제품명 | 产品目录 chǎnpǐn mùlù 제품목록 |
产品召回 chǎnpǐn zhàohuí 명 제품 리콜 | 产品规格 chǎnpǐn guīgé 제품규격

0002
电脑*
diànnǎo

명 컴퓨터

예 银行的电脑系统坏了，今天上午不能办理业务。
Yínháng de diànnǎo xìtǒng huài le, jīntiān shàngwǔ bùnéng bànlǐ yèwù.
은행의 컴퓨터 시스템이 고장 나서 오늘 오전에 업무를 처리할 수 없습니다.

Voca+
*内存 nèicún 명 메모리 용량 | *鼠标 shǔbiāo 명 (컴퓨터의) 마우스 |
无线鼠标 wúxiàn shǔbiāo 무선마우스

0003
笔记本*
bǐjìběn

명 노트. 수첩/ 노트북 컴퓨터

예 听说你买了新的笔记本电脑，感觉怎么样？
Tīngshuō nǐ mǎi le xīn de bǐjìběn diànnǎo, gǎnjué zěnmeyàng?
새 노트북 컴퓨터를 샀다고 들었는데 기분이 어떠세요?

Voca+
台式机 táishìjī 데스크톱 컴퓨터

0004
空调*
kōngtiáo

명 에어컨

예 这台空调的保修期是多长时间？
Zhè tái kōngtiáo de bǎoxiūqī shì duōcháng shíjiān?
이 에어컨의 보증수리 기간은 얼마나 됩니까?

Voca+
电风扇 diànfēngshàn 명 선풍기 | 中央空调 zhōngyāng kōngtiáo
명 중앙 집중식 냉온방 시설 | 柜式空调 guìshì kōngtiáo 명 스탠드형 에어컨 |
挂壁式空调 guàbìshì kōngtiáo 명 벽걸이 에어컨

Business VOCA

0005
手机[*]
shǒujī

몡 휴대전화

예 我们生产的智能手机性价比很高，很受消费者欢迎。
Wǒmen shēngchǎn de zhìnéng shǒujī xìngjiàbǐ hěn gāo, hěn shòu xiāofèizhě huānyíng.
우리가 생산한 스마트폰은 가성비가 높아서 소비자에게 매우 각광받습니다.

Voca⁺
智能手机 zhìnéng shǒujī 몡 스마트폰 | 翻盖手机 fāngài shǒujī 폴더폰 | 手机保护壳 shǒujī bǎohùké 휴대전화 케이스 | 手机支付 shǒujī zhīfù 몡 모바일 결제

0006
数码相机
shùmǎ xiàngjī

몡 디지털 카메라

예 消费者在购买数码相机时，首先考虑的是像素。
Xiāofèizhě zài gòumǎi shùmǎxiàngjī shí, shǒuxiān kǎolǜ de shì xiàngsù.
소비자가 디지털카메라를 살 때 먼저 고려하는 것은 화소입니다.

Voca⁺
*照相机 zhàoxiàngjī 몡 사진기 | *照片 zhàopiàn 몡 사진 | 像素 xiàngsù 화소, 픽셀

0007
耳机[*]
ěrjī

몡 수화기/ 이어폰

예 我们生产手机和各种手机配件，如智能手机、耳机、电池等。
Wǒmen shēngchǎn shǒujī hé gèzhǒng shǒujī pèijiàn, rú zhìnéng shǒujī、ěrjī、diànchí děng.
우리는 휴대전화와 각종 휴대전화 액세서리를 생산하는데 예를 들면 스마트폰, 이어폰, 배터리 등입니다.

Voca⁺
耳麦 ěrmài 몡 헤드셋 | 电话耳机 diànhuà ěrjī 휴대전화 이어폰 | 蓝牙耳机 lányá ěrjī 블루투스 이어폰

0008
U(优)盘
U (yōu) pán

몡 USB 메모리

예 据我所知，目前容量最大的U盘是1T的，就是1000G。
Jù wǒ suǒ zhī, mùqián róngliàng zuì dà de U pán shì yī T de, jiùshì yì qiānG.
제가 알기로 현재 용량이 가장 큰 USB 메모리는 1테라로 1000기가입니다.

Voca⁺
百万字节 bǎiwàn zìjié 메가바이트(mega byte) | 万亿字节 wànyì zìjié 테라바이트 (tera byte)

04 제품 종류 55

0009
电池 *
diànchí

명 전지. 배터리

예 这款手机配有两块电池，一块儿就可以用三天。
Zhè kuǎn shǒujī pèiyǒu liǎng kuài diànchí, yí kuàir jiù kěyǐ yòng sān tiān.
이 휴대전화는 배터리 두 개가 제공되며, 한 개로 3일간 사용할 수 있습니다.

Voca⁺
*充电器 chōngdiànqì 명 충전기 | *电源 diànyuán 명 전원

0010
复印机
fùyìnjī

명 복사기

예 这台复印机原价一百万元，现在打八折八十万元。
Zhè tái fùyìnjī yuánjià yìbǎi wàn yuán, xiànzài dǎ bā zhé bāshí wàn yuán.
이 복사기는 정가가 1백만 위안인데, 지금 20% 할인해서 80만 위안입니다.

Voca⁺
*复印 fùyìn 동 복사하다 | 卡纸 qiǎzhǐ 동 복사용지가 끼다. 걸리다

0011
打印机
dǎyìnjī

명 프린터

예 办公家电有电脑、复印机、打印机等。
Bàngōng jiādiàn yǒu diànnǎo, fùyìnjī, dǎyìnjī děng.
사무용 기기는 컴퓨터, 복사기, 프린터 등이 있습니다.

Voca⁺
*打印 dǎyìn 동 인쇄하다. 프린트하다

0012
传真机
chuánzhēnjī

명 팩스. 팩시밀리

예 我马上用传真机发过去，请告诉我传真号码。
Wǒ mǎshàng yòng chuánzhēnjī fāguòqu, qǐng gàosu wǒ chuánzhēn hàomǎ.
제가 바로 팩스로 보내드릴 테니 팩스번호를 알려주세요.

Voca⁺
*传真 chuánzhēn 명 팩스

Business VOCA

0013
扫描仪
sǎomiáoyí

몡 스캐너

예 小王用扫描仪扫描了一张图纸。
Xiǎo Wáng yòng sǎomiáoyí sǎomiáo le yì zhāng túzhǐ.
샤오왕은 스캐너로 설계도 한 장을 스캔했습니다.

Voca⁺
*扫描 sǎomiáo 동 스캐닝(scanning)하다

0014
电视[★]
diànshì

몡 텔레비전, TV

예 老年人更爱看电视，还是做电视广告吧。
Lǎoniánrén gèng ài kàn diànshì, háishi zuò diànshì guǎnggào ba.
노인들은 TV 보는 것을 더 좋아하니 TV 광고를 하는 것이 나을 겁니다.

Voca⁺
*遥控器 yáokòngqì 몡 리모콘 | *频道 píndào 몡 채널

0015
洗衣机
xǐyījī

몡 세탁기

예 家用电器有冰箱、电视、洗衣机等。
Jiāyòng diànqì yǒu bīngxiāng、diànshì、xǐyījī děng.
가정용 기기는 예를 들면 냉장고, TV, 세탁기 등이 있습니다.

Voca⁺
洗衣服 xǐ yīfu 옷을 세탁하다, 빨래하다 | 洗碗 xǐwǎn 동 설거지를 하다

0016
冰箱[★]
bīngxiāng

몡 아이스박스, 냉장고

예 这款冰箱采用了节能技术，很省电。
Zhè kuǎn bīngxiāng cǎiyòng le jiénéng jìshù, hěn shěng diàn.
이 냉장고는 에너지 절약기술을 채택하여 전기를 절약할 수 있습니다.

Voca⁺
*冷藏 lěngcáng 동 냉장하다 | 冷冻 lěngdòng 동 냉동하다 | 上霜 shàngshuāng 동 서리가 생기다

0017
纺织品
fǎngzhīpǐn

명 방직품

예 去年我们公司纺织品成交额为三亿美元。
Qùnián wǒmen gōngsī fǎngzhīpǐn chéngjiāo'é wéi sān yì měiyuán.
작년 우리 회사의 방직품 거래액은 3억 달러입니다.

Voca⁺
纺织厂 fǎngzhīchǎng 방직공장 | 纺织机械 fǎngzhī jīxiè 방직기계

0018
连衣裙
liányīqún

명 원피스

예 那家店的连衣裙很新潮，价钱比商场便宜得多。
Nà jiā diàn de liányīqún hěn xīncháo, jiàqián bǐ shāngchǎng piányi de duō.
이 가게의 원피는 새로운 스타일이라 가격이 백화점보다 더 비싸다.

Voca⁺
无袖连衣裙 wúxiù liányīqún 민소매 원피스

0019
衬衫*
chènshān

명 와이셔츠. 셔츠. 블라우스

예 贵公司这批衬衫打算怎样包装？
Guì gōngsī zhè pī chènshān dǎsuàn zěnyàng bāozhuāng?
귀사는 이 셔츠들을 어떻게 포장할 계획인가요?

Voca⁺
女衬衫 nǚ chènshān 블라우스 | 男衬衫 nán chènshān 와이셔츠 |
白衬衫 bái chènshān 흰색 와이셔츠

0020
正装*
zhèngzhuāng

명 정장

예 我认为最近运动服装比正装的市场更大。
Wǒ rènwéi zuìjìn yùndòng fúzhuāng bǐ zhèngzhuāng de shìchǎng gèng dà.
저는 요즘 운동복이 정장보다 시장이 더 크다고 생각합니다.

Voca⁺
西服 xīfú 명 양복. 정장 | *西装 xīzhuāng 명 양복

Business VOCA

0021

裙子＊
qúnzi

명 치마

예 我今晚穿这条裙子参加晚宴怎么样?
Wǒ jīnwǎn chuān zhè tiáo qúnzi cānjiā wǎnyàn zěnmeyàng?
저는 오늘 저녁에 이 치마를 입고 저녁연회에 참석하려고 하는데 어떤가요?

Voca⁺
迷你裙 mínǐqún 명 미니스커트 | 短裙 duǎnqún 명 짧은 치마 | 长裙 chángqún 명 (단이 무릎 아래까지 내려오는) 긴 치마

0022

裤子＊
kùzi

명 바지

예 这条裤子有点儿肥, 有没有小一点儿的?
Zhè tiáo kùzi yǒudiǎnr féi, yǒu mei yǒu xiǎo yìdiǎnr de?
이 바지는 조금 헐렁한데, 좀 작은 것 있나요?

Voca⁺
短裤 duǎnkù 명 반바지 | 吊带裤 diàodàikù 명 멜빵바지 | 牛仔裤 niúzǎikù 명 청바지

0023

领带＊
lǐngdài

명 넥타이

예 黄色的领带卖完了, 只剩下蓝色的了, 您要吗?
Huángsè de lǐngdài màiwán le, zhǐ shèngxià lánsè de le, nín yào ma?
노란색 넥타이는 매진되고 파란색만 남았는데, 드릴까요?

Voca⁺
腰带 yāodài 명 허리띠, 벨트

0024

鞋＊
xié

명 신발

예 最近年轻人喜欢用布料做的鞋, 布鞋又舒服又便宜。
Zuìjìn niánqīngrén xǐhuan yòng bùliào zuò de xié, bùxié yòu shūfu yòu piányi.
요즘 젊은이들은 헝겊으로 만든 신발을 좋아하는데, 헝겊신발은 편안하고 저렴합니다.

Voca⁺
运动鞋 yùndòngxié 명 운동화 | 高跟鞋 gāogēnxié 명 하이힐 | 拖鞋 tuōxié 명 슬리퍼 | 皮鞋 píxié 명 가죽구두 | 增高鞋 zēnggāoxié 명 키높이 신발

0025
包[*]
bāo

명 가방. 자루. 주머니

예 请问，你看见我的包了吗？是一个黑色皮包。
Qǐngwèn, nǐ kànjiàn wǒ de bāo le ma? Shì yí ge hēisè píbāo.
말씀 좀 여쭐게요, 제 가방 보셨나요? 검은색 가죽가방입니다.

Voca⁺
皮包 píbāo 명 가죽 핸드백 | 钱包 qiánbāo 명 돈지갑 | 文件包 wénjiànbāo 명 서류가방 | 背包 bēibāo 명 배낭

0026
食品[*]
shípǐn

명 (상품으로서의) 식품

예 我关心食品价格，但我更关心的是食物的安全。
Wǒ guānxīn shípǐn jiàgé, dàn wǒ gèng guānxīn de shì shíwù de ānquán.
저는 식품가격에 신경을 쓰지만 제가 더 신경 쓰는 것은 식품의 안전입니다.

Voca⁺
街头食品 jiētóu shípǐn 명 길거리 음식 | 垃圾食品 lājī shípǐn 명 정크푸드 | 绿色食品 lǜsè shípǐn 명 녹색식품. 무공해식품

0027
日用品[*]
rìyòngpǐn

명 일용품. 일상용품

예 日用品包括洗衣粉、牙膏、香皂等等。
Rìyòngpǐn bāokuò xǐyīfěn、yágāo、xiāngzào děngděng.
일용품은 분말세제, 치약, 비누 등등을 포함합니다.

Voca⁺
*牙膏 yágāo 명 치약 | *牙刷 yáshuā 명 칫솔 | *香皂 xiāngzào 명 비누 | 洗发精 xǐfàjīng 명 샴푸 | 洗衣粉 xǐyīfěn 명 (세탁용) 합성세제

0028
面包[*]
miànbāo

명 빵

예 消费者都认为现烤现卖的面包最好吃。
Xiāofèizhě dōu rènwéi xiàn kǎo xiàn mài de miànbāo zuì hǎochī.
소비자는 모두 바로 구워 바로 판매하는 빵이 가장 맛있다고 생각합니다.

Voca⁺
*蛋糕 dàngāo 명 케이크 | *三明治 sānmíngzhì 명 샌드위치 | 面包卷 miànbāojuǎn 명 롤빵

60　Chapter 1 비즈니스 기본 어휘

Business VOCA

0029
饮料*
yǐnliào

명 음료

예 除了咖啡，你们还有其他饮料吗?
Chúle kāfēi, nǐmen hái yǒu qítā yǐnliào ma?
커피 외에 또 다른 음료가 있나요?

Voca+
*咖啡 kāfēi 명 커피 | *茶 chá 명 차 | *果汁 guǒzhī 명 과일즙, 과일주스 |
*牛奶 niúnǎi 명 우유

0030
酒
jiǔ

명 술

예 吃药的时候注意不要吸烟、喝酒，也不能吃辣的。
Chīyào de shíhou zhùyì búyào xīyān, hējiǔ, yě bùnéng chī là de.
약을 먹을 때는 흡연과 음주를 하지 않도록 주의해야 하고, 매운 것도 먹을 수 없습니다.

Voca+
*白酒 báijiǔ 명 배갈, 백주, 고량주 | *啤酒 píjiǔ 명 맥주 |
*红酒 hóngjiǔ 명 붉은 포도주, 레드와인 | *酒精 jiǔjīng 명 알코올

0031
保健品
bǎojiànpǐn

명 건강보조식품

예 人到中年，吃一点保健品对身体有好处。
Rén dào zhōngnián, chī yìdiǎn bǎojiànpǐn duì shēntǐ yǒu hǎochù.
사람이 중년이 되면 약간의 건강보조식품을 먹는 것이 몸에 좋습니다.

Voca+
保健食品 bǎojiàn shípǐn 명 건강식품 | 保健饮料 bǎojiàn yǐnliào 명 건강음료

0032
维生素
wéishēngsù

명 비타민(vitamin)

예 请告诉我这种维生素怎么服用。
Qǐng gàosu wǒ zhè zhǒng wéishēngsù zěnme fúyòng.
이런 비타민은 어떻게 복용하는 것인지 제게 알려주세요.

Voca+
服用 fúyòng 동 (약이나 보신제를) 먹다, 복용하다

0033
人参
rénshēn

명 인삼

예 我们这儿有人参产品，您要哪一种？
Wǒmen zhèr yǒu rénshēn chǎnpǐn, nín yào nǎ yì zhǒng?
저희는 인삼제품이 있는데, 어떤 종류를 원하세요?

Voca⁺
红参 hóngshēn 명 홍삼 | 红参切片 hóngshēn qiēpiàn 명 홍삼절편 |
红参精 hóngshēnjīng 명 홍삼엑기스 | 红参粉末 hóngshēn fěnmò 명 홍삼가루 |
红参胶囊 hóngshēn jiāonáng 명 홍삼캡슐 | 红参茶 hóngshēnchá 명 홍삼차 |
红参糖 hóngshēntáng 명 홍삼사탕

0034
泡菜
pàocài

명 김치

예 泡菜是韩国发酵食品的代表，对身体很好。
Pàocài shì Hánguó fājiào shípǐn de dàibiǎo, duì shēntǐ hěn hǎo.
김치는 한국의 대표적인 발효식품으로 몸에 좋습니다.

Voca⁺
白菜泡菜 báicài pàocài 명 배추김치 | 葱泡菜 cōngpàocài 명 파김치

0035
紫菜
zǐcài

명 김

예 紫菜有两种，一种是加盐的，另一种是不加盐的。
Zǐcài yǒu liǎng zhǒng, yì zhǒng shì jiā yán de, lìng yì zhǒng shì bù jiā yán de.
김은 두 종류가 있는데, 하나는 가염이고 다른 하나는 무가염입니다.

Voca⁺
海苔 hǎitái 명 김

0036
化妆水
huàzhuāngshuǐ

명 화장수. 스킨

예 质检局公布了好几种不合格化妆水。
Zhìjiǎnjú gōngbù le hǎo jǐ zhǒng bù hégé huàzhuāngshuǐ.
품질검사국에서 불합격한 스킨 브랜드 몇 종을 공표하였습니다.

Voca⁺
卸妆油 xièzhuāngyóu 명 클렌징오일 | 乳液 rǔyè 명 로션 |
防晒霜 fángshàishuāng 명 썬크림 | 面膜 miànmó 명 마스크팩 | 唇膏 chúngāo
명 립스틱 | 眼霜 yǎnshuāng 명 아이크림

Business VOCA

0037
香水
xiāngshuǐ

명 향수

예 这种香水虽然香味儿很淡，但是香味儿很持久。
Zhè zhǒng xiāngshuǐ suīrán xiāngwèir hěn dàn, dànshì xiāngwèir hěn chíjiǔ.
이런 향수는 비록 향기가 은은하지만 향기가 오래갑니다.

Voca+
喷香水 pēn xiāngshuǐ 향수를 뿌리다 | 香水味儿 xiāngshuǐwèir 향수냄새 |
抹香水 mǒ xiāngshuǐ 향수를 바르다

0038
汽车
qìchē

명 자동차

예 我们的优惠政策适用于大型汽车。
Wǒmen de yōuhuì zhèngcè shìyòngyú dàxíng qìchē.
저희의 우대정책은 대형차에 적용됩니다.

Voca+
停车场 tíngchēchǎng 명 주차장 | 轿车 jiàochē 명 승용차 | 卡车 kǎchē 명 트럭 |
越野车 yuèyěchē 명 지프

0039
农产品*
nóngchǎnpǐn

명 농산물

예 今年农产品价格上涨了。
Jīnnián nóngchǎnpǐn jiàgé shàngzhǎng le.
올해 농산품의 가격이 올랐습니다.

Voca+
*农贸市场 nóngmào shìchǎng 명 농산물 시장 | *农村 nóngcūn 명 농촌 |
*农民 nóngmín 명 농민 | *农业 nóngyè 명 농업

0040
轻工产品
qīnggōngchǎnpǐn

명 경공업 상품

예 这个地区的轻工产品价格低，质量高。
Zhè ge dìqū de qīnggōngchǎnpǐn jiàgé dī, zhìliàng gāo.
이 지역의 경공업 제품은 가격이 낮고 품질이 좋습니다.

Voca+
*轻工业 qīnggōngyè 명 경공업

Voca Review 학습한 단어를 복습해 보세요.

1. 우리말을 중국어로 말해본 후 직접 한자와 병음을 써보세요.

① 컴퓨터
② 에어컨
③ 냉장고
④ 디지털카메라
⑤ 휴대전화
⑥ 이어폰
⑦ 옷
⑧ 화장품

2. 호응하는 어휘끼리 연결한 후 직접 써보세요.

① 发　　•　　　　•　传真
② 发酵　•　　　　•　欢迎
③ 受　　•　　　　•　食品
④ 穿　　•　　　　•　裙子

3. 보기에서 알맞은 어휘를 골라 넣으세요.

> 보기　　a. 裤子　　b. 性价比　　c. 保健品　　d. 电池

① 我们生产的智能手机（　　　）很高，很受消费者欢迎。
② 这款手机配有两块（　　　），一块儿就可以用三天。
③ 这条（　　　）有点儿肥，有没有小一点儿的？
④ 人到中年，吃一点（　　　）对身体有好处。

answer

1. ① 电脑 diànnǎo　② 空调 kōngtiáo　③ 冰箱 bīngxiāng　④ 数码相机 shùmǎxiàngjī　⑤ 手机 shǒujī
　　⑥ 耳机 ěrjī　⑦ 服装 fúzhuāng　⑧ 化妆品 huàzhuāngpǐn
2. ① 发传真　② 发酵食品　③ 受欢迎　④ 穿裙子　　3. ① b　② d　③ a　④ c

Let's Checking! 주어진 한국어 문장을 중국어로 말해 보세요.

저는 다통전자 회사에서 근무합니다.
✓ 我在大同电子公司工作。

저희 회사는 아래의 각종 전자제품을 생산합니다.
✓ 我们公司生产如下各种电子产品。

첫째는 가정용 기기로, 예를 들면 냉장고, TV, 세탁기 등입니다.
✓ 第一、是家用电器，如冰箱、电视、洗衣机等。

둘째는 사무용 기기로, 예를 들면 컴퓨터, 복사기, 프린터 등입니다.
✓ 第二、是办公家电，如电脑、复印机、打印机等。

셋째는 휴대전화와 각종 휴대전화 악세서리로,
✓ 第三、是手机和各种手机配件，

예를 들면 스마트폰, 이어폰, 배터리 등입니다.
✓ 如智能手机、耳机、电池等。

저희가 생산한 스마트폰은 가성비가 높아, 소비자에게 매우 각광받습니다.
✓ 我们生产的智能手机性价比很高，很受消费者欢迎。

Chapter 1 비즈니스 기본 어휘

05 사무용품(办公用品)

Mind Map Note

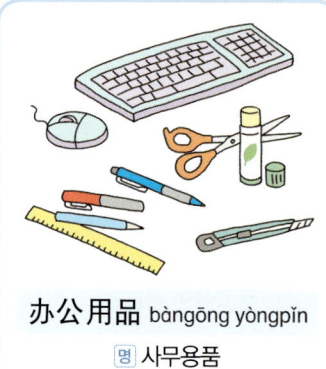

办公用品 bàngōng yòngpǐn
명 사무용품

*桌子 zhuōzi
명 탁자

*文件夹 wénjiànjiā
명 서류철·(파일) 폴더

印台 yìntái
명 스탬프 패드

打卡机 dǎkǎjī
명 출퇴근 기록기

订书机 dìngshūjī
명 스테이플러

碎纸机 suìzhǐjī
명 문서파쇄기

*计算器 jìsuànqì
명 전자계산기

打孔机 dǎkǒngjī
명 펀치

塑封机 sùfēngjī
명 코팅기

Let's Speaking!   이 단원을 학습하고 나면 아래 내용을 중국어로 말할 수 있어요.

- 이것은 제 책상桌子으로, 제 책상 위에는 많은 물건들이 있습니다.

- 예를 들면, 컴퓨터, 전화, 책꽂이书架, 서류철, 필통 등등입니다.

- 컴퓨터 오른쪽에는 계산기와 스테이플러, 펀치打孔机가 있습니다.

- 필통 안에는 연필铅笔, 펜, 형광펜, 자 등등이 있습니다.

- 책상 옆에는 서류함과 문서파쇄기, 쓰레기통垃圾桶이 있습니다.

- 제 사무용 책상办公桌이 작지는 않지만 물건이 많아서 엉망진창입니다.

Let's Start Up!

주제에 맞는 단어와 예문을 학습해 보세요.   Track1-5

0001
桌子＊
zhuōzi

명 탁자. 테이블

예 这是我的桌子，我的桌子上有很多东西。
Zhè shì wǒ de zhuōzi, wǒ de zhuōzi shang yǒu hěn duō dōngxi.
이것은 제 책상으로, 제 책상에는 많은 물건들이 있습니다.

Voca⁺
办公桌 bàngōngzhuō 명 사무용 책상 | 书桌 shūzhuō 명 책상 | 饭桌 fànzhuō 명 식탁

0002
椅子＊
yǐzi

명 의자

예 这把椅子别的都好，就是椅子的靠背太低了。
Zhè bǎ yǐzi bié de dōu hǎo, jiùshì yǐzi de kàobèi tài dī le.
이 의자는 다른 것은 다 좋은데 의자의 등받이가 너무 낮습니다.

Voca⁺
板凳 bǎndèng 명 (등받이가 없는) 긴 나무의자 | 转椅 zhuànyǐ 명 회전의자

0003
书架＊
shūjià

명 책꽂이. 서가

예 办公家具很多。比如书架、文件柜等等。
Bàngōngjiājù hěn duō. Bǐrú shūjià、wénjiànguì děngděng.
사무가구가 많은데, 예를 들면 책꽂이, 서류함 등등입니다.

Voca⁺
调弄书架 tiáonòng shūjià 책꽂이를 정리하다

0004
订书机
dìngshūjī

명 스테이플러. 호치키스

예 请用订书机把会议材料装订好。
Qǐng yòng dìngshūjī bǎ huìyì cáiliào zhuāngdìng hǎo.
스테이플러로 회의자료를 철해주세요.

Voca⁺
订书 dìngshū 동 서적을 주문하다. 제본하다

Business VOCA

0005
打孔机
dǎkǒngjī

명 펀치

예 电脑右边有计算机、订书机和打孔机。
Diànnǎo yòubiān yǒu jìsuànjī、dìngshūjī hé dǎkǒngjī.
컴퓨터 오른쪽에는 계산기와 스테이플러, 펀치가 있습니다.

Voca+
打孔 dǎkǒng 동 (드릴로) 구멍을 뚫다

0006
塑封机
sùfēngjī

명 코팅기

예 我用塑封机把宣传材料塑封好了。
Wǒ yòng sùfēngjī bǎ xuānchuán cáiliào sùfēng hǎo le.
저는 코팅기로 홍보자료를 코팅했습니다.

Voca+
塑封 sùfēng 동 (방수·내구성을 강화하기 위해) 비닐로 코팅하다 |
塑封照片 sùfēng zhàopiàn 명 코팅한 사진

0007
碎纸机
suìzhǐjī

명 문서파쇄기, 문서절단기

예 公司的机密材料使用后要用碎纸机销毁。
Gōngsī de jīmì cáiliào shǐyòng hòu yào yòng suìzhǐjī xiāohuǐ.
회사의 기밀서류는 사용 후에 문서파쇄기로 폐기해야 합니다.

Voca+
*碎 suì 동 부서지다, 깨지다 | *纸 zhǐ 명 종이

0008
打卡机
dǎkǎjī

명 출퇴근 기록기, 타임레코더

예 我每天上下班要用打卡机打卡。
Wǒ měitiān shàngxiàbān yào yòng dǎkǎjī dǎkǎ.
저는 매일 출퇴근할 때 출퇴근 기록기에 카드를 찍어야 합니다.

Voca+
*打卡 dǎkǎ 동 자기카드를 인식기에 긁다. (출퇴근시) 타임레코더에 체크하다

05 사무용품

0009
计算器＊
jìsuànqì

명 (소형) 전자계산기

예 会计的桌子上放着计算器。
Kuàijì de zhuōzi shang fàngzhe jìsuànqì.
회계의 테이블 위에 전자계산기가 놓여있습니다.

Voca⁺
＊计算 jìsuàn 동 계산하다

0010
证件吊卡
zhèngjiàn diàokǎ

명 신분증 카드

예 他的脖子上挂着公司的证件吊卡。
Tā de bózi shang guàzhe gōngsī de zhèngjiàn diàokǎ.
그의 목에는 회사의 신분증 카드가 걸려 있습니다.

Voca⁺
＊证件 zhèngjiàn 명 (학생증·신분증 등의) 증명서 | ＊胸卡 xiōngkǎ
명 가슴에 다는 명찰. 네임 태그

0011
白板
báibǎn

명 화이트보드

예 他在白板上写着这个月的计划表。
Tā zài báibǎn shang xiězhe zhè ge yuè de jìhuàbiǎo.
그는 화이트보드에 이번 달의 계획표를 적고 있습니다.

Voca⁺
白板笔 báibǎnbǐ 명 화이트보드용 펜 | 磁性白板 cíxìng báibǎn
명 자석 화이트보드

0012
黑板＊
hēibǎn

명 칠판

예 小学的教室前边有一块大黑板。
Xiǎoxué de jiàoshì qiánbian yǒu yí kuài dà hēibǎn.
초등학교 교실 앞쪽에는 큰 칠판이 하나 있습니다.

Voca⁺
黑板擦 hēibǎncā 명 칠판지우개 | 粉笔 fěnbǐ 명 분필

Business VOCA

0013
账簿
zhàngbù

명 장부. 금전출납부

예 这是公司的财务账簿。
Zhè shì gōngsī de cáiwù zhàngbù.
이것은 회사의 재무장부입니다.

Voca⁺
登记账簿 dēngjì zhàngbù 장부를 적다

0014
会议簿
huìyìbù

명 회의기록부

예 他在会议簿上写会议记录。
Tā zài huìyìbù shang xiě huìyì jìlù.
그는 회의기록부에 회의기록을 적습니다.

Voca⁺
会议记录 huìyì jìlù 회의록 | 视频会议 shìpín huìyì 명 영상회의

0015
收据本
shōujùběn

명 영수증

예 他收钱后在收据本上写收据证明。
Tā shōuqián hòu zài shōujùběn shang xiě shōujù zhèngmíng.
그는 돈을 받은 후 영수증에 영수했음을 적습니다.

Voca⁺
＊收据 shōujù 명 영수증. 인수증. 수취증

0016
文件盒
wénjiànhé

명 파일박스

예 他的办公室里有一大堆的文件盒。
Tā de bàngōngshì li yǒu yí dà duī de wénjiànhé.
그의 사무실 안에는 파일박스가 많이 있습니다.

Voca⁺
＊文件 wénjiàn 명 문건. 서류

0017
文件夹＊
wénjiànjiā

명 서류철. (파일) 폴더. 서류집게. 클립

예 文件夹是专门装文件用的，主要目的是为了更好地保存文件。
Wénjiànjiā shì zhuānmén zhuāng wénjiàn yòng de, zhǔyào mùdì shì wèile gèng hǎo de bǎocún wénjiàn.
서류철은 서류를 전문적으로 철하는 데 사용하는데, 주 목적은 서류를 더 잘 보관하기 위해서입니다.

Voca⁺
＊夹子 jiāzi 명 집게. 클립. 폴더. 바인더

0018
文件袋
wénjiàndài

명 서류봉투

예 文件袋一般用于私人物品或文件的保管等。
Wénjiàndài yìbān yòngyú sīrén wùpǐn huò wénjiàn de bǎoguǎn děng.
서류봉투는 보통 개인물품 혹은 서류의 보관 등에 사용됩니다.

Voca⁺
袋子 dàizi 명 주머니. 자루. 봉지 | 袋泡茶 dàipàochá 명 (뜨거운 물에 담그면 차가 우러나는) 티백 차. 봉지 차

0019
文件柜
wénjiànguì

명 서류함. 서류캐비닛

예 您看看我的文件柜都成老古董了。
Nín kànkan wǒ de wénjiànguì dōu chéng lǎogǔdǒng le.
제 서류캐비닛이 모두 골동품이 된 것 좀 보세요.

Voca⁺
文件名 wénjiànmíng 명 (컴퓨터에서의) 파일명

0020
文件包
wénjiànbāo

명 서류가방

예 文件包里有产品目录和有关会议的资料。
Wénjiànbāo li yǒu chǎnpǐn mùlù hé yǒuguān huìyì de zīliào.
서류가방 안에 제품 카탈로그와 관련 회의자료가 있습니다.

Voca⁺
提交文件 tíjiāo wénjiàn 제출서류. 서류를 제출하다

Business VOCA

0021
笔筒
bǐtǒng

명 필통, 붓통

예 我的笔筒是在中国买的，很有中国特色。
Wǒ de bǐtǒng shì zài Zhōngguó mǎi de, hěn yǒu Zhōngguó tèsè.
제 필통은 중국에서 산 것으로, 매우 중국적인 특색이 있습니다.

Voca⁺
*笔 bǐ 명 필기구

0022
铅笔*
qiānbǐ

명 연필

예 笔筒里有铅笔、钢笔、荧光笔、尺子等等。
Bǐtǒng li yǒu qiānbǐ、gāngbǐ、yíngguāngbǐ、chǐzi děngděng.
필통 안에는 연필, 펜, 형광펜, 자 등등이 있습니다.

Voca⁺
铅 qiān = 铅笔芯 qiānbǐxīn 명 연필심 | 铅笔刀 qiānbǐdāo 명 연필깎이

0023
钢笔
gāngbǐ

명 펜, 만년필

예 总经理喜欢用钢笔签名。
Zǒngjīnglǐ xǐhuan yòng gāngbǐ qiānmíng.
사장님은 만년필로 서명하는 것을 좋아합니다.

Voca⁺
钢 gāng 명 강철 | 钢笔水 gāngbǐshuǐ 명 잉크

0024
荧光笔
yíngguāngbǐ

명 형광펜

예 请用荧光笔做出标记。
Qǐng yòng yíngguāngbǐ zuòchū biāoji.
형광펜으로 표시하세요.

Voca⁺
荧光灯 yíngguāngdēng 명 형광등 | 荧光屏 yíngguāngpíng 명 형광판 |
荧光剂 yíngguāngjì 형광 물질

0025
圆珠笔芯
yuánzhūbǐxīn

명 볼펜심

예 这款圆珠笔芯卖得很快。
Zhè kuǎn yuánzhūbǐxīn mài de hěn kuài.
이 볼펜심은 매우 잘 팔립니다.

Voca⁺
圆珠笔 yuánzhūbǐ 명 볼펜 | 自动铅笔 zìdòng qiānbǐ 명 샤프펜슬 |
自动铅笔芯 zìdòng qiānbǐxīn 명 샤프펜슬심

0026
图钉
túdīng

명 압정

예 他把通知用图钉固定在告示板上。
Tā bǎ tōngzhī yòng túdīng gùdìng zài gàoshìbǎn shang.
그는 알림내용을 압정으로 게시판에 붙였습니다.

Voca⁺
钉图钉 dìng túdīng 압정을 눌러 박다

0027
台灯
táidēng

명 스탠드

예 我准备回国，要转让台灯、电吹风、吸尘器等物品。
Wǒ zhǔnbèi huíguó, yào zhuǎnràng táidēng、diànchuīfēng、xīchénqì děng wùpǐn.
저는 귀국을 준비하고 있어서 스탠드, 헤어드라이어, 진공청소기 등의 물품을 양도하려 합니다.

Voca⁺
灯 dēng 명 등 | 底座 dǐzuò 명 받침

0028
印台
yìntái

명 스탬프 패드

예 你有蓝色的印台吗？借给我用一下。
Nǐ yǒu lánsè de yìntái ma? Jiègěi wǒ yòng yíxià.
파란색 스탬프 있어요? 제게 좀 빌려주세요.

Voca⁺
印台油 yìntáiyóu 스탬프 잉크

Business VOCA

0029 尺子 chǐzi

명 자

예 请用尺子量一下这个产品的长、宽、高。
Qǐng yòng chǐzi liáng yíxià zhè ge chǎnpǐn de cháng、kuān、gāo.
자로 이 제품의 길이, 폭, 높이를 재 보세요.

Voca⁺
*尺寸 chǐcùn 명 길이. 치수. 사이즈(size)/ (언행 상의) 분별력. 분수 | 得寸进尺 décùn jìnchǐ 성 욕심이 한도 끝도 없다 | 垂涎三尺 chuíxián sānchǐ 성 먹고 싶어서 침을 석 자나 흘리다. 갖고 싶어 눈이 벌겋게 되다

0030 橡皮 xiàngpí

명 지우개

예 这种橡皮擦得很干净，品质非常好。
Zhè zhǒng xiàngpí cā de hěn gānjìng, pǐnzhì fēicháng hǎo.
이 지우개는 깨끗이 지워져서 품질이 아주 좋습니다.

Voca⁺
*擦 cā 동 지우다. 문지르다 | 橡皮擦 xiàngpícā 명 지우개 | 橡皮手套 xiàngpí shǒutào 고무장갑

0031 修正液 xiūzhèngyè

명 수정액

예 这个地方得用修正液修改一下。
Zhè ge dìfang děi yòng xiūzhèngyè xiūgǎi yíxià.
이 부분은 수정액으로 좀 수정해야 합니다.

Voca⁺
*修正 xiūzhèng 동 수정하다. 고치다 | 修正带 xiūzhèngdài 명 수정테이프 | 修正案 xiūzhèng'àn 명 수정안

0032 胶水 jiāoshuǐ

명 풀

예 他用胶水把撕坏的地方粘上了。
Tā yòng jiāoshuǐ bǎ sīhuài de dìfang zhānshàng le.
그는 풀로 찢어진 곳을 붙였습니다.

Voca⁺
胶 jiāo 명 접착력을 가진 물건 | 胶纸 jiāozhǐ 명 스티커 | 胶布 jiāobù 명 반창고 | 胶卷 jiāojuǎn 명 필름

05 사무용품

0033
胶带
jiāodài

명 테이프. 점착테이프

예 判断透明胶带的好坏主要看胶带的粘度。
Pànduàn tòumíng jiāodài de hǎohuài zhǔyào kàn jiāodài de niándù.
스카치테이프의 장단점을 판단하는 것은 주로 테이프의 접착성 봐야 합니다.

Voca⁺
透明胶带 tòumíng jiāodài 명 스카치테이프 | 封箱胶带 fēngxiāng jiāodài 명 박스테이프 | 双面胶带 shuāngmiàn jiāodài 명 양면테이프 | 防水胶带 fángshuǐ jiāodài 명 방수테이프

0034
剪刀＊
jiǎndāo

명 가위

예 你现在用剪刀吗? 如果不用借给我吧。
Nǐ xiànzài yòng jiǎndāo ma? Rúguǒ búyòng jiègěi wǒ ba.
지금 가위 쓰세요? 만약 안 쓰시면 제게 빌려주세요.

Voca⁺
剪子 jiǎnzi 명 가위 | ＊剪彩 jiǎncǎi 동 (개막식 등에서) 테이프를 끊다

0035
便条贴
biàntiáotiē

명 (문구) 포스트잇

예 便条贴有粘性，携带书写很方便。
Biàntiáotiē yǒu niánxìng, xiédài shūxiě hěn fāngbiàn.
포스트잇은 점성이 있어서 휴대하고 기록하기에 편리합니다.

Voca⁺
＊便条 biàntiáo 명 메모, 쪽지 | ＊粘贴 zhāntiē 동 (풀 따위로) 붙이다. 바르다

0036
复印纸
fùyìnzhǐ

명 복사용지

예 复印机里没有复印纸了，放复印纸吧。
Fùyìnjī li méiyǒu fùyìnzhǐ le, fàng fùyìnzhǐ ba.
복사기 안에 복사용지가 없으니, 복사용지를 넣으세요.

Voca⁺
复印件 fùyìnjiàn 명 복사물

Business VOCA

0037 拖把 tuōbǎ

명 대걸레. 밀대

예 地板很脏，你用拖把擦擦吧。
Dìbǎn hěn zāng, nǐ yòng tuōbǎ cāca ba.
바닥이 매우 더러우니, 대걸레로 바닥을 좀 닦으세요.

Voca⁺
拖 tuō 동 (밀걸레로) 닦다. 걸레질하다 | *拖延 tuōyán 동 (시간을) 끌다. 지연하다

0038 扫把 sàobǎ

명 빗자루

예 扫把是家庭、工作中常见的生活工具。
Sàobǎ shì jiātíng, gōngzuò zhōng chángjiàn de shēnghuó gōngjù.
빗자루는 가정이나 업무 중에 흔히 볼 수 있는 생활도구입니다.

Voca⁺
*打扫 dǎsǎo 동 청소하다. 치우다 | 扫地 sǎodì 동 바닥을 청소하다 |
扫地以尽 sǎodì yǐjìn 성 철저하게 장애물이나 재앙의 근원을 없애다 |
威信扫地 wēixìn sǎodì 성 위신 땅에 떨어지다

0039 水桶 shuǐtǒng

명 물통

예 这家公司专业生产各类矿泉水桶，质量好价格低。
Zhè jiā gōngsī zhuānyè shēngchǎn gèlèi kuàngquánshuǐtǒng, zhìliàng hǎo jiàgé dī.
이 회사는 전문적으로 각종 생수통을 생산하는데, 품질은 좋고 가격이 낮습니다.

Voca⁺
桶装水 tǒngzhuāngshuǐ 명 일정한 규격의 플라스틱 통에 넣어 판매하는 물 |
马桶 mǎtǒng 명 좌식변기. 양변기

0040 垃圾桶* lājītǒng

명 쓰레기통

예 桌子旁边有文件柜、碎纸机和垃圾桶。
Zhuōzi pángbiān yǒu wénjiànguì、suìzhǐjī hé lājītǒng.
책상 옆에는 서류함과 문서파쇄기, 쓰레기통이 있습니다.

Voca⁺
垃圾袋 lājīdài 명 쓰레기봉투 | 垃圾食品 lājī shípǐn 명 정크푸드 |
垃圾邮件 lājī yóujiàn 명 스팸메일 | 垃圾分类 lājī fēnlèi 명 쓰레기 분리

Voca Review 학습한 단어를 복습해 보세요.

1. 우리말을 중국어로 말해본 후 직접 한자와 병음을 써보세요.

① 탁자

② 서류철

③ 스탬프 패드

④ 스테이플러

⑤ 펀치

⑥ 문서파쇄기

⑦ 코팅기

⑧ 출퇴근 기록기

2. 호응하는 어휘끼리 연결한 후 직접 써보세요.

① 证件 •   • 地板

② 会议 •   • 吊卡

③ 有关 •   • 记录

④ 擦 •   • 资料

3. 보기에서 알맞은 어휘를 골라 넣으세요.

보기   a. 橡皮   b. 复印机   c. 工具   d. 胶带

① 这种 (　　　) 擦得很干净，品质非常好。

② 判断透明 (　　　) 的好坏主要看胶带的粘度。

③ (　　　) 里没有复印纸了，放复印纸吧。

④ 扫把是家庭、工作中常见的生活 (　　　)。

answer

1. ①桌子 zhuōzi ②文件夹 wénjiànjiā ③印台 yìntái ④订书机 dìngshūjī
   ⑤打孔机 dǎkǒngjī ⑥碎纸机 suìzhǐjī ⑦塑封机 sùfēngjī ⑧打卡机 dǎkǎjī
2. ①证件吊卡 ②会议记录 ③有关资料 ④擦地板   3. ①a ②d ③b ④c

Let's Checking!   주어진 한국어 문장을 중국어로 말해 보세요.

이것은 제 책상으로, 제 책상 위에는 많은 물건들이 있습니다.
- ✓ 这是我的桌子，我的桌子上有很多东西。

예를 들면, 컴퓨터, 전화, 책꽂이, 서류철, 필통 등등입니다.
- ✓ 比如电脑、电话、书架、文件夹、笔筒等等。

컴퓨터 오른쪽에는 계산기와 스테이플러, 펀치가 있습니다.
- ✓ 电脑右边有计算器、订书机和打孔机。

필통 안에는 연필, 펜, 형광펜, 자 등등이 있습니다.
- ✓ 笔筒里有铅笔、钢笔、荧光笔、尺子等等。

책상 옆에는 서류함과 문서파쇄기, 쓰레기통이 있습니다.
- ✓ 桌子旁边有文件柜、碎纸机和垃圾桶。

제 사무용 책상이 작지는 않지만 물건이 많아서 엉망진창입니다.
- ✓ 我的办公桌不小，但是东西很多，乱七八糟。

#중국 돋보기

대륙의 실수 小米!

　샤오미(小米, 北京小米科技有限责任公司, Xiaomi Technology Co. Ltd)는 현재 중국의 많은 젊은이들이 입사하고 싶어하는 기업 중 하나이다. 샤오미는 전자제품을 제조 판매하는 기업으로 스마트폰, 컴퓨터, TV, 보조배터리 등의 제품을 개발 판매한다. '샤오미(小米)'는 '좁쌀'이라는 뜻으로 초창기에 창업자 '레이쥔(雷军)'이 동업자들과 좁쌀로 만든 죽을 먹으며 사업을 꾸려 나갔다고 하여 붙인 이름이라고 한다.

　샤오미는 마케팅 전략으로 고객에게 참여감을 제공하기 위해 폭발적 인기상품을 개발하는 제품 전략, 직원들이 먼저 제품의 팬이 되는 사용자 전략, 기업이 스스로 미디어가 되어 사용자들이 콘텐츠를 생산하도록 유도한다는 컨텐츠 전략을 펼쳤다.

　샤오미는 애플을 카피한 디자인과 가성비 좋은 스펙의 휴대전화에서 출발하여 대륙의 애플 전략을 펼치며 발전해 나가 결국 세계가 주목하는 회사 중 하나가 되었다.

　2010년 창립되어 소프트웨어 개발을 시작으로 2011년 샤오미Mi1(Xiaomi Mi1)을 내놓았고, 뒤를 이어 샤오미(Xiaomi) 시리즈, 홍미(RedMi) 시리즈, 보조배터리, 미 밴드, 미 패드 등의 제품을 내놓고 있다. 최근에는 공기청정기도 가성비가 좋아 한국의 소비자까지 사로잡았다. 대부분의 제품이 가성비가 좋아 우스갯소리로 대륙의 실수라고도 불린다.

Chapter 2
회사생활

01 구직 · 면접　　82
02 출 · 퇴근　　96
03 업무일정　　110
04 회의 · 보고　　124
05 출장 · 연회　　138
－ 중국 돋보기　　152

Chapter 2 회사생활

01 구직·면접(求职·面试)

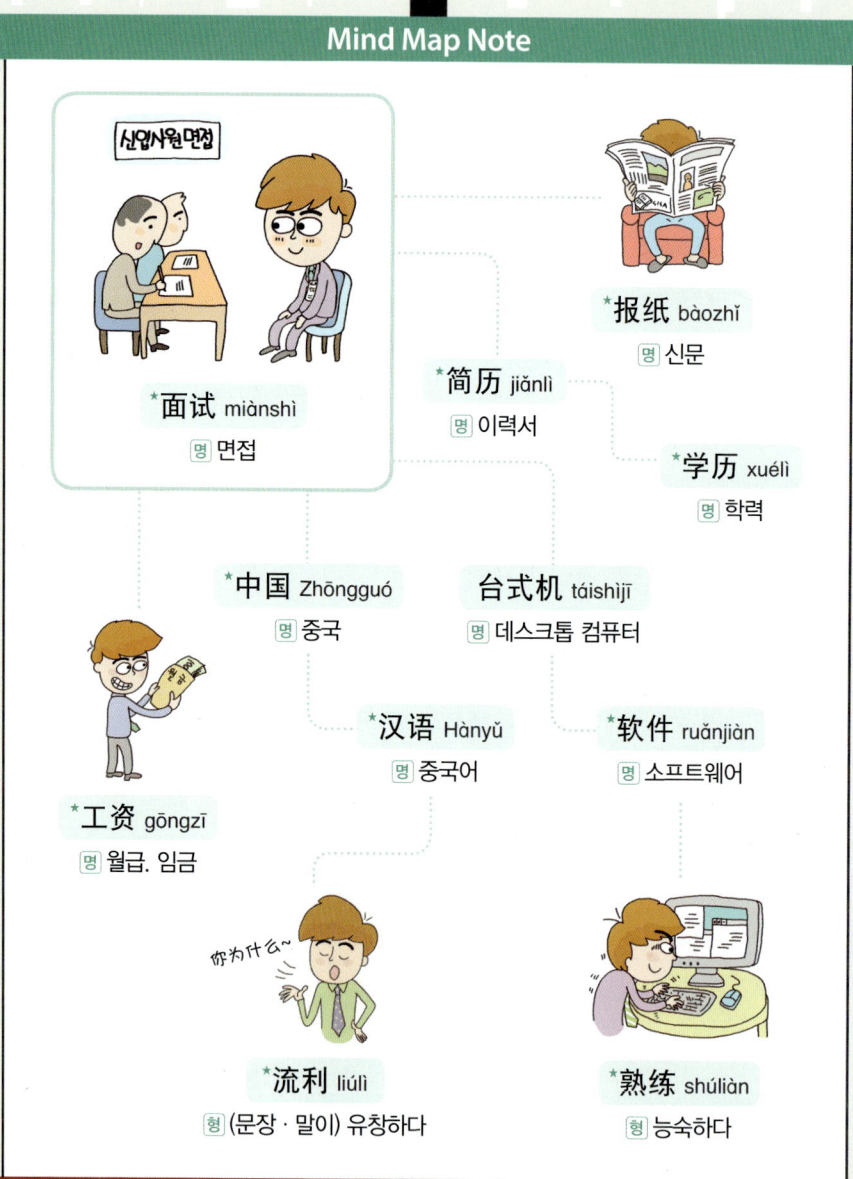

Let's Speaking!   이 단원을 학습하고 나면 아래 내용을 중국어로 말할 수 있어요.

- 여러분 안녕하세요! 제 소개介绍를 하겠습니다!

- 저는 강태우라고 하고, 베이징대학 경제무역학과를 졸업했습니다毕业.

- 저는 중국에서 대학을 다녀서, 중국어를 유창하게流利 합니다.

- 저는 성격이 외향적이고, 소통沟通 능력이 뛰어납니다.

- 저는 줄곧 중국시장에 관심兴趣이 많았습니다.

- 저는 중국시장을 개척하고 싶어서 귀사에 지원하였습니다应聘.

- 귀사에서 제게 일할 수 있는 기회机会를 주시기를 바랍니다. 감사합니다.

Let's Start Up!

주제에 맞는 단어와 예문을 학습해 보세요.   Track 2-1

0001

面试*
miànshì

명 면접시험 동 면접시험 보다

예 我已经通过笔试了，正在准备参加面试。
Wǒ yǐjīng tōngguò bǐshì le, zhèngzài zhǔnbèi cānjiā miànshì.
저는 이미 필기시험을 통과해서, 지금 면접 볼 준비를 하고 있습니다.

Voca+
笔试 bǐshì 명 필기시험 | 口试 kǒushì 명 구술시험 | 面试官 miànshiguān 명 면접관 | 考官 kǎoguān 명 시험감독관

0002

介绍*
jièshào

동 소개하다

예 大家好！我来做一下自我介绍！
Dàjiā hǎo! Wǒ lái zuò yíxià zìwǒ jièshào!
여러분 안녕하세요! 제 소개를 하겠습니다!

Voca+
介绍信 jièshàoxìn 명 소개장, 추천장

0003

学历*
xuélì

명 학력

예 我在简历上写了我的学历、经历、将来目标。
Wǒ zài jiǎnlì shang xiě le wǒ de xuélì, jīnglì, jiānglái mùbiāo.
저는 이력서에 저의 학력, 경력, 장래목표를 적었습니다.

Voca+
学历证明 xuélì zhèngmíng 학력증명

0004

毕业*
bìyè

동 졸업하다

예 我毕业于北京大学经贸系。
Wǒ bìyè yú Běijīng Dàxué Jīngmàoxì.
저는 베이징대학 경제무역학과를 졸업하였습니다.

Voca+
毕业论文 bìyè lùnwén 명 졸업논문

Business VOCA

0005 学位 *
xuéwèi

명 학위

예 今年我在同一所学校获得了硕士学位。
Jīnnián wǒ zài tóng yì suǒ xuéxiào huòdé le shuòshì xuéwèi.
올해 저는 같은 학교에서 석사학위를 취득하였습니다.

Voca+
学士 xuéshì 명 학사 | *硕士 shuòshì 명 석사 | *博士 bóshì 명 박사

0006 大学 *
dàxué

명 대학

예 我在中国上了大学，已经在中国住了五年。
Wǒ zài Zhōngguó shàng le dàxué, yǐjīng zài Zhōngguó zhù le wǔ nián.
저는 중국에서 대학을 다녔고, 이미 중국에서 5년간 살았습니다.

Voca+
*学校 xuéxiào 명 학교 | 小学 xiǎoxué 명 초등학교 | *初中 chūzhōng 명 중학교 | *高中 gāozhōng 명 고등학교

0007 专业 *
zhuānyè

명 전공 형 전문의

예 你是学什么专业的，你为什么选择这个专业？
Nǐ shì xué shénme zhuānyè de, nǐ wèishénme xuǎnzé zhè ge zhuānyè?
당신은 무엇을 전공했으며, 왜 이 전공을 선택했나요?

Voca+
经贸 jīngmào 명 경제무역 | 工商管理 gōngshāng guǎnlǐ 명 경영관리 | *中文 Zhōngwén 명 중문, 중국어 | *英文 Yīngwén 명 영문, 영어 | *法律 fǎlǜ 명 법률

0008 特长 *
tècháng

명 장점. 장기. 특기

예 请你说说你自己的特长吧。
Qǐng nǐ shuōshuo nǐ zìjǐ de tècháng ba.
자신의 특기를 말해 보세요.

Voca+
特长生 tèchángshēng 명 특기생

0009
好处*
hǎochu

명 장점. 좋은 점

예 长相对找工作是有好处的，但主要还是看能力。
Zhǎngxiàng duì zhǎo gōngzuò shì yǒu hǎochu de, dàn zhǔyào háishi kàn nénglì.
외모가 직업을 찾는 데 도움이 되지만 주된 것은 역시 능력입니다.

Voca+
优点 yōudiǎn 명 장점 | *优势 yōushì 명 우세. 우위. 장점 | *长处 chángchù 명 장점. 훌륭한 점

0010
坏处*
huàichu

명 단점. 나쁜 점

예 先辞职后找工作的坏处是找到新工作之前收入中断了。
Xiān cízhí hòu zhǎo gōngzuò de huàichu shì zhǎodào xīn gōngzuò zhīqián shōurù zhōngduàn le.
먼저 사직하고 직장을 찾는 것의 단점은 새로운 직업을 찾기 전에 수입이 중단되는 것입니다.

Voca+
*缺点 quēdiǎn 명 결점. 단점 | 短处 duǎnchu 명 결점. 단점 | 劣势 lièshì 명 열세

0011
汉语*
Hànyǔ

명 중국어

예 我只学了三个月的汉语，说得不太好。
Wǒ zhǐ xué le sān ge yuè de Hànyǔ, shuō de bútài hǎo.
저는 중국어를 배운 지 3개월 밖에 안 돼서 말을 잘 하지 못합니다.

Voca+
*外语 wàiyǔ 명 외국어 | 法语 Fǎyǔ 명 프랑스어 | 日语 Rìyǔ 명 일어 | 英语 Yīngyǔ 명 영어 | 西班牙语 Xībānyáyǔ 명 스페인어

0012
听*
tīng

동 듣다

예 我的英语听、说、读、写都很好，尤其是口语最好。
Wǒ de Yīngyǔ tīng、shuō、dú、xiě dōu hěn hǎo, yóuqí shì kǒuyǔ zuì hǎo.
저는 영어 듣기, 말하기, 읽기, 쓰기 모두 잘하는데, 특히 회화를 가장 잘합니다.

Voca+
*说 shuō 동 말하다 | *读 dú 동 읽다 | *写 xiě 동 (글씨를) 쓰다

Business VOCA

0013 流利* liúlì

[형] (문장·말 따위가) 유창하다

[예] 我是在美国出生长大的，英语说得很流利。
Wǒ shì zài Měiguó chūshēng zhǎngdà de, Yīngyǔ shuō de hěn liúlì.
저는 미국에서 태어나고 자라서 영어를 유창하게 합니다.

Voca+
笔法流利 bǐfǎ liúlì 필치가 거침없다

0014 熟练* shúliàn

[형] 능숙하다. 숙련되어 있다

[예] 他是老手，不管做什么工作都很熟练。
Tā shì lǎoshǒu, bùguǎn zuò shénme gōngzuò dōu hěn shúliàn.
그는 베테랑이라 어떤 일을 하든 모두 능숙하게 합니다.

Voca+
熟练工 shúliàngōng [명] 숙련공

0015 台式机 táishìjī

[명] 데스크톱 컴퓨터

[예] 我最近买了新电脑，是最新型的台式机。
Wǒ zuìjìn mǎi le xīn diànnǎo, shì zuì xīnxíng de táishìjī.
나는 최근에 컴퓨터를 새로 샀는데, 최신형 데스크톱 컴퓨터입니다.

Voca+
*键盘 jiànpán [명] 키보드. 건반. 자판 | 电脑犯罪 diànnǎo fànzuì [명] 사이버 범죄

0016 软件* ruǎnjiàn

[명] 소프트웨어

[예] 我能熟练使用办公软件。
Wǒ néng shúliàn shǐyòng bàngōng ruǎnjiàn.
저는 사무용 소프트웨어를 능숙하게 사용할 수 있습니다.

Voca+
*使用 shǐyòng [동] 사용하다. 쓰다 | *硬件 yìngjiàn [명] 하드웨어

0017
性格*
xìnggé

명 **성격**

예 我的性格很内向，做什么事情都很紧张。
Wǒ de xìnggé hěn nèixiàng, zuò shénme shìqing dōu hěn jǐnzhāng.
제 성격은 내성적이라, 무슨 일을 하든 매우 긴장합니다.

Voca+
*幽默 yōumò 형 유머러스하다 | *大方 dàfang 형 호탕하다. 인색하지 않다 |
*善良 shànliáng 형 선량하다. 착하다

0018
外向*
wàixiàng

형 **(성격이) 외향적이다**

예 我的性格热情外向，喜欢体育运动。
Wǒ de xìnggé rèqíng wàixiàng, xǐhuan tǐyù yùndòng.
제 성격은 열정적이고 외향적이며, 스포츠를 좋아합니다.

Voca+
内向 nèixiàng 형 내성적이다

0019
沟通*
gōutōng

동 **교류하다. 소통하다**

예 我性格很外向，沟通能力也非常好。
Wǒ xìnggé hěn wàixiàng, gōutōng nénglì yě fēicháng hǎo.
제 성격은 외향적이고, 소통 능력도 매우 좋습니다.

Voca+
双向沟通 shuāngxiàng gōutōng 양방향 소통

0020
能力*
nénglì

명 **능력**

예 通过各种培训可以提高员工的业务能力。
Tōngguò gèzhǒng péixùn kěyǐ tígāo yuángōng de yèwù nénglì.
각종 교육을 통해서 직원들의 업무능력을 높일 수 있습니다.

Voca+
天分 tiānfèn 명 타고난 소질 | 天资 tiānzī 명 타고난 자질. 천부의 재능 |
天赋 tiānfù 동 천부적이다. 타고나다 | 才能 cáinéng 명 재능. 재간. 수완

Business VOCA

0021 报纸* bàozhǐ

명 신문

예 我在报纸上看到贵公司有在中国发展的计划。
Wǒ zài bàozhǐ shang kàndào guì gōngsī yǒu zài Zhōngguó fāzhǎn de jìhuà.
저는 신문에서 귀사가 중국에서의 발전계획이 있다는 것을 보았습니다.

Voca+
报纸架 bàozhǐjià 명 신문 스탠드

0022 新闻* xīnwén

명 (매스컴의) 뉴스. 새 소식

예 看了新闻就知道最近失业率越来越高。
Kàn le xīnwén jiù zhīdào zuìjìn shīyèlǜ yuèláiyuè gāo.
뉴스를 보면 요즘 실업률이 점점 높아지는 것을 알 수 있습니다.

Voca+
新闻联播 xīnwén liánbō 명 뉴스 연합보도

0023 网站* wǎngzhàn

명 (인터넷) 웹사이트

예 最近通过招聘网站找工作的人日益增加。
Zuìjìn tōngguò zhāopìn wǎngzhàn zhǎo gōngzuò de rén rìyì zēngjiā.
최근 구인사이트를 통해서 직장을 찾는 사람이 나날이 늘고 있습니다.

Voca+
*网页 wǎngyè 명 인터넷 홈페이지 | *网址 wǎngzhǐ 명 웹사이트 주소. 인터넷 주소

0024 中国* Zhōngguó

명 중국

예 我一直对中国市场很感兴趣。
Wǒ yìzhí duì Zhōngguó shìchǎng hěn gǎn xìngqù.
저는 줄곧 중국시장에 관심이 많았습니다.

Voca+
中国梦 Zhōngguómèng 중국의 꿈 (중화민족의 부흥을 의미하는 말로 시진핑 주석이 처음으로 언급함)

0025
简历*
jiǎnlì

명 약력. 이력서. 프로필

예 你先寄一份个人简历，然后我们会在五天内给你答复。
Nǐ xiān jì yí fèn gèrén jiǎnlì, ránhòu wǒmen huì zài wǔ tiān nèi gěi nǐ dáfù.
우선 개인이력서를 보내시면, 저희가 5일 이내에 회신을 드리겠습니다.

Voca⁺
个人简历 gèrén jiǎnlì **명** 개인이력 | 工作简历 gōngzuò jiǎnlì **명** 근무경력

0026
应聘*
yìngpìn

동 초빙에 응하다. 지원하다

예 我想开拓中国市场，所以应聘了贵公司。
Wǒ xiǎng kāituò Zhōngguó shìchǎng, suǒyǐ yìngpìn le guì gōngsī.
저는 중국시장을 개척하고 싶어서 귀사에 지원하였습니다.

Voca⁺
应征 yìngzhēng **동** 지원하다. 응모하다

0027
招聘*
zhāopìn

동 (공모 방식으로) 초빙하다. 모집하다

예 三星公司今年招聘多少新员工？
Sānxīng Gōngsī jīnnián zhāopìn duōshao xīn yuángōng?
삼성에서 올해 신입사원을 얼마나 모집합니까?

Voca⁺
招聘会 zhāopìnhuì **명** 채용박람회 | 公开招聘 gōngkāi zhāopìn **명** 공채

0028
制度*
zhìdù

명 제도

예 大公司管理制度比较完善，所以很多人想在大公司工作。
Dàgōngsī guǎnlǐ zhìdù bǐjiào wánshàn, suǒyǐ hěn duō rén xiǎng zài dàgōngsī gōngzuò.
대기업은 관리제도가 비교적 완벽해서, 많은 사람들이 대기업에서 일하고 싶어합니다.

Voca⁺
*完善 wánshàn **형** 완전하다. 완벽하다

Business VOCA

0029 福利* fúlì

명 복리. 복지. 후생복지

예 福利包括带薪假期、健康保险、过节礼物等。
Fúlì bāokuò dàixīn jiàqī, jiànkāng bǎoxiǎn, guòjié lǐwù děng.
복지는 유급휴가, 건강보험, 명절선물 등을 포함합니다.

Voca⁺
带薪假期 dàixīn jiàqī 명 유급휴가 | 健康保险 jiànkāng bǎoxiǎn 명 건강보험 | 社会保险 shèhuì bǎoxiǎn 명 사회보험 | 医疗保险 yīliáo bǎoxiǎn 명 의료보험

0030 待遇* dàiyù

명 (봉급 · 권리 · 지위 등의) 대우. 대접

예 我们公司虽然规模小、不怎么知名，待遇却很好。
Wǒmen gōngsī suīrán guīmó xiǎo, bù zěnme zhīmíng, dàiyù què hěn hǎo.
우리 회사는 비록 규모가 작고 지명도는 별로 없지만, 대우는 오히려 좋습니다.

Voca⁺
待人 dàirén 동 사람을 대하다 | 待人接物 dàirén jiēwù 성 사람을 대하는 태도, 처세하다

0031 工资* gōngzī

명 월급. 임금

예 这家公司福利待遇不错，工资也比较高，我很满意。
Zhè jiā gōngsī fúlì dàiyù búcuò, gōngzī yě bǐjiào gāo, wǒ hěn mǎnyì.
이 회사는 복지대우가 괜찮고 월급도 비교적 높아서, 저는 매우 만족합니다.

Voca⁺
日薪 rìxīn 명 일당. 일급 | *薪水 xīnshui 명 월급. 급여 | *年薪 niánxīn 명 연봉

0032 奖金* jiǎngjīn

명 보너스. 상금

예 公司发绩效奖金的目的是促进良性竞争。
Gōngsī fā jìxiào jiǎngjīn de mùdì shì cùjìn liángxìng jìngzhēng.
회사가 성과급을 주는 목적은 선의의 경쟁을 촉진하려는 것입니다.

Voca⁺
奖金挂钩 jiǎngjīn guàgōu 보너스 연동제 (생산량이 일정량을 초과하게 되면 보너스를 지급하는 제도)

0033 员工* yuángōng

명 직원과 노무자

예 我听说贵公司给员工很多发展机会。
Wǒ tīngshuō guì gōngsī gěi yuángōng hěn duō fāzhǎn jīhuì.
저는 귀사가 직원들에게 많은 발전기회를 준다고 들었습니다.

Voca+
员工卡 yuángōngkǎ 명 사원증 | 员工序号 yuángōng xùhào 명 사원번호, 사번

0034 希望* xīwàng

명 희망. 바람   동 바라다. 희망하다

예 希望贵公司能给我工作的机会。
Xīwàng guì gōngsī néng gěi wǒ gōngzuò de jīhuì.
귀사가 제게 일할 수 있는 기회를 주시기를 바랍니다.

Voca+
希望如此 xīwàng rúcǐ 그러길 바라다 | 希望落空 xīwàng luòkōng 희망이 물거품이 되다 | 希望越大, 失望也越大 xīwàng yuè dà, shīwàng yě yuè dà 기대가 크면 클수록 실망도 크기 마련이다

0035 机会* jīhuì

명 기회

예 我觉得世界市场很大，机会很多。
Wǒ juéde shìjiè shìchǎng hěn dà, jīhuì hěn duō.
저는 세계시장은 크고, 기회가 많다고 생각합니다.

Voca+
机会成本 jīhuì chéngběn 명 기회비용 | 机会主义 jīhuì zhǔyì 명 기회주의

0036 经历* jīnglì

명 경력. 경험   동 겪다

예 如果你有工作经历，写简历的时候应该都写上。
Rúguǒ nǐ yǒu gōngzuò jīnglì, xiě jiǎnlì de shíhou yīnggāi dōu xiěshàng.
만약 당신이 업무경력이 있다면, 이력서를 쓸 때 모두 써야 합니다.

Voca+
*经验 jīngyàn 명 경험

Business VOCA

0037 职位* zhíwèi

명 직위

예 我在以前的公司里负责销售，所以应聘贵公司的销售经理职位。
Wǒ zài yǐqián de gōngsī li fùzé xiāoshòu, suǒyǐ yìngpìn guì gōngsī de xiāoshòu jīnglǐ zhíwèi.
저는 예전의 회사에서 판매를 담당했었기에 귀사의 판매책임자 직위에 지원하였습니다.

Voca⁺
*兼职 jiānzhí 명동 겸직(하다) | *任职 rènzhí 동 직무를 맡다, 재직하다

0038 面对面 miànduìmiàn

동 대면하다, 맨투맨(man to man)으로 하다

예 很多招聘信息上都写着工资待遇面对面决定。
Hěn duō zhāopìn xìnxī shang dōu xiězhe gōngzī dàiyù miànduìmiàn juédìng.
많은 구직정보에는 월급과 대우는 직접 대면하여 결정한다고 쓰여있습니다.

Voca⁺
*露面 lòumiàn 동 얼굴을 내밀다, 나타나다 | 面谈 miàntán 명동 면담(하다)

0039 实习* shíxí

동 실습하다

예 我觉得并不是简历上的实习经验越多越好。
Wǒ juéde bìng bú shì jiǎnlì shang de shíxí jīngyàn yuè duō yuè hǎo.
저는 이력서 상의 실습경험은 결코 많을수록 좋은 것은 아니라고 생각합니다.

Voca⁺
实习职员 shíxí zhíyuán 견습사원, 인턴 | 实习医生 shíxí yīshēng 레지던트

0040 通过* tōngguò

동 건너가다, 통과하다   전 ~을 통해서

예 我通过了面试，终于找到了理想的工作。
Wǒ tōngguò le miànshì, zhōngyú zhǎodào le lǐxiǎng de gōngzuò.
저는 면접에 통과하여, 마침내 원하는 직장을 찾았습니다.

Voca⁺
*流通 liútōng 동 유통하다 | *通行 tōngxíng 동 통행하다, 다니다

01 구직·면접   93

voca Review 학습한 단어를 복습해 보세요.

1. 우리말을 중국어로 말해본 후 직접 한자와 병음을 써보세요.

① 면접시험

② 특기

③ 장점

④ 능숙하다

⑤ 소통하다

⑥ 이력서

⑦ 후생복지

⑧ 월급

2. 호응하는 어휘끼리 연결한 후 직접 써보세요.

① 参加 • • 毕业

② 大学 • • 面试

③ 获得 • • 内向

④ 性格 • • 学位

3. 보기에서 알맞은 어휘를 골라 넣으세요.

보기   a. 开拓   b. 面对面   c. 通过   d. 促进

① 公司发绩效奖金的目的是（　　　）良性竞争。

② 我觉得世界市场很大，我想（　　　）世界市场。

③ 很多招聘信息上都写着工资待遇（　　　）决定。

④ 我（　　　）了面试，终于找到了理想的工作。

answer

1. ① 面试 miànshì ② 特长 tècháng ③ 好处 hǎochu ④ 熟练 shúliàn ⑤ 沟通 gōutōng
   ⑥ 简历 jiǎnlì ⑦ 福利 fúlì ⑧ 工资 gōngzī
2. ① 参加面试 ② 大学毕业 ③ 获得学位 ④ 性格内向   3. ①d ②a ③b ④c

Let's Checking! 주어진 한국어 문장을 중국어로 말해 보세요.

여러분 안녕하세요! 제 소개를 하겠습니다!
✓ 你们好！我来做一下自我介绍！

저는 강태우라고 하고, 베이징대학 경제무역학과를 졸업했습니다.
✓ 我叫姜泰宇，毕业于北京大学经贸系。

저는 중국에서 대학을 다녀서, 중국어를 유창하게 합니다.
✓ 我在中国上了大学，汉语说得很流利。

저는 성격이 외향적이고, 소통 능력이 뛰어납니다.
✓ 我性格很外向，沟通能力也非常好。

저는 줄곧 중국시장에 관심이 많았습니다.
✓ 我一直对中国市场很感兴趣。

저는 중국시장을 개척하고 싶어서 귀사에 지원하였습니다.
✓ 我想开拓中国市场，所以应聘了贵公司。

귀사에서 제게 일할 수 있는 기회를 주시기를 바랍니다. 감사합니다.
✓ 希望贵公司能给我工作的机会。谢谢。

Chapter 2 회사생활

02 출·퇴근(上下班)

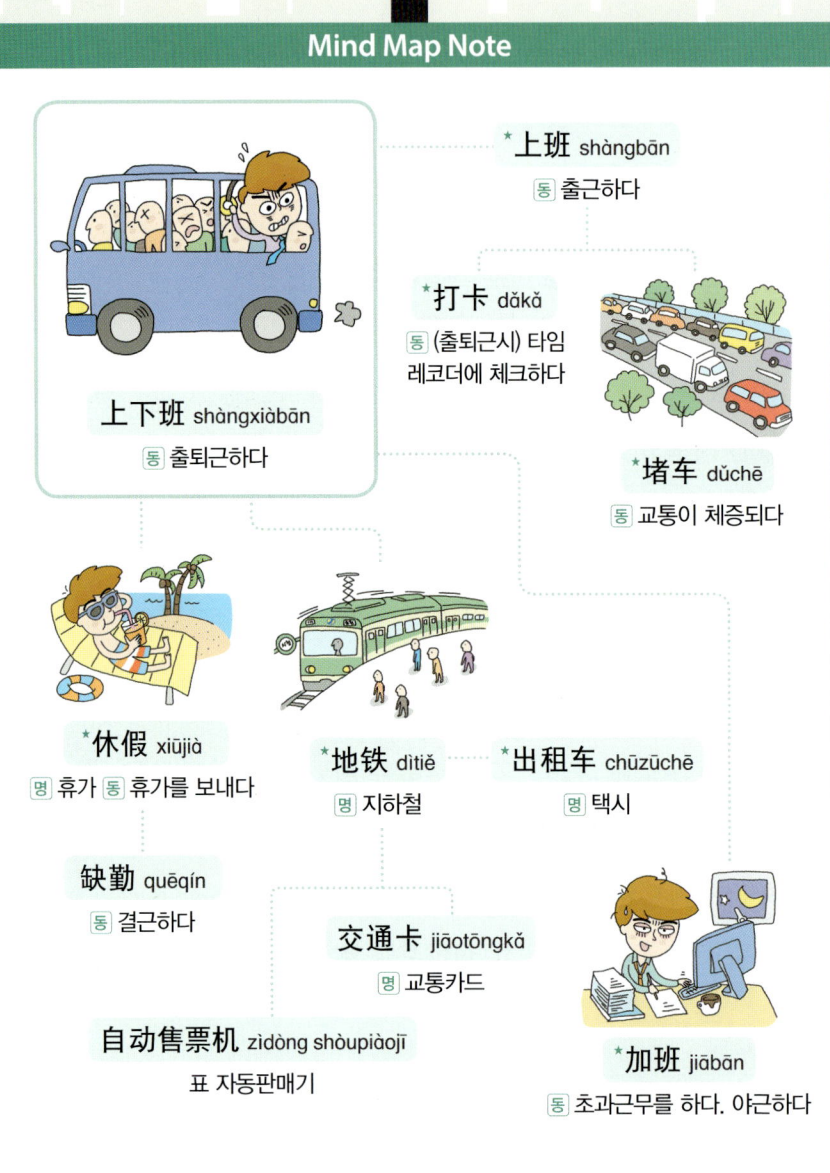

Let's Speaking!   이 단원을 학습하고 나면 아래 내용을 중국어로 말할 수 있어요.

- 저는 매일 아침 6시에 일어나서 起床 출근 준비를 합니다.

- 매일 일찍 일어나기 起得早 때문에 저는 피곤하다고 느낍니다.

- 제시간에 출근하기 上班 위해서 저는 매일 아침 7시에 집을 나섭니다.

- 출퇴근 시간에 교통체증 堵车 이 심해서 저는 보통 지하철을 타고 출근합니다.

- 저는 이번 달부터 일을 시작해 일이 익숙하지 않아서 거의 매일 야근합니다 加班.

- 오늘 상사가 제게 일찍 집으로 돌아가 回家 쉬라고 했습니다.

Let's Start Up!

주제에 맞는 단어와 예문을 학습해 보세요.　　◉ Track 2-2

0001
起床*
qǐchuáng

동 기상하다. 일어나다

예 我每天早上六点起床准备上班。
Wǒ měitiān zǎoshang liù diǎn qǐchuáng zhǔnbèi shàngbān.
저는 매일 아침 6시에 일어나서 출근 준비를 합니다.

Voca⁺
*床 chuáng 명 침대 | *床单 chuángdān 명 침대보, 침대시트

0002
离*
lí

동 떠나다　전 ~에서, ~로부터

예 我家离公司很远，所以很早就得起床。
Wǒ jiā lí gōngsī hěn yuǎn, suǒyǐ hěn zǎo jiù děi qǐchuáng.
우리집은 회사에서 멀어서 일찍 일어나야만 합니다.

Voca⁺
*距离 jùlí 명 거리, 간격 동 (~로부터) 떨어지다 | *离开 líkāi 동 떠나다, 헤어지다

0003
起早
qǐzǎo

동 아침 일찍 일어나다

예 因为每天起早，所以我觉得很累。
Yīnwèi měitiān qǐzǎo, suǒyǐ wǒ juéde hěn lèi.
매일 아침 일찍 일어나기 때문에 저는 피곤하다고 느낍니다.

Voca⁺
*早 zǎo 형 이르다 | *早晨 zǎochen 명 (이른) 아침 | *早上 zǎoshang 명 아침

0004
公司*
gōngsī

명 회사

예 我们公司上班时间比较早，公司要求八点上班。
Wǒmen gōngsī shàngbān shíjiān bǐjiào zǎo, gōngsī yāoqiú bā diǎn shàngbān.
우리 회사의 출근시간은 비교적 이른 편으로, 회사는 8시에 출근하기를 요구합니다.

Voca⁺
大公司 dàgōngsī 명 대기업 | 子公司 zǐgōngsī 명 자회사

Business VOCA

0005 出门* chūmén

동 외출하다.

예 为了准时上班，我每天早上七点就出门。
Wèile zhǔnshí shàngbān, wǒ měitiān zǎoshang qī diǎn jiù chūmén.
제시간에 출근하기 위해서 저는 매일 아침 7시에 집을 나섭니다.

Voca+
*门口 ménkǒu 명 입구. 현관 | *门禁卡 ménjìnkǎ 명 출입카드

0006 上班* shàngbān

동 출근하다

예 他一般坐地铁上班，偶尔坐出租车上班。
Tā yìbān zuò dìtiě shàngbān, ǒu'ěr zuò chūzūchē shàngbān.
그는 보통 지하철을 타고 출근하고 때때로 택시를 타고 출근합니다.

Voca+
*值班 zhíbān 동 당직을 서다 | *上班族 shàngbānzú 명 출퇴근족. 샐러리맨

0007 下班* xiàbān

동 퇴근하다

예 如果没什么事儿，我每天下午六点下班回家。
Rúguǒ méi shénme shìr, wǒ měitiān xiàwǔ liù diǎn xiàbān huíjiā.
만약 별다른 일이 없으면 저는 매일 오후 6시에 퇴근해서 집에 갑니다.

Voca+
*下岗 xiàgǎng 동 퇴직하다. 실직하다

0008 上车 shàngchē

동 (차·기차 등에) 타다. 오르다

예 公交车快要开的时候，他上车，看起来很危险。
Gōngjiāochē kuàiyào kāi de shíhou, tā shàngchē, kànqǐlái hěn wēixiǎn.
버스가 막 출발하려 할 때 그가 차에 탔는데 매우 위험해 보였습니다.

Voca+
*班车 bānchē 명 통근차 | *车站 chēzhàn 명 정거장. 역 | *停车位 tíngchēwèi 주차 자리

0009
下车
xiàchē

동 (차 · 기차 등에서) 하차하다. 내리다

예 我在北京饭店门口下车时把一个文件包忘在出租车上了。
Wǒ zài Běijīng Fàndiàn ménkǒu xiàchē shí bǎ yí ge wénjiànbāo wàngzài chūzūchē shang le.
저는 베이징호텔 입구에서 하차할 때 서류가방을 택시에 두고 내렸습니다.

Voca⁺
下车步行 xiàchē bùxíng 차에서 내려 걷다

0010
坐 ★
zuò

동 (교통수단을) 타다

예 你知道从首尔到釜山要坐多长时间的火车吗?
Nǐ zhīdào cóng Shǒu'ěr dào Fǔshān yào zuò duōcháng shíjiān de huǒchē ma?
당신은 서울에서 부산까지 얼마동안 기차를 타야 하는지 아시나요?

Voca⁺
*乘坐 chéngzuò 동 (자동차 · 배 · 비행기 등을) 타다

0011
轿车
jiàochē

명 승용차. 세단

예 中国自主品牌企业主要生产的不是高级型轿车，而是经济型轿车。
Zhōngguó zìzhǔ pǐnpái qǐyè zhǔyào shēngchǎn de búshì gāojíxíng jiàochē, érshì jīngjìxíng jiàochē.
중국 자체 브랜드 기업이 주로 생산한 것은 고급형 승용차가 아니라 보급형 승용차입니다.

Voca⁺
*车库 chēkù 명 차고 | *黑车 hēichē 명 불법 운행차량 |
*拼车 pīnchē 택시 합승 시 함께 비용을 분담하다. 카풀(car pool)을 하다

0012
开车
kāichē

동 차를 몰다. 운전하다

예 开车时使用耳机通话非常方便。
Kāichē shí shǐyòng ěrjī tōnghuà fēicháng fāngbiàn.
운전할 때 이어폰을 사용하여 통화하는 것은 매우 편리합니다.

Voca⁺
*开 kāi 동 (닫힌 것 · 모임 등을) 열다. (자동차 등을) 운전하다

Business VOCA

0013 交通卡 jiāotōngkǎ

명 교통카드

예 我乘坐交通工具的时候一般用交通卡，很方便。
Wǒ chéngzuò jiāotōng gōngjù de shíhou yìbān yòng jiāotōngkǎ, hěn fāngbiàn.
저는 교통수단을 탈 때 보통 교통카드를 사용하는데, 매우 편리합니다.

Voca+
*交通 jiāotōng 명 교통 | *交通事故 jiāotōng shìgù 명 교통 사고

0014 公共汽车 gōnggòng qìchē

명 버스

예 请问，在哪里可以换乘101路公共汽车?
Qǐngwèn, zài nǎ li kěyǐ huànchéng yāo líng yāo lù gōnggòngqìchē?
말씀 좀 여쭐게요, 어디에서 101번 버스로 환승할 수 있나요?

Voca+
公交车 gōngjiāochē = 巴士 bāshì 명 버스

0015 自动售票机 zìdòng shòupiàojī

표 자동판매기

예 用自动售票机可以买地铁票，也可以给交通卡充值。
Yòng zìdòng shòupiàojī kěyǐ mǎi dìtiě piào, yě kěyǐ gěi jiāotōngkǎ chōngzhí.
표 자동판매기로 지하철 표를 살 수 있고, 교통카드도 충전할 수 있습니다.

Voca+
*自动 zìdòng 부 자발적으로 형 자동으로, 자진하여 | *售票处 shòupiàochù 명 매표소

0016 地铁* dìtiě

명 지하철

예 公司位于市中心，坐公共汽车、地铁都很方便。
Gōngsī wèiyú shì zhōngxīn, zuò gōnggòngqìchē、dìtiě dōu hěn fāngbiàn.
회사가 시내 중심에 있어서 버스나 지하철을 타기에 모두 편리합니다.

Voca+
地铁站 dìtiězhàn 명 지하철 역 | 环线 huánxiàn 명 순환(노)선

0017
出租车＊
chūzūchē

몡 택시

예 我现在要退房，麻烦你帮我叫一辆出租车好吗？
Wǒ xiànzài yào tuìfáng, máfan nǐ bāng wǒ jiào yí liàng chūzūchē hǎo ma?
저는 지금 체크아웃을 하려고 하는데 수고스럽겠지만 택시를 한 대 불러 주실 수 있나요?

Voca⁺
出租汽车 chūzū qìchē =＊的士 dīshì 몡 택시 | 打的 dǎdī 동 택시를 타다

0018
火车＊
huǒchē

몡 기차

예 你好！我想订三张12号去哈尔滨的火车票。
Nǐ hǎo! Wǒ xiǎng dìng sān zhāng shí'èr hào qù Hā'ěrbīn de huǒchēpiào.
안녕하세요? 저는 12일에 하얼빈에 가는 기차표를 3장 예약하고 싶습니다.

Voca⁺
＊列车 lièchē 몡 열차 | 特快 tèkuài 몡 특급열차(特別快车)의 약칭 |
普快 pǔkuài 몡 완행열차. 보급열차 | 高铁 gāotiě 몡 고속철도

0019
倒车
dǎochē

동 갈아타다. 환승하다

예 倒车太麻烦了。如果走路要走多远？
Dǎochē tài máfan le. Rúguǒ zǒulù yào zǒu duō yuǎn?
환승은 너무 번거로워요. 만약 걸어가면 얼마나 가야 하죠?

Voca⁺
换车 huànchē 동 갈아타다. 환승하다

0020
骑＊
qí

동 (기마자세로 올라) 타다

예 下雨了，咱们别骑车去了，坐车吧。
Xiàyǔ le, zánmen bié qíchē qù le, zuòchē ba.
비가 오니 우리 자전거 타고 가지 말고, 차 타자.

Voca⁺
骑虎难下 qíhǔ nánxià 성 이러지도 저러지도 못 하는 딱한 처지 | 骑马找马
qímǎ zhǎomǎ 성 옆에 두고도 이리저리 찾다. 업은 아이 삼 년 찾는다

Business VOCA

0021 自行车* zìxíngchē

명 자전거

예 这是汽车专用道，行人、自行车请绕行！
Zhè shì qìchē zhuānyòngdào, xíngrén、zìxíngchē qǐng ràoxíng!
이것은 차량 전용도로이니, 행인과 자전거는 돌아서 가세요!

Voca+
*摩托车 mótuōchē 명 오토바이 | 马 mǎ 명 말

0022 堵车 dǔchē

동 교통이 체증되다

예 上下班时间堵车堵得很厉害，所以我一般坐地铁上班。
Shàngxiàbān shíjiān dǔchē dǔ de hěn lìhai, suǒyǐ wǒ yìbān zuò dìtiě shàngbān.
출퇴근 시간에는 교통체증이 심해서 저는 보통 지하철을 타고 출근합니다.

Voca+
塞车 sāichē 동 차가 막히다 | 拥堵 yōngdǔ 동 (사람이나 차량이 몰려) 길이 막히다

0023 走路 zǒulù

동 걷다. 떠나다

예 昨天下大雪了，路很滑，走路小心一点！
Zuótiān xià dàxuě le, lù hěn huá, zǒulù xiǎoxīn yìdiǎn!
어제 눈이 많이 내려서 길이 매우 미끄러우니 걸어갈 때 조심하세요!

Voca+
*走 zǒu 동 가다 | *走访 zǒufǎng 동 방문하다 | *走私 zǒusī 동 밀수하다

0024 高峰时间 gāofēng shíjiān

명 러시아워. 피크 시간

예 高峰时间人很多，无论地铁还是公交车都很拥挤。
Gāofēng shíjiān rén hěn duō, wúlùn dìtiě háishi gōngjiāochē dōu hěn yōngjǐ.
러시아워에는 사람이 매우 많아서 지하철이든 버스이든 모두 붐빕니다.

Voca+
*高峰 gāofēng 명 절정. 최고점

0025
红绿灯
hónglǜdēng

명 신호등

예 过马路的时候应该注意看红绿灯。
Guò mǎlù de shíhou yīnggāi zhùyì kàn hónglǜdēng.
길을 건널 때는 신호등을 주의해서 보아야 합니다.

Voca+
闯红灯 chuǎnghóngdēng 동 신호를 위반하다 (자동차가 정지신호를 무시하는 것을 가리킴)

0026
十字路口
shízì lùkǒu

명 사거리, 네거리

예 你到前面的十字路口往左拐，大概走五百米，东边就是邮局。
Nǐ dào qiánmian de shízì lùkǒu wǎng zuǒ guǎi, dàgài zǒu wǔbǎi mǐ, dōngbian jiùshì yóujú.
앞의 사거리에서 좌회전 해서 대략 50미터쯤 가면 동쪽이 바로 우체국입니다.

Voca+
三岔路口 sānchà lùkǒu 명 삼거리 | 丁字路口 dīngzì lùkǒu 명 (T자형) 삼거리 | 马路 mǎlù 명 간선도로, 자동차도로 | 路口 lùkǒu 명 갈림길, 길목, 교차로

0027
打卡*
dǎkǎ

동 자기카드를 인식기에 긁다.
(출퇴근시) 타임레코더에 체크하다

예 上下公共汽车的时候，应该打卡。
Shàngxià gōnggòngqìchē de shíhou, yīnggāi dǎkǎ.
버스를 타고 내릴 때 카드를 태그해야 합니다.

Voca+
*卡 kǎ 명 카드 | *刷卡 shuākǎ 동 카드를 긁다

0028
迟到*
chídào

동 지각하다

예 昨天开会你怎么迟到了？有什么事儿吗？
Zuótiān kāihuì nǐ zěnme chídào le? Yǒu shénme shìr ma?
어제 회의할 때 당신 왜 지각했어요? 무슨 일 있어요?

Voca+
*推迟 tuīchí 동 미루다, 연기하다 | *延迟 yánchí 동 연기하다, 늦추다

Business VOCA

0029 工作* gōngzuò

명 일. 직업 동 일하다. 작업하다.

예 我每天工作八个小时，从上午九点至六点。
Wǒ měitiān gōngzuò bā ge xiǎoshí, cóng shàngwǔ jiǔ diǎn zhì liù diǎn.
저는 매일 8시간 일하는데 오전 9시부터 6시까지입니다.

Voca⁺
工作狂 gōngzuòkuáng 명 일벌레. 워커홀릭(workaholic) | 工作日 gōngzuòrì 명 근무일

0030 加班* jiābān

동 초과근무를 하다. 야근하다

예 我从这个月开始工作，工作不熟练，几乎每天加班。
Wǒ cóng zhè ge yuè kāishǐ gōngzuò, gōngzuò bù shúliàn, jīhū měitiān jiābān.
저는 이번 달부터 일을 시작해 일이 익숙하지 않아서 거의 매일 야근합니다.

Voca⁺
*补贴 bǔtiē 명 보조금. 수당 동 (주로 재정상으로) 보조하다

0031 请假* qǐngjià

동 휴가를 신청하다

예 最近他们公司有不少员工因病请假。
Zuìjìn tāmen gōngsī yǒu bù shǎo yuángōng yīnbìng qǐngjià.
최근 그들의 회사는 적잖은 직원들이 병가를 신청했습니다.

Voca⁺
*放假 fàngjià 동 방학하다. 휴가로 쉬다

0032 病假* bìngjià

명 병가. 병결

예 最近我得了流感，医生说要休息几天，所以请了病假。
Zuìjìn wǒ dé le liúgǎn, yīshēng shuō yào xiūxi jǐ tiān, suǒyǐ qǐng le bìngjià.
최근 저는 독감에 걸려서 의사가 며칠 쉬어야 한다고 말했습니다. 그래서 병가를 신청했습니다.

Voca⁺
*病 bìng 명 병 동 병나다. 앓다 | *生病 shēngbìng 동 병이 나다

02 출·퇴근

0033 产假* chǎnjià

명 출산휴가

예 下星期是我的预产期，所以我请了三个月的产假。
Xià xīngqī shì wǒ de yùchǎnqī, suǒyǐ wǒ qǐng le sān ge yuè de chǎnjià.
다음 주가 제 출산예정일이라 저는 3개월의 출산휴가를 신청했습니다.

Voca+
育儿休假 yù'ér xiūjià 명 육아휴직 | 生孩子 shēng háizi 아이를 낳다 | 抚养 fǔyǎng 동 (아이를) 부양하다

0034 休假* xiūjià

동 쉬다. 휴가를 보내다

예 休假去旅行的话，怎么订宾馆更方便？
Xiūjià qù lǚxíng dehuà, zěnme dìng bīnguǎn gèng fāngbiàn?
휴가 때 여행을 간다면 어떻게 호텔을 예약하는 것이 더 편할까요?

Voca+
带薪休假 dàixīn xiūjià 유급휴가 | 休假津贴 xiūjià jīntiē 휴가비

0035 年休假 nián xiūjià

명 연차

예 如果有10年工作经历的话，有几天的年休假？
Rúguǒ yǒu shí nián gōngzuò jīnglì dehuà, yǒu jǐ tiān de niánxiūjià?
만약 10년 정도 근무경력이 있다면 며칠간의 연차가 있나요?

Voca+
*放假 fàngjià 동 방학하다. 휴가로 쉬다 | *寒假 hánjià 명 겨울방학

0036 考勤* kǎoqín

동 출근을 체크하다

예 考勤管理是指记录员工的出勤、缺勤、迟到、早退，办理员工的加班、请假等。
Kǎoqín guǎnlǐ shì zhǐ jìlù yuángōng de chūqín、quēqín、chídào、zǎotuì, bànlǐ yuángōng de jiābān、qǐngjià děng.
출근관리는 직원의 출근, 결근, 지각, 조퇴를 기록하고 직원의 야근, 휴가 등을 처리하는 것을 가리킵니다.

Voca+
考勤刷卡机 kǎoqín shuākǎjī 명 출퇴근 카드기 | 考勤卡 kǎoqínkǎ 명 타임카드 (출퇴근 시각을 기록하는 카드)

Business VOCA

0037
出勤
chūqín

동 출근하다

예 除了公休日和法定节假日以外的工作日是出勤日。
Chúle gōngxiūrì hé fǎdìng jiéjiàrì yǐwài de gōngzuòrì shì chūqínrì.
공휴일과 법정휴일 이외의 근무일은 출근일입니다.

Voca⁺
*勤奋 qínfèn 형 부지런하다 | *勤快 qínkuai 형 부지런하다. 근면하다

0038
旷工 *
kuànggōng

동 무단결근하다

예 无故不上班是旷工，劳动法规定连续三天旷工的话可以开除。
Wúgù bú shàngbān shì kuànggōng, láodòngfǎ guīdìng liánxù sān tiān kuànggōng dehuà kěyǐ kāichú.
이유 없이 출근하지 않는 것은 무단 결근으로 노동법 규정에 연속 3일 무단결근을 하면 해고할 수 있습니다.

Voca⁺
缺勤 quēqín 동 결근하다 | 无故缺勤 wúgù quēqín 무단결근 |
因故缺勤 yīngù quēqín 사고로 결근하다

0039
早退
zǎotuì

동 조퇴하다. 중도에 나가다

예 小王身体不舒服，今天早退了。
Xiǎo Wáng shēntǐ bù shūfu, jīntiān zǎotuì le.
샤오왕은 몸이 안 좋아서 오늘 조퇴했습니다.

Voca⁺
*退出 tuìchū 동 물러나다. 로그아웃 하다 | *退休 tuìxiū 동 퇴직하다. 은퇴하다

0040
罢工 *
bàgōng

명 파업 동 파업하다

예 罢工是工人为了表示抗议集体拒绝工作的行为。
Bàgōng shì gōngrén wèile biǎoshì kàngyì jítǐ jùjué gōngzuò de xíngwéi.
파업은 노동자가 항의를 나타내기 위해 단체로 일을 거부하는 행위입니다.

Voca⁺
罢课 bàkè 동 학생이 수업을 거부하다 명 수업 거부 | 罢免 bàmiǎn 동 파면하다. 해임하다

VOCA Review 학습한 단어를 복습해 보세요.

1. 우리말을 중국어로 말해본 후 직접 한자와 병음을 써보세요.

① 교통카드

② 표 자동판매기

③ 지하철

④ 택시

⑤ 교통이 체증되다

⑥ 초과 근무를 하다

⑦ 휴가를 보내다

⑧ 결근하다

2. 호응하는 어휘끼리 연결한 후 직접 써보세요.

① 准备 •   • 上班

② 坐 •   • 管理

③ 充值 •   • 交通卡

④ 考勤 •   • 地铁

3. 보기에서 알맞은 어휘를 골라 넣으세요.

> 보기   a. 出勤日   b. 离   c. 产假   d. 公共汽车

① 我家(　　　)公司很远，所以很早就得起床。

② 请问，在哪里可以换乘101路(　　　)？

③ 下星期是我的预产期，所以我请了三个月的(　　　)。

④ 除了公休日和法定节假日以外的工作日是(　　　)。

---

answer

1. ①交通卡 jiāotōngkǎ ②自动售票机 zìdòng shòupiàojī ③地铁 dìtiě ④出租车 chūzūchē
   ⑤堵车 dǔchē ⑥加班 jiābān ⑦休假 xiūjià ⑧缺勤 quēqín

2. ①准备上班 ②坐地铁 ③充值交通卡 ④考勤管理   3. ①b ②d ③c ④a

Let's Checking! 주어진 한국어 문장을 중국어로 말해 보세요.

저는 매일 아침 6시에 일어나서 출근 준비를 합니다.
- ✓ 我每天早上六点起床准备上班。

매일 일찍 일어나기 때문에 저는 피곤하다고 느낍니다.
- ✓ 因为每天起早，所以我觉得很累。

제시간에 출근하기 위해서 저는 매일 아침 7시에 집을 나섭니다.
- ✓ 为了准时上班，我每天早上七点就出门。

출퇴근 시간은 교통체증이 심해서 저는 보통 지하철을 타고 출근합니다.
- ✓ 上下班时间堵车堵得很厉害，所以我一般坐地铁上班。

저는 이번 달부터 일을 시작해 일이 익숙하지 않아서 거의 매일 야근합니다.
- ✓ 我从这个月开始工作，工作不熟练，几乎每天加班。

오늘 상사가 제게 일찍 집으로 돌아가 쉬라고 했습니다.
- ✓ 今天领导让我早点儿回家休息。

Chapter 2 회사생활

03 업무일정(工作日程)

Mind Map Note

*日程 rìchéng
명 일정

*电话 diànhuà
명 전화

*电子邮件 diànzǐyóujiàn
명 이메일

*安排 ānpái
동 안배하다

*批准 pīzhǔn
동 승인하다

*传真 chuánzhēn
명 팩스

*见面 jiànmiàn
동 만나다

*出差 chūchāi
동 출장 가다

*复印 fùyìn
동 복사하다

聚餐 jùcān
동 회식하다

*参观 cānguān
동 견학하다

Let's Speaking!

이 단원을 학습하고 나면 아래 내용을 중국어로 말할 수 있어요.

- 제가 매일 출근해서 가장 먼저 하는 것은 당일의 일정을 안배하는 安排 것입니다.

- 보통 일정 日程 을 안배할 때 서류 업무를 오전시간에 넣고,

- 외근 外勤 업무를 오후시간에 넣습니다.

- 오전에 저는 보통 사무실에서 내근 内勤 업무를 하는데

- 예를 들어 전화를 걸고, 이메일을 주고 받고, 팩스를 보내는 것 등입니다.

- 오후에는 보통 외근 업무를 하는데 예를 들어 고객과 미팅을 하고,

- 고객사를 방문하고, 공장을 견학 参观 하는 것 등입니다.

- 다음 달에 저는 처음으로 외국 출장을 가는데 出差, 조금 흥분됩니다.

Let's Start Up!

주제에 맞는 단어와 예문을 학습해 보세요.   Track 2-3

0001
安排＊
ānpái

🔵 안배하다

🟢 我每天上班最先做的是安排当天的日程。
Wǒ měitiān shàngbān zuì xiān zuò de shì ānpái dàngtiān de rìchéng.
제가 매일 출근해서 가장 먼저 하는 것은 당일의 일정을 안배하는 것입니다.

Voca⁺
＊打算 dǎsuàn 동 ~할 계획이다

0002
日程＊
rìchéng

🔵 일정

🟢 一般安排日程时文件工作放在上午时间，外勤工作放在下午时间。
Yìbān ānpái rìchéng shí wénjiàn gōngzuò fàngzài shàngwǔ shíjiān, wàiqín gōngzuò fàngzài xiàwǔ shíjiān.
보통 일정을 안배할 때 서류 업무를 오전시간에 넣고, 외근 업무를 오후시간에 넣습니다.

Voca⁺
日程表 rìchéngbiǎo 명 일정표 | ＊计划 jìhuà 명동 계획(하다)

0003
电话＊
diànhuà

🔵 전화

🟢 今天早上大同公司的王经理打电话来问什么时候交货。
Jīntiān zǎoshang Dàtóng Gōngsī de Wáng jīnglǐ dǎ diànhuà lái wèn shénme shíhou jiāohuò.
오늘 오전 다통회사의 왕 사장님이 전화를 걸어 언제 납품할 수 있는지 물었습니다.

Voca⁺
打电话 dǎ diànhuà 전화를 걸다 | ＊可视电话 kěshì diànhuà 명 화상전화

0004
电子邮件＊
diànzǐyóujiàn

🔵 이메일

🟢 交货日程我上星期已经发电子邮件给他们了。
Jiāohuò rìchéng wǒ shàng xīngqī yǐjīng fā diànzǐyóujiàn gěi tāmen le.
납품일정은 제가 지난주에 이미 메일로 그들에게 보냈습니다.

Voca⁺
＊邮件 yóujiàn 명 우편물

Business VOCA

0005 收发 shōufā

동 (기관·학교에서 공문·편지 등을) 받고 보내다. 수발하다

예 浏览新闻、搜索引擎、收发邮件是网民最常用的网络服务。
Liúlǎn xīnwén、sōusuǒ yǐnqíng、shōufā yóujiàn shì wǎngmín zuì chángyòng de wǎngluò fúwù.
뉴스를 훑어보고, 검색엔진을 검색하고, 메일을 주고받는 것은 네티즌이 가장 자주 사용하는 인터넷 서비스입니다.

Voca+
*收 shōu 동 받다 | *发 fā 동 보내다. 발송하다

0006 传真* chuánzhēn

명 팩스

예 我马上给你传真过去，请告诉我传真号码。
Wǒ mǎshàng gěi nǐ chuánzhēn guòqu, qǐng gàosu wǒ chuánzhēn hàomǎ.
제가 바로 팩스 보낼게요. 팩스번호 알려주세요.

Voca+
*传播 chuánbō 동 전파하다. 유포하다 | *传单 chuándān 명 전단

0007 复印* fùyìn

동 복사하다

예 您要的文件复印好了，已经放在您的桌子上了。
Nín yào de wénjiàn fùyìn hǎo le, yǐjīng fàngzài nín de zhuōzi shang le.
당신이 원하시는 서류는 복사해서 이미 책상 위에 두었습니다.

Voca+
*复制 fùzhì 동 복제하다 | *印刷 yìnshuā 동 인쇄하다

0008 见面* jiànmiàn

동 만나다

예 我们明天在我的办公室见面怎么样？或者后天也行。
Wǒmen míngtiān zài wǒ de bàngōngshì jiànmiàn zěnmeyàng? Huòzhě hòutiān yě xíng.
우리 내일 제 사무실에서 미팅하는 것이 어떨까요? 혹은 모레도 괜찮습니다.

Voca+
*会见 huìjiàn 동 회견하다. 만나다 | *遇见 yùjiàn 동 우연히 만나다

0009
参加*
cānjiā

동 (어떤 조직이나 활동에) 참가하다. 가입하다

예 海华公司下星期五晚上有一个客户答谢会，邀请您参加。
Hǎihuá Gōngsī xià xīngqīwǔ wǎnshang yǒu yí ge kèhù dáxièhuì, yāoqǐng nín cānjiā.
하이화 회사가 다음 주 금요일 저녁에 고객답례회를 개최하는데, 당신을 초대합니다.

Voca⁺
*参与 cānyù 동 참여하다. 가담하다. 개입하다

0010
参观*
cānguān

동 (전람회·공장 등을) 참관하다. 견학하다

예 今天的员工培训下午打算去工厂参观我们产品的生产流程。
Jīntiān de yuángōng péixùn xiàwǔ dǎsuàn qù gōngchǎng cānguān wǒmen chǎnpǐn de shēngchǎn liúchéng.
오늘 직원교육은 오후에 공장에 가서 저희 제품의 생산과정을 참관하는 것입니다.

Voca⁺
*参考 cānkǎo 동 (다른 사람의 의견 등을) 참고하다. 참조하다 | *参照 cānzhào 동 (방법·경험 등을) 참조하다. 참고하다

0011
访问*
fǎngwèn

동 방문하다

예 访问客户前，一定要提前与客户约好访问时间。
Fǎngwèn kèhù qián, yídìng yào tíqián yǔ kèhù yuēhǎo fǎngwèn shíjiān.
고객을 방문하기 전 반드시 사전에 고객과 방문시간을 예약해야 합니다.

Voca⁺
*拜访 bàifǎng 명동 방문(하다) | 来访 láifǎng 동 내방하다

0012
接送
jiēsòng

동 맞이하고 보내다. 송영하다

예 我的业务包括接送国内外的客户。
Wǒ de yèwù bāokuò jiēsòng guónèiwài de kèhù.
제 업무는 국내외 고객을 송영하는 것입니다.

Voca⁺
*接 jiē 동 마중하다 | *送 sòng 동 배웅하다

Business VOCA

0013 名片* míngpiàn

명 **명함**

예 递交名片要用双手，名片的正面要向着接受者。
Dìjiāo míngpiàn yào yòng shuāngshǒu, míngpiàn de zhèngmiàn yào xiàngzhe jiēshòuzhě.
명함을 건넬 때는 두 손으로 해야 하고, 명함의 정면이 받는 사람을 향해야 합니다.

Voca+
*名单 míngdān 명 명단. 명부

0014 现场* xiànchǎng

명 **현장**

예 我们公司新的生产基地今天开工，总经理去参观施工现场。
Wǒmen gōngsī xīn de shēngchǎn jīdì jīntiān kāigōng, zǒngjīnglǐ qù cānguān shīgōng xiànchǎng.
우리 회사가 새로운 생산기지를 오늘 공사하기로 해서 사장님이 시공현장을 참관하러 갑니다.

Voca+
现场直播 xiànchǎng zhíbō 명 생중계. 생방송

0015 工厂* gōngchǎng

명 **공장**

예 我会把这份单子转给工厂。装船日期他们会通知你的。
Wǒ huì bǎ zhè fèn dānzi zhuǎngěi gōngchǎng. Zhuāngchuán rìqī tāmen huì tōngzhī nǐ de.
저는 이 리스트를 공장에 전달할 것입니다. 선적일자는 그들이 당신에게 알려 줄 거예요.

Voca+
*厂家 chǎngjiā 명 제조업자. 제작자 | *厂商 chǎngshāng 명 공장. 상점. 제조상

0016 握手* wòshǒu

동 **악수하다**

예 昨天我们谈了在商务场合应该怎样握手。
Zuótiān wǒmen tán le zài shāngwù chǎnghé yīnggāi zěnyàng wòshǒu.
어제 우리는 비즈니스 장소에서 어떻게 악수해야 하는지를 이야기했습니다.

Voca+
*把握 bǎwò 동 (꽉 움켜) 쥐다. 잡다 명 자신감 | *掌握 zhǎngwò 동 장악하다. 숙달하다

03 업무일정

0017
客户*
kèhù

명 고객

예 访问客户公司的时候要注意约会时间、形象、话题、穿着打扮，并准备好相关资料。
Fǎngwèn kèhù gōngsī de shíhou yào zhùyì yuēhuì shíjiān、xíngxiàng、huàtí、chuānzhuó dǎbàn，bìng zhǔnbèi hǎo xiāngguān zīliào.
고객사를 방문할 때 약속시간, 이미지, 화제, 차림새에 주의해야 하고, 관련 자료 또한 잘 준비해야 합니다.

Voca+
*名单 míngdān 명 명단. 명부

0018
合同*
hétong

명 계약서

예 我还想在签合同之前，把主要内容再次确认一下。
Wǒ hái xiǎng zài qiān hétong zhīqián, bǎ zhǔyào nèiróng zàicì quèrèn yíxià.
저는 계약을 하기 전에 주요내용을 다시 한번 확인하려 합니다.

Voca+
*签 qiān 동 서명하다. 사인하다 | *签约 qiānyuē 동 (조약·계약서에) 서명하다 | *签订 qiāndìng 동 (조약을) 조인하다. (함께) 서명하다

0019
聚餐
jùcān

동 회식하다

예 快要到年底了，很多公司开始准备年末聚餐了。
Kuàiyào dào niándǐ le, hěn duō gōngsī kāishǐ zhǔnbèi niánmò jùcān le.
곧 연말이 되니 많은 회사가 연말회식을 준비하기 시작했습니다.

Voca+
聚集 jùjí 동 합류하다. 회합하다 | 聚合 jùhé 동 집합하다. 집결하다

0020
聚会
jùhuì

명 모임. 집회

예 不好意思，今天晚上我有个聚会，早就约好的。
Bùhǎoyìsi, jīntiān wǎnshang wǒ yǒu ge jùhuì, zǎojiù yuēhǎo de.
죄송한데, 오늘 저녁에 제가 모임이 있어요. 벌써부터 약속한 것입니다.

Voca+
同学聚会 tóngxué jùhuì 동창 모임

Business VOCA

0021 出差* chūchāi

동 출장 가다

예 下个月是我第一次去国外出差，有点儿兴奋。
Xià ge yuè shì wǒ dì yī cì qù guówài chūchāi, yǒudiǎnr xīngfèn.
다음 달에 저는 처음으로 외국 출장을 가는데, 조금 흥분됩니다.

Voca+
出差在外 chūchāi zàiwài 외지로 출장 중이다 | *出境 chūjìng 동 출국하다

0022 内勤 nèiqín

명 내근

예 上午我一般在办公室里做内勤工作，如打电话、收发电子邮件、发传真等。
Shàngwǔ wǒ yìbān zài bàngōngshì li zuò nèiqín gōngzuò, rú dǎ diànhuà、shōufā diànzǐyóujiàn、fā chuánzhēn děng.
오전에 저는 보통 사무실에서 내근 업무를 하는데 예를 들어 전화를 걸고, 이메일을 주고 받고, 팩스를 보내는 것 등입니다.

Voca+
文案 wén'àn 명 문안. 문서 | 书面工作 shūmiàn gōngzuò 명 서류업무 |
文案能手 wén'àn néngshǒu 명 문서 작성능력이 뛰어난 사람 |
勤勉 qínmiǎn 동 근면하다 | *勤奋 qínfèn 형 부지런하다

0023 外勤 wàiqín

명 외근

예 下午一般做外勤工作，如和客户见面、访问客户公司、参观工厂等。
Xiàwǔ yìbān zuò wàiqín gōngzuò, rú hé kèhù jiànmiàn、fǎngwèn kèhù gōngsī、cānguān gōngchǎng děng.
오후에는 보통 외근 업무를 하는데 예를 들어 고객과 미팅을 하고, 고객사를 방문하고, 공장을 견학하는 것 등입니다.

Voca+
跑外勤 pǎo wàiqín 외근하다

0024 联络* liánluò

동 연락하다

예 我在公司负责对外联络的工作。
Wǒ zài gōngsī fùzé duìwài liánluò de gōngzuò.
저는 회사에서 대외 연락 업무를 책임지고 있습니다.

Voca+
*联系 liánxì 동 연락하다

0025 计划* jìhuà

명 계획 동 계획하다

예 计划书写得不错，但这是一个全新的项目，谁也不能保证一定成功。
Jìhuàshū xiě de búcuò, dàn zhè shì yí ge quánxīn de xiàngmù, shéi yě bùnéng bǎozhèng yídìng chénggōng.
계획서는 잘 썼지만, 이것은 완전히 새로운 프로젝트로 누구도 반드시 성공한다고 장담할 수 없습니다.

Voca+
计划表 jìhuàbiǎo 명 계획표 | 计划生育 jìhuà shēngyù 명 산아제한 정책

0026 整理* zhěnglǐ

동 정리하다

예 我得整理完这份计划书。今天恐怕要加班了。
Wǒ děi zhěnglǐ wán zhè fèn jìhuàshū. Jīntiān kǒngpà yào jiābān le.
저는 이 계획서를 다 정리해야 해서 오늘 어쩌면 야근해야 합니다.

Voca+
*调整 tiáozhěng 동 조정하다. 조절하다 | *整顿 zhěngdùn 동 정비하다. 바로잡다

0027 文档* wéndàng

명 서류. 문서. 파일. 기록

예 我找不到电脑里存好的有关报告的文档，怎么办？
Wǒ zhǎobudào diànnǎo li cúnhǎo de yǒuguān bàogào de wéndàng, zěnme bàn?
제가 컴퓨터에 저장한 관련 보도파일을 찾을 수가 없어요, 어떡하죠?

Voca+
*档案 dàng'àn 명 (공)문서. 서류. 파일

0028 编辑* biānjí

명 편집. 편집자 동 편집하다

예 他在宣传部工作，编辑文档很熟练。
Tā zài xuānchuánbù gōngzuò, biānjí wéndàng hěn shúliàn.
그는 홍보부에서 근무하고, 파일 편집이 매우 능숙합니다.

Voca+
文凭 wénpíng 명 (증명서로 쓸 수 있는) 공문서 | 论文 lùnwén 명 논문

Business VOCA

0029 统计* tǒngjì

[동] 통계하다

[예] 按照销售统计数据，公司决定打价格战。
Ànzhào xiāoshòu tǒngjì shùjù, gōngsī juédìng dǎ jiàgézhàn.
판매 통계 데이터에 따라 회사는 가격전을 벌이기로 결정했습니다.

Voca⁺
*系统 xìtǒng [명] 계통. 체계. 시스템

0030 协助* xiézhù

[동] 협조하다. 거들어 주다

[예] 秘书协助领导完成了一些必要的工作。
Mìshū xiézhù lǐngdǎo wánchéng le yìxiē bìyào de gōngzuò.
비서가 상사를 도와 일부 필요한 업무를 완수했습니다.

Voca⁺
*协办方 xiébànfāng [명] 협력측 | *协作 xiézuò [동] 협동하다. 협업하다

0031 督促* dūcù

[동] 재촉하다. 독촉하다

[예] 已经过了交货日期，客户公司在督促交货。
Yǐjīng guò le jiāohuò rìqī, kèhù gōngsī zài dūcù jiāohuò.
이미 납품일자를 넘겨서 고객사에서 납품을 재촉하고 있습니다.

Voca⁺
促使 cùshǐ [동] ~하도록 재촉하다 | 催促 cuīcù [동] 재촉하다. 독촉하다 |
敦促 dūncù [동] 독촉하다. 재촉하다 | 仓促 cāngcù [형] 황급하다. 급작스럽다

0032 报销 bàoxiāo

[동] (공무로 쓴 돈을) 청구하다

[예] 报销出差费用时要提交车费、住宿费、餐费等的相关收据。
Bàoxiāo chūchāi fèiyòng shí yào tíjiāo chēfèi, zhùsùfèi, cānfèi děng de xiāngguān shōujù.
출장비용을 청구할 때에는 차비, 숙박비, 식비 등의 관련 영수증을 제출해야 합니다.

Voca⁺
*凭证 píngzhèng [명] 증빙. 근거. 증거물 | 明细单 míngxìdān [명] 명세서

0033
批准 *
pīzhǔn

동 승인하다. 허가하다

예 总经理的办公桌上堆满了等着批准的各种报告书。
Zǒngjīnglǐ de bàngōngzhuō shang duīmǎn le děngzhe pīzhǔn de gèzhǒng bàogàoshū.
사장님 책상 위에는 결재를 기다리는 각종 보고서가 쌓여있습니다.

Voca+
*批准 pīzhǔn 동 승인하다. 허가하다 | *审批 shěnpī 동 심사하여 비준하다

0034
能干 *
nénggàn

형 유능하다. 재능있다

예 听说你们现任总经理真的很能干啊。
Tīngshuō nǐmen xiànrèn zǒngjīnglǐ zhēn de hěn nénggàn a.
듣자하니 현직 사장님이 정말 능력이 대단하다던대요.

Voca+
*才能 cáinéng 명 재능. 재간. 수완 | *技能 jìnéng 명 기능. 솜씨 |
*能力 nénglì 명 능력

0035
效率 *
xiàolǜ

명 효율

예 员工专业培训可以提高工作效率。
Yuángōng zhuānyè péixùn kěyǐ tígāo gōngzuò xiàolǜ.
직원 직무교육은 업무효율을 높일 수 있습니다.

Voca+
*成效 chéngxiào 명 효과. 성과. 효능 | *绩效 jìxiào 명 업적과 성과 |
*效益 xiàoyì 명 효익. 효과와 이익

0036
快件 *
kuàijiàn

명 속달. 빠른우편

예 这份文件很重要，请马上发快件吧。
Zhè fèn wénjiàn hěn zhòngyào, qǐng mǎshàng fā kuàijiàn ba.
이 서류는 매우 중요합니다. 빨리 택배로 발송 바랍니다.

Voca+
*包裹 bāoguǒ 명 소포. 보따리 동 싸다. 포장하다 | *寄 jì 동 부치다. 보내다 |
*送 sòng 동 보내다. 배달하다. 전달하다

Business VOCA

0037
转告＊
zhuǎngào

동 전언하다. (말을) 전달하다

예 大同公司的总经理让我转告您参加产品说明会。
Dàtóng Gōngsī de zǒngjīnglǐ ràng wǒ zhuǎngào nín cānjiā chǎnpǐn shuōmínghuì.
다통회사의 사장님이 제게 당신에게 제품설명회에 참가하라고 전하도록 하였습니다.

Voca+
＊转达 zhuǎndá 동 전달하다. 전하다 | ＊转移 zhuǎnyí 동 옮기다. 이동하다

0038
留言＊
liúyán

명 메시지 동 메모를 남기다

예 现在王总不在，您要不要留言？
Xiànzài Wáng zǒng bú zài, nín yào bu yào liúyán?
지금 왕 사장님이 부재중이신데 메시지를 남기시겠어요?

Voca+
备忘录 bèiwànglù 명 (일반적인) 비망록. 회의록 | 便笺 biànjiān 명 메모지. 편지지

0039
传达
chuándá

동 전하다. 전달하다

예 总公司要求把这份文件传达到分公司。
Zǒnggōngsī yāoqiú bǎ zhè fèn wénjiàn chuándá dào fēngōngsī.
본사에서 이 서류를 지사로 전달하라고 지시하였습니다.

Voca+
＊传播 chuánbō 동 전파하다. 유포하다 | ＊宣传 xuānchuán 동 선전하다. 홍보하다

0040
提醒＊
tíxǐng

동 일깨우다. 깨우치다

예 下个星期的产品发布会，请你提醒我，免得我忘了。
Xià ge xīngqī de chǎnpǐn fābùhuì, qǐng nǐ tíxǐng wǒ, miǎnde wǒ wàng le.
다음 주 제품발표회는 제가 잊지 않도록 당신이 일깨워 주세요.

Voca+
＊醒 xǐng 동 (잠·마취·취기 등에서) 깨다 | 觉醒 juéxǐng 동 각성하다. 깨닫다 | 醒酒 xǐngjiǔ 동 술에서 깨다

voca Review 학습한 단어를 복습해 보세요.

1. 우리말을 중국어로 말해본 후 직접 한자와 병음을 써보세요.

① 안배하다
② 전화
③ 이메일
④ 복사하다
⑤ 견학하다
⑥ 회식하다
⑦ 출장 가다
⑧ 승인하다

2. 호응하는 어휘끼리 연결한 후 직접 써보세요.

① 安排 •   • 新闻
② 浏览 •   • 邮件
③ 收发 •   • 日程
④ 访问 •   • 客户

3. 보기에서 알맞은 어휘를 골라 넣으세요.

보기   a. 参观   b. 接受者   c. 督促   d. 外勤

① 今天的员工培训下午打算去工厂(　　)我们产品的生产流程。
② 递交名片要用双手，名片的正面要向着(　　)。
③ 下午一般做(　　)工作，如和客户见面、访问客户公司、参观工厂等。
④ 已经过了交货日期，客户公司在(　　)交货。

answer

1. ①安排 ānpái ②电话 diànhuà ③电子邮件 diànzǐyóujiàn ④复印 fùyìn ⑤参观 cānguān
   ⑥聚餐 jùcān ⑦出差 chūchāi ⑧批准 pīzhǔn
2. ①安排日程 ②浏览新闻 ③收发邮件 ④访问客户   3. ①a ②b ③d ④c

Let's Checking! 주어진 한국어 문장을 중국어로 말해 보세요.

제가 매일 출근해서 가장 먼저 하는 것은 당일의 일정을 안배하는 것입니다.

✓ 我每天上班最先做的是安排当天的日程。

보통 일정을 안배할 때 서류 업무를 오전시간에 넣고,

✓ 一般安排日程时文件工作放在上午时间,

외근 업무를 오후시간에 넣습니다.

✓ 外勤工作放在下午时间。

오전에 저는 보통 사무실에서 내근 업무를 하는데

✓ 上午我一般在办公室里做内勤工作,

예를 들어 전화를 걸고, 이메일을 주고 받고, 팩스를 보내는 것 등입니다.

✓ 如打电话、收发电子邮件、发传真等。

오후에는 보통 외근 업무를 하는데 예를 들어 고객과 미팅을 하고,

✓ 下午一般做外勤工作,如和客户见面、

고객사를 방문하고, 공장을 견학하는 것 등입니다.

✓ 访问客户公司、参观工厂等。

다음 달에 저는 처음으로 외국 출장을 가는데, 조금 흥분됩니다.

✓ 下个月是我第一次去国外出差,有点儿兴奋。

Chapter 2 회사생활

04 회의·보고(会议·报告)

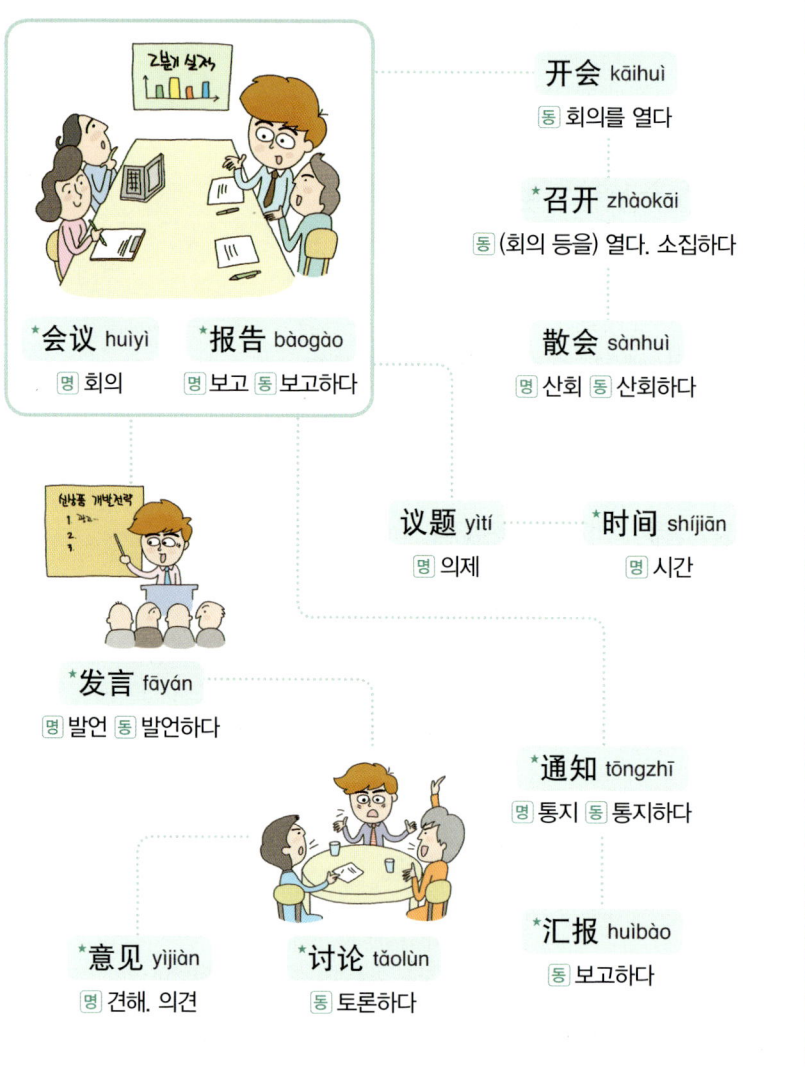

Mind Map Note

*会议 huìyì
명 회의

*报告 bàogào
명 보고 동 보고하다

开会 kāihuì
동 회의를 열다

*召开 zhàokāi
동 (회의 등을) 열다. 소집하다

散会 sànhuì
명 산회 동 산회하다

议题 yìtí
명 의제

*时间 shíjiān
명 시간

*发言 fāyán
명 발언 동 발언하다

*通知 tōngzhī
명 통지 동 통지하다

*汇报 huìbào
동 보고하다

*意见 yìjiàn
명 견해. 의견

*讨论 tǎolùn
동 토론하다

Let's Speaking!
이 단원을 학습하고 나면 아래 내용을 중국어로 말할 수 있어요.

- 우리 부서는 매달, 매 분기마다 정례회의会议를 엽니다.

- 회의시간时间과 장소는 보통 저희 부서장님이 결정합니다.

- 다음 주 대회의실会议室이 이미 예약이 꽉 차서, 소회의실会议室로 정했습니다.

- 회의 의제议题는 주로 세 가지로 판매량, 고객만족도, A/S문제입니다.

- 부서회의에서 저는 지난 분기季度 판매량과 고객만족도 조사보고를 발표해야 합니다.

- 최근 저는 보고报告와 관련된 내용과 자료를 준비하고 있어서 매우 바쁩니다.

Let's Start Up!

주제에 맞는 단어와 예문을 학습해 보세요. Track 2-4

0001
会议*
huìyì

명 회의

예 这是您下午的安排，两点到三点您要参加董事会议。
Zhè shì nín xiàwǔ de ānpái, liǎng diǎn dào sān diǎn nín yào cānjiā dǒngshì huìyì.
이것은 오후 일정으로 2시부터 3시까지 이사회의에 참가하셔야 합니다.

Voca+
干部会议 gànbù huìyì 명 간부회의 | 部门会议 bùmén huìyì 명 부서회의 |
总结会议 zǒngjié huìyì 명 총괄회의 | 紧急会议 jǐnjí huìyì 명 긴급회의 |
例行会议 lìxíng huìyì 명 정례회의

0002
开会
kāihuì

동 회의를 열다

예 我们部门每个月、每个季度都开例行会议。
Wǒmen bùmén měi ge yuè、měi ge jìdù dōu kāi lìxíng huìyì.
우리 부서는 매달, 매 분기마다 정례회의를 엽니다.

Voca+
大会 dàhuì 명 (국가기관·기업의) 전체회의, 총회 | 听证会 tīngzhènghuì 명 공청회

0003
召开*
zhàokāi

동 (회의 등을) 열다, 소집하다

예 股东大会召开的时间大概是什么时候？
Gǔdōng dàhuì zhàokāi de shíjiān dàgài shì shénme shíhou?
주주회의가 소집되는 시간은 대략 언제인가요?

Voca+
*号召 hàozhào 동 (정부·단체가 국민에게) 호소하다 | *召集 zhàojí 동 소집하다

0004
时间*
shíjiān

명 시간

예 开会时间和地点一般由我们部门经理决定。
Kāihuì shíjiān hé dìdiǎn yībān yóu wǒmen bùmén jīnglǐ juédìng.
회의시간과 장소는 보통 저희 부서장님이 결정합니다.

Voca+
*时刻 shíkè 명 시각, 시간

Business VOCA

0005
地点*
dìdiǎn

명 지점. 장소. 위치. 소재지

예 怎么突然改了会议地点？你知道改到哪儿了吗？
Zěnme tūrán gǎi le huìyì dìdiǎn? Nǐ zhīdào gǎidào nǎr le ma?
어째서 갑자기 회의장소를 변경한 거예요? 어디로 바뀌었는지 아세요?

Voca⁺
*地方 dìfang 명 곳. 장소. 부분. 점 | *地区 dìqū 명 지역. 지구

0006
会议室
huìyìshì

명 회의실

예 下星期大会议室已经订满了，所以定了小会议室。
Xià xīngqī dà huìyìshì yǐjīng dìngmǎn le, suǒyǐ dìng le xiǎo huìyìshì.
다음 주 대회의실이 이미 예약이 꽉 차서, 소회의실로 정했습니다.

Voca⁺
*办公室 bàngōngshì 명 사무실 | *教室 jiàoshì 명 교실

0007
季度*
jìdù

명 분기

예 部门会议上我要发表上季度销售量和客户满意度的调查报告。
Bùmén huìyì shang wǒ yào fābiǎo shàng jìdù xiāoshòuliàng hé kèhù mǎnyìdù de diàochá bàogào.
부서회의에서 저는 지난 분기 판매량과 고객만족도 조사보고를 발표해야 합니다.

Voca⁺
第一季度 dìyī jìdù 명 일사분기(first quarter) | 第二季度 dì'èr jìdù 명 이사분기(second quarter) | 第三季度 dìsān jìdù 명 삼사분기(third quarter) | 第四季度 dìsì jìdù 명 사사분기(last quarter)

0008
年度*
niándù

명 연도

예 下星期一我要做年度总结报告，希望在此之前处理完这里的事情。
Xià xīngqīyī wǒ yào zuò niándù zǒngjié bàogào, xīwàng zài cǐ zhīqián chǔlǐ wán zhè li de shìqing.
다음 주 월요일에 저는 연도 총괄보고를 해야 하니, 그 전에 이곳의 일을 처리할 수 있기를 바랍니다.

Voca⁺
上半年 shàngbànnián 명 (일년의) 상반기(= 前半年 qiánbànnián) | 下半年 xiàbànnián 명 (일년의) 하반기(= 后半年 hòubànnián)

0009 报告* bàogào

명 보고 동 보고하다

예 最近我在准备有关报告的内容和资料，很忙。
Zuìjìn wǒ zài zhǔnbèi yǒuguān bàogào de nèiróng hé zīliào, hěn máng.
최근 저는 보고와 관련된 내용과 자료를 준비하고 있어서 매우 바쁩니다.

Voca⁺
报告书 bàogàoshū 명 보고서 | 报告样式 bàogào yàngshì 보고양식 | 报告系统 bàogào xìtǒng 보고 시스템

0010 汇报* huìbào

동 (상황·관련 자료를) 종합하여 보고하다

예 这是公司第一季度的财务汇报内容，请您过目。
Zhè shì gōngsī dì yī jìdù de cáiwù huìbào nèiróng, qǐng nín guòmù.
이것은 회사의 제1분기 재무보고 내용입니다. 검토해주세요.

Voca⁺
小汇报 xiǎohuìbào 명 밀고, 고자질 | 照实汇报 zhàoshí huìbào 사실대로 보고하다 | 书面汇报 shūmiàn huìbào 서면으로 보고하다 | *口头 kǒutóu 명 구두 형 말로 표현하다

0011 通知* tōngzhī

명 통지, 통지서 동 통지하다

예 如果超过三十个人的话，我会通知有关部门做好相应的准备。
Rúguǒ chāoguò sānshí ge rén dehuà, wǒ huì tōngzhī yǒuguān bùmén zuòhǎo xiāngyìng de zhǔnbèi.
만약 서른 명이 넘는다면, 관련 부서에 상응하는 준비를 하라고 제가 통지할 것입니다.

Voca⁺
*通告 tōnggào 명 공고문, 게시, 알림

0012 出席* chūxí

동 회의에 출석하다

예 我下午要出席一个重要的签字仪式。
Wǒ xiàwǔ yào chūxí yí ge zhòngyào de qiānzì yíshì.
저는 오후에 중요한 조인식에 출석해야 합니다.

Voca⁺
*缺席 quēxí 동 결석하다 | *入席 rùxí 동 착석하다

Business VOCA

0013
会议主席
huìyì zhǔxí

명 사회자. 진행자. MC

예 今天的会议主席是宣传部王红经理。
Jīntiān de huìyì zhǔxí shì xuānchuánbù Wáng Hóng jīnglǐ.
오늘의 회의 의장은 홍보부의 왕훙 부장입니다.

Voca+
*主办 zhǔbàn 동 주최하다 | *主导 zhǔdǎo 명동 주도(하다)

0014
开场白[*]
kāichǎngbái

명 개막사. 프롤로그

예 开会的时候，我希望总经理的开场白短一些。
Kāihuì de shíhou, wǒ xīwàng zǒngjīnglǐ de kāichǎngbái duǎn yìxiē.
회의할 때 저는 사장님의 개막사가 좀 짧기를 바랍니다.

Voca+
*演讲 yǎnjiǎng 동 강연하다

0015
议题
yìtí

명 의제

예 会议议题主要有三个，是销售量、客户满意度、售后服务问题。
Huìyì yìtí zhǔyào yǒu sān ge, shì xiāoshòuliàng、kèhù mǎnyìdù、shòuhòu fúwù wèntí.
회의 의제는 주로 세 가지로 판매량, 고객만족도, A/S문제입니다.

Voca+
*议案 yì'àn 명 의안. 안건 | *异议 yìyì 다른 의견. 이견 | 疑议 yíyì 의혹

0016
发言[*]
fāyán

명 발언 동 발언하다

예 开会的时候李明喜欢发言，他喜欢发表自己的意见。
Kāihuì de shíhou Lǐ Míng xǐhuan fāyán, tā xǐhuan fābiǎo zìjǐ de yìjiàn.
회의할 때 리밍은 발언하기를 좋아하는데, 그는 자신의 의견을 발표하는 것을 좋아합니다.

Voca+
*代言 dàiyán 동 대신 말하다 | *留言 liúyán 명 메시지 동 메모를 남기다 |
*序言 xùyán 명 서문. 서언. 머리말

04 회의·보고　129

0017
提议*
tíyì

명 제의 동 제의하다

예 我提议从今以后加强售后服务，倾听消费者的意见。
Wǒ tíyì cóngjīn yǐhòu jiāqiáng shòuhòu fúwù, qīngtīng xiāofèizhě de yìjiàn.
저는 앞으로 A/S를 강화하고 소비자의 의견을 경청하기를 제안합니다.

Voca⁺
*提倡 tíchàng 동 제창하다 ǀ *提示 tíshì 동 제시하다. 힌트를 주다

0018
讨论*
tǎolùn

동 토론하다

예 下面我们开始讨论如何提高销售量吧。
Xiàmiàn wǒmen kāishǐ tǎolùn rúhé tígāo xiāoshòuliàng ba.
다음은 저희가 어떻게 판매량을 제고할 수 있는지 토론을 시작하겠습니다.

Voca⁺
*探讨 tàntǎo 동 연구 토론하다 ǀ *研讨会 yántǎohuì 명 연구 토론회

0019
商谈*
shāngtán

동 상담하다. 협의하다

예 一家中国公司将从美国进口一批电子产品，双方正在商谈价格。
Yì jiā Zhōngguó gōngsī jiāng cóng Měiguó jìnkǒu yì pī diànzǐ chǎnpǐn, shuāngfāng zhèngzài shāngtán jiàgé.
한 중국회사는 미국에서 전자제품을 수입할 예정으로, 양측은 가격을 협의 중입니다.

Voca⁺
*商量 shāngliang 동 상의하다 ǀ *交谈 jiāotán 동 이야기를 나누다

0020
谈判*
tánpàn

동 담판하다. 협상하다

예 在商务谈判中双方都是需要做出让步的。
Zài shāngwù tánpàn zhōng shuāngfāng dōu shì xūyào zuòchū ràngbù de.
비즈니스 협상 중에 양측은 모두 양보를 할 필요가 있습니다.

Voca⁺
*判定 pàndìng 동 가리다. 판정하다 ǀ *判断 pànduàn 명 동 판단(하다)

Business VOCA

0021
洽谈 *qiàtán*

[동] 협의하다. 상담하다

[예] 感谢贵公司对这次商务洽谈的大力支持。
Gǎnxiè guì gōngsī duì zhè cì shāngwù qiàtán de dàlì zhīchí.
이번 비즈니스 협상에 대한 귀사의 대대적인 지지에 감사드립니다.

Voca+
*接洽 jiēqià [동] 절충하다. 교섭하다 | *融洽 róngqià [형] 사이가 좋다. 융화하다

0022
合并 *hébìng*

[동] 합병하다. 합치다

[예] 一家亏本经营的生产企业正在谋求合并。
Yì jiā kuīběn jīngyíng de shēngchǎn qǐyè zhèngzài móuqiú hébìng.
한 결손 경영을 한 생산기업이 지금 합병을 모색하고 있습니다.

Voca+
*并购 bìnggòu [동] 인수 합병하다 | *兼并 jiānbìng [동] 합병하다. (영토·재산 등을) 병탄하다

0023
合作 *hézuò*

[동] 합작하다. 협력하다

[예] 我们想和贵公司合作成立合资企业。
Wǒmen xiǎng hé guì gōngsī hézuò chénglì hézī qǐyè.
우리는 귀사와 협력하여 합자기업을 세우고 싶습니다.

Voca+
*合伙 héhuǒ [동] 한패가 되다. 동업하다 | *联合 liánhé [동] 연합하다

0024
草案 *cǎo'àn*

[명] 초안

[예] 这份草案还要修改，我们星期四之前尽量做完。
Zhè fèn cǎo'àn hái yào xiūgǎi, wǒmen xīngqīsì zhīqián jǐnliàng zuòwán.
이 초안은 아직 수정이 필요합니다. 저희가 목요일 이전에 최대한 마무리할 것입니다.

Voca+
*提案 tí'àn [명] 제안 | *议案 yì'àn [명] 의안. 안건

04 회의·보고

0025
项目＊
xiàngmù

명 항목. 사항. 프로젝트. 사업

예 我们做过细致的市场调查，这个项目肯定能赚大钱。
Wǒmen zuòguo xìzhì de shìchǎng diàochá, zhè ge xiàngmù kěndìng néng zhuàn dàqián.
우리가 상세한 시장조사를 해봤는데, 이 프로젝트는 틀림없이 큰돈을 벌 수 있습니다.

Voca⁺
＊事项 shìxiàng 명 사항 | ＊项 xiàng 명 항, 조목, 조항, 목덜미

0026
方案＊
fāng'àn

명 방안. 표준양식. 규칙

예 设计部送来了新的设计方案，但李总对新的设计方案不太满意。
Shèjìbù sònglái le xīn de shèjì fāng'àn, dàn Lǐ zǒng duì xīn de shèjì fāng'àn bú tài mǎnyì.
디자인 부서에서 새로운 디자인 방안을 보내왔지만 리 사장은 새로운 디자인 방안에 대해 그다지 만족하지 않습니다.

Voca⁺
＊答案 dá'àn 명 답안, 해답, 답 | ＊案例 ànlì 명 사례

0027
难题
nántí

명 풀기 어려운 문제. 난제

예 我们从引入资金这个难题开始讨论吧。
Wǒmen cóng yǐnrù zījīn zhè ge nántí kāishǐ tǎolùn ba.
우리 자금을 끌어들이는 이 난제에서부터 토론을 시작합시다.

Voca⁺
＊方法 fāngfǎ 명 방법 | ＊方式 fāngshì 명 방식

0028
预算＊
yùsuàn

명 예산 동 예산을 짜다

예 进行一个项目时，进行预算是非常重要的。
Jìnxíng yí ge xiàngmù shí, jìnxíng yùsuàn shì fēicháng zhòngyào de.
하나의 프로젝트를 진행할 때 예산을 짜는 것은 대단히 중요한 것입니다.

Voca⁺
＊预计 yùjì 동 예측하다, 예상하다

Business VOCA

0029 记录* jìlù

[명] 기록 [동] 기록하다

[예] 昨天下午那个会议记录我记得放在柜子的最上面那层了。
Zuótiān xiàwǔ nà ge huìyì jìlù wǒ jìde fàngzài guìzi de zuì shàngmiàn nà céng le.
어제 오후 그 회의기록은 제가 캐비닛 가장 위칸에 둔 것으로 기억합니다.

Voca⁺
*纪录 jìlù [명] 기록. 다큐멘터리

0030 同意* tóngyì

[동] 동의하다. 찬성하다

[예] 我们同意了这次合作主要由我方提供厂房和部分设备，你方提供技术。
Wǒmen tóngyì le zhè cì hézuò zhǔyào yóu wǒfāng tígōng chǎngfáng hé bùfen shèbèi, nǐfāng tígōng jìshù.
저희는 이번 협력에서 주로 저희 측에서 작업장과 일부시설을 제공하고, 귀측이 기술을 제공하기로 동의했습니다.

Voca⁺
*赞成 zànchéng [동] 찬성하다. 동의하다 | 同感 tónggǎn [명] 공감. 동감

0031 反对* fǎnduì

[동] 반대하다

[예] 总经理反对在国内建立第三个生产基地。
Zǒngjīnglǐ fǎnduì zài guónèi jiànlì dì sān ge shēngchǎn jīdì.
사장님은 국내에 세 번째 생산기지를 건립하는 것에 반대합니다.

Voca⁺
反对票 fǎnduìpiào [명] 반대표 | 坚决反对 jiānjué fǎnduì 단호하게 반대하다

0032 保留* bǎoliú

[동] 보존하다. 보류하다. 유보하다

[예] 关于这次房地产投资，我保留我的意见。
Guānyú zhè cì fángdìchǎn tóuzī, wǒ bǎoliú wǒ de yìjiàn.
이번 부동산 투자에 관해 저는 제 의견을 보류하겠습니다.

Voca⁺
*留言 liúyán [명] 메시지 [동] 메모를 남기다 | *停留 tíngliú [동] (잠시) 머물다. 체류하다

04 회의·보고   133

0033
考虑 *
kǎolǜ

동 고려하다

예 考虑到我们以后的长期合作，这次我们愿意做一些让步。
Kǎolǜ dào wǒmen yǐhòu de chángqī hézuò, zhè cì wǒmen yuànyì zuò yīxiē ràngbù.
앞으로 우리의 장기적인 협력을 고려해서 이번에 저희가 조금 양보하고자 합니다.

Voca+
*思考 sīkǎo 동 사고하다. 사색하다 | *思路 sīlù 명 사고의 맥락. 사고의 방향

0034
意见 *
yìjiàn

명 견해. 의견

예 没有别的意见，接下来我们谈谈合作的细节问题吧。
Méiyǒu bié de yìjiàn, jiēxiàlái wǒmen tántan hézuò de xìjié wèntí ba.
다른 의견 없으시면 이어서 협력의 세부 문제에 대해 이야기합시다.

Voca+
*见解 jiànjiě 명 견해. 소견 | *偏见 piānjiàn 명 편견. 선입견

0035
看法 *
kànfǎ

명 생각. 견해

예 对两家公司的合并议题，你有什么看法？
Duì liǎng jiā gōngsī de hébìng yìtí, nǐ yǒu shénme kànfǎ?
두 회사의 합병문제에 관해 어떤 생각을 가지고 계세요?

Voca+
*想法 xiǎngfǎ 명 생각. 견해 | *用法 yòngfǎ 명 용법 |
*做法 zuòfǎ 명 (하는) 방법

0036
道理 *
dàolǐ

명 규칙. 도리. 일리

예 如果你的意见有道理，我听你的。
Rúguǒ nǐ de yìjiàn yǒu dàolǐ, wǒ tīng nǐ de.
만약 당신의 의견이 설득력이 있다면 당신의 의견에 따르겠습니다.

Voca+
不讲道理 bùjiǎng dàolǐ 이치를 따지지 않고 제멋대로 굴다 |
硬道理 yìngdàolǐ 명 확고한 도리

Business VOCA

0037 问题* wèntí

[명] (해답을 요구하는) 문제. (해결해야 할) 문제

[예] 下面我们要讨论的是如何轻松购买原料的问题。
Xiàmiàn wǒmen yào tǎolùn de shì rúhé qīngsōng gòumǎi yuánliào de wèntí.
이어서 우리가 토론하려는 것은 어떻게 수월하게 원료를 구매하는지에 관한 문제입니다.

Voca+
问题少年 wèntí shàonián [명] 비행 청소년 | 问题所在 wèntí suǒzài 문제의 소재, 문제가 있는 곳

0038 办法* bànfǎ

[명] 방법

[예] 公司资金不足，库存的货品要想办法推销出去。
Gōngsī zījīn bùzú, kùcún de huòpǐn yào xiǎng bànfǎ tuīxiāo chūqu.
회사가 자금이 부족해서 재고 물품을 판매할 방법을 모색해야 합니다.

Voca+
*决策 juécè [명] 결정된 책략 [동] 책략을 결정하다 | 秘诀 mìjué [명] 비결

0039 解决* jiějué

[동] 해결하다

[예] 你们打算采取什么方法解决资金问题？
Nǐmen dǎsuàn cǎiqǔ shénme fāngfǎ jiějué zījīn wèntí?
당신들은 어떤 방법으로 자금 문제를 해결하려 하십니까?

Voca+
*解答 jiědá [동] 해답하다. 의문을 풀다 | *解释 jiěshì [동] 설명하다. 분석하다

0040 散会 sànhuì

[명] 산회 [동] 산회하다

[예] 今天的会议就开到这里，我们散会吧。
Jīntiān de huìyì jiù kāidào zhè li, wǒmen sànhuì ba.
오늘 회의는 여기까지 하겠습니다. 우리 산회합시다.

Voca+
分散 fēnsàn [동] 분산하다. 흩어지다 [동] 배포하다. 나눠주다 |
结束 jiéshù [동] 끝나다. 마치다 | 不见不散 bújiàn búsàn [성] 만날 때까지 기다리다

VOCA Review 학습한 단어를 복습해 보세요.

1. 우리말을 중국어로 말해본 후 직접 한자와 병음을 써보세요.

① 열다, 소집하다
② 시간
③ 의제
④ 발언(하다)
⑤ 토론하다
⑥ 통지(하다)
⑦ 보고하다
⑧ 산회(하다)

2. 호응하는 어휘끼리 연결한 후 직접 써보세요.

① 召开 •   • 合并
② 发表 •   • 会议
③ 谋求 •   • 项目
④ 进行 •   • 报告

3. 보기에서 알맞은 어휘를 골라 넣으세요.

보기   a. 议题   b. 草案   c. 散会   d. 地点

① 怎么突然改了会议(   )? 你知道改到哪儿了吗?
② 会议(   )主要有三个, 是销售量、客户满意度、售后服务问题。
③ 这份(   )还要修改, 我们星期四之前尽量做完。
④ 今天的会议就开到这里, 我们(   )吧。

answer

1. ①召开 zhàokāi ②时间 shíjiān ③议题 yìtí ④发言 fāyán ⑤讨论 tǎolùn ⑥通知 tōngzhī ⑦汇报 huìbào ⑧散会 sànhuì
2. ①召开会议 ②发表报告 ③谋求合并 ④进行项目   3. ①d ②a ③b ④c

Let's Checking! 주어진 한국어 문장을 중국어로 말해 보세요.

우리 부서는 매달, 매 분기마다 정례회의를 엽니다.
✓ 我们部门每个月、每个季度都开例行会议。

회의시간과 장소는 보통 저희 부서장님이 결정합니다.
✓ 开会时间和地点一般由我们部门经理决定。

다음 주 대회의실이 이미 예약이 꽉 차서, 소회의실로 정했습니다.
✓ 下星期大会议室已经订满了，所以定了小会议室。

회의 의제는 주로 세 가지로 판매량, 고객만족도, A/S문제입니다.
✓ 会议议题主要有三个，是销售量、客户满意度、售后服务问题。

부서회의에서 저는 지난 분기 판매량과 고객만족도 조사보고를 발표해야 합니다.
✓ 部门会议上我要发表上季度销售量和客户满意度的调查报告。

최근 저는 보고와 관련된 내용과 자료를 준비하고 있어서 매우 바쁩니다.
✓ 最近我在准备有关报告的内容和资料，很忙。

Chapter 2 회사생활

05 출장·연회 (出差·宴会)

Mind Map Note

出差 chūchāi
동 출장 가다

宴会 yànhuì
명 연회, 파티

资料 zīliào
명 자료

样品 yàngpǐn
명 샘플

邀请 yāoqǐng
동 초청하다

入境 rùjìng
동 입국하다

派 pài
동 파견하다

招待 zhāodài
동 접대하다

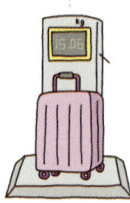

行李箱 xínglǐxiāng
명 트렁크

友好 yǒuhǎo
형 우호적이다

干杯 gānbēi
동 건배하다

Let's Speaking!

이 단원을 학습하고 나면 아래 내용을 중국어로 말할 수 있어요.

— 더 나은 원료를 구하기 위해 저는 자주 해외海外출장을 갑니다.

— 저는 매번 출장 갈 때 관련 자료资料와 각종 물품을 준비합니다.

— 저는 보통 먼저 비행기표와 호텔을 예약하고, 그 다음에 짐行李을 쌉니다.

— 저는 어제 베이징에 도착한 후, 고객사 책임자와 처음으로初次 만났습니다.

— 우리는 오늘 낮에 공장을 참관参观하고,

— 저녁에 그들이 개최하는举行 연회에 참석합니다.

— 저는 연회석상에서 두 회사의 우의를 위해 건배干杯를 제안했습니다.

Let's Start Up!   주제에 맞는 단어와 예문을 학습해 보세요.   ◉ Track 2-5

0001

派*
pài

명 파. 파벌 동 파견하다. 분배하다

예 按规定两次修不好才能退换呢。他们答应再派人来看看。
Àn guīdìng liǎng cì xiūbuhǎo cái néng tuìhuàn ne. Tāmen dāying zài pài rén lái kànkan.
규정에 따르면 두 번까지 수리가 되지 않아야 환불교환이 됩니다. 그들이 다시 사람을 파견해 보러오기로 했어요.

Voca⁺
*派遣 pàiqiǎn 동 파견하다 | 派驻海外 pàizhù hǎiwài 외국에 주재원을 파견하다

0002

国内
guónèi

명 국내

예 最近中国手机企业走出困境，国内外销量稳步增长。
Zuìjìn Zhōngguó shǒujī qǐyè zǒuchū kùnjìng, guónèiwài xiāoliàng wěnbù zēngzhǎng.
최근 중국 휴대전화 기업이 곤경에서 벗어나서 국내외 판매량이 안정적으로 늘었습니다.

Voca⁺
国内生产总值 guónèi shēngchǎn zǒngzhí 국내총생산(gross domestic production, GDP) | 国内线 guónèixiàn 명 국내선 | 国际线 guójìxiàn 명 국제선

0003

海外*
hǎiwài

명 해외. 외국. 국외

예 为了找到更好的原料，我常常去海外出差。
Wèile zhǎodào gèng hǎo de yuánliào, wǒ chángcháng qù hǎiwài chūchāi.
더 나은 원료를 구하기 위해 저는 자주 해외출장을 갑니다.

Voca⁺
*外国 wàiguó 명 외국

0004

准备*
zhǔnbèi

동 준비하다

예 小李，那份资料可以在我走之前准备好吗？
Xiǎo Lǐ, nà fèn zīliào kěyǐ zài wǒ zǒu zhīqián zhǔnbèi hǎo ma?
샤오리, 저 자료 제가 가기 전에 준비 가능한가요?

Voca⁺
*备案 bèi'àn 동 (검토 및 처리를 위해) 준비하다 | *筹备 chóubèi 동 기획하고 준비하다

Business VOCA

0005 资料* zīliào

몡 자료. 생필품

예 我每次去出差的时候都要准备相关资料和各种物品。
Wǒ měicì qù chūchāi de shíhou dōu yào zhǔnbèi xiāngguān zīliào hé gèzhǒng wùpǐn.
저는 매번 출장 갈 때 관련 자료와 각종 물품을 준비합니다.

Voca⁺
资料库 zīliàokù 몡 데이터뱅크(data bank) | 报道资料 bàodào zīliào 보도자료

0006 航班* hángbān

몡 (비행기나 배의) 운항편. 항공편

예 我想坐DC3476次航班去纽约，有没有6月25号的票？
Wǒ xiǎng zuò DC sān sì qī liù cì hángbān qù Niǔyuē, yǒu mei yǒu liù yuè èrshíwǔ hào de piào?
저는 DC3476편을 타고 뉴욕에 가려고 하는데, 6월 25일 표 있나요?

Voca⁺
*航空 hángkōng 몡 항공 | 班次 bāncì 몡 (정기적) 운행횟수. 편수

0007 登记* dēngjì

동 등기하다. 등록하다

예 我们已经给您做了客房登记，请到302房间。
Wǒmen yǐjīng gěi nín zuò le kèfáng dēngjì, qǐng dào sān líng èr fángjiān.
저희가 이미 객실 등록을 해드렸어요. 302호실로 가세요.

Voca⁺
*登录 dēnglù 동 로그인하다 | *刊登 kāndēng 동 (신문·잡지 등에) 게재하다. 싣다

0008 海关* hǎiguān

몡 세관

예 过中国海关的时候，要求每人带的香烟不超过两条。
Guò Zhōngguó hǎiguān de shíhou, yāoqiú měirén dài de xiāngyān bù chāoguò liǎng tiáo.
중국세관을 통과할 때, 일인당 담배 두 보루를 넘지 않도록 요구합니다.

Voca⁺
*关税 guānshuì 몡 관세 | *报关 bàoguān 동 통관수속을 하다. 세관신고를 하다

0009

出境*
chūjìng

동 출국하다. (어떤 지역을) 출경하다

예 出境手续我都办好了，我们走吧。
Chūjìng shǒuxù wǒ dōu bànhǎo le, wǒmen zǒu ba.
출국수속을 다 마쳤으니 우리 갑시다.

Voca⁺
*签证 qiānzhèng 명 비자. 사증 동 비자를 발급해 주다

0010

入境*
rùjìng

동 입국하다

예 从机场出来的时候要检查入境登记卡和健康申明卡。
Cóng jīchǎng chūlái de shíhou yào jiǎnchá rùjìng dēngjìkǎ hé jiànkāng shēnmíngkǎ.
비행기에서 나올 때 입국신고서와 건강신고서를 검사합니다.

Voca⁺
入境登记卡 rùjìng dēngjìkǎ 명 입국신고서

0011

行李箱*
xínglǐxiāng

명 트렁크. 여행용 가방. 화물칸

예 我一般先订机票和饭店，然后装行李箱。
Wǒ yībān xiān dìng jīpiào hé fàndiàn, ránhòu zhuāng xínglǐxiāng.
저는 보통 먼저 비행기표와 호텔을 예약하고, 그 다음에 짐을 쌉니다.

Voca⁺
行李架 xínglǐjià (열차 등의) 짐받이 선반 | 行李房 xínglǐfáng 명 수화물 보관소. 물품보관소 | 托运行李 tuōyùn xínglǐ 수하물을 부치다

0012

物品*
wùpǐn

명 물품

예 出境旅游之前贵重物品要申报，带回的奢侈品不能超过3000美金。
Chūjìng lǚyóu zhīqián guìzhòng wùpǐn yào shēnbào, dàihuí de shēchǐpǐn bù néng chāoguò sān qiān měijīn.
출국해서 여행하기 전에 귀중품은 신고해야 하고, 가지고 돌아온 사치품은 3천 달러를 넘어서는 안 됩니다.

Voca⁺
*工艺品 gōngyìpǐn 명 공예품 | *礼品 lǐpǐn 명 선물

Business VOCA

0013
样品*
yàngpǐn

명 샘플. 견본품

예 这是我们公司新产品的样品，请您过目。
Zhè shì wǒmen gōngsī xīn chǎnpǐn de yàngpǐn, qǐng nín guòmù.
이것은 우리 회사 신제품의 샘플입니다. 검토해주세요.

Voca+
*样本 yàngběn 명 견본. 샘플 | 小样 xiǎoyàng 명 샘플 |
*精品 jīngpǐn 명 정품. 우량품 | *残次品 cáncìpǐn 명 불량품. 결함품 |
试用品 shìyòngpǐn 명 시용품. 테스터 | 赠品 zèngpǐn 명 증정품. 경품. 사은품

0014
申报单
shēnbàodān

명 신고서

예 如果在海外购买600美元以上的物品，入境之前要填写申报单交税。
Rúguǒ zài hǎiwài gòumǎi liùbǎi měiyuán yǐshàng de wùpǐn, rùjìng zhīqián yào tiánxiě shēnbàodān jiāoshuì.
만약 해외에서 600 달러 이상의 물품을 구입하면, 입국 전에 신고서를 작성하고 세금을 내야 합니다.

Voca+
*申报 shēnbào 동 서면으로 보고하다 | *报名 bàomíng 동 신청하다. 등록하다

0015
护照*
hùzhào

명 여권

예 我要两份申请表原件，一份合同和您的护照复印件。
Wǒ yào liǎng fèn shēnqǐngbiǎo yuánjiàn, yí fèn hétong hé nín de hùzhào fùyìnjiàn.
신청서 원본 2부와 계약서 한 부, 당신의 여권 사본이 필요합니다.

Voca+
*驾照 jiàzhào 명 운전면허증 | *执照 zhízhào 명 허가증. 면허증 |
*牌照 páizhào 명 자동차 번호판

0016
手续*
shǒuxù

명 수속. 절차

예 一位顾客来咨询有关金卡的优惠情况及办理手续。
Yí wèi gùkè lái zīxún yǒuguān jīnkǎ de yōuhuì qíngkuàng jí bànlǐ shǒuxù.
한 고객이 골드카드의 혜택상황 및 처리 절차에 관련해 문의하러 왔습니다.

Voca+
手续费 shǒuxùfèi 명 수속비. 수수료 | 退票手续费 tuìpiào shǒuxùfèi 취소 수수료 | 汇款手续费 huìkuǎn shǒuxùfèi 송금 수수료

05 출장·연회

0017
时差 shíchā

명 시차

예 从一个国家到另一个国家需要倒时差。
Cóng yí ge guójiā dào lìng yí ge guójiā xūyào dǎo shíchā.
한 나라에서 다른 나라로 가게 되면 시차적응이 필요합니다.

Voca⁺
倒时差 dǎo shíchā 시차에 적응하다

0018
初次 chūcì

명 처음. 첫 번째

예 我昨天到达北京后，跟客户公司的负责人初次见了面。
Wǒ zuótiān dàodá Běijīng hòu, gēn kèhù gōngsī de fùzérén chūcì jiàn le miàn.
저는 어제 베이징에 도착한 후, 고객사의 책임자와 처음으로 만났습니다.

Voca⁺
*初 chū 형 처음의, 최초의 | *初步 chūbù 형 시작 단계의, 초보적인 |
*最初 zuìchū 명 최초, 맨 처음

0019
幸会 xìnghuì

동 만나 뵙게 되어 영광이다

예 我是大同公司的李明，幸会幸会。
Wǒ shì Dàtóng Gōngsī de Lǐ Míng, xìnghuì xìnghuì.
저는 다통회사의 리밍입니다. 만나 뵙게 되어 영광입니다.

Voca⁺
*久仰 jiǔyǎng 동 경모해 온 지 아주 오래입니다 | 久仰大名 jiǔyǎng dàmíng 존함은 오래전에 들었습니다

0020
指教 zhǐjiào

동 지도하다. 가르치다

예 您是我的前辈，以后请您多多指教。
Nín shì wǒ de qiánbèi, yǐhòu qǐng nín duōduō zhǐjiào.
당신은 제 선배시니, 앞으로 많은 지도 부탁드립니다.

Voca⁺
*指导 zhǐdǎo 동 지도하다. 이끌어 주다 | *指点 zhǐdiǎn 동 지시하다. 가르치다

Business VOCA

0021 关照* guānzhào

[동] 돌보다. 보살피다

[예] 承蒙您的关照，我在出差期间完成了所有的任务。
Chéngméng nín de guānzhào, wǒ zài chūchāi qījiān wánchéng le suǒyǒu de rènwù.
당신의 보살핌으로 저는 출장기간에 모든 임무를 완수하였습니다.

Voca⁺
*照顾 zhàogù [동] 돌보다. 보살피다

0022 礼貌* lǐmào

[명] 예의. 매너 [형] 예의 바르다

[예] 大利公司的王主任彬彬有礼，非常有礼貌。
Dàlì Gōngsī de Wáng zhǔrèn bīnbīn yǒulǐ, fēicháng yǒu lǐmào.
따리 회사의 왕 주임은 젊잖고 예의가 바르며 굉장히 매너가 있습니다.

Voca⁺
彬彬有礼 bīnbīn yǒulǐ [성] 점잖고 예의 바르다

0023 头衔 tóuxián

[명] (관직·학위·직위 등의) 칭호. 직함. 학위

[예] 他有很多的头衔，但最主要的是我们部门的负责人。
Tā yǒu hěn duō de tóuxián, dàn zuì zhǔyào de shì wǒmen bùmén de fùzérén.
그는 많은 직함이 있지만, 가장 주된 것은 우리 부서의 책임자라는 것입니다.

Voca⁺
*称呼 chēnghu [명] 호칭 [동] ~라고 부르다. 일컫다 | *名称 míngchēng [명] 이름. 명칭

0024 接风 jiēfēng

[동] 환영회를 열다

[예] 请您晚上参加我们总经理为您举行的接风宴会。
Qǐng nín wǎnshang cānjiā wǒmen zǒngjīnglǐ wèi nín jǔxíng de jiēfēng yànhuì.
저녁에 저희 사장님이 당신을 위해 개최하는 환영파티에 오세요.

Voca⁺
*接风洗尘 jiēfēng xǐchén (멀리서 온) 손님에게 식사를 대접하다

0025

欢迎＊
huānyíng

동 환영하다

예 各位来宾，你们好，欢迎各位参加我们的慈善拍卖会。
Gèwèi láibīn, nǐmen hǎo, huānyíng gèwèi cānjiā wǒmen de císhàn pāimàihuì.
내빈여러분, 안녕하세요? 저희 자선경매회에 참여해 주신 것을 환영합니다.

Voca⁺
＊迎接 yíngjiē 동 영접하다. 맞이하다

0026

光临＊
guānglín

동 광림하시다 (남이 찾아오는 것을 높여하는 말)

예 祝愿光临本次酒会的各位身体健康、生意兴隆。
Zhùyuàn guānglín běn cì jiǔhuì de gèwèi shēntǐ jiànkāng、shēngyì xīnglóng.
이번 파티에 와주신 여러분 건강하시고, 사업이 번창하시기를 기원합니다.

Voca⁺
＊光顾 guānggù 동 찾아 주시다. 보살펴 주시다 | ＊惠顾 huìgù 자주 왕림해 주십시오

0027

拜托＊
bàituō

동 부탁하다

예 原定于明天给我的策划书能不能今天下班前做完？拜托！
Yuán dìngyú míngtiān gěi wǒ de cèhuàshū néng bu néng jīntiān xiàbān qián zuòwán? Bàituō!
원래 내일 제게 주기로 한 기획서를 오늘 퇴근 전에 다 해서 줄 수 있어요? 부탁해요!

Voca⁺
＊委托 wěituō 동 위탁하다. 의뢰하다 | ＊依托 yītuō 동 의지하다. 기대다

0028

请客＊
qǐngkè

동 초대하다. 한턱내다

예 今天是部门的庆功会，经理要请客。
Jīntiān shì bùmén de qìnggōnghuì, jīnglǐ yào qǐngkè.
오늘은 부서의 공로축하회로, 사장님께서 한턱내신다고 합니다.

Voca⁺
＊请教 qǐngjiào 동 가르침을 청하다 | ＊请求 qǐngqiú 명 요청. 부탁 동 요청하다. 부탁하다 | ＊请示 qǐngshì 동 지시를 바라다

Business VOCA

0029 庆祝* qìngzhù

동 경축하다. 축하하다

예 本商场为庆祝开业三十周年，特举办优惠酬宾活动。
Běn shāngchǎng wèi qìngzhù kāiyè sānshí zhōunián, tè jǔbàn yōuhuì chóubīn huódòng.
저희 상점은 개업 30주년을 축하하기 위해 특별히 고객우대행사를 거행합니다.

Voca⁺
*庆贺 qìnghè 동 경축하다. 축하하다 | 庆祝活动 qìngzhù huódòng 축하행사

0030 欢迎会 huānyínghuì

명 환영회

예 今天是新职员上班的第一天，公司特别准备了欢迎会。
Jīntiān shì xīn zhíyuán shàngbān de dì yī tiān, gōngsī tèbié zhǔnbèi le huānyínghuì.
오늘은 신입사원 출근 첫 날로, 회사에서 특별히 환영회를 준비했습니다.

Voca⁺
欢迎词 huānyíngcí 환영사 | 告别会 gàobiéhuì 송별회

0031 开幕 kāimù

동 개막하다

예 展览会九点开幕。嘉宾可能八点半左右到。
Zhǎnlǎnhuì jiǔ diǎn kāimù. Jiābīn kěnéng bā diǎn bàn zuǒyòu dào.
전람회는 9시에 개막합니다. VIP는 8시 반 정도에 도착할 것입니다.

Voca⁺
*开幕式 kāimùshì 명 개막식 | 开幕词 kāimùcí 명 개회사 | 祝酒词 zhùjiǔcí 명 축배사 | 答谢词 dáxiècí 답례사

0032 举行* jǔxíng

동 거행하다. 개최하다

예 我们今天白天去参观工厂，晚上参加他们举行的宴会。
Wǒmen jīntiān báitiān qù cānguān gōngchǎng, wǎnshang cānjiā tāmen jǔxíng de yànhuì.
우리는 오늘 낮에 공장을 참관하고, 저녁에 그들이 개최하는 연회에 참석합니다.

Voca⁺
举办 jǔbàn 동 거행하다. 개최하다

0033 代表* dàibiǎo

명 대표. 대표자　동 대표하다

예 我代表本公司对各位来宾表示热烈的欢迎。
Wǒ dàibiǎo běn gōngsī duì gèwèi láibīn biǎoshì rèliè de huānyíng.
제가 저희 회사를 대표하여 여러분께 뜨거운 환영을 표합니다.

Voca⁺
代表团 dàibiǎotuán 명 대표단 | 代表作 dàibiǎozuò 명 대표작(품) |
代表处 dàibiǎochù 명 연락사무소

0034 宾主 bīnzhǔ

명 손님과 주인

예 今天的宴会希望我们宾主同欢，不醉不归。
Jīntiān de yànhuì xīwàng wǒmen bīnzhǔ tónghuān, búzuì bùguī.
오늘 연회는 우리 주빈이 모두 즐겁기를 바라며, 오늘 취할 때까지 마셔봅시다.

Voca⁺
*主人 zhǔrén 명 주인 | 迭为宾主 diéwéi bīnzhǔ 성 번갈아 서로를 초대하다 |
贵宾 guìbīn 명 귀빈 | *嘉宾 jiābīn 명 귀한 손님. 가빈

0035 敬 jìng

동 존중하다. 공손하게 대하다

예 来，让我先敬你们一杯！感谢你们为这次洽谈成功所做的努力。
Lái, ràng wǒ xiān jìng nǐmen yì bēi! Gǎnxiè nǐmen wèi zhè cì qiàtán chénggōng suǒ zuò de nǔlì.
자, 제가 술 한 잔 올리겠습니다! 이번 협상의 성공을 위해 한 모든 노력에 감사드립니다.

Voca⁺
*敬礼 jìnglǐ 동 경례하다 | *致敬 zhìjìng 동 경의를 표하다 | *尊敬 zūnjìng
형 존경받을 만한 동 존경하다

0036 招待* zhāodài

동 접대하다. 대접하다

예 今天的招待晚宴非常重要，千万不能马虎。
Jīntiān de zhāodài wǎnyàn fēicháng zhòngyào, qiānwàn bùnéng mǎhu.
오늘 연회의 접대는 매우 중요하니 절대 대강대강 해서는 안 됩니다.

Voca⁺
*接待 jiēdài 동 접대하다 | *款待 kuǎndài 동 환대하다. 정성껏 대접하다 |
盛情款待 shèngqíng kuǎndài 극진하게 대우하다

Business VOCA

0037 邀请* yāoqǐng

[동] 초청하다

[예] 下周五晚上，我要邀请几位法国客商，顺便商量订货的事情。
Xià zhōuwǔ wǎnshang, wǒ yào yāoqǐng jǐ wèi Fǎguó kèshāng, shùnbiàn shāngliang dìnghuò de shìqing.
다음 주 금요일 저녁, 저는 몇 명의 프랑스 바이어를 초청하는 김에 발주에 대한 일을 상의하려 합니다.

Voca+
*请柬 qǐngjiǎn [명] 초대장 | *请帖 qǐngtiě [명] 초대장, 청첩장 | 客商 kèshāng [명] 바이어

0038 友好* yǒuhǎo

[명] 절친한 친구 [형] 우호적이다

[예] 今年是两家公司建立友好合作关系10周年。
Jīnnián shì liǎng jiā gōngsī jiànlì yǒuhǎo hézuò guānxi shí zhōunián.
올해 두 회사가 우호협력 관계를 맺은 지 10주년이 됩니다.

Voca+
*友谊 yǒuyì [명] 우의, 우정 | *友情 yǒuqíng [명] 우정, 우의

0039 干杯* gānbēi

[동] 건배하다

[예] 我在宴会上提议为了两家公司的友谊干杯。
Wǒ zài yànhuì shang tíyì wèile liǎng jiā gōngsī de yǒuyì gānbēi.
저는 연회석상에서 두 회사의 우의를 위해 건배를 제안했습니다.

Voca+
*敬酒 jìngjiǔ [동] 술을 올리다 | 举杯 jǔbēi [동] 잔을 들다

0040 丰盛* fēngshèng

[형] 풍성하다

[예] 今天的菜肴非常丰盛，大家都很喜欢。
Jīntiān de càiyáo fēicháng fēngshèng, dàjiā dōu hěn xǐhuan.
오늘 음식이 대단히 풍성해서, 모두 매우 좋아합니다.

Voca+
*丰富 fēngfù [형] 풍부하다

VOCA Review 학습한 단어를 복습해 보세요.

1. 우리말을 중국어로 말해본 후 직접 한자와 병음을 써보세요.

① 파견하다

② 자료

③ 샘플

④ 예의

⑤ 초청하다

⑥ 접대하다

⑦ 우호적이다

⑧ 건배하다

2. 호응하는 어휘끼리 연결한 후 직접 써보세요.

① 过 • • 海关

② 装 • • 金额

③ 申报 • • 行李箱

④ 举行 • • 宴会

3. 보기에서 알맞은 어휘를 골라 넣으세요.

보기   a. 干杯   b. 欢迎   c. 样品   d. 关照

① 这是我们公司新产品的(　　), 请您过目。

② 承蒙您的(　　), 我在出差期间完成了所有的任务。

③ 各位来宾, 你们好, (　　)各位参加我们的慈善拍卖会。

④ 我在宴会上提议为了两家公司的友谊(　　)。

answer

1. ①派 pài ②资料 zīliào ③样品 yàngpǐn ④礼貌 lǐmào ⑤邀请 yāoqǐng ⑥招待 zhāodài
   ⑦友好 yǒuhǎo ⑧干杯 gānbēi

2. ①过海关 ②装行李箱 ③申报金额 ④举行宴会   3. ①c ②d ③b ④a

Let's Checking! 주어진 한국어 문장을 중국어로 말해 보세요.

더 나은 원료를 구하기 위해 저는 자주 해외출장을 갑니다.
✓ 为了找到更好的原料，我常常去海外出差。

저는 매번 출장 갈 때 관련 자료와 각종 물품을 준비합니다.
✓ 我每次去出差的时候都要准备相关资料和各种物品。

저는 보통 먼저 비행기표와 호텔을 예약하고, 그 다음에 짐을 쌉니다.
✓ 我一般先订机票和饭店，然后装行李箱。

저는 어제 베이징에 도착한 후, 고객사 책임자와 처음으로 만났습니다.
✓ 我昨天到达北京后，跟客户公司的负责人初次见了面。

우리는 오늘 낮에 공장을 참관하고,
✓ 我们今天白天去参观工厂，

저녁에 그들이 개최하는 연회에 참석합니다.
✓ 晚上参加他们举行的宴会。

저는 연회석상에서 두 회사의 우의을 위해 건배를 제안했습니다.
✓ 我在宴会上提议为了两家公司的友谊干杯。

#중국 둘보기

중국 최대의 검색엔진 百度

'바이두(百度)'는 중국 최대의 검색엔진으로 중국을 대표하는 IT기업이며 창업자 '리옌훙(李彦宏)'이 CEO를 맡고 있다. 그는 1991년 베이징대학 정보관리학과를 졸업한 후 미국 뉴욕주립대에서 컴퓨터공학 석사를 마치고 박사과정을 밟던 중 학업을 멈추고 다우존스에 입사하여 근무하다가 2000년 바이두를 설립하였다.

바이두의 상징은 곰 발바닥이다. 바이두는 중국의 시인 신기질(辛弃疾)의 《청옥안(靑玉案)》의 싯구 "众里寻他千百度, 蓦然回首, 那人却在灯火阑珊处 (사람들 속에서 그녀를 천백 번 찾다가 불현듯 고개를 돌려보니 그녀가 등불 아래에 있더라.)"에서 영감을 받아 지은 것이라고 한다. '바이두(百度)'는 '수백 번, 수천 번'의 의미로, 정확한 정보를 찾기 위해 수차례 검색한다는 의미를 담고 있다.

검색 시장에서 바이두의 중국시장 점유율은 무려 70%를 넘는다. 흔히 검색할 때 '구글해 봐', 'googling', 'just google it'이라고 하듯 중국인들은 '바이두 이샤(百度一下)'라고 한다. 이는 '바이두 해봐'라는 말로 중국의 검색서비스 시장에서 바이두의 영향력이 거의 절대적임을 보여주는 말이라고 할 수 있다.

2022년 바이두는 '아폴로 RT6' 자율주행 택시를 공개하였다. 로보택시는 고도 자동화 주행 단계인 바이두의 '레벨4' 자율주행 시스템을 탑재했는데, 대부분의 조건에서 운전자를 필요로 하지 않는다.

바이두는 중국 최대 검색엔진에서 자율주행 업계를 선도하고 있다.

Chapter 3
업종별 업무 I

01 무역 154
02 생산·제조 168
03 물류 182
04 금융·증권 196
05 부동산 210
― 중국 돋보기 224

Chapter 3 업종별 업무 Ⅰ

01 무역(贸易)

Mind Map Note

*贸易 màoyì
명 무역. 교역

*展销 zhǎnxiāo
동 전시판매하다

询价 xúnjià
동 시세를 물어보다
명 가격문의

*报价 bàojià
동 견적서를 내다
명 견적

*进口 jìnkǒu
명 수입 동 수입하다

买方 mǎifāng
명 사는 사람. 구매 측

交期 jiāoqī
명 납기

信用证 xìnyòngzhèng
명 신용장(L/C)

*索赔 suǒpéi
동 배상을 청구하다

*交易 jiāoyì
명 거래 동 거래하다

订货 dìnghuò
동 (상품·물건 등을) 주문하다

Let's Speaking!   이 단원을 학습하고 나면 아래 내용을 중국어로 말할 수 있어요.

- 지난달 제품 전시판매展销회에서 한 회사의 제품을 보았습니다.

- 저희 회사는 이 제품产品에 매우 관심이 있어서,

- 제가 그들 회사의 판매부에 견적문의询价서를 보냈습니다.

- 오늘 오전 견적报价을 받았고, 우리는 가격이 비교적 적절하다고 생각했습니다.

- 그들은 재고가 없어서 납기交期는 발주 받은 후 3주 이내라고 했습니다.

- 그들은 취소불능 신용장을 개설해서 대금을 지불付款하기를 요구했습니다.

- 우리는 회의를 통해 판매자卖方의 견적가를 받아들이기로 결정했습니다.

Let's Start Up!

주제에 맞는 단어와 예문을 학습해 보세요.   Track 3-1

0001
展销*
zhǎnxiāo

명 전시판매 동 전시판매하다

예 上个月在产品展销会上看到了一家公司的产品。
Shàng ge yuè zài chǎnpǐn zhǎnxiāohuì shang kàndào le yì jiā gōngsī de chǎnpǐn.
지난달 제품 전시판매회에서 한 회사의 제품을 보았습니다.

Voca⁺
*展品 zhǎnpǐn 명 전시품(展览品)의 약칭 | *展出 zhǎnchū 동 전시하다. 진열하다 | *展示 zhǎnshì 동 전시하다. 드러내다

0002
询问*
xúnwèn

동 알아보다. 문의하다

예 他们刚才又来电话询问能不能提供样品。
Tāmen gāngcái yòu lái diànhuà xúnwèn néng bu néng tígōng yàngpǐn.
그들은 방금 또 전화를 걸어와 샘플을 제공할 수 있는지 문의했습니다.

Voca⁺
*咨询 zīxún 동 자문하다. 상의하다 | *提问 tíwèn 동 (주로 교사가 학생에게) 질문하다

0003
查询*
cháxún

동 문의하다. 조회하다

예 旅游网站提供订票、订房间和天气查询等服务。
Lǚyóu wǎngzhàn tígōng dìngpiào、dìng fángjiān hé tiānqì cháxún děng fúwù.
여행사이트는 표 예매, 객실 예약과 날씨 문의 등의 서비스를 제공합니다.

Voca⁺
查询处 cháxúnchù 명 조회처. 문의처

0004
询价
xúnjià

명 가격문의 동 시세를 물어보다

예 我们公司对这个产品很感兴趣，我给他们公司销售部发了询价函。
Wǒmen gōngsī duì zhè ge chǎnpǐn hěn gǎn xìngqù, wǒ gěi tāmen gōngsī xiāoshòubù fā le xúnjiàhán.
저희 회사는 이 제품에 매우 관심이 있어서, 제가 그들 회사의 판매부에 견적 문의서를 보냈습니다.

Voca⁺
*讲价 jiǎngjià 동 값을 흥정하다 | *砍价 kǎnjià 동 값을 깎다. 에누리하다

0005 议价 yìjià

명 협정 가격. 협상가격 동 가격을 협상하다

예 买方卖方当面议价，然后决定购买产品。
Mǎifāng màifāng dāngmiàn yìjià, ránhòu juédìng gòumǎi chǎnpǐn.
구매자와 판매자는 직접 대면하여 가격을 논의하고, 그런 다음 제품 구매를 결정합니다.

Voca⁺
*标价 biāojià 명 표시 가격 동 상품 가격을 표시하다 | *抬价 táijià 동 가격을 올리다

0006 报价* bàojià

명 견적. 오퍼 동 견적서를 내다

예 今天早上收到了报价，我们觉得价钱比较合理。
Jīntiān zǎoshang shōudào le bàojià, wǒmen juéde jiàqián bǐjiào hélǐ.
오늘 오전 견적을 받았고, 우리는 가격이 비교적 적절하다고 생각했습니다.

0007 交期 jiāoqī

명 납기

예 他们说因为他们没有库存，交期为接受订货后三周之内。
Tāmen shuō yīnwèi tāmen méiyǒu kùcún, jiāoqī wéi jiēshòu dìnghuò hòu sān zhōu zhīnèi.
그들은 재고가 없어서 납기는 발주 받은 후 3주 이내라고 했습니다.

Voca⁺
交货 jiāohuò 동 물품을 인도하다. 납품하다 | 交货期 jiāohuòqī 명 납기일

0008 订货 dìnghuò

명 주문 상품. 주문한 물건 동 (상품·물건 등을) 주문하다

예 美国贸易公司的史密斯先生正在和大同公司的李经理谈订货问题。
Měiguó màoyì gōngsī de Shǐmìsī xiānsheng zhèngzài hé Dàtóng gōngsī de Lǐ jīnglǐ tán dìnghuò wèntí.
미국 무역 회사의 스미스 씨는 지금 다통회사의 이 사장님과 발주 문제를 논의하고 있습니다.

Voca⁺
*进货 jìnhuò 동 물품이 들어오다 | *提货 tíhuò 동 출고하다. 출하하다 | 退货 tuìhuò 명 동 반품(하다)

0009 付款* fùkuǎn

동 지불하다

예 他们要求开不可撤销信用证付款。
Tāmen yāoqiú kāi bùkě chèxiāo xìnyòngzhèng fùkuǎn.
그들은 취소불능 신용장을 개설해서 대금을 지불하기를 요구했습니다.

Voca+
*公款 gōngkuǎn 명 공금 | *尾款 wěikuǎn 명 (더 지불해야 할) 잔여금액 |
*专款 zhuānkuǎn 명 특별 비용. 특수 비용

0010 货运 huòyùn

명 화물 운송

예 一家货运公司通知美佳公司去取货物，小王边听边做电话记录。
Yì jiā huòyùn gōngsī tōngzhī Měijiā Gōngsī qù qǔ huòwù, Xiǎo Wáng biān tīng biān zuò diànhuà jìlù.
한 운송회사가 메이지아 회사에 화물을 수취하라고 통지하여, 샤오왕은 전화를 받으며 기록하고 있습니다.

Voca+
*搬运 bānyùn 명 운송. 수송 동 운송하다. 수송하다 | *托运 tuōyùn
동 탁송하다. 운송을 위탁하다

0011 往来* wǎnglái

동 왕래하다

예 我们公司和国际上许多大公司都有业务往来。
Wǒmen gōngsī hé guójì shang xǔduō dà gōngsī dōu yǒu yèwù wǎnglái.
우리 회사는 국제적으로 많은 대기업과 거래하고 있습니다.

Voca+
*来往 láiwǎng 동 왕래하다. 오가다

0012 买方* mǎifāng

명 사는 사람. 구매 측

예 买方付了款，但没有按时收到货物，可以向卖方写信催讨。
Mǎifāng fù le kuǎn, dàn méiyǒu ànshí shōudào huòwù, kěyǐ xiàng màifāng xiěxìn cuītǎo.
구매자 측에서 대금을 지불하였지만 화물을 때맞춰 받지 못했다면 판매자 측에게 서면으로 독촉할 수 있습니다.

Voca+
买主 mǎizhǔ 명 구매자 | 买方市场 mǎifāng shìchǎng 구매자 시장 (판매자가 많아 구매자에게 유리함)

Business VOCA

0013 卖方 màifāng

명 판매 측

예 我们通过开会决定接受卖方的报价。
Wǒmen tōngguò kāihuì juédìng jiēshòu màifāng de bàojià.
우리는 회의를 통해 판매자의 견적가를 받아들이기로 결정했습니다.

Voca⁺
卖主 màizhǔ 명 판매자 | 卖方市场 màifāng shìchǎng 판매자 시장 (구매자가 많아 판매자에게 유리함)

0014 交易* jiāoyì

명 거래, 교역 동 거래하다, 교역하다

예 记者采访了一位房地产展示交易会的负责人，请他谈房展的情况。
Jìzhě cǎifǎng le yí wèi fángdìchǎn zhǎnshì jiāoyìhuì de fùzérén, qǐng tā tán fángzhǎn de qíngkuàng.
기자는 부동산 전시 교역회의 한 책임자를 방문취재하여 부동산 전시 교역회의 상황을 이야기해 달라고 했습니다.

Voca⁺
*交流 jiāoliú 동 서로 소통하다. 교류하다 | 交易额 jiāoyì'é 명 거래액

0015 信用证 xìnyòngzhèng

명 신용장

예 首先是付款方式的问题，本公司只接收信用证付款。
Shǒuxiān shì fùkuǎn fāngshì de wèntí, běn gōngsī zhǐ jiēshòu xìnyòngzhèng fùkuǎn.
우선은 지불 방식의 문제입니다. 저희 회사는 신용장 지불만을 받습니다.

Voca⁺
*公证 gōngzhèng 동 공증하다 | *凭证 píngzhèng 명 증빙, 근거, 증거물

0016 成交* chéngjiāo

동 거래가 성립되다. 매매가 성립되다.

예 出口成交创历史新高，从成交商品看，机电产品成交额最高。
Chūkǒu chéngjiāo chuàng lìshǐ xīngāo, cóng chéngjiāo shāngpǐn kàn, jīdiàn chǎnpǐn chéngjiāo'é zuì gāo.
수출거래가 역대 최고치를 갱신했습니다. 거래상품을 보면 전기기계 제품 거래액이 가장 높습니다.

Voca⁺
成交额 chéngjiāo'é 명 거래액 | 成交价 chéngjiāojià 명 거래가

0017 关系* guānxi

명 (사람과 사람 또는 사물 사이의) 관계

예 我们公司在考虑与一家厂商建立长期的合作关系。
Wǒmen gōngsī zài kǎolǜ yǔ yì jiā chǎngshāng jiànlì chángqī de hézuò guānxi.
우리 회사는 한 제조상과 장기적인 협력관계를 맺을 것을 고려하고 있습니다.

Voca⁺
关系网 guānxiwǎng 명 연줄망. 인맥 | 社交网络 shèjiāo wǎngluò 사회연결망 (SNS)

0018 磋商* cuōshāng

동 반복하여 협의하다

예 通过书信，就价格、交期、包装等细节进行磋商。
Tōngguò shūxìn, jiù jiàgé, jiāoqī, bāozhuāng děng xìjié jìnxíng cuōshāng.
서신을 통해 가격, 납기, 포장 등을 상세하게 반복 협의하였습니다.

Voca⁺
切磋 qiēcuō 동 절차탁마하다 | 切磋琢磨 qiēcuō zhuómó 성 서로 토론하고 연구하여 향상시키다. 절차탁마하다

0019 商定 shāngdìng

동 협의하여 결정하다

예 最后我们商定用分期付款方式付款。
Zuìhòu wǒmen shāngdìng yòng fēnqī fùkuǎn fāngshì fùkuǎn.
마지막에 우리는 분할지불 방식으로 대금을 지불하기로 상의하여 정하였습니다.

Voca⁺
*鉴定 jiàndìng 명 동 감정(하다). 평가(하다) | *决定 juédìng 동 결정하다 | *确定 quèdìng 동 확정하다 형 확정적이다 | *约定 yuēdìng 동 약속하여 정하다

0020 佣金* yòngjīn

명 수수료. 커미션

예 目的港为某个英国港口，有效期60天，但在报价中不要写佣金。
Mùdìgǎng wéi mǒu ge Yīngguó gǎngkǒu, yǒuxiàoqī liùshí tiān, dàn zài bàojià zhōng búyào xiě yòngjīn.
도착항은 임의의 영국 항구로, 유효기간은 60일입니다. 단, 견적에는 커미션을 기록할 필요가 없습니다.

Voca⁺
结算佣金 jiésuàn yòngjīn 결제수수료 | 拍卖佣金 pāimài yòngjīn 경매수수료

Business VOCA

0021 条件* tiáojiàn

명 조건

예 如果贵公司接受上述条件，我们马上下订单。
Rúguǒ guì gōngsī jiēshòu shàngshù tiáojiàn, wǒmen mǎshàng xià dìngdān.
만약 귀사가 상술한 조건을 받아들이시면 저희는 바로 발주서를 내리겠습니다.

Voca+
无条件 wútiáojiàn 동 아무런 조건이 없다. 무조건이다 | 条件如下 tiáojiàn rúxià 조건은 아래와 같습니다

0022 独家* dújiā

명 독점. 단독

예 我们有十家法国红酒公司的独家代理权。
Wǒmen yǒu shí jiā Fǎguó hóngjiǔ gōngsī de dújiā dàilǐquán.
우리는 10개의 프랑스 와인 회사의 독점대리권을 가지고 있습니다.

Voca+
*单独 dāndú 부 단독으로, 혼자서 | *独立 dúlì 동 독립하다 | *独资 dúzī 동 개인(단독)투자하다

0023 代理商 dàilǐshāng

명 대리상. 에이전트

예 代理商的职责是代替企业打理生意，是厂家给商家佣金的一种经营方式。
Dàilǐshāng de zhízé shì dàitì qǐyè dǎlǐ shēngyì, shì chǎngjiā gěi shāngjiā yòngjīn de yì zhǒng jīngyíng fāngshì.
에이전트의 직무는 기업을 대신하여 사업을 하고, 제조업자가 상품판매 측에 커미션을 주는 경영방식의 일종입니다.

Voca+
*代理 dàilǐ 동 대리하다. 대신하다 | *代替 dàitì 동 대신하다. 대체하다 | *代驾 dàijià 동 대리운전하다 | *代言 dàiyán 동 대신 말하다. 대변하다

0024 检验* jiǎnyàn

명 검사. 검증 동 검사하다. 검증하다

예 每辆自行车出厂前均经过严格的质量检验，保证质量。
Měi liàng zìxíngchē chūchǎng qián jūn jīngguò yángé de zhìliàng jiǎnyàn, bǎozhèng zhìliàng.
모든 자전거는 출고 전에 엄격한 품질 검사를 거쳐서 품질을 보장합니다.

Voca+
*安检 ānjiǎn 명 안전검사. 보안검사 | *检查 jiǎnchá 동 검사하다. 조사하다

01 무역

0025 催讨 cuītǎo

동 독촉하다

예 如果卖方发货后，没有按时收到货款，可以向买方写信催讨货款。
Rúguǒ màifāng fāhuò hòu, méiyǒu ànshí shōudào huòkuǎn, kěyǐ xiàng mǎifāng xiěxìn cuītǎo huòkuǎn.

만약 판매자 측이 물건을 출하한 후 물건 대금을 제때에 받지 못했다면 구매자 측이 물건 대금을 독촉할 수 있습니다.

Voca+
*催 cuī **동** 재촉하다. 다그치다 | 催单 cuīdān **명** 독촉장 | 催生 cuīshēng 분만을 촉진하다 | 催命 cuīmìng **동** 명을 재촉하다

0026 出货 chūhuò

명 출고 **동** 출고하다

예 进出货管理软件是中小企业常用的管理工具。
Jìnchūhuò guǎnlǐ ruǎnjiàn shì zhōngxiǎo qǐyè chángyòng de guǎnlǐ gōngjù.

화물 입출고 관리 소프트웨어는 중소기업이 자주 사용하는 관리도구입니다.

Voca+
出货物流 chūhuò wùliú **명** 유통물류

0027 报关* bàoguān

동 통관 수속을 하다. 세관 신고를 하다

예 我们公司提供进出口报关、报检服务。
Wǒmen gōngsī tígōng jìnchūkǒu bàoguān、bàojiǎn fúwù.

우리 회사는 수출입 통관 및 검역 신고 서비스를 제공합니다.

Voca+
报关经纪人 bàoguān jīngjìrén **명** 관세사 | 报关费 bàoguānfèi **명** 통관비

0028 关税* guānshuì

명 관세

예 美国政府的高关税使他们国家的企业获得了不公平的竞争优势。
Měiguó zhèngfǔ de gāo guānshuì shǐ tāmen guójiā de qǐyè huòdé le bù gōngpíng de jìngzhēng yōushì.

미국 정부의 높은 관세는 그들 국가의 기업이 불공평한 경쟁에서 우위를 점하도록 하였습니다.

Voca+
关税厅 guānshuìtīng **명** 관세청 | 关税壁垒 guānshuì bìlěi **명** 관세장벽 | 退关税 tuìguānshuì **명** 관세환급금

Business VOCA

0029 进口* jìnkǒu

명 수입 동 수입하다

예 进口关税是一个国家的海关对进口货物和物品征收的关税。
Jìnkǒu guānshuì shì yí ge guójiā de hǎiguān duì jìnkǒu huòwù hé wùpǐn zhēngshōu de guānshuì.
수입관세는 한 국가의 세관이 수입화물과 물품에 징수하는 관세입니다.

Voca⁺
进口税 jìnkǒushuì 수입관세 | 进口啤酒 jìnkǒu píjiǔ 명 수입맥주

0030 出口* chūkǒu

명 수출 동 수출하다

예 中国年出口玩具占全球玩具市场七成以上，是全球最大的玩具生产国。
Zhōngguó nián chūkǒu wánjù zhàn quánqiú wánjù shìchǎng qī chéng yǐshàng, shì quánqiú zuì dà de wánjù shēngchǎnguó.
중국의 연간 수출완구는 전세계 완구시장의 70% 이상으로 전세계에서 가장 큰 완구 생산국입니다.

Voca⁺
出口退税 chūkǒu tuìshuì 수출환급 | 出口商 chūkǒushāng 명 수출상

0031 储备* chǔbèi

동 (물자를) 비축하다, 저장하다

예 我方现金储备不足，余额的付款期限能不能延长到收货后20天？
Wǒ fāng xiànjīn chǔbèi bùzú, yú'é de fùkuǎn qīxiàn néng bu néng yáncháng dào shōuhuò hòu èrshí tiān?
우리 측은 비축한 현금이 부족하니, 남은 금액의 지불기간을 물건을 받은 후 20일로 연장해 주실 수 있나요?

Voca⁺
*储藏 chǔcáng 동 저장하다 | *储存 chǔcún 동 (돈·물건 등을) 저축하여 두다

0032 要求* yāoqiú

명 요구, 요망 동 요구하다

예 经我们公司会议讨论，我方提出如下要求。
Jīng wǒmen gōngsī huìyì tǎolùn, wǒ fāng tíchū rúxià yāoqiú.
우리 회사의 회의 토론을 거쳐 아래와 같은 조건을 제안합니다.

Voca⁺
要求退款 yāoqiú tuìkuǎn 환급청구 | 要求加薪 yāoqiú jiāxīn 임금인상 요구

01 무역

0033
索赔*
suǒpéi

명 배상 요구　동 배상을 요구하다

예 如果买方收到货物后发现问题，应在十天以内提出索赔。
Rúguǒ mǎifāng shōudào huòwù hòu fāxiàn wèntí, yīng zài shí tiān yǐnèi tíchū suǒpéi.

만약 구매자 측이 물건을 받은 후 문제가 발생했다면 10일 이내에 클레임을 제기해야 합니다.

Voca+
*赔本 péiběn 동 손해를 보다 ｜ *摸索 mōsuǒ 동 (방법·경험 등을) 모색하다 ｜
*搜索 sōusuǒ 동 검색하다

0034
赔偿*
péicháng

명 배상, 보상　동 배상하다, 보상하다

예 贵方延误的工作时间，应按合同条款对我方进行赔偿。
Guìfāng yánwù de gōngzuò shíjiān, yīng àn hétóng tiáokuǎn duì wǒ fāng jìnxíng péicháng.

귀측이 지체한 업무시간은 계약조항에 따라 우리 측에 배상을 해야 합니다.

Voca+
*补偿 bǔcháng 동 (손실·손해를) 보충하다. (차액·결손을) 보상하다 ｜
*偿还 chánghuán 동 (빚을) 상환하다, 갚다 ｜ *抵偿 dǐcháng 동 배상하다, 갚다

0035
损失*
sǔnshī

명 손실, 손해　동 손해보다

예 因为贵公司没按时送货，给我们公司造成了很大的损失。
Yīnwèi guì gōngsī méi ànshí sònghuò, gěi wǒmen gōngsī zàochéng le hěn dà de sǔnshī.

귀사가 제때에 물건을 보내지 않았기 때문에 저희 회사에 막대한 손실을 가져왔습니다.

Voca+
*亏损 kuīsǔn 동 결손나다, 적자나다 ｜ *损坏 sǔnhuài 동 손상시키다, 파괴하다 ｜
*损耗 sǔnhào 명 손실, 소모　동 소모되다, 손실되다

0036
损害*
sǔnhài

동 손실을 입히다

예 这次事件损害了我们公司的形象和声誉。
Zhè cì shìjiàn sǔnhài le wǒmen gōngsī de xíngxiàng hé shēngyù.

이번 사건은 우리 회사의 이미지와 명예를 훼손하였습니다.

Business VOCA

0037 理赔 lǐpéi

명 배상 처리 | 동 배상청구를 처리하다

예 理赔函的格式包括标题、称呼、正文、落款。
Lǐpéihán de géshì bāokuò biāotí、chēnghu、zhèngwén、luòkuǎn.
배상청구서신의 격식은 제목, 호칭, 본문, 낙관을 포함합니다.

Voca+
理赔部 lǐpéibù 보험보상 부서 (보험사 내부에서 피해자보상을 처리하는 부서) | 理赔准备金 lǐpéi zhǔnbèijīn 보험금지급 준비금

0038 争议 zhēngyì

명 논쟁, 쟁론 | 동 논쟁하다, 쟁론하다

예 争议是指交易的一方认为另一方未履行合同规定的责任而引起的纠纷。
Zhēngyì shì zhǐ jiāoyì de yì fāng rènwéi lìng yì fāng wèi lǚxíng hétong guīdìng de zérèn ér yǐnqǐ de jiūfēn.
쟁의는 거래하는 한 쪽이 다른 한 쪽에게 계약 규정의 책임을 이행하지 않아서 야기된 분쟁을 가리킵니다.

Voca+
争议焦点 zhēngyì jiāodiǎn 명 쟁점 | 争议处理 zhēngyì chǔlǐ 분쟁 처리

0039 仲裁 zhòngcái

명 중재 | 동 중재하다

예 按照惯例，仲裁在第三国比较好，双方选择了法国的仲裁机构。
Ànzhào guànlì, zhòngcái zài dìsānguó bǐjiào hǎo, shuāngfāng xuǎnzé le Fǎguó de zhòngcái jīgòu.
관례에 따르면, 중재는 제3국에서 하는 것이 비교적 좋아서, 양측은 프랑스의 중재기구를 선택하였습니다.

Voca+
仲裁庭 zhòngcáitíng 명 중재재판소 | 仲裁人 zhòngcáirén 명 중재인, 중재자 | 仲裁法 zhòngcáifǎ 명 중재법

0040 和解 héjiě

동 화해하다

예 和解是指当事人约定互相让步，不经过法院解决争议问题。
Héjiě shì zhǐ dāngshìrén yuēdìng hùxiāng ràngbù, bù jīngguò fǎyuàn jiějué zhēngyì wèntí.
화해는 당사자가 서로 양보하기로 약속한 것으로 법원을 통하지 않고 분쟁을 해결하는 것입니다.

VOCA Review 학습한 단어를 복습해 보세요.

1. 우리말을 중국어로 말해본 후 직접 한자와 병음을 써보세요.

① 견적서

② 납기

③ 주문하다

④ 신용장

⑤ 구매 측

⑥ 거래하다

⑦ 수입하다

⑧ 배상을 요구하다

2. 호응하는 어휘끼리 연결한 후 직접 써보세요.

① 提供　•　　　　•　议价

② 当面　•　　　　•　信用证

③ 开　　•　　　　•　要求

④ 提出　•　　　　•　样品

3. 보기에서 알맞은 어휘를 골라 넣으세요.

> 보기　　a. 磋商　　b. 交期　　c. 卖方　　d. 索赔

① 因为他们没有库存，(　　　)为接受订货后三周之内。

② 买方付了款，但没有按时收到货物，可以向(　　　)写信催讨。

③ 通过书信，就价格、交期、包装等细节进行(　　　)。

④ 如果买方收到货物后发现问题，应在十天以内提出(　　　)。

---

answer

1. ①报价 bàojià　②交期 jiāoqī　③订货 dìnghuò　④信用证 xìnyòngzhèng　⑤买方 mǎifāng　⑥交易 jiāoyì　⑦进口 jìnkǒu　⑧索赔 suǒpéi

2. ①提供样品　②当面议价　③开信用证　④提出要求　　3. ①b　②c　③a　④d

Let's Checking! 주어진 한국어 문장을 중국어로 말해 보세요.

지난달 제품 전시판매회에서 한 회사의 제품을 보았습니다.

✓ 上个月在产品展销会上看到了一家公司的产品。

저희 회사는 이 제품에 매우 관심이 있어서,

✓ 我们公司对这个产品很感兴趣,

제가 그들 회사의 판매부에 견적문의서를 보냈습니다.

✓ 我给他们公司销售部发了询价函。

오늘 오전 견적을 받았고, 우리는 가격이 비교적 적절하다고 생각했습니다.

✓ 今天早上收到了报价,我们觉得价钱比较合理。

그들은 재고가 없어서 납기는 발주 받은 후 3주 이내라고 했습니다.

✓ 因为他们没有库存,交期为接受订货后三周之内。

그들은 취소불능 신용장을 개설해서 대금을 지불하기를 요구했습니다.

✓ 他们要求开不可撤销信用证付款。

우리는 회의를 통해 판매자의 견적가를 받아들이기로 결정했습니다.

✓ 我们通过开会决定接受卖方的报价。

Chapter 3 업종별 업무 I

02 생산·제조(生产·制造)

Mind Map Note

*生产 shēngchǎn
동 생산하다

*制造 zhìzào
동 제조하다

*样品 yàngpǐn
명 샘플

成品 chéngpǐn
명 완제품

*成本 chéngběn
명 원가

*原料 yuánliào
명 원료

*厂家 chǎngjiā
명 제조업자

*库存 kùcún
명 재고

*转包 zhuǎnbāo
동 하청을 주다

*设备 shèbèi
명 설비

生产线 shēngchǎnxiàn
명 생산라인

*流程 liúchéng
명 공정

Let's Speaking!

이 단원을 학습하고 나면 아래 내용을 중국어로 말할 수 있어요.

- 저희는 한 식품제조업자厂家로 주로 각종 냉장냉동 식품을 생산합니다.

- 저희 회사는 대기업의 하청转包을 받아 소시지를 생산합니다.

- 저희 공장은 다섯 개의 생산라인生产线이 있고, 설비도 신식입니다.

- 저희 공장의 전용면적占地은 5만 제곱미터입니다.

- 하나의 제품이 생산 제조되는 과정流程은 간단하지 않습니다.

- 우선 우리는 제품의 원가를 계산하고, 그 다음에 좋은 원료原料를 찾습니다.

- 연구를 통해 샘플을 만들고, 어느 정도 기준标准에 다다르면 시험생산을 합니다.

Let's Start Up!

주제에 맞는 단어와 예문을 학습해 보세요.   Track 3-2

0001
厂家*
chǎngjiā

명 공장. 제조업자. 제작자

예 我们是一个食品**厂家**，主要生产各种冷藏冷冻食品。
Wǒmen shì yí ge shípǐn chǎngjiā, zhǔyào shēngchǎn gèzhǒng lěngcáng lěngdòng shípǐn.
저희는 한 식품제조업자로 주로 각종 냉장냉동 식품을 생산합니다.

Voca⁺
厂家直销 chǎngjiā zhíxiāo 공장 직매 | 供应厂家 gōngyìng chǎngjiā 공급업체

0002
厂商*
chǎngshāng

명 공장. 상점. 제조상

예 三星等几大国产手机**厂商**占了国产手机50%以上的市场份额。
Sānxīng děng jǐ dà guóchǎn shǒujī chǎngshāng zhàn le guóchǎn shǒujī bǎifēnzhī wǔshí yǐshàng de shìchǎng fèn'é.
삼성 등 몇몇 대형 국산 휴대전화 제조상이 국산 휴대전화 시장의 50% 이상을 차지하고 있습니다.

Voca⁺
商店 shāngdiàn 명 상점

0003
转包
zhuǎnbāo

명 하도급. 하청 동 하도급을 주다. 하청을 주다

예 我们公司获得大企业的**转包**，生产香肠。
Wǒmen gōngsī huòdé dàqǐyè de zhuǎnbāo, shēngchǎn xiāngcháng.
저희 회사는 대기업의 하청을 받아 소시지를 생산합니다.

Voca⁺
转包商 zhuǎnbāoshāng 명 하청업자

0004
成本*
chéngběn

명 원가. 자본금(C: Cost)

예 我觉得商品的**成本**一般最多不到60%。
Wǒ juéde shāngpǐn de chéngběn yìbān zuì duō bú dào bǎifēnzhī liùshí.
저는 상품의 원가가 보통 아무리 많아도 60%가 넘지 않는다고 생각합니다.

Voca⁺
成本节约 chéngběn jiéyuē 원가절약 | 降低成本 jiàngdī chéngběn 원가절감

Business VOCA

0005 品质 pǐnzhì

명 품질. 질(Q: Quality)

예 公司坚持了**品质**第一的宗旨，在市场中有良好的口碑。
Gōngsī jiānchí le pǐnzhì dìyī de zōngzhǐ, zài shìchǎng zhōng yǒu liánghǎo de kǒubēi.
회사는 품질 제일의 취지를 고수하여, 시장에서 양호한 평판이 있습니다.

Voca+
*质量 zhìliàng 명 질. 품질

0006 安全* ānquán

형 안전하다(S: Safety)

예 消费者很关心食品价格，但我更关心的是食物的**安全**。
Xiāofèizhě hěn guānxīn shípǐn jiàgé, dàn wǒ gèng guānxīn de shì shíwù de ānquán.
소비자들은 식품의 가격에 매우 신경 쓰지만, 제가 더 신경 쓰는 것은 식품의 안전입니다.

Voca+
安全带 ānquándài 명 (비행기·자동차 등의) 안전벨트 | 安全帽 ānquánmào 명 안전모 | 安全门 ānquánmén 명 비상구

0007 士气 shìqì

명 사기(M: Morale)

예 作为老板，最重要的责任就是鼓舞员工的**士气**。
Zuòwéi lǎobǎn, zuì zhòngyào de zérèn jiùshì gǔwǔ yuángōng de shìqì.
사장으로서 가장 중요한 책임은 바로 직원의 사기를 진작하는 것입니다.

Voca+
士气低落 shìqì dīluò 사기가 떨어지다 | 士气高昂 shìqì gāo'áng 사기가 높아지다

0008 原料* yuánliào

명 원료. 감

예 首先我们计算产品的成本，然后寻找好的**原料**。
Shǒuxiān wǒmen jìsuàn chǎnpǐn de chéngběn, ránhòu xúnzhǎo hǎo de yuánliào.
우선 우리는 제품의 원가를 계산하고, 그 다음에 좋은 원료를 찾습니다.

Voca+
材料 cáiliào 명 재료. 원료. 감. 자재 | 资料 zīliào 명 자료 | 料子 liàozi 명 옷감

0009 成品 chéngpǐn

명 완제품

예 成品是指已完成全部生产过程，按规定标准检验合格的产品。
Chéngpǐn shì zhǐ yǐ wánchéng quánbù shēngchǎn guòchéng, àn guīdìng biāozhǔn jiǎnyàn hégé de chǎnpǐn.
완제품은 이미 전체의 생산과정을 완료한 것으로 규정된 기준에 따라 검수를 하여 합격한 제품입니다.

Voca+
成品入库 chéngpǐn rùkù 완제품 입고

0010 半成品 bànchéngpǐn

명 반제품

예 我们公司主要加工肉类半成品，再把加工好的产品卖给消费者。
Wǒmen gōngsī zhǔyào jiāgōng ròulèi bànchéngpǐn, zài bǎ jiāgōng hǎo de chǎnpǐn màigěi xiāofèizhě.
우리 회사는 주로 육류의 반제품을 가공하고, 다시 가공이 잘된 제품을 소비자에 판매합니다.

Voca+
半路 bànlù **명**(노정의) 중간. 도중 | 半夜 bànyè **명** 심야. 한밤중 | 一半 yíbàn **수** 반. 절반. 2분의 1

0011 标准* biāozhǔn

명 표준. 기준. 잣대

예 通过研究做一些样品，达到一定标准的话开始试生产。
Tōngguò yánjiū zuò yìxiē yàngpǐn, dádào yídìng biāozhǔn dehuà kāishǐ shì shēngchǎn.
연구를 통해 샘플을 만들고, 어느 정도 기준에 다다르면 시험생산을 합니다.

Voca+
标准件 biāozhǔnjiàn **명** 표준 규격품 | 标准化 biāozhǔnhuà 표준화

0012 生产线 shēngchǎnxiàn

명 생산라인

예 我们工厂拥有五个生产线，设备很先进。
Wǒmen gōngchǎng yōngyǒu wǔ ge shēngchǎnxiàn, shèbèi hěn xiānjìn.
저희 공장은 다섯 개의 생산라인이 있고, 설비도 신식입니다.

Voca+
*流水线 liúshuǐxiàn **명** 일관 작업열. 생산라인 | *热线 rèxiàn **명** 핫라인. 인기노선

Business VOCA

0013
面积[*]
miànjī

명 면적

예 商业区附近，您想租多大面积的办公室？
Shāngyèqū fùjìn, nín xiǎng zū duōdà miànjī de bàngōngshì?
상업지역 부근이라면 당신은 얼마만한 면적의 사무실을 임대하고 싶습니까?

Voca+
总面积 zǒngmiànjī 명 총면적 | 建筑面积 jiànzhù miànjī 명 건축 면적 |
居住面积 jūzhù miànjī 명 주거 면적

0014
平方米[*]
píngfāngmǐ

명 제곱미터. 평방미터(m²)

예 工厂占地面积三万平方米，员工五百人，其中工程技术人员七十人。
Gōngchǎng zhàndì miànjī sānwàn píngfāngmǐ, yuángōng wǔbǎi rén, qízhōng gōngchéng jìshù rényuán qīshí rén.
공장 점유면적은 3만 제곱미터이고, 직원은 500명, 그중 기술인력이 70명입니다.

Voca+
*厘米 límǐ 명 센티미터(cm) | 毫米 háomǐ 명 밀리미터(mm)

0015
成立[*]
chénglì

동 (조직·기구 따위를) 창립하다. 설립하다

예 我们工厂是1990年成立的，占地面积为五万平方米。
Wǒmen gōngchǎng shì yī jiǔ jiǔ líng nián chénglì de, zhàndì miànjī wéi wǔ wàn píngfāngmǐ.
저희 공장은 1990년에 설립되었고, 전용면적은 5만 제곱미터입니다.

Voca+
*创立 chuànglì 동 창립하다 | *建立 jiànlì 동 건립하다. 수립하다 |
*设立 shèlì 동 설립하다. 건립하다 | *树立 shùlì 동 수립하다. 세우다

0016
车间
chējiān

명 작업장

예 我们对贵厂的产品很感兴趣，想去参观一下车间。
Wǒmen duì guì chǎng de chǎnpǐn hěn gǎn xìngqù, xiǎng qù cānguān yíxià chējiān.
우리는 귀 공장의 제품에 흥미가 있어서 작업장을 견학해보고 싶습니다.

Voca+
*包间 bāojiān 명 (호텔·음식점의) 독방. 룸(room)

02 생산·제조

0017 仓库* cāngkù

명 창고

예 最近我们的新产品很受消费者欢迎，仓库里的货都卖空了。
Zuìjìn wǒmen de xīn chǎnpǐn hěn shòu xiāofèizhě huānyíng, cāngkù li de huò dōu màikōng le.
최근 우리 신제품이 소비자에게 매우 각광받아 창고 안의 물건은 모두 판매되었습니다.

Voca⁺
*库房 kùfáng 명 창고 | *车库 chēkù 명 차고

0018 库存* kùcún

명 재고

예 我们要想办法把库存的货品推销出去。
Wǒmen yào xiǎng bànfǎ bǎ kùcún de huòpǐn tuīxiāo chūqu.
우리는 방법을 강구해서 재고품을 내다 팔아야 합니다.

Voca⁺
库存量 kùcúnliàng 명 재고량 | 库存品 kùcúnpǐn 명 입고품

0019 现货* xiànhuò

명 현품. 현물. 재고

예 我们急需这批产品，你们有现货吗？
Wǒmen jíxū zhè pī chǎnpǐn, nǐmen yǒu xiànhuò ma?
우리가 이 상품들이 급히 필요한데 재고가 있나요?

Voca⁺
现货价 xiànhuòjià 명 현물 가격 | 现货升水 xiànhuò shēngshuǐ 현물 프리미엄

0020 机器* jīqì

명 기계. 기기

예 工厂里的一台机器又出毛病了，上次已经修过一次了。
Gōngchǎng li de yì tái jīqì yòu chū máobìng le, shàngcì yǐjīng xiūguo yí cì le.
지난번에 이미 수리를 한 번 했던 것인데, 공장 안의 기계 한 대에 다시 문제가 생겼습니다.

Voca⁺
机器人 jīqìrén 명 로봇 | 机器油 jīqìyóu 명 기계유. 기계 기름

Business VOCA

0021
设备[*]
shèbèi

[명] 설비. 시설

[예] 我方未能及时供应设备是由于不可抗力，所以不承担赔偿责任。
Wǒ fāng wèi néng jíshí gōngyìng shèbèi shì yóuyú bùkě kànglì, suǒyǐ bù chéngdān péicháng zérèn.
저희 측이 제때에 설비를 공급하지 못한 것은 불가항력으로 인한 것이어서 배상책임을 지지 않습니다.

Voca+
设备管理系统 shèbèi guǎnlǐ xìtǒng [명] 장비관리 시스템 | 设备更新 shèbèi gēngxīn 설비 교체

0022
控制[*]
kòngzhì

[동] 통제하다

[예] 我们的机器设备全部用电脑控制。
Wǒmen de jīqì shèbèi quánbù yòng diànnǎo kòngzhì.
우리의 기계설비는 전부 컴퓨터로 통제합니다.

Voca+
控制柜 kòngzhìguì [명] 제어함 | 控制键 kòngzhìjiàn (컴퓨터의) 컨트롤 키

0023
电动
diàndòng

[형] 전동의. 전기의

[예] 我们主要生产开发儿童智力的电动玩具。
Wǒmen zhǔyào shēngchǎn kāifā értóng zhìlì de diàndòng wánjù.
우리는 주로 어린이의 지능을 개발하는 전동완구를 생산합니다.

Voca+
电动机 diàndòngjī [명] 전동기 | 电动自行车 diàndòng zìxíngchē 전기 자전거

0024
全自动
quánzìdòng

[형] 전자동의

[예] 我们去年从英国引进了一条全自动的生产线。
Wǒmen qùnián cóng Yīngguó yǐnjìn le yì tiáo quánzìdòng de shēngchǎnxiàn.
우리는 작년에 영국에서 전자동 생산라인을 도입했습니다.

Voca+
全自动洗衣机 quánzìdòng xǐyījī 전자동 세탁기

02 생산·제조　175

0025
半自动
bànzìdòng

[형] 반자동의

[예] 我们公司生产的半自动洗衣机很受消费者的欢迎。
Wǒmen gōngsī shēngchǎn de bànzìdòng xǐyījī hěn shòu xiāofèizhě de huānyíng.
우리 회사가 생산한 반자동 세탁기는 소비자에게 인기가 좋습니다.

Voca⁺
半自动化 bànzìdònghuà 반자동화

0026
先进 *
xiānjìn

[형] 선진의. 진보적인

[예] 本厂拥有国内最先进的生产机器和管理设施。
Běn chǎng yōngyǒu guónèi zuì xiānjìn de shēngchǎn jīqì hé guǎnlǐ shèshī.
저희 공장은 국내의 최첨단 생산기계와 관리시설을 보유하고 있습니다.

Voca⁺
先进国家 xiānjìn guójiā [명] 선진국 | 先进技术 xiānjìn jìshù 선진기술

0027
批 *
pī

[명] 무리. 무더기 [형] 대량의

[예] 这批货物怎么运，海运是不是太慢了?
Zhè pī huòwù zěnme yùn, hǎiyùn shì bu shì tài màn le?
이 화물을 어떻게 운송할까요, 해운은 너무 더딘가요?

Voca⁺
*大批 dàpī [형] 대량의. 대량으로 | *批量 pīliàng [부] 대량으로. 대규모로 [명] 대량

0028
产量
chǎnliàng

[명] 생산량

[예] 去年用咖啡渣加工燃料的研究获得成功，开始试生产，今年产量成倍增长。
Qùnián yòng kāfēi zhā jiāgōng ránliào de yánjiū huòdé chénggōng, kāishǐ shì shēngchǎn, jīnnián chǎnliàng chéngbèi zēngzhǎng.
커피찌꺼기를 연료로 가공하는 연구가 성공을 거두어 시험생산을 시작하여 올해는 생산량이 배로 증가하였습니다.

Voca⁺
*含量 hánliàng [명] 함량 | *力量 lìliàng [명] 힘. 능력. 역량 | *少量 shǎoliàng [형] 소량의. 적은 양의

Business VOCA

0029 引进 yǐnjìn

동 도입하다. 끌어들이다

예 公司引进了新的生产线以后，产量比上季度增加了。
Gōngsī yǐnjìn le xīn de shēngchǎnxiàn yǐhòu, chǎnliàng bǐ shàng jìdù zēngjiā le.
회사가 새로운 생산라인을 도입한 후, 생산량이 지난 분기보다 증가하였습니다.

Voca+
*引入 yǐnrù 동 끌어들이다. 도입하다 | *引导 yǐndǎo 동 인솔하다. 이끌다

0030 组装 zǔzhuāng

동 조립하다

예 产品在这儿组装好以后，送到质量检验的部门。
Chǎnpǐn zài zhèr zǔzhuāng hǎo yǐhòu, sòngdào zhìliàng jiǎnyàn de bùmén.
제품은 여기에서 조립을 한 후, 품질검수 부서로 보냅니다.

Voca+
*组合 zǔhé 명 조합 동 조합하다. 짜 맞추다 | *组成 zǔchéng 동 짜다. 조성하다

0031 加工* jiāgōng

명 가공 동 가공하다. 다듬다

예 我们主要从事工作服的生产加工和销售，公司现在正开拓亚洲市场。
Wǒmen zhǔyào cóngshì gōngzuòfú de shēngchǎn jiāgōng hé xiāoshòu, gōngsī xiànzài zhèng kāituò Yàzhōu shìchǎng.
우리는 주로 유니폼의 생산가공과 판매에 종사하고 있고, 회사는 지금 아시아 시장을 개척하고 있습니다.

Voca+
加工贸易 jiāgōng màoyì 명 가공무역 | 加工制品 jiāgōng zhìpǐn 명 가공제품

0032 访问者 fǎngwènzhě

명 방문자

예 我是一家家具公司的经理，正在接待一批参观访问者。
Wǒ shì yì jiā jiājù gōngsī de jīnglǐ, zhèngzài jiēdài yì pī cānguān fǎngwènzhě.
저는 한 가구회사의 사장으로 참관방문객들을 접대하고 있습니다.

Voca+
*访问 fǎngwèn 동 방문하다

02 생산·제조

0033
会客室
huìkèshì

명 응접실. 면회실

예 我在会客室给客户介绍我们厂的基本情况。
Wǒ zài huìkèshì gěi kèhù jièshào wǒmen chǎng de jīběn qíngkuàng.
저는 응접실에서 고객에게 저희 회사의 기본 상황을 소개합니다.

Voca⁺
*办公室 bàngōngshì 명 사무실 | *教室 jiàoshì 명 교실

0034
样品*
yàngpǐn

명 샘플. 견본

예 我们的意思是要先看看样品才能决定是不是进口这批产品。
Wǒmen de yìsi shì yào xiān kànkan yàngpǐn cáinéng juédìng shì bu shì jìnkǒu zhè pī chǎnpǐn.
우리의 뜻은 우선 샘플을 좀 보고 나야 이 제품을 수입할지 말지 결정할 수 있다는 것입니다.

Voca⁺
样品房 yàngpǐnfáng 모델하우스 | 样品室 yàngpǐnshì 견본실 |
免费样品 miǎnfèi yàngpǐn 무료샘플

0035
流程*
liúchéng

명 공정. 과정

예 一个产品生产制造的流程很不简单。
Yí ge chǎnpǐn shēngchǎn zhìzào de liúchéng hěn bù jiǎndān.
하나의 제품이 생산 제조되는 과정은 간단하지 않습니다.

Voca⁺
工作流程 gōngzuò liúchéng 작업과정 | 工艺流程 gōngyì liúchéng 공예 공정 |
过程 guòchéng 명 과정 | 进程 jìnchéng 명 경과. 진행과정. 코스(course)

0036
监督*
jiāndū

동 감독하다

예 你们要是不放心，可以派人来我们厂监督生产。
Nǐmen yàoshi bú fàngxīn, kěyǐ pài rén lái wǒmen chǎng jiāndū shēngchǎn.
만약 안심이 안 되시면 사람을 보내 저희 공장의 생산을 감독하셔도 됩니다.

Voca⁺
*监视 jiānshì 동 감시하다 | 监控 jiānkòng 동 감독하고 조절하다 |
监察 jiānchá 동 감찰하다

Business VOCA

0037 订做 dìngzuò

동 주문 제작하다. 맞추다

예 我们这次订做的是环保型产品，对原材料的要求很高。
Wǒmen zhè cì dìngzuò de shì huánbǎoxíng chǎnpǐn, duì yuáncáiliào de yāoqiú hěn gāo.
우리가 이번에 주문 제작한 것은 환경보호형 제품으로, 원재료에 대한 요구가 매우 높습니다.

Voca+
订做衣服 dìngzuò yīfu 옷을 맞추다 | 订做皮鞋 dìngzuò píxié 구두를 맞추다

0038 无菌 wújūn

형 무균(상태)의

예 我们加工的牛奶是高温无菌生产，非常安全。
Wǒmen jiāgōng de niúnǎi shì gāowēn wújūn shēngchǎn, fēicháng ānquán.
우리가 가공한 우유는 고온 무균생산으로 아주 안전합니다.

Voca+
无菌真空包装 wújūn zhēnkōng bāozhuāng 명 살균 진공포장 |
无菌室 wújūnshì 무균실

0039 投入* tóurù

동 투입하다. 투자하다   형 몰두하다

예 如何让经营少投入、多产出呢？有秘诀吗？
Rúhé ràng jīngyíng shǎo tóurù、duō chǎnchū ne? Yǒu mìjué ma?
어떻게 적게 투자하고 많이 생산하게 할 수 있을까요? 비결이 있나요?

Voca+
*投产 tóuchǎn 동 생산에 들어가다 | *投标 tóubiāo 동 (경쟁)입찰하다 |
*投票 tóupiào 동 투표하다

0040 产出 chǎnchū

동 산출하다. 생산해내다

예 公司希望少投入、多产出，但最近投入越来越多，产出越来越少。
Gōngsī xīwàng shǎo tóurù、duō chǎnchū, dàn zuìjìn tóurù yuèláiyuè duō, chǎnchū yuèláiyuè shǎo.
회사는 적게 투자하고 많이 생산하기를 바라지만, 최근 투자는 갈수록 늘고 생산은 갈수록 적어집니다.

Voca+
*产生 chǎnshēng 동 생기다. 발생하다 | *减产 jiǎnchǎn 동 생산을 줄이다

02 생산·제조   179

Voca Review 학습한 단어를 복습해 보세요.

1. 우리말을 중국어로 말해본 후 직접 한자와 병음을 써보세요.

① 제조업자

② 하청을 주다

③ 원가

④ 원료

⑤ 완제품

⑥ 생산라인

⑦ 재고

⑧ 설비

2. 호응하는 어휘끼리 연결한 후 직접 써보세요.

① 获得 •　　　　　• 转包

② 鼓舞 •　　　　　• 士气

③ 检验 •　　　　　• 标准

④ 达到 •　　　　　• 产品

3. 보기에서 알맞은 어휘를 골라 넣으세요.

　보기　　a. 生产线　　b. 厂家　　c. 产出　　d. 机器

① 我们是一个食品（　　　），主要生产各种冷藏冷冻食品。

② 我们工厂拥有五个（　　　），设备很先进。

③ 工厂里的一台（　　　）又出毛病了，上次已经修过一次了。

④ 公司希望少投入、多（　　　），但最近投入越来越多，产出越来越少。

answer

1. ① 厂家 chǎngjiā　② 转包 zhuǎnbāo　③ 成本 chéngběn　④ 原料 yuánliào　⑤ 成品 chéngpǐn　⑥ 生产线 shēngchǎnxiàn　⑦ 库存 kùcún　⑧ 设备 shèbèi

2. ① 获得转包　② 鼓舞士气　③ 检验产品　④ 达到标准　　3. ① b　② a　③ d　④ c

Let's Checking! 주어진 한국어 문장을 중국어로 말해 보세요.

저희는 한 식품제조업자로 주로 각종 냉장냉동 식품을 생산합니다.

✓ 我们是一个食品厂家，主要生产各种冷藏冷冻食品。

저희 회사는 대기업의 하청을 받아 소시지를 생산합니다.

✓ 我们公司获得大企业的转包，生产香肠。

저희 공장은 다섯 개의 생산라인이 있고, 설비도 신식입니다.

✓ 我们工厂拥有五个生产线，设备很先进。

저희 공장의 전용면적은 5만 제곱미터입니다.

✓ 我们工厂的占地面积为五万平方米。

하나의 제품이 생산 제조되는 과정은 간단하지 않습니다.

✓ 一个产品生产制造的流程很不简单。

우선 우리는 제품의 원가를 계산하고, 그 다음에 좋은 원료를 찾습니다.

✓ 首先我们计算做产品的成本，然后寻找好的原料。

연구를 통해 샘플을 만들고, 어느 정도 기준에 다다르면 시험생산을 합니다.

✓ 通过研究开发样品，达到一定标准的话就开始试生产。

Chapter 3 업종별 업무 Ⅰ

03 물류(物流)

Mind Map Note

*物流 wùliú
[명] 물류

*运输 yùnshū
[동] 운송하다

海运 hǎiyùn
[동] 해상 수송하다

*空运 kōngyùn
[동] 항공 수송하다

货车 huòchē
[명] 화물 열차, 화물차

传送带 chuánsòngdài
[명] 컨베이어 벨트

货代 huòdài
[명] 대리 화물운수

*货物 huòwù
[명] 물품, 화물

配送 pèisòng
[동] 배송하다

*包装 bāozhuāng
[동] 포장하다

纸箱 zhǐxiāng
[명] 종이상자

Let's Speaking!

이 단원을 학습하고 나면 아래 내용을 중국어로 말할 수 있어요.

— 우리는 물류物流회사로

— 주로 항공운송, 해상운송, 창고 보관, 배송配送, 택배 등의 업무를 합니다.

— 항공운송空运은 속도가 빠르고 안전성이 높지만, 운송량이 적어서 운임이 높습니다.

— 해상운송海运은 운송량이 많고 운임이 저렴하지만,

— 속도가 비교적 느려서 운송运输시간이 깁니다.

— 도로公路운송은 매우 편리하지만 대형화물은 운송할 수 없습니다.

— 무역贸易에서 운송방식은 매우 다양합니다.

— 상품의 특징에 따라 운송运输방식을 선택하는 것이 가장 좋습니다.

Let's Start Up!

주제에 맞는 단어와 예문을 학습해 보세요.   ● Track 3-3

0001

运输*
yùnshū

명 운송. 수송   동 운송하다. 수송하다

예 在贸易中运输方式很多，最好根据商品的特点选择运输方式。
Zài màoyì zhōng yùnshū fāngshì hěn duō, zuìhǎo gēnjù shāngpǐn de tèdiǎn xuǎnzé yùnshū fāngshì.
무역에서 운송방식은 매우 다양합니다. 상품의 특징에 따라 운송방식을 선택하는 것이 가장 좋습니다.

Voca+
国际运输商 guójì yùnshūshāng 국제운송업자 |
陆路运输 lùlù yùnshū 육로운송 | 航空运输 hángkōng yùnshū 항공운송

0002

搬*
bān

동 운반하다. 옮기다. 이사하다

예 只需告诉我们哪些东西需要搬到哪儿去。
Zhǐ xū gàosu wǒmen nǎxiē dōngxi xūyào bāndào nǎr qù.
저희에게 어느 물건을 어디로 옮겨야 하는지 알려 주시기만 하면 됩니다.

Voca+
*搬迁 bānqiān 동 이전하다. 이사하다 | *搬运 bānyùn 명동 운송(하다). 수송(하다)

0003

货物*
huòwù

명 물품. 화물

예 最重要的是货物能及时运到我们这儿。
Zuì zhòngyào de shì huòwù néng jíshí yùndào wǒmen zhèr.
가장 중요한 것은 화물이 제때에 저희 쪽에 도착할 수 있는지입니다.

Voca+
货物舱单 huòwù cāngdān 명 화물 적화(적하)목록

0004

空运*
kōngyùn

명 항공운송   동 항공(으로 운반) 수송하다

예 空运速度快、安全性高，但是运输量少、运费高。
Kōngyùn sùdù kuài, ānquánxìng gāo, dànshì yùnshūliàng shǎo, yùnfèi gāo.
항공운송은 속도가 빠르고 안전성이 높지만, 운송량이 적어서 운임이 높습니다.

Voca+
国际空运 guójì kōngyùn 국제항공운송 | 空运单 kōngyùndān 에어웨이빌 (airway bill)

Business VOCA

0005 海运 hǎiyùn

명 해운 동 해상(으로 운반) 수송하다

예 海运运输量多、运费低，但是速度比较慢、运输时间长。
Hǎiyùn yùnshūliàng duō、yùnfèi dī、dànshì sùdù bǐjiào màn、yùnshū shíjiān cháng.
해상운송은 운송량이 많고 운임이 저렴하지만, 속도가 비교적 느려서 운송 시간이 깁니다.

Voca+
海运提单 hǎiyùn tídān 명 선하증권 | 海运所得 hǎiyùn suǒdé 해운소득

0006 铁路 tiělù

명 철도

예 铁路运输也是运输的主要方式，运输量比较多。
Tiělù yùnshū yě shì yùnshū de zhǔyào fāngshì, yùnshūliàng bǐjiào duō.
철도운송 역시 운송의 주요 방식으로 운송량이 비교적 많습니다.

Voca+
*公路 gōnglù 명 도로, 고속도로, 지방도, 국도 | *线路 xiànlù 명 노선, 회선 |
*销路 xiāolù 명 (상품의) 판로

0007 公路 gōnglù

명 도로

예 公路运输很方便，可是不能运输大件货物。
Gōnglù yùnshū hěn fāngbiàn, kěshì bùnéng yùnshū dàjiàn huòwù.
도로운송은 매우 편리하지만 대형화물은 운송할 수 없습니다.

Voca+
公路工程 gōnglù gōngchéng 도로공사 | 公路服务区 gōnglù fúwùqū 고속도로 휴게소 | 公路税 gōnglùshuì 명 도로세 | 高速公路 gāosù gōnglù 명 고속도로

0008 货车 huòchē

명 화물열차, 화물차

예 公司准备集装箱货车，配送一千余台车。
Gōngsī zhǔnbèi jízhuāngxiāng huòchē, pèisòng yìqiān yú tái chē.
회사는 컨테이너 화물차량을 준비해서 차량 1천여 대를 배송합니다.

Voca+
过载 guòzài 동 초과 적재하다, 과적하다/ (화물을) 다른 운송수단으로 옮겨싣다 |
减速 jiǎnsù 동 감속하다

0009
装货
zhuānghuò

동 화물을 적재하다

예 我们的货物在码头装货、卸货。
Wǒmen de huòwù zài mǎtóu zhuānghuò、xièhuò.
우리의 화물은 부두에서 선적하고 하역합니다.

Voca+
分批装货 fēnpī zhuānghuò 분할선적

0010
装运
zhuāngyùn

동 적재하여 운송하다

예 我和货运公司联系，问问什么时候能装运。
Wǒ hé huòyùn gōngsī liánxì, wènwen shénme shíhou néng zhuāngyùn.
제가 화물운송회사와 연락해서 언제 적재하여 운송할 수 있는지 좀 물어보겠습니다.

Voca+
*分批 fēnpī 동 여러 조로 나누다 | 分拨 fēnbō 동 따로 (내)보내다

0011
长途*
chángtú

형 장거리의. 먼 거리의

예 海洋运输适合长途运输，但容易受自然条件的影响。
Hǎiyáng yùnshū shìhé chángtú yùnshū, dàn róngyì shòu zìrán tiáojiàn de yǐngxiǎng.
해상운송은 장거리 운송에 적합하지만 자연조건의 영향을 쉽게 받습니다.

Voca+
*旅途 lǚtú 명 여정. 여행도중 | *前途 qiántú 명 전도. 앞길. 전망

0012
仓储*
cāngchǔ

동 창고에 저장하다

예 我觉得国外海关仓储费用太贵了。
Wǒ juéde guówài hǎiguān cāngchǔ fèiyòng tài guì le.
저는 해외 세관창고 보관비용이 너무 비싸다고 생각합니다.

Voca+
*储藏 chǔcáng 동 저장하다. 매장되다. 묻히다 | *储存 chǔcún 동 (돈·물건 등을) 저축하여 두다

Business VOCA

0013 传送带 chuánsòngdài

명 컨베이어 벨트

예 物流仓库里用传送带搬箱子，节约了很多劳动力。
Wùliú cāngkù li yòng chuánsòngdài bān xiāngzi, jiéyuē le hěn duō láodònglì.
물류창고 안에서는 컨베이어 벨트를 이용하여 상자를 옮겨 많은 노동력을 절약했습니다.

Voca⁺
传送带生产方式 chuánsòngdài shēngchǎn fāngshì 컨베이어 벨트 생산시스템

0014 包装* bāozhuāng

명 포장 동 포장하다

예 我们公司提供包装、运输、保险、报关一条龙服务。
Wǒmen gōngsī tígōng bāozhuāng、yùnshū、bǎoxiǎn、bàoguān yitiáolóng fúwù.
우리 회사는 포장, 운수, 보험, 통관의 원스톱서비스를 제공합니다.

Voca⁺
包装纸 bāozhuāngzhǐ 명 포장지 | 包装搬家 bāozhuāng bānjiā 포장이사

0015 散装 sǎnzhuāng

형 소포장하여 판매하는

예 一般散装货物的运输费用比较高。
Yībān sǎnzhuāng huòwù de yùnshū fèiyòng bǐjiào gāo.
보통 소포장하는 화물의 운송비용은 비교적 높습니다.

Voca⁺
散装白酒 sǎnzhuāng báijiǔ (원래 크게 포장된 것에서) 조금씩 파는 백주

0016 材料* cáiliào

명 재료, 원료

예 这种材料应该用什么包装？木箱还是纸箱？
Zhè zhǒng cáiliào yīnggāi yòng shénme bāozhuāng? Mùxiāng háishi zhǐxiāng?
이런 종류의 재료는 어떤 것으로 포장해야 하나요? 나무상자인가요, 아니면 종이상자인가요?

Voca⁺
物料 wùliào 명 물품과 재료, 자재 | 原材料 yuáncáiliào 명 원재료

0017
集装箱
jízhuāngxiāng

명 컨테이너

예 一共是十个集装箱，货箱上各有一个我们公司的标记。
Yígòng shì shí ge jízhuāngxiāng, huòxiāng shang gè yǒu yí ge wǒmen gōngsī de biāojì.
전부 열 개의 컨테이너로, 화물상자에는 각각 저희 회사의 마킹이 있습니다.

Voca+
集装箱船 jízhuāngxiāng chuán 컨테이너선

0018
箱装
xiāngzhuāng

명 상자들이. 상자포장

예 这批货都是统一的箱装产品，所以在运输过程中，很方便。
Zhè pī huò dōu shì tǒngyī de xiāngzhuāng chǎnpǐn, suǒyǐ zài yùnshū guòchéng zhōng, hěn fāngbiàn.
이 물건들은 모두 통일된 상자들이 제품이라 운송 중에 매우 편리합니다.

Voca+
瓶装 píngzhuāng 형 (제품을) 병에 담은 | 盒装 hézhuāng 형 갑(곽)으로 포장된

0019
泡沫塑料
pàomò sùliào

명 플라스틱 폼. 에어캡

예 从各种防压的泡沫塑料到纸箱、木箱，我们样样都有。
Cóng gèzhǒng fángyā de pàomò sùliào dào zhǐxiāng、mùxiāng, wǒmen yàngyàng dōu yǒu.
각종 압력방지 에어캡에서부터 종이상자, 나무상자에 이르기까지 저희는 여러 가지를 다 갖추고 있습니다.

Voca+
塑料袋 sùliàodài 명 비닐봉지 | 塑料大棚 sùliào dàpéng 비닐하우스

0020
密封
mìfēng

동 밀봉하다. 밀폐하다

예 你去找一个有盖子的玻璃瓶吧。有盖子能密封。
Nǐ qù zhǎo yí ge yǒu gàizi de bōlípíng ba. Yǒu gàizi néng mìfēng.
당신이 뚜껑 있는 유리병을 찾아보세요. 뚜껑이 있어야 밀봉할 수 있어요.

Voca+
密封圈 mìfēngquān 명 패킹용 고무 | 密封罐 mìfēngguàn 명 밀폐용기

Business VOCA

0021 木箱 mùxiāng

명 나무상자. 궤짝

예 木箱包装有一定的弹性，具有能承受冲击和震动的特点。
Mùxiāng bāozhuāng yǒu yídìng de tánxìng, jùyǒu néng chéngshòu chōngjī hé zhèndòng de tèdiǎn.
나무상자로 포장하면 어느 정도 탄력성이 있어서 충격이나 진동을 견딜 수 있는 특징이 있습니다.

0022 纸箱 zhǐxiāng

명 종이상자

예 包装纸箱是在物流中最广泛使用的不可缺少的用品。
Bāozhuāng zhǐxiāng shì zài wùliú zhōng zuì guǎngfàn shǐyòng de bùkě quēshǎo de yòngpǐn.
포장용 종이상자는 물류 중 가장 광범위하게 사용하는 빼놓을 수 없는 용품입니다.

Voca⁺
纸袋 zhǐdài 명 쇼핑백 | 纸杯 zhǐbēi 명 종이컵 | *纸巾 zhǐjīn 명 티슈. 냅킨

0023 填充物 tiánchōngwù

명 충전물

예 包装像玻璃那样容易破裂的物品时箱子里要放一些填充物。
Bāozhuāng xiàng bōli nàyàng róngyì pòliè de wùpǐn shí xiāngzi li yào fàng yìxiē tiánchōngwù.
유리처럼 그렇게 쉽게 파열되는 물품을 포장할 때는 상자 안에 약간의 충전물을 넣어야 합니다.

Voca⁺
*填空 tiánkòng 동 빈자리를 메우다. 괄호를 채우다. 빈칸에 써 넣다 |
*充值 chōngzhí 동 (인터넷 계정이나 카드 등에 돈을) 충전하다

0024 真空 zhēnkōng

명 진공

예 容易变质的食品最好真空包装。
Róngyì biànzhì de shípǐn zuìhǎo zhēnkōng bāozhuāng.
쉽게 변질되는 식품은 진공포장하는 것이 가장 좋습니다.

Voca⁺
真空吸尘器 zhēnkōng xīchénqì 명 진공청소기 | 真空包装 zhēnkōng bāozhuāng 진공포장

03 물류

0025
塑料
sùliào

명 플라스틱. 비닐

예 我觉得塑料袋包装比纸盒好，不会受潮。
Wǒ juéde sùliàodài bāozhuāng bǐ zhǐhé hǎo, bú huì shòucháo.
저는 비닐봉지 포장이 종이상자보다 낫다고 생각합니다. 습기가 차지 않을 거예요.

Voca+
塑封 sùfēng 동 비닐로 코팅하다. 밀봉하다

0026
重量*
zhòngliàng

명 중량. 무게

예 寄快递一般按重量收钱，每公斤要交30元。
Jì kuàidì yìbān àn zhòngliàng shōuqián, měi gōngjīn yào jiāo sānshí yuán.
택배를 부칠 때 보통 무게에 따라 돈을 받는데, kg당 30위안을 지불해야 합니다.

Voca+
*吨 dūn 양 톤. 1000킬로그램(kg)

0027
公斤*
gōngjīn

양 킬로그램(kg)

예 一共50公斤，超重了，按规定只能托运40公斤的行李。
Yígòng wǔshí gōngjīn, chāozhòng le, àn guīdìng zhǐnéng tuōyùn sìshí gōngjīn de xíngli.
전부 합해서 50kg이라 무게가 초과되었습니다. 규정에 따라 40kg의 짐만 탁송할 수 있습니다.

Voca+
*克 kè 양 그램(g)

0028
货代
huòdài

명 포워더(forwarder). 대리 화물운수

예 大同货运公司24小时在线提供全球海运货代服务。
Dàtóng Huòyùn Gōngsī èrshísì xiǎoshí zàixiàn tígōng quánqiú hǎiyùn huòdài fúwù.
다통 운송회사는 24시간 온라인에서 전세계 해운 포워더 서비스를 제공합니다.

Voca+
联邦快递 Liánbāng Kuàidì 명 페덱스(기업명: FedEx) |
中外运敦豪 Zhōngwàiyùn Dūnháo 명 디에이치엘(기업명: DHL)

Business VOCA

0029
货源
huòyuán

명 화물·상품의 공급원

예 这些产品卖得很红火，货源不足。
Zhè xiē chǎnpǐn mài de hěn hónghuo, huòyuán bùzú.
이 상품들은 아주 잘 팔려서 공급이 부족합니다.

0030
防压
fángyā

동 압력을 방지하다

예 帽子类物品要注意包装，要用防压、防水的包装。
Màozi lèi wùpǐn yào zhùyì bāozhuāng, yào yòng fángyā、fángshuǐ de bāozhuāng.
모자류의 물품은 포장에 주의해야 해서, 압력 방지 및 방수 포장을 할 필요가 있습니다.

Voca+
防潮 fángcháo 동 방습하다 | 防水 fángshuǐ 동 방수하다 |
防震 fángzhèn 동 지진을 대비하다 명 방진 | 防锈 fángxiù 동 녹을 방지하다

0031
受潮
shòucháo

동 습기가 차다

예 企业根据需要购买其他附加险，如受热受潮险、包装破裂险。
Qǐyè gēnjù xūyào gòumǎi qítā fùjiā xiǎn, rú shòurè shòucháo xiǎn、bāozhuāng pòliè xiǎn.
기업은 필요에 따라 기타 특약보험에 가입할 수 있습니다. 예를 들면 열이나 습기에 관한 보험과 포장파손 보험입니다.

Voca+
受损 shòusǔn 동 손해를 보다. 손상되다

0032
易燃
yìrán

형 타기 쉬운. 인화성의

예 我们加工的产品是易燃易碎商品，运输过程中要格外小心。
Wǒmen jiāgōng de chǎnpǐn shì yìrán yìsuì shāngpǐn, yùnshū guòchéng zhōng yào géwài xiǎoxīn.
우리가 가공한 제품은 쉽게 타고 깨지는 제품으로 운송 중 각별히 조심해야 합니다.

Voca+
易碎 yìsuì 형 깨지기 쉽다

0033 破裂 pòliè

동 파열되다

예 如果运输途中包装出现破裂，保险公司会进行赔偿。
Rúguǒ yùnshū túzhōng bāozhuāng chūxiàn pòliè, bǎoxiǎn gōngsī huì jìnxíng péicháng.
만약 운송도중 포장이 파손되면 보험회사에 배상을 진행할 수 있습니다.

Voca⁺
破坏 pòhuài 동 (건축물 등을) 파괴하다. 훼손하다 | 破碎 pòsuì 동 산산조각 나다

0034 配送 pèisòng

명 배송. 배달 동 배송하다. 배달하다

예 我们是一家物流公司，主要做空运、海运、仓储、配送、快递等业务。
Wǒmen shì yì jiā wùliú gōngsī, zhǔyào zuò kōngyùn、hǎiyùn、cāngchǔ、pèisòng、kuàidì děng yèwù.
우리는 물류회사로 주로 항공운송, 해상운송, 창고 보관, 배송, 택배 등의 업무를 합니다.

Voca⁺
配送中心 pèisòng zhōngxīn 명 배송센터 | 投送 tóusòng 동 배달하다. 운송하다 | 派送 pàisòng 동 나누어 주다

0035 配送员 pèisòngyuán

명 배송인. 배송원

예 配送员是把顾客的物品送到指定地点的人员。
Pèisòngyuán shì bǎ gùkè de wùpǐn sòngdào zhǐdìng dìdiǎn de rényuán.
배송원은 고객의 물품을 지정된 장소로 배달하는 사람입니다.

Voca⁺
快递员 kuàidìyuán 명 택배원 | *快递 kuàidì 명 속달. 빠른우편. 택배 | 快件 kuàijiàn 명 특급화물 | 搬运工 bānyùngōng 명 짐꾼

0036 地址* dìzhǐ

명 주소

예 快递上面要写好收信人和发信人的地址。
Kuàidì shàngmian yào xiěhǎo shōuxìnrén hé fāxìnrén de dìzhǐ.
택배 위에 수신인과 발신인의 주소를 잘 써야 합니다.

Voca⁺
地址不详 dìzhǐ bùxiáng 수취인불명

Business VOCA

0037
签名＊
qiānmíng

동 사인하다. 서명하다

예 快递员配送快递时要收到收信人的签名。
Kuàidìyuán pèisòng kuàidì shí yào shōudào shōuxìnrén de qiānmíng.
택배원은 택배를 배송할 때 수신인의 서명을 받아야 합니다.

Voca+
＊签 qiān 동 서명하다. 사인하다 | ＊签订 qiāndìng 동 (조약을) 조인하다.
(함께) 서명하다 | ＊签署 qiānshǔ 동 (중요한 문서에) 정식 서명하다

0038
送货上门
sònghuò shàngmén

집까지 상품을 배달해주다

예 物流公司提供上门收货和送货上门服务。
Wùliú gōngsī tígōng shàngmén shōuhuò hé sònghuò shàngmén fúwù.
물류회사는 집으로 방문해서 물건을 받아가는 서비스와 집까지 물건을 배달하는 서비스를 제공합니다.

Voca+
上门 shàngmén 동 방문하다

0039
运单
yùndān

명 송장. 운송장

예 知道运单号码在网上可以查询包裹配送情况。
Zhīdào yùndān hàomǎ zài wǎngshàng kěyǐ cháxún bāoguǒ pèisòng qíngkuàng.
운송장 번호를 알면 인터넷에서 소포의 배송상황을 조회할 수 있습니다.

Voca+
＊菜单 càidān 명 메뉴. 식단. 차림표 | ＊传单 chuándān 명 전단 |
＊名单 míngdān 명 명단. 명부 | ＊床单 chuángdān 명 침대시트

0040
运费
yùnfèi

명 운송비. 운임

예 我们急需货物，这次的运费由我们公司承担。
Wǒmen jíxū huòwù, zhè cì de yùnfèi yóu wǒmen gōngsī chéngdān.
우리가 급히 물건이 필요하니 이번 운임은 저희 회사에서 부담하겠습니다.

Voca+
＊差旅费 chāilǚfèi 명 출장비 | ＊公费 gōngfèi 명 공비. 국비 | ＊经费 jīngfèi
명 (사업ㆍ지출상의) 경비. 비용 | ＊劳务费 láowùfèi 명 노임. 노동임금. 보수

03 물류

voca Review 학습한 단어를 복습해 보세요.

1. 우리말을 중국어로 말해본 후 직접 한자와 병음을 써보세요.

① 운송하다

② 항공 수송하다

③ 해상 수송하다

④ 화물

⑤ 컨베이어 벨트

⑥ 포장하다

⑦ 종이상자

⑧ 배송하다

2. 호응하는 어휘끼리 연결한 후 직접 써보세요.

① 选择 •　　　　　• 破裂

② 节约 •　　　　　• 方式

③ 容易 •　　　　　• 劳动力

④ 送货 •　　　　　• 上门

3. 보기에서 알맞은 어휘를 골라 넣으세요.

> 보기　　a. 货车　　b. 填充物　　c. 长途　　d. 配送员

① 公司准备集装箱(　　　)，配送一千余台车。

② 海洋运输适合(　　　)运输，但容易受自然条件的影响。

③ 包装像玻璃那样容易破裂的物品时箱子里要放一些(　　　)。

④ (　　　)是把顾客的物品送到指定地点的人员。

answer

1. ① 运输 yùnshū　② 空运 kōngyùn　③ 海运 hǎiyùn　④ 货物 huòwù　⑤ 传送带 chuánsòngdài　⑥ 包装 bāozhuāng　⑦ 纸箱 zhǐxiāng　⑧ 配送 pèisòng

2. ① 选择方式　② 节约劳动力　③ 容易破裂　④ 送货上门　　3. ① a　② c　③ b　④ d

Let's Checking! 주어진 한국어 문장을 중국어로 말해 보세요.

우리는 물류회사로
- ✓ 我们是一家物流公司,

주로 항공운송, 해상운송, 창고 보관, 배송, 택배 등의 업무를 합니다.
- ✓ 主要做空运、海运、仓储、配送、快递等业务。

항공운송은 속도가 빠르고 안전성이 높지만, 운송량이 적어서 운임이 높습니다.
- ✓ 空运速度快、安全性高,但是运输量少、运费高。

해상운송은 운송량이 많고 운임이 저렴하지만,
- ✓ 海运运输量多、运费低,

속도가 비교적 느려서 운송시간이 깁니다.
- ✓ 但是速度比较慢、运输时间长。

도로운송은 매우 편리하지만 대형화물은 운송할 수 없습니다.
- ✓ 公路运输很方便,可是不能运输大件货物。

무역에서 운송방식은 매우 다양합니다.
- ✓ 在贸易中运输方式很多。

상품의 특징에 따라 운송방식을 선택하는 것이 가장 좋습니다.
- ✓ 最好根据商品的特点选择运输方式。

Chapter 3 업종별 업무 I

04 금융·증권 (金融·证券)

Mind Map Note

*金融 jīnróng
명 금융

*证券 zhèngquàn
명 (유가)증권

牛市 niúshì
명 (주식시장의) 상승장

*投资 tóuzī
명 투자 동 투자하다

理财 lǐcái
동 재테크하다

股市 gǔshì
명 주식시장

*外汇 wàihuì
명 외환, 외화

*股票 gǔpiào
명 증권, 주식

*股东 gǔdōng
명 주주, 출자자

*基金 jījīn
명 기금, 펀드

存款 cúnkuǎn
동 저금하다

Let's Speaking! 이 단원을 학습하고 나면 아래 내용을 중국어로 말할 수 있어요.

- 사람들은 재테크를 하기 위해 주식을 하고, 펀드基金를 사거나 저축을 합니다.

- 여러분은 어떤 재테크理财 방식이 가장 좋다고 생각하나요?

- 최근 은행이율利息이 너무 낮아서 주식을 하는 사람들이 갈수록 많아집니다.

- 하지만 경제불황으로 주식시장股市 상황도 그다지 좋지 않습니다.

- 경제상황에 따라 주식股票을 매매하고, 모험을 하지 않는 것이 가장 좋습니다.

- 만약 리스크를 감당할 수 없다면 은행에 저축存款을 하는 것이 더 좋은데,

- 안전하기 때문입니다.

Let's Start Up!

주제에 맞는 단어와 예문을 학습해 보세요.   Track 3-4

0001

证券*
zhèngquàn

몡 (유가)증권

예 证券交易所是买卖股票、公司债券等有价证券的市场。
Zhèngquàn jiāoyìsuǒ shì mǎimài gǔpiào、gōngsī zhàiquàn děng yǒujià zhèngquàn de shìchǎng.
증권거래소는 주식, 회사채권 등의 유가증권을 매매하는 마켓입니다.

Voca⁺
*债券 zhàiquàn 몡 채권 | *有价证券 yǒujià zhèngquàn 몡 유가증권

0002

股市
gǔshì

몡 주식시장

예 因为经济不景气，股市行情也不太好。
Yīnwèi jīngjì bùjǐngqì, gǔshì hángqíng yě bútài hǎo.
경제불황으로 주식시장 상황도 그다지 좋지 않습니다.

Voca⁺
*楼市 lóushì 몡 부동산시장 | *黑市 hēishì 몡 암시장

0003

股价
gǔjià

몡 주가

예 炒股是通过证券市场的买入与卖出之间的股价差额，获取利润。
Chǎogǔ shì tōngguò zhèngquàn shìchǎng de mǎirù yǔ màichū zhījiān de gǔjià chā'é, huòqǔ lìrùn.
주식투자는 증권시장의 매입과 매도 사이의 주가차액을 통해 이윤을 얻는 것입니다.

Voca⁺
*差价 chājià 몡 (동일 상품의) 가격 차이 | *底价 dǐjià 몡 (경매·입찰 전에 정한) 시작 가격. (상품 판매의) 최저가격

0004

股东*
gǔdōng

몡 주주. 출자자

예 快到年底了，按照惯例需要召开一次股东大会。
Kuài dào niándǐ le, ànzhào guànlì xūyào zhàokāi yí cì gǔdōng dàhuì.
곧 연말이 되니, 관례에 따라 주주총회를 한 차례 소집할 필요가 있습니다.

Voca⁺
*炒股 chǎogǔ 동 주식투자를 하다 | 入市 rùshì 동 주식시장에 참여하다

Business VOCA

0005
股票＊
gǔpiào

명 증권. 주식

예 最好根据经济情况买卖股票，不要冒险。
Zuìhǎo gēnjù jīngjì qíngkuàng mǎimài gǔpiào, búyào màoxiǎn.
경제상황에 따라 주식을 매매하고, 모험을 하지 않는 것이 가장 좋습니다.

Voca⁺
＊股份 gǔfèn 명 주. 주식 | 绩优股 jìyōugǔ 명 우량주 |
＊控股 kònggǔ 동 일정량의 주식을 보유하여 해당 기업체를 지배하다

0006
散户
sǎnhù

명 (주식시장에서) 개인투자자. (금융업에서) 개인고객

예 散户是指小额投资者，或个人投资者，与大户相对。
Sǎnhù shì zhǐ xiǎo'é tóuzīzhě, huò gèrén tóuzīzhě, yǔ dàhù xiāngduì.
개인투자자는 소액투자자 혹은 개별투자자로 거액투자자와 상반됩니다.

Voca⁺
股民 gǔmín 명 개인투자자 | 散客 sǎnkè 명 (유흥업소·음식점·극장 등에서 방이나 좌석을 통째로 예약하지 않은) 개별손님 | 大户 dàhù 명 큰 거래처. 거액투자자

0007
买入
mǎirù

명 매입 동 매입하다

예 买入是投资者在金融市场上，购买某种股票、期货或货币的行为。
Mǎirù shì tóuzīzhě zài jīnróng shìchǎng shang, gòumǎi mǒu zhǒng gǔpiào, qīhuò huò huòbì de xíngwéi.
매입은 투자자가 금융시장에서 모종의 주식, 선물, 화폐를 구매하는 행위입니다.

Voca⁺
买入价 mǎirùjià 명 매입가 | 卖出 màichū 동 매출하다. 팔아버리다. 내다 팔다 |
卖出价 màichūjià 명 매도가 | ＊抛售 pāoshòu 동 덤핑 판매하다. 주식을 팔다

0008
牛市
niúshì

명 (주식시장의) 상승장

예 你买的股票怎么样？最近是牛市，一定赚了不少吧。
Nǐ mǎi de gǔpiào zěnmeyàng? Zuìjìn shì niúshì, yídìng zhuàn le bù shǎo ba.
네가 산 주식 어때? 요즘 상승장이라 틀림없이 적잖이 벌었을 거 같은데.

Voca⁺
牛市局面 niúshì júmiàn 강세국면

04 금융·증권　199

0009
熊市
xióngshì

몡 (주식시장의) 하락장

예 买股票不是好主意，现在的熊市不知何时才能抬头。
Mǎi gǔpiào búshì hǎo zhǔyi, xiànzài de xióngshì bùzhī héshí cái néng táitóu.
주식을 사는 것은 좋은 생각이 아닙니다. 지금의 하락장이 언제 회복될지 모릅니다.

Voca⁺
熊市反弹 xióngshì fǎntán 약세장에서 일시적으로 주가가 상승하는 반등 장세

0010
走势*
zǒushì

몡 나아가는 방향. 발전적 추세

예 李明，你认为下季度股票价格走势会怎么样呢？
Lǐ Míng, nǐ rènwéi xià jìdù gǔpiào jiàgé zǒushì huì zěnmeyàng ne?
리밍 씨, 당신은 다음 분기 주식가격 추세가 어떻게 될 거라고 생각하나요?

Voca⁺
*趋势 qūshì 몡 추세. 경향 | *形势 xíngshì 몡 정세. 형편. 상황

0011
涨幅*
zhǎngfú

몡 (물가 등의) 상승폭

예 美国纳斯达克创下了股市10年以来的涨幅最高记录。
Měiguó Nàsīdákè chuàngxià le gǔshì shí nián yǐlái de zhǎngfú zuì gāo jìlù.
미국 나스닥은 주식시장 10년 이래 상승폭 최고의 기록을 세웠습니다.

Voca⁺
*幅度 fúdù 몡 정도. 폭 | *升幅 shēngfú 몡 상승폭 | *增幅 zēngfú 몡 증가폭

0012
上涨*
shàngzhǎng

동 (수위나 물가가) 오르다

예 我上个月买的那个股票最近一直在上涨，不知道该不该卖掉。
Wǒ shàng ge yuè mǎi de nà ge gǔpiào zuìjìn yìzhí zài shàngzhǎng, bù zhīdào gāi bu gāi màidiào.
제가 지난달 산 그 주식이 최근 계속 오르고 있는데 팔아야 할지 말아야 할지 모르겠습니다.

Voca⁺
暴涨 bàozhǎng 동 (강물 등이) 갑자기 불어나다. (물가 따위가) 폭등하다 |
*升值 shēngzhí 동 화폐가치가 오르다. 평가절상하다

Business VOCA

0013 涨停 zhǎngtíng

주가가 상한가로 올라가다

예) 最近金融股看好，今天有好几个金融股涨停了。
Zuìjìn jīnrónggǔ kànhǎo, jīntiān yǒu hǎo jǐ ge jīnrónggǔ zhǎngtíng le.
요즘 금융주가 전망이 밝은데, 오늘 몇몇 금융주가 상한가를 쳤습니다.

Voca⁺
*涨价 zhǎngjià [동] 물가가 오르다 | *涨跌 zhǎngdiē [동] (물가 등이) 오르내리다. 등락하다

0014 浮动* fúdòng

[동] 유동하다. 불안정하다

예) 股票的价格是根据公司的市值上下浮动的。
Gǔpiào de jiàgé shì gēnjù gōngsī de shìzhí shàngxià fúdòng de.
주식의 가격은 회사의 시가에 따라 오르내리는 것이 유동적입니다.

Voca⁺
动荡 dòngdàng [동] (정세·상황 등이) 불안하다. 동요하다 | 震荡 zhèndàng [동] 진동하다. 요동치다

0015 套牢 tàoláo

[명] (주식)자금이 묶여있는 상태 [동] (주식)자금이 묶여있다
(보유한 주식가격이 하락하여 손해를 보고 팔 수 없어서, 주가 반등을 기대하는 동안 어쩔 수 없이 자금이 오랫동안 묶여있거나 그러한 상태)

예) 股价升到很高的价位，如果入市，存在很大的套牢风险。
Gǔjià shēngdào hěn gāo de jiàwèi, rúguǒ rùshì, cúnzài hěn dà de tàoláo fēngxiǎn.
주가가 가장 높은 가격대까지 올라서 만약 주식을 하면 투자금이 묶일 리스크가 큽니다.

Voca⁺
平仓 píngcāng [동] 주식 보유량을 적정 수준으로 유지하다 | 持股比率 chígǔ bǐlǜ 주식 보유 비율

0016 理财* lǐcái

[동] 재정을 관리하다. 재테크하다

예) 你们认为哪种理财方式最好？
Nǐmen rènwéi nǎ zhǒng lǐcái fāngshì zuìhǎo?
여러분은 어떤 재테크 방식이 가장 좋다고 생각하나요?

Voca⁺
*财产 cáichǎn [명] (금전·가옥 등의) 재산. 자산 | *财富 cáifù [명] 부. 재산. 자산 | *财力 cáilì [명] 재력. 경제력. 재정적인 힘

0017 投资 tóuzī

명 투자　동 투자하다

예 这次投资谁也不能保证一定成功，让我一个人投资风险很大。

Zhè cì tóuzī shéi yě bù néng bǎozhèng yídìng chénggōng, ràng wǒ yí ge rén tóuzī fēngxiǎn hěn dà.

이번 투자는 반드시 성공하리라 누구도 보장할 수 없으니 저 혼자 투자하라는 것은 리스크가 매우 큽니다.

Voca+
*资产 zīchǎn 명 자산. 재산 ｜ *资金 zījīn 명 자금. 자본금

0018 大盘 dàpán

명 증권 시세. 선물 시세

예 现在大盘跌得很厉害，卖也不是，不卖也不是。

Xiànzài dàpán diē de hěn lìhai, mài yě búshì, bú mài yě búshì.

현재 증권 시세가 심하게 떨어져서 팔기도 그렇고 안 팔기도 그렇습니다.

Voca+
大型股 dàxínggǔ 명 대형주 ｜ 小型股 xiǎoxínggǔ 명 소형주

0019 数额 shù'é

명 일정한 수. 정액. 액수

예 我要填一张取款单，数额是1000块钱。

Wǒ yào tián yì zhāng qǔkuǎndān, shù'é shì yìqiān kuài qián.

저는 인출서를 작성하려고 합니다. 금액은 1천 위안입니다.

Voca+
面值 miànzhí 명 액면가격 ｜ 金额 jīn'é 명 금액 ｜ 余额 yú'é 명 (장부상의) 잔고

0020 限制 xiànzhì

명 제한. 한계　동 제한하다

예 存款金额不受限制，但每日最高取款额是有限制的。

Cúnkuǎn jīn'é bú shòu xiànzhì, dàn měirì zuì gāo qǔkuǎn'é shì yǒu xiànzhì de.

저축금액은 제한이 없지만 매일 최고 인출액은 제한이 있습니다.

Voca+
*界限 jièxiàn 명 한도. 경계 ｜ *期限 qīxiàn 명 기한. 시한 ｜ *上限 shàngxiàn 명 상한선

Business VOCA

0021 发财* fācái

동 돈을 벌다. 재산을 모으다

예 他最近投资股票，正赶上牛市，发财了。
Tā zuìjìn tóuzī gǔpiào, zhèng gǎnshàng niúshì, fācái le.
그가 최근 투자한 주식이 마침 상승장이라 돈을 벌었습니다.

Voca+
发大财 fā dàcái 한몫 잡다 | 赚钱 zhuànqián 동 돈을 벌다

0022 观望 guānwàng

동 둘러보다. 살펴보다. 관망하다

예 对股市行情有些人在观望，也有些人感到无可奈何。
Duì gǔshì hángqíng yǒuxiē rén zài guānwàng, yě yǒuxiē rén gǎndào wúkě nàihé.
주식시장 상황에 대해 혹자는 관망하고 혹자는 어쩔 수 없다고 느낍니다.

Voca+
*观察 guānchá 동 (사물·현상 등을) 관찰하다 | *可观 kěguān 형 볼만하다. 대단하다

0023 负债* fùzhài

명 부채 동 빚을 지다

예 小王投资的股票突然下跌，现在他倾家荡产、负债累累。
Xiǎo Wáng tóuzī de gǔpiào tūrán xiàdiē, xiànzài tā qīngjiā dàngchǎn、fùzhài lěilěi.
샤오왕이 투자한 주식이 갑자기 떨어져서, 지금 그는 파산하고 빚이 산더미처럼 쌓였습니다.

Voca+
倾家荡产 qīngjiā dàngchǎn 성 재산을 모두 탕진하다 | 负债累累 fùzhài lěilěi 빚이 산더미처럼 쌓이다

0024 破产* pòchǎn

동 파산하다. 부도나다

예 公司破产，他投资的项目不但没收回本钱，而且欠了一屁股债。
Gōngsī pòchǎn, tā tóuzī de xiàngmù búdàn méi shōuhuí běnqián, érqiě qiàn le yīpìgu zhài.
회사가 파산해서, 그가 투자한 프로젝트는 원금을 회수하지 못했을 뿐만 아니라 빚더미에 앉았습니다.

Voca+
赔钱 péiqián 동 밑지다. 손해를 보다. 적자가 생기다

04 금융·증권

0025 点钱 diǎnqián

동 돈을 세다

예 换钱以后，最好当银行职员面点钱，如果不对，可以直接说。
Huànqián yǐhòu, zuìhǎo dāng yínháng zhíyuán miàn diǎnqián, rúguǒ búduì, kěyǐ zhíjiē shuō.
환전한 후 은행직원 앞에서 돈을 세보는 것이 가장 좋은데, 만약 맞지 않으면 직접 말할 수 있습니다.

Voca+
数钱 shǔqián 동 돈을 세다

0026 外汇* wàihuì

명 외환, 외화

예 我在银行存了一点积蓄，想投资股票或者外汇。
Wǒ zài yínháng cún le yìdiǎn jīxù, xiǎng tóuzī gǔpiào huòzhě wàihuì.
저는 은행에 저축이 좀 있는데, 주식 혹은 외화에 투자해보고 싶습니다.

Voca+
汇市 huìshì 명 외국환 시장 | *炒汇 chǎohuì 동 외환 투기를 하다

0027 汇率* huìlǜ

명 환율

예 任何地方包括酒店、免税店都是按当日的汇率来结算的。
Rènhé dìfang bāokuò jiǔdiàn、miǎnshuìdiàn dōu shì àn dāngrì de huìlǜ lái jiésuàn de.
호텔, 면세점을 포함해 어느 곳이든 당일의 환율에 따라 계산합니다.

Voca+
换钱 huànqián 동 환전하다

0028 基金* jījīn

명 기금, 펀드

예 人们为了理财玩儿股票、买基金或者存钱。
Rénmen wèile lǐcái wánr gǔpiào、mǎi jījīn huòzhě cúnqián.
사람들은 재테크를 하기 위해 주식을 하고, 펀드를 사거나 저축을 합니다.

Voca+
股票型基金 gǔpiàoxíng jījīn 주식형 펀드 | 债券型基金 zhàiquànxíng jījīn 채권형 펀드

Business VOCA

0029 账户* zhànghù

명 계좌. 구좌

예 我现在账户里钱不多，只有三百块钱。
Wǒ xiànzài zhànghù li qián bù duō, zhǐyǒu sānbǎi kuài qián.
저는 지금 계좌에 돈이 많지 않은데, 겨우 300위안이 있습니다.

Voca+
*开户行 kāihùháng 계좌개설 은행

0030 存折* cúnzhé

명 예금통장. 저축통장

예 持人民银行存折的客户不需要注册，即可享受挂失服务。
Chí Rénmín Yínháng cúnzhé de kèhù bù xūyào zhùcè, jíkě xiǎngshòu guàshī fúwù.
런민은행 통장을 가지고 계신 고객은 등록할 필요 없이 즉시 분실신고 서비스를 누리실 수 있습니다.

Voca+
存折质押贷款 cúnzhé zhìyā dàikuǎn 통장담보 대출

0031 账号* zhànghào

명 (은행 등의) 계좌번호

예 他只给了公司的账号，是工商银行08396。
Tā zhǐ gěi le gōngsī de zhànghào, shì Gōngshāng Yínháng líng bā sān jiǔ liù.
그는 회사의 계좌번호만을 주었는데 궁상은행 08396입니다.

Voca+
网络账号 wǎngluò zhànghào 인터넷계좌

0032 存款* cúnkuǎn

명 예금. 저금 동 저금하다

예 如果不敢承受风险，在银行存款更好，因为很安全。
Rúguǒ bùgǎn chéngshòu fēngxiǎn, zài yínháng cúnkuǎn gèng hǎo, yīnwèi hěn ānquán.
만약 리스크를 감당할 수 없다면 은행에 저축을 하는 것이 더 좋은데 안전하기 때문입니다.

Voca+
积蓄 jīxù 명 동 저금(하다). 저축(하다)

0033 取款 qǔkuǎn

동 돈을 찾다. 인출하다

예 因为订货需要订金，我要去银行取款。
Yīnwèi dìnghuò xūyào dìngjīn, wǒ yào qù yínháng qǔkuǎn.
발주할 때 예약금이 필요하기 때문에 저는 은행에 가서 예금을 인출해야 합니다.

Voca⁺
*取 qǔ 동 가지다. 취하다. 얻다 | 取款机 qǔkuǎnjī 명 현금지급기

0034 定期* dìngqī

형 정기의. 정기적인

예 请从我的存折里取10万元出来，存个一年的定期存款。
Qǐng cóng wǒ de cúnzhé li qǔ shíwàn yuán chūlái, cún ge yì nián de dìngqī cúnkuǎn.
제 통장에서 10만 위안을 인출해서 1년 정기예금으로 저축해 주세요.

Voca⁺
*按期 ànqī 부 기한대로. 제때에 | *到期 dàoqī 동 기한이 되다. 만기가 되다

0035 活期* huóqī

형 수시로 입출금 할 수 있는

예 我想问一下现在活期存款的利率是多少？
Wǒ xiǎng wèn yíxià xiànzài huóqī cúnkuǎn de lìlǜ shì duōshao?
좀 여쭤보고 싶은데요, 지금 자유저축의 이율이 얼마인가요?

Voca⁺
*过期 guòqī 동 기일이 지나다. 기한을 넘기다 | *期限 qīxiàn 명 기한. 시한

0036 利息* lìxī

명 이자

예 最近银行利息很低，玩儿股票的人越来越多。
Zuìjìn yínháng lìxī hěn dī, wánr gǔpiào de rén yuèláiyuè duō.
최근 은행이율이 너무 낮아서 주식을 하는 사람들이 갈수록 많아집니다.

Voca⁺
*利率 lìlǜ 명 이율 | 利息收入 lìxī shōurù 이자소득

Business VOCA

0037 汇款* huìkuǎn

몡 송금 동 송금하다

예 如果您要买这套沙发，可以用现金、信用卡、汇款的方式。
Rúguǒ nín yào mǎi zhè tào shāfā, kěyǐ yòng xiànjīn, xìnyòngkǎ, huìkuǎn de fāngshì.
만약 이 소파 세트를 사려 하신다면 현금, 신용카드, 송금의 방식이 가능합니다.

Voca⁺
转账 zhuǎnzhàng 동 계좌이체하다

0038 贷款* dàikuǎn

몡 대부금 동 대출하다

예 按理企业产品有市场、有效益应该容易得到贷款。
Ànlǐ qǐyè chǎnpǐn yǒu shìchǎng, yǒu xiàoyì yīnggāi róngyì dédào dàikuǎn.
이치대로라면 기업의 제품이 시장이 있고 효익이 있으면 쉽게 대출을 받을 수 있습니다.

Voca⁺
汇票 huìpiào 몡 환어음

0039 销户 xiāohù

동 계좌를 취소하다

예 我没给您办销户。存折您可以留着，以后还可以用。
Wǒ méi gěi nín bàn xiāohù. Cúnzhé nín kěyǐ liúzhe, yǐhòu hái kěyǐ yòng.
저는 당신의 계좌를 없애지 않았습니다. 통장은 가지고 있다가 나중에 또 사용하실 수 있습니다.

Voca⁺
*撤销 chèxiāo 동 없애다, 취소하다 | *销毁 xiāohuǐ 동 소각하다, 불살라 버리다

0040 银行卡 yínhángkǎ

몡 현금카드

예 我的中国银行卡丢了。我怕卡里的钱被别人取走。
Wǒ de Zhōngguó Yínhángkǎ diū le. Wǒ pà kǎ li de qián bèi biérén qǔzǒu.
제 중국은행 카드를 잃어버렸습니다. 저는 카드 안의 돈을 누가 인출해 갔을까 봐 걱정입니다.

Voca⁺
*发行 fāxíng 동 (화폐·카드 등을) 발행하다 | *挂失 guàshī 동 (수표·신분증 등의) 분실신고서를 내다 | 金卡 jīnkǎ 몡 골드카드 | *信用卡 xìnyòngkǎ 몡 신용카드

voca Review 학습한 단어를 복습해 보세요.

1. 우리말을 중국어로 말해본 후 직접 한자와 병음을 써보세요.

① 펀드
② 외환
③ 주주
④ 주식
⑤ 상승장
⑥ 추세
⑦ 재테크하다
⑧ 저금하다

2. 호응하는 어휘끼리 연결한 후 직접 써보세요.

① 买卖　　•　　　•　风险
② 获取　　•　　　•　利润
③ 填　　　•　　　•　股票
④ 承受　　•　　　•　取款单

3. 보기에서 알맞은 어휘를 골라 넣으세요.

　보기　　a. 散户　　b. 汇率　　c. 账号　　d. 负债

① (　　　)是指小额投资者，或个人投资者，与大户相对。
② 小王投资的股票突然下跌，现在他倾家荡产、(　　　)累累。
③ 他只给了公司的(　　　)，是工商银行08396。
④ 任何地方包括酒店、免税店都是按当日的(　　　)来结算的。

answer

1. ①基金 jījīn　②外汇 wàihuì　③股东 gǔdōng　④股票 gǔpiào　⑤牛市 niúshì
　 ⑥走势 zǒushì　⑦理财 lǐcái　⑧存款 cúnkuǎn
2. ①买卖股票　②获取利润　③填取款单　④承受风险　　3. ①a　②d　③c　④b

Let's Checking! 주어진 한국어 문장을 중국어로 말해 보세요.

사람들은 재테크를 하기 위해 주식을 하고, 펀드를 사거나 저축을 합니다.

✓ 人们为了理财玩儿股票、买基金或者存钱。

여러분은 어떤 재테크 방식이 가장 좋다고 생각하나요?

✓ 你们认为哪种理财方式最好？

최근 은행이율이 너무 낮아서 주식을 하는 사람들이 갈수록 많아집니다.

✓ 最近银行利息很低，玩儿股票的人越来越多。

하지만 경제불황으로 주식시장 상황도 그다지 좋지 않습니다.

✓ 但因为经济不景气，股市行情也不太好。

경제상황에 따라 주식을 매매하고, 모험을 하지 않는 것이 가장 좋습니다.

✓ 最好根据经济情况买卖股票，不要冒险。

만약 리스크를 감당할 수 없다면 은행에 저축을 하는 것이 더 좋은데,

✓ 如果不敢承受风险，在银行存款更好，

안전하기 때문입니다.

✓ 因为很安全。

Chapter 3 업종별 업무 I

05 부동산(房地产)

Mind Map Note

*房地产 fángdìchǎn
명 부동산

*中介 zhōngjiè
명 중개 동 중개하다

房东 fángdōng
명 집주인

*押金 yājīn
명 보증금

*写字楼 xiězìlóu
명 사무용 건물, 사옥

出租者 chūzūzhě
명 임대인

*装修 zhuāngxiū
동 인테리어 하다

商业区 shāngyèqū
명 상업지구

月付 yuèfù
명 월납

*房租 fángzū
명 임대료

物业费 wùyèfèi
명 관리비

Let's Speaking!

이 단원을 학습하고 나면 아래 내용을 중국어로 말할 수 있어요.

- 회사가 저를 중국에 파견 보내서 최근 저는 집을 한 채 임대租했습니다.

- 저희 회사는 상업지구商业区에 있어서 낮이나 밤이나 매우 번화합니다.

- 저는 줄곧 저희 집이 조용한 주택가住宅区에 있기를 바랐습니다.

- 최근 저는 만족스러운 집房子을 하나 찾아서 바로 이사했습니다.

- 저희 집은 네 식구라서 방 3개에 거실 1개三室一厅가 있는 집을 임대했습니다.

- 임대료는 월납으로 매월 1만 위안이며 보증금押金은 5만 위안입니다.

Let's Start Up!

주제에 맞는 단어와 예문을 학습해 보세요.   Track 3-5

0001
房子
fángzi

명 집. 건물

예 最近我找到了一个满意的房子，所以马上搬进去了。
Zuìjìn wǒ zhǎodào le yí ge mǎnyì de fángzi, suǒyǐ mǎshàng bānjìnqù le.
최근 저는 만족스러운 집을 하나 찾아서 바로 이사 들어갔습니다.

Voca⁺
房屋 fángwū 명 집. 주택. 가옥. 건물

0002
看房
kànfáng

동 집을 보다

예 我想后天下午两点去看房，可以吗?
Wǒ xiǎng hòutiān xiàwǔ liǎng diǎn qù kànfáng, kěyǐ ma?
저는 모레 오후 2시에 집을 보러 가고 싶은데 괜찮으세요?

Voca⁺
*公寓 gōngyù 명 아파트 | *住宅 zhùzhái 명 주택

0003
房东*
fángdōng

명 집주인

예 如果不付押金，入住前应该给房东付几个月的房租?
Rúguǒ bú fù yājīn, rùzhù qián yīnggāi gěi fángdōng fù jǐ ge yuè de fángzū?
만약 먼저 보증금을 지불하지 않으면, 입주 전에 집주인에게 몇 달치 임대료를 지불해야 하나요?

Voca⁺
二房东 èrfángdōng 명 (빌린 집·건물을 다시 임대하는) 재임대인

0004
中介*
zhōngjiè

명 중개. 매개   동 중개하다. 매개하다

예 有位男士打电话给房屋中介公司，想租一套房子。
Yǒu wèi nánshì dǎ diànhuà gěi fángwū zhōngjiè gōngsī, xiǎng zū yí tào fángzi.
한 남성이 부동산에 전화를 걸어 집 한 채를 임대하려고 합니다.

Voca⁺
中介费 zhōngjièfèi 명 중개 수수료

Business VOCA

0005
租 *
zū

동 빌리다. 임대하다. 세내다

예 我被公司派到中国来工作，最近租了一套房子。
Wǒ bèi gōngsī pàidào Zhōngguó lái gōngzuò, zuìjìn zū le yí tào fángzi.
회사가 저를 중국에 파견 보내서 최근 저는 집을 한 채 임대했습니다.

Voca+
*租赁 zūlìn 동 임대하다. 세를 놓다

0006
房租 *
fángzū

명 집세. 임대료

예 入住时得先付1000元定金和两个月的房租。
Rùzhù shí děi xiān fù yìqiān yuán dìngjīn hé liǎng ge yuè de fángzū.
입주할 때 우선 1천 위안의 계약금과 두 달치의 임대료를 지불해야 합니다.

Voca+
租金 zūjīn 명 임대료

0007
押金 *
yājīn

명 보증금

예 租金是月付，每个月一万元，押金是五万元。
Zūjīn shì yuèfù, měi ge yuè yíwàn yuán, yājīn shì wǔwàn yuán.
임대료는 월납으로, 매월 1만 위안이며 보증금은 5만 위안입니다.

Voca+
*抵押 dǐyā 동 저당하다. 저당잡히다 | 押当 yādàng 동 저당 잡히다

0008
出租者
chūzūzhě

명 임대인

예 出租者是个老人，自己一个人住，空着的房间就出租了。
Chūzūzhě shì ge lǎorén, zìjǐ yí ge rén zhù, kòngzhe de fángjiān jiù chūzū le.
임대인이 혼자 사는 노인이라 빈방을 모두 임대했습니다.

Voca+
求租者 qiúzūzhě 명 임차인

05 부동산

0009
楼市*
lóushì

명 부동산시장

예 你觉得这个月楼市交易情况会怎么样？
Nǐ juéde zhè ge yuè lóushì jiāoyì qíngkuàng huì zěnmeyàng?
당신은 이번 달 부동산시장의 거래상황이 어떠할 것이라 생각하나요?

0010
楼盘*
lóupán

명 (부동산의) 매물

예 你好，听说这个楼盘不错，能不能给我介绍一下？
Nǐ hǎo, tīngshuō zhè ge lóupán bú cuò, néng bu néng gěi wǒ jièshào yíxià?
안녕하세요, 이 매물이 괜찮다는데 제게 소개 좀 해주실 수 있나요?

> **Voca⁺**
> *商品房 shāngpǐnfáng 명 상품으로 파는 주택. 분양 주택 | 楼房 lóufáng
> 명 다층건물

0011
写字楼*
xiězìlóu

명 사무용 건물. 사옥

예 这个电梯是商场专用，如果要去写字楼，你要乘B座的电梯。
Zhè ge diàntī shì shāngchǎng zhuānyòng, rúguǒ yào qù xiězìlóu, nǐ yào chéng B zuò de diàntī.
이 엘리베이터는 상점 전용입니다. 만약 사무동으로 가시려거든 B동 엘리베이터를 타야 합니다.

> **Voca⁺**
> 写字台 xiězìtái 명 사무용 테이블 | 写字间 xiězìjiān 명 사무실

0012
楼梯*
lóutī

명 (다층건물의) 계단. 층계

예 假日旅行社在三层，您从楼梯上去吧。
Jiàrì Lǚxíngshè zài sān céng, nín cóng lóutī shàngqù ba.
지아르 여행사는 3층에 있으니 계단을 이용해서 올라가세요.

> **Voca⁺**
> 梯道 tīdào 명 계단식 통로 | 梯子 tīzi 명 사다리. 계단 (출세의 수단을 비유)

Business VOCA

0013
楼层
lóucéng

명 (건물의) 층

예 我们的办事处在22层，是高楼层。
Wǒmen de bànshìchù zài èrshíèr céng, shì gāo lóucéng.
저희 사무소는 22층, 고층에 있습니다.

Voca+
*楼 lóu 명 다층건물. 층집 양 층 | *层 céng 명 층

0014
电梯＊
diàntī

명 엘리베이터

예 这部电梯直通八层。到其他楼层请坐对面的电梯。
Zhè bù diàntī zhítōng bā céng. Dào qítā lóucéng qǐng zuò duìmiàn de diàntī.
이 엘리베이터는 8층 직통입니다. 다른 층은 맞은편 엘리베이터를 탑승하세요.

Voca+
自动扶梯 zìdòng fútī 명 에스컬레이터

0015
付
fù

동 교부하다, 넘겨주다

예 三个月后您可以每个月付，也可以季付。
Sān ge yuè hòu nín kěyǐ měi ge yuèfù, yě kěyǐ jìfù.
3개월 후에 월납하셔도 되고, 분기납도 가능합니다.

Voca+
*预付 yùfù 동 선불하다. 미리 지불하다 | *支付 zhīfù 동 지불하다. 내다 |
*首付 shǒufù 명 계약금. (모기지론 또는 할부납부의 방식으로 주택·자동차를 구입할 때의) 첫 지급액

0016
退＊
tuì

동 (구매한 물건 등을) 반환하다. 무르다

예 租期到了，如果搬走，押金会退给租房者。
Zūqī dào le, rúguǒ bānzǒu, yājīn huì tuìgěi zūfángzhě.
임대차 기한이 되었으니 만약 이사 가면 보증금은 임차인에게 돌려줄 것입니다.

Voca+
*包退包换 bāotuì bāohuàn 교환 보증. 상품의 반환과 교환을 보증하다 |
*退还 tuìhuán 동 반환하다. 돌려주다

0017
月付
yuèfù

명 월납. 월부

예 房租是月付，每月五千元，您觉得怎么样?
Fángzū shì yuèfù, měiyuè wǔqiān yuán, nín juéde zěnmeyàng?
임대는 월납으로 매월 5천 위안인데, 어떻게 생각하세요?

Voca+
季付 jìfù **명** 분기납 | 年付 niánfù **명** 연납

0018
位置*
wèizhì

명 위치

예 我们有各种商品房。请问，您想在哪个位置租房子?
Wǒmen yǒu gèzhǒng shāngpǐnfáng. Qǐngwèn, nín xiǎng zài nǎ ge wèizhì zū fángzi?
저희는 각종 매물을 보유하고 있습니다. 실례지만, 어떤 위치에 있는 집을 임대하고 싶으세요?

Voca+
地理位置 dìlǐ wèizhì 지리적 위치 | 位置追踪 wèizhì zhuīzōng 위치 추적

0019
商业区
shāngyèqū

명 상업지구

예 我公司在商业区，白天晚上都很热闹。
Wǒ gōngsī zài shāngyèqū, báitiān wǎnshang dōu hěn rènao.
저희 회사는 상업지구에 있어서 낮이나 밤이나 매우 번화합니다.

Voca+
*区域 qūyù **명** 구역. 지역 | *郊区 jiāoqū **명** 교외지역. 시외지역 | *特区 tèqū **명** 특구. 경제특구. 특별구역

0020
住宅区
zhùzháiqū

명 주택가. 주택단지. 주거지역

예 我一直希望我们的房子在安静的住宅区。
Wǒ yìzhí xīwàng wǒmen de fángzi zài ānjìng de zhùzháiqū.
저는 줄곧 저희 집이 조용한 주택가에 있기를 바랐습니다.

Business VOCA

0021 小区 xiǎoqū

명 주택단지. 주택지구

예 我知道那个小区，听说房子都比较老，不要买。
Wǒ zhīdào nà ge xiǎoqū, tīngshuō fángzi dōu bǐjiào lǎo, búyào mǎi.
저는 그 동네를 알고 있는데, 집들이 비교적 노후하니 사지 마세요.

Voca⁺
村子 cūnzi 명 촌락. 마을

0022 平面图 píngmiàntú

명 평면도

예 在网上可以看这套房子的平面图。
Zài wǎngshàng kěyǐ kàn zhè tào fángzi de píngmiàntú.
온라인상에서 이 집의 평면도를 볼 수 있습니다.

Voca⁺
微缩模型 wēisuō móxíng 축소모형. 미니어처 | 立体模型 lìtǐ móxíng 입체모형. 3D모형

0023 户型 hùxíng

명 가옥 실내의 구조나 형태

예 这套房子是小户型，建筑面积不到60平方米。
Zhè tào fángzi shì xiǎohùxíng, jiànzhù miànjī búdào liùshí píngfāngmǐ.
이 집은 소형으로 건축면적이 60제곱미터가 되지 않습니다.

Voca⁺
*户口 hùkǒu 명 호구. 호적 | *户外 hùwài 명 집 밖. 야외. 옥외 |
黑户 hēihù 명 호적이 없는 거주자(세대). 무허가 회사

0024 朝向 cháoxiàng

명 (건축물의 문이나 창문이) 마주하는 방향

예 这个小区的楼房朝向都向南，是最适合居住的。
Zhè ge xiǎoqū de lóufáng cháoxiàng dōu xiàng nán, shì zuì shìhé jūzhù de.
이 주택단지의 다층건물은 모두 방향이 남향이라 거주하기에 가장 적합합니다.

Voca⁺
*东 dōng 명 동. 동쪽 | *西 xī 명 서. 서쪽 | *南 nán 명 남. 남쪽 |
*北 běi 명 북. 북쪽

0025
三室一厅
sān shì yì tīng

방 세 개, 거실 하나

예) 我家有四口人，所以租了一套三室一厅的房子。
Wǒ jiā yǒu sì kǒu rén, suǒyǐ zū le yí tào sān shì yì tīng de fángzi.
저희 집은 네 식구라서 방 3개에 거실 1개가 있는 집을 임대했습니다.

Voca⁺
室 shì 명 실, 방 | 厅 tīng 명 큰 방, 홀, 청

0026
卧室
wòshì

명 **침실**

예) 这套房子不大，有一间卧室，一个客厅和卫生间。
Zhè tào fángzi bú dà, yǒu yì jiān wòshì, yí ge kètīng hé wèishēngjiān.
이 집은 크지 않습니다. 안방 하나, 거실 하나와 화장실이 있습니다.

Voca⁺
主卧室 zhǔ wòshì 주침실, 안방 | 次卧室 cì wòshì 주침실 외의 침실

0027
卫生间
wèishēngjiān

명 **화장실, 세면장**

예) 卫生间是刚装修过的，干净得不得了。
Wèishēngjiān shì gāng zhuāngxiū guo de, gānjìng de bùdéliǎo.
화장실은 인테리어를 한 지 얼마 되지 않아서 매우 깨끗합니다.

Voca⁺
*洗手间 xǐshǒujiān 명 화장실 | *厕所 cèsuǒ 명 변소, 뒷간

0028
厨房*
chúfáng

명 **주방, 부엌**

예) 我打算一个人住，不做饭，厨房用不着这么大。
Wǒ dǎsuàn yí ge rén zhù, bú zuòfàn, chúfáng yòngbuzháo zhème dà.
저는 혼자 거주할 거라 밥을 하지 않아서 주방이 이렇게 클 필요가 없습니다.

Voca⁺
厨具 chújù 명 (냄비·칼 등의) 주방용구

Business VOCA

0029 阳台 yángtái

명 발코니. 베란다

예 阳台采光很好，晾衣服的时候很快就干了。
Yángtái cǎiguāng hěn hǎo, liàng yīfu de shíhou hěn kuài jiù gān le.
베란다에 햇볕이 잘 들어서, 빨래를 말릴 때 빨리 마릅니다.

Voca⁺
*太阳 tàiyáng 명 태양. 해 | 阳光 yángguāng 명 햇빛

0030 客厅* kètīng

명 객실. 응접실

예 全家人常常聚在客厅里看看电视、聊聊天儿。
Quánjiārén chángcháng jùzài kètīng li kànkan diànshì, liáoliáotiānr.
온 가족이 항상 거실에 모여서 TV를 보고 한담을 합니다.

Voca⁺
*餐厅 cāntīng 명 식당 | 舞厅 wǔtīng 명 무용실. 댄스 홀

0031 书房 shūfáng

명 서재

예 这套房子只有一间卧室、一个客厅，连书房也没有。
Zhè tào fángzi zhǐyǒu yì jiān wòshì, yí ge kètīng, lián shūfáng yě méiyǒu.
이 집은 안방 하나, 거실 하나뿐이며 심지어 서재도 없습니다.

Voca⁺
书架 shūjià 명 책꽂이

0032 车库* chēkù

명 차고. 주차장

예 广场对面的楼里有地下车库，那里比较大。
Guǎngchǎng duìmiàn de lóu li yǒu dìxià chēkù, nàli bǐjiào dà.
광장 맞은편 건물에 지하주차장이 있는데 그곳은 비교적 큽니다.

Voca⁺
*停车位 tíngchēwèi 주차 자리 | 停车场 tíngchēchǎng 명 주차장

05 부동산

0033 装修* zhuāngxiū

동 (가옥을) 장식하고 꾸미다. 인테리어 하다

예 我买的是一套旧房，买了以后还得重新装修，然后才能搬进去。
Wǒ mǎi de shì yí tào jiùfáng, mǎi le yǐhòu hái děi chóngxīn zhuāngxiū, ránhòu cái néng bānjìnqù.
제가 산 것은 낡은 집이라서, 구입한 후 다시 인테리어를 한 후에야 이사갈 수 있습니다.

Voca+
装修房屋 zhuāngxiū fángwū 집을 꾸미다 | 装修铺面 zhuāngxiū pùmiàn 점포를 꾸미다

0034 物业费 wùyèfèi

명 관리비

예 喂，你好！请问，物业费可以上网交吗？
Wéi, nǐ hǎo! Qǐngwèn, wùyèfèi kěyǐ shàngwǎng jiāo ma?
여보세요, 안녕하세요? 관리비는 인터넷으로 지불할 수 있나요?

Voca+
管理费 guǎnlǐfèi 명 관리비

0035 电费 diànfèi

명 전기 요금. 전기세

예 您的电费账单已经超过了付费的最后日期。
Nín de diànfèi zhàngdān yǐjīng chāoguò le fùfèi de zuìhòu rìqī.
당신의 전기세 고지서는 이미 지불 최종일자를 넘겼습니다.

Voca+
水费 shuǐfèi 명 수도 요금 | 煤气费 méiqìfèi 명 가스 요금

0036 热水器 rèshuǐqì

명 온수기

예 这套房子配套设施有热水器、洗衣机、空调、冰箱和暖气。
Zhè tào fángzi pèitào shèshī yǒu rèshuǐqì、xǐyījī、kōngtiáo、bīngxiāng hé nuǎnqì.
이 집의 부대시설은 온수기, 세탁기, 에어컨, 냉장고와 라디에이터입니다.

Business VOCA

0037 设施* shèshī

명 시설

예 这里的自然环境优美、交通便利，各种设施齐全。
Zhèli de zìrán huánjìng yōuměi, jiāotōng biànlì, gèzhǒng shèshī qíquán.
이곳은 자연환경이 아름답고 교통이 편리하며, 각종 시설이 모두 갖춰져 있습니다.

Voca+
*齐全 qíquán 형 완비하다. 완벽히 갖추다

0038 宽带 kuāndài

명 광대역. 브로드밴드

예 这里可以宽带上网，交费后马上可以开通。
Zhèli kěyǐ kuāndài shàngwǎng, jiāofèi hòu mǎshàng kěyǐ kāitōng.
이곳은 광대역 인터넷 접속이 가능하여 비용을 납부하시면 바로 개통됩니다.

Voca+
*互联网 hùliánwǎng 명 인터넷 | *网络 wǎngluò 명 인터넷

0039 环境* huánjìng

명 환경. 주위상황

예 这个小区生活环境很好，附近有公园、学校、大型超市。
Zhè ge xiǎoqū shēnghuó huánjìng hěn hǎo, fùjìn yǒu gōngyuán, xuéxiào, dàxíng chāoshì.
이 주택단지는 생활환경이 좋은데, 부근에 공원, 학교, 대형마트가 있습니다.

Voca+
*安静 ānjìng 형 안정되다. 조용하다 | *平静 píngjìng 형 조용하다. 평온하다 |
*吵 chǎo 동 시끄럽다 | *闹 nào 형 시끄럽다. 떠들썩하다

0040 治安 zhì'ān

명 치안

예 我们小区里有保安员，外人不能随便进来，治安很好。
Wǒmen xiǎoqū li yǒu bǎo'ānyuán, wàirén bù néng suíbiàn jìnlái, zhì'ān hěn hǎo.
이 주택단지 내에는 보안원이 있어서 외부인은 마음대로 들어올 수 없고 치안이 매우 잘 되어 있습니다.

Voca+
维持治安 wéichí zhì'ān 치안을 유지하다

VOCA Review 학습한 단어를 복습해 보세요.

1. 우리말을 중국어로 말해본 후 직접 한자와 병음을 써보세요.

① 중개하다
② 집주인
③ 집세
④ 월납
⑤ 보증금
⑥ 임대인
⑦ 사무용 건물
⑧ 상업지구

2. 호응하는 어휘끼리 연결한 후 직접 써보세요.

① 租 • • 房子
② 付 • • 便利
③ 乘 • • 电梯
④ 交通 • • 押金

3. 보기에서 알맞은 어휘를 골라 넣으세요.

> 보기   a. 设施   b. 房租   c. 月付   d. 室

① 入住时得先付1000元定金和两个月的(　　　)。
② 租金是(　　　)，每个月一万元，押金是五万元。
③ 我家有四口人，所以租了一套三(　　　)一厅的房子。
④ 这里的自然环境优美、交通便利，各种(　　　)齐全。

answer

1. ①中介 zhōngjiè ②房东 fángdōng ③房租 fángzū ④月付 yuèfù ⑤押金 yājīn
   ⑥出租者 chūzūzhě ⑦写字楼 xiězìlóu ⑧商业区 shāngyèqū
2. ①租房子 ②付押金 ③乘电梯 ④交通便利   3. ①b ②c ③d ④a

Let's Checking! 주어진 한국어 문장을 중국어로 말해 보세요.

회사가 저를 중국에 파견 보내서 최근 저는 집을 한 채 임대했습니다.

✓ 我被公司派到中国来工作,最近租了一套房子。

저희 회사는 상업지구에 있어서 낮이나 밤이나 매우 번화합니다.

✓ 我公司在商业区,白天晚上都很热闹。

저는 줄곧 저희 집이 조용한 주택가에 있기를 바랐습니다.

✓ 我一直希望我们的房子在安静的住宅区。

최근 저는 만족스러운 집을 하나 찾아서 바로 이사 들어갔습니다.

✓ 最近我找到了一个满意的房子,所以马上搬进去了。

저희 집은 네 식구라서 방 3개에 거실 1개가 있는 집을 임대했습니다.

✓ 我家有四口人,所以租了一套三室一厅的房子。

임대료는 월납으로, 매월 1만 위안이며 보증금은 5만 위안입니다.

✓ 租金是月付,每个月一万元,押金是五万元。

#중국 돋보기

중국의 국민음료 王老吉

'왕라오지(王老吉)'는 한방 냉차로 유명하다. 1826년 '왕저방(王泽邦)'은 전염병 치료를 목적으로 중의학에 기반하여 냉차를 개발했다고 한다. 그는 작은 상점에서 냉차를 팔기 시작했는데 이것이 바로 왕라오지의 시작이다.

왕라오지의 광고 카피는 "왕라오지를 마시면 샹훠(上火)도 두렵지 않다.(喝王老吉，不怕上火！)"이다. '샹훠'란 중국의학에서 '상초열이 난다'는 의미로 대변이 건조해지거나 혹은 구강점막이나 비강점막, 결막 등에 염증이 생기는 증상을 말한다. 중국인들은 맵고 짜고 자극적인 음식을 먹거나 스트레스가 심하면 몸의 균형이 깨지는데 이런 것을 '샹훠'라고 믿는다. 왕라오지는 이 '샹훠'를 내리기 위해 먹는 차가운 차이다.

왕라오지가 중국에서 국민음료가 된 데에는 기업의 선행활동도 한몫을 했다. 2008년 쓰촨성(四川省) 지진 당시 1억 1천만 위안(한화 200억 원)의 통큰 기부로 중국인에게 큰 감동을 주었다. 당시 중국인들은 "마실 거면 왕라오지를 마셔라(要喝就喝王老吉)"라는 유행어를 만들어내며 왕라오지를 마셨고 곧 전국민에게 사랑 받는 음료가 되었다. 왕라오지는 2011년에 160억 위안(한화 약 2조8천억 원)의 매출을 기록하며 중국에서 코카콜라의 매출을 앞질렀다. 기업이 사회적 환원이라는 선행활동을 통해 민심을 동하게 할 수도 있음을 보여준 것이었다.

Chapter 4
업종별 업무 Ⅱ

01 의료 · 성형　　226
02 관광 · 숙박　　240
03 식당 · 카페　　254
04 인터넷 · 게임　268
05 면세 · 백화점　282
－ 중국 돋보기　　296

Chapter 4 업종별 업무 Ⅱ

01 의료·성형 (医疗·整容)

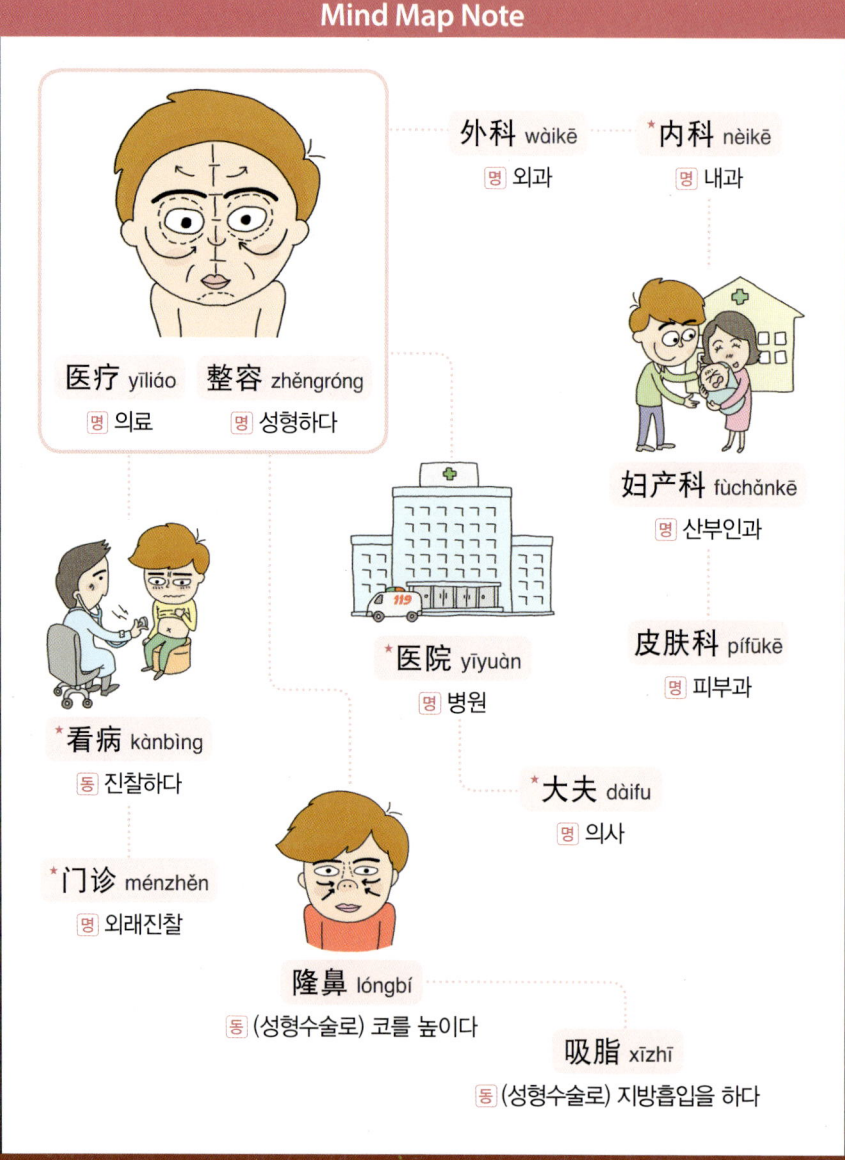

Let's Speaking!

이 단원을 학습하고 나면 아래 내용을 중국어로 말할 수 있어요.

- 한국의 의료医疗 기술이 발달해서

- 한국의 병원医院에 와서 수술을 하는 외국인이 나날이 증가하고 있습니다.

- 특히 요즘 예뻐지기 위해 한국에 와서 성형수술整容을 하는 사람도 매우 많습니다.

- 그래서 많은 여행사가 그녀들을 위해 의료관광医疗观光 여행상품을 개발했습니다.

- 어떤 사람들은 성형외과整形外科에 가서

- 쌍꺼풀, 턱, 코 세우기隆鼻, 지방흡입 등의 성형수술을 합니다.

- 아름다운漂亮 것을 사랑하는 것은 여자의 본능으로,

- 예뻐지기 위해 그녀들은 돈을 쓰는 것을 아끼지 않습니다.

Let's Start Up!

주제에 맞는 단어와 예문을 학습해 보세요.   Track 4-1

0001

医院*
yīyuàn

명 병원

예 韩国医疗技术发达，来韩国的医院动手术的外国人日益增加。
Hánguó yīliáo jìshù fādá, lái Hánguó de yīyuàn dòng shǒushù de wàiguórén rìyì zēngjiā.
한국의 의료기술이 발달해서 한국의 병원에 와서 수술을 하는 외국인이 나날이 증가하고 있습니다.

Voca+
病人 bìngrén **명** 환자, 병자 | *中医 zhōngyī **명** 한방의, 한의사

0002

大夫*
dàifu

명 의사

예 大夫，我从昨天开始嗓子不舒服，要吃什么药吗？
Dàifu, wǒ cóng zuótiān kāishǐ sǎngzi bù shūfu, yào chī shénme yào ma?
의사선생님, 제가 어제부터 목이 불편한데 무슨 약을 먹어야 할까요?

Voca+
*医生 yīshēng **명** 의사 | *护士 hùshi **명** 간호사

0003

门诊*
ménzhěn

명 진료, 외래진찰

예 我挂了专家门诊，由著名的隆鼻专家给我做手术。
Wǒ guà le zhuānjiā ménzhěn, yóu zhùmíng de lóngbí zhuānjiā gěi wǒ zuò shǒushù.
제가 전문의진료 예약을 해서 저명한 코 성형 전문의가 저에게 수술을 해줄 것입니다.

Voca+
专家门诊 zhuānjiā ménzhěn **명** 특진

0004

外科
wàikē

명 외과

예 外科是以手术为主要治疗手段的医疗门类。
Wàikē shì yǐ shǒushù wéi zhǔyào zhìliáo shǒuduàn de yīliáo ménlèi.
외과는 수술을 주요 의료수단으로 하는 의료과목입니다.

Voca+
*手术 shǒushù **명** 수술 | 医疗废物 yīliáo fèiwù **명** 의료 폐기물

Business VOCA

0005 内科* nèikē

명 내과

예 内科是以非手术为主要治疗手段的医疗门类。
Nèikē shì yǐ fēishǒushù wéi zhǔyào zhìliáo shǒuduàn de yīliáo ménlèi.
내과는 비수술을 주요 의료수단으로 하는 의료과목입니다.

Voca+
病房 bìngfáng 명 입원실. 병실 | 内科主治医生 nèikē zhǔzhì yīshēng 명 내과 담당의사

0006 耳鼻喉科 ěrbíhóukē

명 이비인후과

예 鼻子不通、嗓子不舒服、扁桃体肿的时候要去耳鼻喉科。
Bízi bù tōng、sǎngzi bù shūfu、biǎntáotǐ zhǒng de shíhou yào qù ěrbíhóukē.
코가 막히고, 목이 불편하고, 편도선이 부었을 때는 이비인후과에 가야 합니다.

Voca+
*治疗 zhìliáo 동 치료하다 | *耳朵 ěrduo 명 귀 | *鼻子 bízi 명 코 | *嗓子 sǎngzi 명 목구멍

0007 妇产科 fùchǎnkē

명 산부인과

예 王丽怀孕五个月了，她每个月去妇产科做B超检查。
Wáng Lì huáiyùn wǔ ge yuè le, tā měi ge yuè qù fùchǎnkē zuò B chāo jiǎnchá.
왕리는 임신한 지 5개월이 되었습니다. 그녀는 매달 병원에 가서 초음파 검사를 합니다.

Voca+
*孩子 háizi 명 아이. 어린이. 자녀 | 尿布 niàobù 명 기저귀 | 母乳 mǔrǔ 명 모유 | 奶粉 nǎifěn 명 분유

0008 眼科 yǎnkē

명 안과

예 眼科疾病有结膜炎、角膜炎、白内障、干眼症等。
Yǎnkē jíbìng yǒu jiémóyán、jiǎomóyán、báinèizhàng、gānyǎnzhèng děng.
안과 질병으로는 결막염, 각막염, 백내장, 안구건조증 등이 있습니다.

Voca+
眼药 yǎnyào 명 안약 | *眼睛 yǎnjing 명 눈 | *眼镜 yǎnjìng 명 안경

0009 牙科
yákē

명 치과

예 前几天只是牙疼，今天牙床也疼，所以我打算去牙科看病。
Qián jǐ tiān zhǐshì yáténg, jīntiān yáchuáng yě téng, suǒyǐ wǒ dǎsuàn qù yákē kànbìng.
며칠 전에는 치아만 아프더니 지금은 잇몸도 아파서 저는 치과에 진료를 받으러 갈 계획입니다.

Voca+
*牙齿 yáchǐ 명 치아 | *刷牙 shuāyá 통 이를 닦다 | *牙膏 yágāo 명 치약 | *牙刷 yáshuā 명 칫솔

0010 骨科
gǔkē

명 정형외과

예 他运动的时候骨折了，被送到了医院的骨科。
Tā yùndòng de shíhou gǔzhé le, bèi sòngdào le yīyuàn de gǔkē.
그는 운동할 때 골절이 돼서 병원의 정형외과로 이송되었습니다.

Voca+
骨折 gǔzhé 통 골절되다 | 双拐 shuāngguǎi 명 목발 | 轮椅 lúnyǐ 명 휠체어 (wheel chair)

0011 泌尿科
mìniàokē

명 비뇨기과

예 因为他的前列腺炎又犯了，所以今天去泌尿科检查了。
Yīnwèi tā de qiánlièxiànyán yòu fàn le, suǒyǐ jīntiān qù mìniàokē jiǎnchá le.
그는 전립선염이 재발해서 오늘 비뇨기과에 검사를 받으러 갔습니다.

Voca+
泌尿 mìniào 통 오줌을 분비하다 | 前列腺炎 qiánlièxiànyán 명 전립선염

0012 (小)儿科
(xiǎo')érkē

명 소아과

예 孩子去小儿科看病的时候用力握住了妈妈的手。
Háizi qù xiǎo'érkē kànbìng de shíhou yònglì wòzhù le māma de shǒu.
아이가 소아과에 진찰을 받으러 갔을 때 온 힘을 다해 엄마 손을 꼭 쥐었습니다.

Voca+
幼儿 yòu'ér 명 유아 (주로 취학 전의 아동) | 小朋友 xiǎopéngyou 명 어린이 | 儿童 értóng 명 아동, 어린이 | 青少年 qīngshàonián 명 청소년

Business VOCA

0013 皮肤科 pífūkē

명 피부과

예 去海水浴场玩儿的时候被晒伤了，她去皮肤科接受治疗。
Qù hǎishuǐ yùchǎng wánr de shíhou bèi shàishāng le, tā qù pífūkē jiēshòu zhìliáo.
해수욕장에 가서 놀 때 햇볕에 데어서 그녀는 피부과에 치료를 받으러 갔습니다.

Voca+
皮肤病 pífūbìng 명 피부병 | 皮肤炎 pífūyán 명 피부염 | 痦子 wùzi 명 점, 사마귀

0014 挂号* guàhào

동 등록하다, 접수시키다

예 我在挂号处挂号后，等护士叫我的名字。
Wǒ zài guàhàochù guàhào hòu, děng hùshi jiào wǒ de míngzi.
저는 접수처에서 접수를 한 후 간호사가 저의 이름을 부를 때까지 기다렸습니다.

Voca+
挂号处 guàhàochù 명 접수처

0015 看病* kànbìng

동 진찰하다, 진료하다

예 根据城乡居民的看法，目前看病难、看病贵。
Gēnjù chéngxiāng jūmín de kànfǎ, mùqián kànbìng nán、kànbìng guì.
도농 주민의 의견에 따르면 현재 진료 받기가 어렵고, 진료비가 비쌉니다.

Voca+
预约看病 yùyuē kànbìng 예약 진료 | 挂号看病 guàhào kànbìng 접수하고 진찰을 받다 | 排号看病 páihào kànbìng 순서대로 진찰을 받다

0016 急诊* jízhěn

명 응급 진료, 급진 동 응급진찰하다

예 我们在受到意外伤害时，去急诊可以在最短时间内得到救治。
Wǒmen zài shòudào yìwài shānghài shí, qù jízhěn kěyǐ zài zuì duǎn shíjiān nèi dédào jiùzhì.
우리는 예상치 못한 상해가 발생했을 때, 응급진료를 받으러 가면 최단 시간 내에 치료를 받을 수 있습니다.

Voca+
急诊室 jízhěnshì 명 응급실 | 急诊病人 jízhěn bìngrén 명 응급환자

0017
体温
tǐwēn

명 체온

예 大夫给我量体温，38.5度，可能是流感。
Dàifu gěi wǒ liáng tǐwēn, sānshíbā diǎn wǔ dù, kěnéng shì liúgǎn.
의사는 제게 체온을 재주고, 38.5도로 독감일 것이라고 하였습니다.

Voca+
量 liáng 동 (무게·길이·크기·양 따위를) 재다. 측정하다

0018
症状
zhèngzhuàng

명 증상. 증후

예 一般的感冒症状有咳嗽、流鼻涕、发烧、头疼。
Yībān de gǎnmào zhèngzhuàng yǒu késou, liú bítì, fāshāo, tóuténg.
일반적인 감기 증세는 기침, 콧물, 열이 나고 머리가 아픕니다.

Voca+
初期症状 chūqī zhèngzhuàng 초기증상 | *发烧 fāshāo 동 열이 나다 |
头疼 tóuténg 명 두통 동 머리가 아프다

0019
鼻炎
bíyán

명 비염

예 东北地区天气寒冷，大部分人都有鼻炎症状。
Dōngběi dìqū tiānqì hánlěng, dàbùfen rén dōu yǒu bíyán zhèngzhuàng.
동북지역의 날씨는 한랭해서 대부분 사람들이 비염 증상이 있습니다.

Voca+
喉炎 hóuyán 명 후두염 | 肺炎 fèiyán 명 폐렴

0022
过敏*
guòmǐn

동 알레르기 반응을 보이다

예 我对花生过敏，所以不能吃花生酱。
Wǒ duì huāshēng guòmǐn, suǒyǐ bù néng chī huāshēngjiàng.
저는 땅콩 알레르기가 있어서 땅콩잼을 먹을 수 없습니다.

Voca+
灰尘过敏 huīchén guòmǐn 먼지 알레르기 | 花粉过敏 huāfěn guòmǐn 꽃가루 알레르기 | 鸡蛋过敏 jīdàn guòmǐn 계란 알레르기

Business VOCA

0021 感冒* gǎnmào

명 감기 동 감기에 걸리다

예 为了预防感冒，应该多进行体育锻炼。
Wèile yùfáng gǎnmào, yīnggāi duō jìnxíng tǐyù duànliàn.
감기를 예방하기 위해서는 스포츠 활동을 많이 해야 합니다.

Voca⁺
感冒的苗头 gǎnmào de miáotóu 감기 기운 | 重感冒 zhòng gǎnmào 악성 감기

0022 住院* zhùyuàn

동 입원하다

예 最近我爸爸身体好多了，住院后状态还算稳定。
Zuìjìn wǒ bàba shēntǐ hǎo duō le, zhùyuàn hòu zhuàngtài hái suàn wěndìng.
요즘 우리아빠가 몸이 많이 좋아졌습니다. 입원 후 증세가 안정적인 편입니다.

Voca⁺
出院 chūyuàn 동 퇴원하다

0023 癌症 áizhèng

명 암의 통칭

예 听说王明得了癌症，最近一直在医院接受治疗。
Tīngshuō Wáng Míng dé le áizhèng, zuìjìn yìzhí zài yīyuàn jiēshòu zhìliáo.
듣자하니 왕밍이 암에 걸려서 최근 계속해서 병원에서 치료를 받고 있다고 합니다.

Voca⁺
疾病 jíbìng 명 병. 질병 | 绝症 juézhèng 명 불치의 병 | 艾滋病 àizībìng 명 에이즈(AIDS) | 中风 zhòngfēng 명 중풍 | 糖尿病 tángniàobìng 명 당뇨병 | 高血压 gāoxuèyā 명 고혈압 | 忧郁症 yōuyùzhèng 명 우울증

0024 胃镜 wèijìng

명 위 내시경

예 你去做胃镜的时候顺便做大肠镜吧。
Nǐ qù zuò wèijìng de shíhou shùnbiàn zuò dàchángjìng ba.
위 내시경을 하러 가는 김에 대장 내시경도 하세요.

Voca⁺
患胃炎 huàn wèiyán 위염을 앓다 | 胃癌 wèi'ái 명 위암 | 脾胃 píwèi 명 비장과 위. 비위. 취향. 기호

01 의료·성형 233

0025
药 ˚
yào

[명] 약

[예] 按理说处方药是一定要有医生的处方才可以拿药的。
Ànlǐ shuō chǔfāngyào shì yídìng yào yǒu yīshēng de chǔfāng cái kěyǐ ná yào de.
이치에 따르면, 처방약은 반드시 의사의 처방전이 있어야 약을 탈 수 있습니다.

Voca+
补药 bǔyào [명] 보약 | 止痛药 zhǐtòngyào 진통제 | 急救药品 jíjiù yàopǐn 구급약 | 疫苗 yìmiáo [명] 백신

0026
器官
qìguān

[명] (인간·생물의) 장기, 기관

[예] 健康的正常人通过书面形式可以捐献器官。
Jiànkāng de zhèngchángrén tōngguò shūmiàn xíngshì kěyǐ juānxiàn qìguān.
건강한 정상인이라면 서면 형식을 통해 장기를 기증할 수 있습니다.

Voca+
捐献器官 juānxiàn qìguān 장기를 기증하다

0027
手术 ˚
shǒushù

[명] 수술 [동] 수술하다

[예] 医生说他的痔疮很严重，非得动手术不可。
Yīshēng shuō tā de zhìchuāng hěn yánzhòng, fēiděi dòng shǒushù bùkě.
의사가 그의 치질이 매우 심각하여 수술을 하지 않으면 안 된다고 말했습니다.

Voca+
手术刀 shǒushùdāo [동] 메스, 수술칼 | 手术台 shǒushùtái [동] 수술대 | 手术服 shǒushùfú [동] 수술복

0028
植物人
zhíwùrén

[명] 식물인간

[예] 真是天有不测风云。赵华发生了交通事故，成了植物人。
Zhēnshi tiān yǒu búcè fēngyún. Zhào Huá fāshēng le jiāotōng shìgù, chéng le zhíwùrén.
정말 세상일은 예측할 수 없습니다. 자오화가 교통사고가 나서 식물인간이 되었습니다.

Voca+
疗养院 liáoyǎngyuàn [동] 요양원 | 重症监护室 zhòngzhèng jiānhùshì [명] 중환자실

Business VOCA

0029 健康* jiànkāng

명 건강 형 건강하다

예 人到中年一定要定期做健康检查，免得久积成病。
Rén dào zhōngnián yídìng yào dìngqī zuò jiànkāng jiǎnchá, miǎnde jiǔjī chéngbìng.
사람이 중년이 되면 병을 키우지 않도록 반드시 정기적으로 건강검진을 해야 합니다.

Voca⁺
亚健康 yàjiànkāng 신체적·정신적으로 질병에 걸린 것도 아니고 건강하지도 않은 상태

0030 整容 zhěngróng

명 성형 동 얼굴을 성형하다

예 特别是最近为了漂亮来韩国做整容手术的人也很多。
Tèbié shì zuìjìn wèile piàoliang lái Hánguó zuò zhěngróng shǒushù de rén yě hěn duō.
특히 요즘 예뻐지기 위해 한국에 와서 성형수술을 하는 사람도 매우 많습니다.

Voca⁺
整形外科 zhěngxíng wàikē 명 성형외과

0031 医疗观光 yīliáo guānguāng

의료관광

예 很多旅行社为了女性开发了医疗观光旅游商品。
Hěn duō lǚxíngshè wèile nǚxìng kāifā le yīliáo guānguāng lǚyóu shāngpǐn.
많은 여행사가 여성들을 위해 의료관광 여행상품을 개발했습니다.

Voca⁺
医疗 yīliáo 명 의료 | 观光 guānguāng 동 관광하다

0032 麻醉 mázuì

명 마취 동 마취하다

예 手术前24个小时，请您禁食禁饮。因为麻醉手术前要空腹。
Shǒushù qián èrshísì ge xiǎoshí, qǐng nín jìnshí jìnyǐn. Yīnwèi mázuì shǒushù qián yào kōngfù.
수술 전 24시간 동안 금식입니다. 마취 수술 전에는 공복이어야 하기 때문입니다.

Voca⁺
麻醉师 mázuìshī 명 마취(의)사 | 麻醉药 mázuìyào 명 마취제 |
局部麻醉 júbù mázuì 국소마취 | 全身麻醉 quánshēn mázuì 전신마취

0033
割双眼皮
gē shuāngyǎnpí

동 (성형수술로) 쌍꺼풀을 하다

예 我朋友想割双眼皮，她在担心会不会有后遗症。
Wǒ péngyou xiǎng gē shuāngyǎnpí, tā zài dānxīn huì bu huì yǒu hòuyízhèng.
제 친구가 쌍꺼풀을 하고 싶어 하는데 후유증이 생길까 봐 걱정하고 있습니다.

Voca⁺
单眼皮 dānyǎnpí 명 홑꺼풀. 외꺼풀 | 熊猫眼 xióngmāoyǎn 명 다크서클 |
黑眼圈 hēiyǎnquān 명 다크서클

0034
隆鼻
lóngbí

명 코높임 동 (성형수술로) 코를 높이다

예 有些人去整容外科做双眼皮、做下巴、隆鼻、吸脂等整容手术。
Yǒuxiē rén qù zhěngróng wàikē zuò shuāngyǎnpí、zuò xiàba、lóngbí、xīzhī děng zhěngróng shǒushù.
어떤 사람들은 성형외과에 가서 쌍꺼풀, 턱, 코 세우기, 지방흡입 등의 성형수술을 합니다.

Voca⁺
重建手术 chóngjiàn shǒushù 재건수술

0035
吸脂
xīzhī

명 지방흡입 동 (성형수술로) 지방흡입을 하다

예 吸脂是通过物理吸引的方法将脂肪组织吸出的方法。
Xīzhī shì tōngguò wùlǐ xīyǐn de fāngfǎ jiāng zhīfáng zǔzhī xīchū de fāngfǎ.
지방흡입은 물리적인 흡입법을 통해 지방조직을 흡입해내는 방법입니다.

Voca⁺
溶 róng 동 녹이다. 용해되다 | 脂 zhī 명 지방. 유지

0036
雀斑
quèbān

명 주근깨

예 导致雀斑产生的原因有很多，其中一个是常晒太阳。
Dǎozhì quèbān chǎnshēng de yuányīn yǒu hěn duō, qízhōng yí ge shì cháng shài tàiyáng.
주근깨를 유발하는 원인은 매우 많은데, 그중 하나는 자주 햇볕을 쬐는 것입니다.

Voca⁺
斑点 bāndiǎn 명 반점. 얼룩

Business VOCA

0037 激光 jīguāng

명 레이저

예 有些人去皮肤科通过照激光去掉雀斑或斑点。
Yǒuxiē rén qù pífūkē tōngguò zhào jīguāng qùdiào quèbān huò bāndiǎn.
어떤 사람들은 피부과에 가서 레이저를 쬐어 주근깨나 반점을 제거합니다.

Voca⁺
激光指示器 jīguāng zhǐshìqì 레이저 포인터 | 激光打印机 jīguāng dǎyìnjī
명 레이저 프린터

0038 漂亮* piàoliang

형 예쁘다

예 爱美是女人的本能，为了漂亮她们舍得花钱。
Ài měi shì nǚrén de běnnéng, wèile piàoliang tāmen shěde huāqián.
아름다운 것을 사랑하는 것은 여자의 본능으로, 예뻐지기 위해 그녀들은 돈을 쓰는 것을 아끼지 않습니다.

Voca⁺
人造美女 rénzào měinǚ 성형미인

0039 留疤 liú bā

흉터가 남다

예 动手术以后开始有疤，但慢慢会消失，不会留疤的。
Dòng shǒushù yǐhòu kāishǐ yǒu bā, dàn mànman huì xiāoshī, búhuì liú bā de.
수술한 후 처음에는 흉터가 남겠지만, 천천히 사라져서 흉터가 남지 않을 것입니다.

Voca⁺
疤痕 bāhén 명 흠, 상처, 흉터 | 疤痕治疗 bāhén zhìliáo 명 흉터 치료

0040 痴呆症 chīdāizhèng

명 치매

예 听说王海得了痴呆症，连家人也认不出来，真可怕。
Tīngshuō Wáng Hǎi dé le chīdāizhèng, lián jiārén yě rènbuchūlái, zhēn kěpà.
듣자하니 왕하이가 치매에 걸려서 심지어 가족조차도 알아보지 못한다고 하던데, 정말 무섭습니다.

Voca⁺
帕金森病 pàjīnsēnbìng 명 파킨슨병 | 痴呆 chīdāi 형 (움직임이) 둔하다. 멍하다

01 의료 · 성형

Voca Review 학습한 단어를 복습해 보세요.

1. 우리말을 중국어로 말해본 후 직접 한자와 병음을 써보세요.

① 외과

② 내과

③ 산부인과

④ 안과

⑤ 치과

⑥ 정형외과

⑦ 피부과

⑧ 이비인후과

2. 호응하는 어휘끼리 연결한 후 직접 써보세요.

① 捐献　•　　　　　•　器官

② 隆　　•　　　　　•　双眼皮

③ 看　　•　　　　　•　鼻

④ 割　　•　　　　　•　医生

3. 보기에서 알맞은 어휘를 골라 넣으세요.

보기　　a. 量　　b. 预防　　c. 过敏　　d. 大肠镜

① 大夫给我（　　　）体温，38.5度，是流感。

② 我对花生（　　　），所以不能吃花生酱。

③ 为了（　　　）感冒，应该多进行体育锻炼。

④ 你去做胃镜的时候顺便做（　　　）吧。

answer

1. ①外科 wàikē　②内科 nèikē　③妇产科 fùchǎnkē　④眼科 yǎnkē　⑤牙科 yákē
　⑥骨科 gǔkē　⑦皮肤科 pífūkē　⑧耳鼻喉科 ěrbíhóukē
2. ①捐献器官　②隆鼻　③看医生　④割双眼皮　　3. ①a　②c　③b　④d

Let's Checking! 주어진 한국어 문장을 중국어로 말해 보세요.

한국의 의료기술이 발달해서
✓ 韩国医疗技术发达，

한국의 병원에 와서 수술을 하는 외국인이 나날이 증가하고 있습니다.
✓ 来韩国的医院动手术的外国人日益增加。

특히 요즘 예뻐지기 위해 한국에 와서 성형수술을 하는 사람도 매우 많습니다.
✓ 特别是最近为了漂亮来韩国做整容手术的人也很多。

그래서 많은 여행사가 그녀들을 위해 의료관광 여행상품을 개발했습니다.
✓ 所以很多旅行社为了她们开发了医疗观光旅游商品。

어떤 사람들은 성형외과에 가서
✓ 有些人去整容外科

쌍꺼풀, 턱, 코 세우기, 지방흡입 등의 성형수술을 합니다.
✓ 做双眼皮、做下吧、隆鼻、吸脂等整容手术。

아름다운 것을 사랑하는 것은 여자의 본능으로,
✓ 爱美是女人的本能，

예뻐지기 위해 그녀들은 돈을 쓰는 것을 아끼지 않습니다.
✓ 为了漂亮她们舍得花钱。

Chapter 4 업종별 업무 Ⅱ

02 관광·숙박 (观光·住宿)

Mind Map Note

观光 guānguāng
동 관광하다

住宿 zhùsù
동 숙박하다

客房 kèfáng
명 객실

*房卡 fángkǎ
명 객실카드

入住 rùzhù
동 체크인 하다

退房 tuìfáng
동 체크아웃 하다

*旺季 wàngjì
명 성수기

*淡季 dànjì
명 비수기

旅行社 lǚxíngshè
명 여행사

购物游 gòuwùyóu
명 쇼핑관광

背包游 bēibāoyóu
명 배낭여행

参团游 cāntuányóu
명 단체여행

Let's Speaking!

이 단원을 학습하고 나면 아래 내용을 중국어로 말할 수 있어요.

- 매년 여름휴가 때 저는 해외여행海外旅游을 갑니다.

- 어떤 때는 배낭여행背包游을, 어떤 때는 단체여행参团游을 갑니다.

- 배낭여행은 자유롭고自由自在 가고 싶은 곳에 갈 수 있어 자유를 누릴 수 있습니다.

- 단체여행은 매우 편한데, 여행사旅行社가 비행기표, 숙박, 식사 등을 안배합니다.

- 저는 올해 유럽여행을 갈 계획으로 노선路线을 이미 잘 짜놓았습니다.

- 저는 가서 많은 여행명소景点를 보고, 많은 현지요리를 먹어볼 계획입니다.

- 저는 더 많은 사진을 찍으려 하고

- 약간의 기념품纪念品을 사가지고 돌아와서 기념으로 남기려 합니다.

Let's Start Up!

주제에 맞는 단어와 예문을 학습해 보세요.   Track 4-2

0001
旅行社*
lǚxíngshè

명 여행사

예 参团游很方便，旅行社帮我安排机票、酒店、餐饮等。
Cāntuányóu hěn fāngbiàn, lǚxíngshè bāng wǒ ānpái jīpiào, jiǔdiàn, cānyǐn děng.
단체여행은 매우 편한데, 여행사가 비행기표, 호텔, 음식 등을 안배합니다.

Voca⁺
*放假 fàngjià 동 방학하다, 쉬다 | *休假 xiūjià 동 휴가를 보내다 명 휴가

0002
背包游
bēibāoyóu

명 배낭여행

예 每年暑假我都去海外旅游，有时背包游，有时参团游。
Měinián shǔjià wǒ dōu qù hǎiwài lǚyóu, yǒushí bēibāoyóu, yǒushí cāntuányóu.
매년 여름휴가 때 저는 모두 해외여행을 갑니다. 어떤 때는 배낭여행을, 어떤 때는 단체여행을 합니다.

Voca⁺
*自费 zìfèi 명 자비 | 搭便车 dābiànchē 히치하이크 하다

0003
参团游
cāntuányóu

명 단체여행, 패키지여행

예 自己什么都不想安排的话，参团游很方便。
Zìjǐ shénme dōu bùxiǎng ānpái dehuà, cāntuányóu hěn fāngbiàn.
스스로 아무것도 스케줄링 하고 싶지 않다면 단체여행이 매우 편리합니다.

Voca⁺
团体 tuántǐ 명 단체

0004
购物游
gòuwùyóu

명 쇼핑관광

예 我朋友是购物狂，她常常去香港购物游，说那儿很便宜。
Wǒ péngyou shì gòuwùkuáng, tā chángcháng qù Xiānggǎng gòuwùyóu, shuō nàr hěn piányi.
제 친구는 쇼핑광으로 그녀는 자주 홍콩으로 쇼핑관광을 가는데 그곳이 매우 저렴하다고 말합니다.

Voca⁺
宰人 zǎirén 동 바가지 씌우다 | 香港 Xiānggǎng 지 홍콩 | 纽约 Niǔyuē 지 뉴욕

Business VOCA

0005 旺季* wàngjì

명 성수기

예 现在是旅游旺季，机票、酒店都很贵，不打折。
Xiànzài shì lǚyóu wàngjì, jīpiào, jiǔdiàn dōu hěn guì, bù dǎzhé.
지금은 여행 성수기라서 비행기표, 호텔 모두 매우 비싸고 할인하지 않습니다.

Voca+
旺市 wàngshì 명 호경기, 호황 | 旺月 wàngyuè 명 영업실적이 좋은 달

0006 淡季* dànjì

명 비수기

예 旺季和淡季的房价不一样，差异很大。
Wàngjì hé dànjì de fángjià bù yíyàng, chāyì hěn dà.
성수기와 비수기의 객실료가 다르고 차이가 많이 납니다.

Voca+
淡市 dànshì 명 불경기, 불황 | 淡月 dànyuè 명 불경기인 달

0007 自由自在 zìyóu zìzài

성 자유자재하다 (조금도 제한이나 속박이 없는 상태)

예 背包游自由自在，想去哪儿就去哪儿，可享受自由。
Bēibāoyóu zìyóu zìzài, xiǎng qù nǎr jiù qù nǎr, kě xiǎngshòu zìyóu.
배낭여행은 자유롭고 가고 싶은 곳에 갈 수 있어 자유를 누릴 수 있습니다.

Voca+
*享受 xiǎngshòu 동 누리다, 즐기다 | *放松 fàngsōng 동 정신적 긴장을 풀다

0008 路线 lùxiàn

명 노선

예 我今年打算去欧洲旅行，路线已经都安排好了。
Wǒ jīnnián dǎsuàn qù Ōuzhōu lǚxíng, lùxiàn yǐjīng dōu ānpái hǎo le.
저는 올해 유럽여행을 갈 계획으로 노선을 이미 잘 짜놓았습니다.

Voca+
*线路 xiànlù 명 노선, 회선 | *欧洲 Ōuzhōu 지 유럽 | *亚洲 Yàzhōu 지 아시아
*非洲 Fēizhōu 지 아프리카

0009
订票
dìngpiào

동 표를 예매하다

예 提前两个月订票的话，常常能买到很便宜的票。
Tíqián liǎng ge yuè dìngpiào dehuà, chángcháng néng mǎidào hěn piányi de piào.
두 달 전에 미리 표를 예약한다면 항상 저렴한 표를 살 수 있습니다.

Voca+
订阅 dìngyuè 동(신문·잡지 등을) 구독하다 | 订婚 dìnghūn 동 약혼하다

0010
往返*
wǎngfǎn

명 왕복 동 왕복하다

예 每次去出差或旅游我都订往返机票。
Měicì qù chūchāi huò lǚyóu wǒ dōu dìng wǎngfǎn jīpiào.
매번 출장 혹은 여행을 갈 때 저는 왕복표를 예약합니다.

Voca+
单程 dānchéng 명 편도 | *飞机 fēijī 명 비행기 | *火车 huǒchē 명 기차

0011
景点
jǐngdiǎn

명 명승지. 명소

예 我打算去看很多旅游景点，吃很多当地美味。
Wǒ dǎsuàn qù kàn hěn duō lǚyóu jǐngdiǎn, chī hěn duō dāngdì měiwèi.
저는 가서 많은 여행명소를 보고, 많은 현지요리를 먹어볼 계획입니다.

Voca+
*风景 fēngjǐng 명 풍경. 경치 | *景色 jǐngsè 명 경치. 풍경

0012
名胜古迹*
míngshèng gǔjì

명 명승제. 명승고적지

예 要是时间够的话，我打算带你参观一下名胜古迹。
Yàoshi shíjiān gòu dehuà, wǒ dǎsuàn dài nǐ cānguān yíxià míngshèng gǔjì.
만약 시간이 충분하다면 제가 당신을 데리고 명승지를 참관하고 싶습니다.

Voca+
风景名胜 fēngjǐng míngshèng 명 풍경명소 | 国内名胜 guónèi míngshèng 명 국내명소

Business VOCA

0013 住宿费 zhùsùfèi

명 숙박료

예 我们团体的住宿费比个人的便宜。
Wǒmen tuántǐ de zhùsùfèi bǐ gèrén de piányi.
저희 단체의 숙박비가 개인에 비해 저렴합니다.

Voca⁺
住宿手续 zhùsù shǒuxù 체크인 수속 | 寺庙住宿 sìmiào zhùsù 명 템플스테이

0014 车费 chēfèi

명 차비

예 旅游费用包括往返车费、坐船、门票、导游服务、午餐等。
Lǚyóu fèiyòng bāokuò wǎngfǎn chēfèi、zuòchuán、ménpiào、dǎoyóu fúwù、wǔcān děng.
여행 비용은 왕복 차비, 승선, 입장료, 가이드 서비스, 점심식대 등을 포함합니다.

Voca⁺
停车费 tíngchēfèi 명 주차요금 | *车站 chēzhàn 명 정거장. 역

0015 餐费 cānfèi

명 식비

예 去欧洲旅游一个月，餐费大概要多少钱？
Qù Ōuzhōu lǚyóu yí ge yuè, cānfèi dàgài yào duōshao qián?
유럽여행을 한 달간 가면 식비는 대략 얼마가 필요한가요?

Voca⁺
*就餐 jiùcān 동 식사하다 | *快餐 kuàicān 명 즉석음식. 패스트푸드

0016 门票 ménpiào

명 입장권

예 在中国参观景点一般都要买门票。
Zài Zhōngguó cānguān jǐngdiǎn yìbān dōu yào mǎi ménpiào.
중국에서 명소를 참관하려면 보통 입장권을 사야 합니다.

Voca⁺
免费门票 miǎnfèi ménpiào 무료입장권

02 관광·숙박

0017
导游费
dǎoyóufèi

명 가이드비

예 导游费已经包括在整个旅游费用中了，不需要额外支付。
Dǎoyóufèi yǐjīng bāokuò zài zhěnggè lǚyóu fèiyòng zhōng le, bù xūyào éwài zhīfù.

가이드 비용은 이미 전체 여행비에 포함되어 있어서 금액 외 지출을 할 필요가 없습니다.

Voca⁺
观光导游 guānguāng dǎoyóu 관광 가이드 | 登山导游 dēngshān dǎoyóu 등산 가이드 | 录音导游 lùyīn dǎoyóu 녹음 가이드

0018
大巴
dàbā

명 대형버스

예 传单上写着供应标准为空调大巴车、纯玩儿无购游、导游服务。
Chuándān shang xiězhe gōngyìng biāozhǔn wéi kōngtiáo dàbā chē、chúnwánr wúgòu yóu、dǎoyóu fúwù.

전단지 상의 제공 기준은 에어컨이 설치된 대형차량, 노 쇼핑 순수관광, 노 가이드비로 쓰여져 있습니다.

Voca⁺
旅游大巴 lǚyóu dàbā 명 관광버스 | 高速大巴 gāosù dàbā 명 고속버스 | 轿车 jiàochē 명 승용차

0019
特产
tèchǎn

명 특산물

예 这次旅游很好玩儿，我买回来了很多当地特产。
Zhè cì lǚyóu hěn hǎowánr, wǒ mǎi huílái le hěn duō dāngdì tèchǎn.

이번 여행은 매우 재미있었습니다. 저는 많은 현지 특산품을 사가지고 돌아왔습니다.

Voca⁺
北京烤鸭 Běijīng kǎoyā 명 베이징 오리구이 | 狗不理包子 gǒubùlǐ bāozi 명 (소가 든) 찐빵 (톈진의 유명한 만두 이름)

0020
纪念品
jìniànpǐn

명 기념품

예 我还要照很多相，买些纪念品回来留下纪念。
Wǒ hái yào zhào hěn duō xiàng, mǎi xiē jìniànpǐn huílái liúxià jìniàn.

저는 많은 사진을 찍으려 하고 약간의 기념품을 사가지고 돌아와서 기념하려 합니다.

Business VOCA

0021
人身意外保险
rénshēn yìwài bǎoxiǎn

개인상해보험

예 去旅游的时候购买人身意外保险的人越来越多了。
Qù lǚyóu de shíhou gòumǎi rénshēn yìwài bǎoxiǎn de rén yuèláiyuè duō le.
여행을 갈 때 개인상해보험을 구매하는 사람이 점점 늘고 있습니다.

Voca⁺
*保险 bǎoxiǎn 명 보험

0022
酒店*
jiǔdiàn

명 호텔

예 通过我们的旅行代理，已经为您安排好了交通和酒店。
Tōngguò wǒmen de lǚxíng dàilǐ, yǐjīng wèi nín ānpái hǎo le jiāotōng hé jiǔdiàn.
우리의 여행 대행을 통해 이미 당신을 위해 교통과 호텔을 안배하였습니다.

Voca⁺
*饭店 fàndiàn 명 호텔. 식당 | *宾馆 bīnguǎn 명 호텔 | *旅馆 lǚguǎn 명 여관 | *招待所 zhāodàisuǒ 명 (관공서·공장 등의) 숙박시설

0023
度假型
dùjiàxíng

휴양형 (숙박형태를 가리키는 말)

예 住宿的类型很多，如度假型、商务型、长住型、会议型等。
Zhùsù de lèixíng hěn duō, rú dùjiàxíng, shāngwùxíng, chángzhùxíng, huìyìxíng děng.
숙박유형은 매우 많은데, 예를 들면 휴양형, 비즈니스형, 장기투숙형, 회의형 등입니다.

Voca⁺
*商务 shāngwù 명 상무. 비즈니스 | 长住 chángzhù 동 장기투숙하다 | *休闲 xiūxián 동 한가하게 지내다. 레저활동을 하다

0024
星级
xīngjí

명 (호텔)등급 (별 무늬로 호텔의 등급을 나타냄)

예 华克山庄是一家豪华的五星级酒店。
Huákè Shānzhuāng shì yì jiā háohuá de wǔ xīngjí jiǔdiàn.
워커힐은 호화로운 5성급 호텔입니다.

Voca⁺
酒店星级 jiǔdiàn xīngjí 호텔 등급 | 星级人物 xīngjí rénwù 유명인사. 스타급 인물 | 星级服务 xīngjí fúwù 수준 높은 서비스

0025
预订*
yùdìng

동 예약하다

예 我已经在网上预订了房间，是一个单人间。
Wǒ yǐjīng zài wǎngshàng yùdìng le fángjiān, shì yí ge dānrénjiān.
저는 이미 인터넷으로 객실을 예약했고 1인실입니다.

Voca⁺
预订座位 yùdìng zuòwèi 좌석을 예약하다 | 在线预订 zàixiàn yùdìng 온라인 예약

0026
空房
kōngfáng

명 빈방

예 12月20号到22号有空房吗？我想预订一个双人间。
Shí'èr yuè èrshí hào dào èrshí'èr hào yǒu kōngfáng ma? Wǒ xiǎng yùdìng yí ge shuāngrénjiān.
12월 20일부터 22일까지 빈방 있나요? 제가 2인실을 하나 예약하고 싶습니다.

Voca⁺
空房率 kōngfánglǜ **명** 공실률

0027
客房
kèfáng

명 객방, 객실

예 我们宾馆有套房、双人间、标准间、单人间等各种客房五百间。
Wǒmen bīnguǎn yǒu tàofáng、shuāngrénjiān、biāozhǔnjiān、dānrénjiān děng gèzhǒng kèfáng wǔbǎi jiān.
저희 호텔에는 스위트룸, 2인실, 스탠다드룸, 1인실 등 각종 객실이 500개가 있습니다.

Voca⁺
套房 tàofáng **명** 스위트룸 | 双人间 shuāngrénjiān **명** 2인실, 더블룸, 트윈룸 | 单人间 dānrénjiān **명** 1인실, 싱글룸

0028
入住
rùzhù

명 체크인 **동** 체크인 하다. (호텔 등에) 숙박하다

예 先生，我来为您办入住登记手续，请出示您的护照。
Xiānsheng, wǒ lái wèi nín bàn rùzhù dēngjì shǒuxù, qǐng chūshì nín de hùzhào.
선생님, 제가 당신을 위해 체크인 수속을 해드리겠습니다. 여권을 제시해 주세요.

Business VOCA

0029
退房
tuìfáng

동 체크아웃 하다

예 我订了一个套间，十八号入住，二十二号退房。
Wǒ dìng le yí ge tàojiān, shíbā hào rùzhù, èrshí'èr hào tuìfáng.
저는 스위트룸을 하나 예약했습니다. 18일에 체크인 하고 22일에 체크아웃 합니다.

Voca⁺
退换 tuìhuàn 동 (상품을) 반품·교환하다 | 退回 tuìhuí 동 반송하다. 돌려보내다

0030
期间*
qījiān

명 기간

예 在我们酒店住宿期间，如有任何的不便请通知我们。
Zài wǒmen jiǔdiàn zhùsù qījiān, rú yǒu rènhé de búbiàn qǐng tōngzhī wǒmen.
저희 호텔에 숙박하는 기간 동안 어떤 불편함이 있으시면 바로 알려주시기 바랍니다.

Voca⁺
暑假期间 shǔjià qījiān 명 여름방학 기간 | 寒假期间 hánjià qījiān 명 겨울방학 기간

0031
商务中心
shāngwù zhōngxīn

명 비즈니스 센터

예 酒店一楼有商务中心，那儿提供收发电子邮件、传真、复印等服务。
Jiǔdiàn yī lóu yǒu shāngwù zhōngxīn, nàr tígōng shōufā diànzǐyóujiàn、chuánzhēn、fùyìn děng fúwù.
호텔 1층에 비즈니스 센터가 있습니다. 그곳에서는 이메일 송수신, 팩스, 복사 등의 서비스를 제공합니다.

Voca⁺
电子商务 diànzǐ shāngwù 명 전자 상거래 |
移动商务 yídòng shāngwù 명 인터넷 비즈니스, 모바일 비즈니스

0032
房卡*
fángkǎ

명 객실카드

예 您的房间是887号，这是您的房卡，请拿好。
Nín de fángjiān shì bā bā qī hào, zhè shì nín de fángkǎ, qǐng náhǎo.
당신의 객실은 887호실입니다. 이것은 객실카드이니 잘 가지고 계세요.

Voca⁺
房号 fánghào 명 방 번호(房间号码의 준말) | 钥匙 yàoshi 명 열쇠

02 관광·숙박

0033

禁烟房间
jìnyān fángjiān

- 명 금연객실
- 예 我不抽烟，我想订一个禁烟房间，有吗？
  Wǒ bù chōuyān, wǒ xiǎng dìng yí ge jìnyān fángjiān, yǒu ma?
  제가 담배를 피우지 않아서 금연실로 하나 예약하고 싶은데, 있나요?

Voca+
抽烟房间 chōuyān fángjiān 명 흡연객실

0034

礼宾部
lǐbīnbù

- 명 컨시어지(concierge)
- 예 如果有什么快递要收，礼宾部可以帮您收快递。
  Rúguǒ yǒu shénme kuàidì yào shōu, lǐbīnbù kěyǐ bāng nín shōu kuàidì.
  만약 받아야 할 어떤 택배가 있다면, 컨시어지에서 당신을 도와 택배를 수령할 수 있습니다.

Voca+
礼宾 lǐbīn 동 예의를 다해 손님을 접대하다 | 礼宾司 lǐbīnsī 명 의전실

0035

打扰*
dǎrǎo

- 동 방해하다. 폐를 끼치다
- 예 如果不想被打扰，请在门上挂"请勿打扰"的标志。
  Rúguǒ bù xiǎng bèi dǎrǎo, qǐng zài ménshàng guà "qǐng wù dǎrǎo" de biāozhì.
  만약 방해받고 싶지 않으면 문에 '방해하지 마세요'라는 표지를 걸어두세요.

Voca+
请勿打扰 qǐng wù dǎrǎo 방해하지 마세요

0036

早餐
zǎocān

- 명 아침밥. 조반
- 예 住宿费包括早餐，每天六点到九点在M层可以吃早餐。
  Zhùsùfèi bāokuò zǎocān, měitiān liù diǎn dào jiǔ diǎn zài M céng kěyǐ chī zǎocān.
  숙박료는 조식 포함입니다. 매일 6시부터 9시까지 M층에서 아침을 드실 수 있습니다.

Voca+
提供早餐 tígōng zǎocān 조식을 제공하다 | 包含早餐 bāohán zǎocān 조식을 포함하다

Business VOCA

0037 叫早 jiàozǎo

명 모닝콜

예 请问，你们饭店有没有叫早服务？我怕起不来。
Qǐngwèn, nǐmen fàndiàn yǒu méiyǒu jiàozǎo fúwù? Wǒ pà qǐbulái.
말씀 좀 여쭐게요. 호텔에 모닝콜 서비스가 있나요? 제가 못 일어날까 걱정돼서요.

Voca⁺
叫醒服务 jiàoxǐng fúwù 명 모닝콜 서비스

0038 送餐 sòngcān

명 (호텔의) 룸서비스. 차입식사

예 喂，前台吗？我住1221房间，想申请送餐服务。
Wéi, qiántái ma? Wǒ zhù yāo èr èr yāo fángjiān, xiǎng shēnqǐng sòngcān fúwù.
여보세요, 프런트데스크인가요? 제가 1221호실에 묵고 있는데, 룸서비스 신청하려고요.

Voca⁺
餐饮 cānyǐn 명 음식과 음료

0039 洗衣 xǐyī

명 빨래. 세탁 동 빨래하다. 세탁하다

예 大多数酒店对洗衣服务是需要单独收费的，有的一双袜子十块钱。
Dàduōshù jiǔdiàn duì xǐyī fúwù shì xūyào dāndú shōufèi de, yǒu de yì shuāng wàzi shí kuài qián.
대다수의 호텔이 세탁 서비스는 별도로 비용을 받는데, 어떤 곳은 양말 한 켤레에 10위안입니다.

Voca⁺
洗衣房 xǐyīfáng 명 세탁소 | 自助洗衣房 zìzhù xǐyīfáng 셀프서비스식 세탁소 | 洗衣袋 xǐyīdài 세탁물 자루 | 干洗 gānxǐ 동 드라이클리닝하다

0040 服务费 fúwùfèi

명 봉사료

예 五星级酒店一般按消费总额的10%到15%收取服务费。
Wǔ xīngjí jiǔdiàn yìbān àn xiāofèi zǒng'é de bǎifēnzhī shí dào bǎifēnzhī shíwǔ shōuqǔ fúwùfèi.
5성급 호텔은 보통 소비총액의 10%에서 15%의 봉사료를 받습니다.

Voca⁺
*小费 xiǎofèi 명 팁 | 服务台 fúwùtái 명 (호텔의) 프런트데스크. 서비스 카운터

VOCA Review 학습한 단어를 복습해 보세요.

1. 우리말을 중국어로 말해본 후 직접 한자와 병음을 써보세요.

① 여행사
② 배낭여행
③ 쇼핑관광
④ 단체여행
⑤ 성수기
⑥ 비수기
⑦ 숙박하다
⑧ 객실

2. 호응하는 어휘끼리 연결한 후 직접 써보세요.

① 申请 •   • 机票
② 往返 •   • 保险
③ 购买 •   • 房间
④ 预订 •   • 服务

3. 보기에서 알맞은 어휘를 골라 넣으세요.

> 보기   a. 房卡   b. 收取   c. 早餐   d. 名胜古迹

① 要是时间够的话，我打算带你参观一下（　　）。
② 您的房间是887号，这是您的（　　），请拿好。
③ 住宿费包括（　　），每天六点到九点在M层可以吃早餐。
④ 五星级酒店一般按消费总额的10%到15%（　　）服务费。

answer

1. ①旅行社 lǚxíngshè ②背包游 bèibāoyóu ③购物游 gòuwùyóu ④参团游 cāntuányóu
   ⑤旺季 wàngjì ⑥淡季 dànjì ⑦入住 rùzhù ⑧客房 kèfáng
2. ①申请服务 ②往返机票 ③购买保险 ④预订房间   3. ①d ②a ③c ④b

Let's Checking! 주어진 한국어 문장을 중국어로 말해 보세요.

매년 여름휴가 때 저는 해외여행을 갑니다.
✓ 每年暑假我都去海外旅游。

어떤 때는 배낭여행을, 어떤 때는 단체여행을 합니다.
✓ 有时背包游，有时参团游。

배낭여행은 자유롭고 가고 싶은 곳에 갈 수 있어 자유를 누릴 수 있습니다.
✓ 背包游自由自在，想去哪儿就去哪儿，可享受自由。

단체여행은 매우 편한데, 여행사가 비행기표, 호텔, 식사 등을 안배합니다.
✓ 参团游很方便，旅行社帮我安排机票、酒店、餐饮等。

저는 올해 유럽여행을 갈 계획으로 노선을 이미 잘 짜놓았습니다.
✓ 我今年打算去欧洲旅行，路线已经都安排好了。

저는 가서 많은 여행명소를 보고, 많은 현지요리를 먹어볼 계획입니다.
✓ 我打算去看很多旅游景点，吃很多当地美味。

저는 더 많은 사진을 찍으려 하고
✓ 我还要照很多相，

약간의 기념품을 사가지고 돌아와서 기념으로 남기려 합니다.
✓ 买些纪念品回来留下纪念。

Chapter 4 업종별 업무 Ⅱ

03 식당·카페(餐厅·咖啡厅)

Mind Map Note

*餐厅 cāntīng
명 식당

咖啡厅 kāfēitīng
명 카페

面食 miànshí
명 밀가루 음식

*菜单 càidān
명 메뉴판

招牌菜 zhāopáicài
명 간판요리

冷饮 lěngyǐn
명 청량음료

*外卖 wàimài
동 포장 판매하다

苏打水 sūdáshuǐ
명 탄산수

点菜 diǎncài
동 요리를 주문하다

上菜 shàngcài
동 요리를 내오다

中国菜 Zhōngguócài
명 중국요리

*味道 wèidao
명 맛

Let's Speaking!

이 단원을 학습하고 나면 아래 내용을 중국어로 말할 수 있어요.

- 최근 회사 부근에 새로운 음식점餐厅이 오픈했는데 서비스가 좋고 맛도 좋습니다.

- 저는 요리하는 것을 좋아하고

- 여러 식당의 맛있는 요리美味佳肴를 찾아다니는 것도 좋아합니다.

- 오늘 저는 동료와 함께 이 음식점에 가서 그들의 간판요리招牌菜를 먹을 계획입니다.

- 여기 마라탕이 가장 유명합니다. 우리는 차돌박이와 각종 야채蔬菜, 버섯을 골랐습니다.

- 우리 모두 매운 맛味道을 좋아해서 아주 매운 맛을 주문했습니다.

- 우리는 추가로 궈바오러우锅包肉와 콜라 한 병을 주문했습니다.

- 오늘 정말 맛있는 음식을 배불리 먹었습니다.

Let's Start Up!

주제에 맞는 단어와 예문을 학습해 보세요.   Track 4-3

0001
餐厅*
cāntīng

- 명 식당
- 예 最近公司附近开了一家新餐厅，服务周到，味道也很不错。
  Zuìjìn gōngsī fùjìn kāi le yì jiā xīn cāntīng, fúwù zhōudào, wèidao yě hěn búcuò.
  최근 회사 부근에 새로운 음식점이 오픈했는데 서비스가 좋고 맛도 좋습니다.

Voca⁺
食堂 shítáng 명 (기관·단체 내의) 구내식당 | *饭馆 fànguǎn 명 음식점

0002
点菜
diǎncài

- 동 요리를 주문하다
- 예 我来点菜，我知道这家餐厅哪个菜最好吃。
  Wǒ lái diǎncài, wǒ zhīdào zhè jiā cāntīng nǎ ge cài zuì hǎochī.
  제가 요리를 주문할게요. 제가 이 음식점의 어느 요리가 가장 맛있는지 압니다.

Voca⁺
订餐 dìngcān 음식을 주문하다 | 看单点菜 kàndān diǎncài 메뉴를 보고 주문하다 | 电脑点菜 diànnǎo diǎncài 인터넷으로 (음식점 사이트에서) 음식을 주문하다

0003
菜单*
càidān

- 명 메뉴판, 차림표
- 예 你看看菜单，不但有菜名，而且有图片，你可以看图点菜。
  Nǐ kànkan càidān, búdàn yǒu càimíng, érqiě yǒu túpiàn, nǐ kěyǐ kàntú diǎncài.
  메뉴판을 보세요. 요리명이 있을 뿐 아니라 사진이 있어서 사진을 보고 음식을 주문할 수 있습니다.

Voca⁺
菜谱 càipǔ 명 메뉴, 식단 | 菜肴 càiyáo 명 (식사나 안주용) 요리, 음식

0004
上菜
shàngcài

- 동 요리를 내오다, 상에 오르다
- 예 中餐上菜顺序是先凉后热，新鲜清淡的先上，甜的、味重的后上。
  Zhōngcān shàngcài shùnxù shì xiān liáng hòu rè, xīnxiān qīngdàn de xiān shàng, tián de, wèi zhòng de hòu shàng.
  중식이 상에 오르는 순서는 찬 음식 후 따뜻한 음식 순이며, 신선하고 담백한 음식이 먼저 오르고, 달고 맛이 강한 음식은 나중에 오릅니다.

Voca⁺
看人下菜 kànrén xiàcài 사람을 보고 대접하다 = 看人下菜碟儿 kànrén xiàcàidiér

Business VOCA

0005 包间* bāojiān

명 독방. 룸

예 今天客人多，包间都订满了，您看窗边靠角的位置怎么样？
Jīntiān kèrén duō, bāojiān dōu dìngmǎn le, nín kàn chuāngbiān kàojiǎo de wèizhì zěnmeyàng?
오늘 손님이 많아서 룸 예약이 모두 찼습니다. 창가 모퉁이 자리는 어떠세요?

Voca+
包房 bāofáng 룸. 전세방

0006 外卖* wàimài

명 배달 동 포장판매하다

예 随着电话、手机、网络的普及，外卖行业迅速发展。
Suízhe diànhuà、shǒujī、wǎngluò de pǔjí, wàimài hángyè xùnsù fāzhǎn.
전화, 휴대전화, 인터넷의 보급에 따라 배달업이 빠르게 발전하고 있습니다.

Voca+
叫外卖 jiào wàimài 배달을 시키다 | 送外卖 sòng wàimài 포장판매 식품을 배달하다 | 外卖食品 wàimài shípǐn 테이크아웃 음식

0007 套餐 tàocān

명 세트메뉴. 코스요리. 세트상품. 패키지상품

예 我想订餐，炒饭套餐20份，排骨饭套餐10份。
Wǒ xiǎng dìngcān, chǎofàn tàocān èrshí fèn, páigǔfàn tàocān shí fèn.
저는 볶음밥 세트 20인분, 갈비덮밥 세트 10인분을 주문하고 싶습니다.

Voca+
韩式套餐 Hánshì tàocān 명 한정식 | 移动数据套餐 yídòng shùjù tàocān 데이터 서비스 정액제

0008 面食 miànshí

명 밀가루 음식. 분식

예 中国面食主要有面条、馒头、包子、饺子、各种烧饼等。
Zhōngguó miànshí zhǔyào yǒu miàntiáo、mántou、bāozi、jiǎozi、gèzhǒng shāobǐng děng.
중국의 밀가루 음식에는 주로 국수, 찐빵, 왕만두, 만두, 각종 사오빙 등이 있습니다.

Voca+
拌冷面 bànlěngmiàn 명 비빔냉면 | 冷面 lěngmiàn 명 물냉면 | 方便面 fāngbiànmiàn 명 라면. 사발면 | 刀削面 dāoxiāomiàn 명 도삭면. 칼국수 | 煎饼 jiānbǐng 명 전병. 부침개 | *饺子 jiǎozi 명 만두 | 拉面 lāmiàn 명 수타면

03 식당·카페 257

0009
凉菜
liángcài

명 냉채

예 最具代表性的凉菜是凉拌黄瓜、皮蛋、玉米沙拉。
Zuì jù dàibiǎoxìng de liángcài shì liángbàn huángguā、pídàn、yùmǐ shālā.
가장 대표적인 냉채는 냉오이무침, 송화단, 옥수수 샐러드입니다.

Voca⁺
家常凉菜 jiācháng liángcài 명 가정식 냉채 | 老虎菜 lǎohǔcài 명 야채 무침

0010
招牌菜
zhāopáicài

명 간판요리

예 今天我打算跟同事一起去那家餐厅吃他们的招牌菜。
Jīntiān wǒ dǎsuàn gēn tóngshì yìqǐ qù nà jiā cāntīng chī tāmen de zhāopáicài.
오늘 저는 동료와 함께 그 음식점에 가서 그들의 간판요리를 먹을 계획입니다.

Voca⁺
*招牌 zhāopai 명 간판 | 拿手菜 náshǒucài 명 가장 자신 있는 요리 | 特色菜 tèsècài 명 스페셜요리 | 特价菜 tèjiàcài 명 특가요리

0011
韩国菜
Hánguócài

명 한국요리

예 来韩国旅行的外国人一定会尝尝韩国菜参鸡汤。
Lái Hánguó lǚxíng de wàiguórén yídìng huì chángchang Hánguócài shēnjītāng.
한국에 여행 오는 외국인은 반드시 한국요리 삼계탕을 먹어봅니다.

Voca⁺
韩餐 Háncān 명 한식 | 参鸡汤 shēnjītāng 명 삼계탕 | 拌饭 bànfàn 명 비빔밥 | 烤肉 kǎoròu 명 구운 고기, 불고기 | 泡菜汤 pàocàitāng 명 김치찌개 | 大酱汤 dàjiàngtāng 명 된장찌개 | 紫菜包饭 zǐcàibāofàn 명 김밥

0012
中国菜
Zhōngguócài

명 중국요리

예 韩国人喜欢的中国菜有锅包肉、鱼香肉丝、京酱肉丝。
Hánguórén xǐhuan de Zhōngguócài yǒu guōbāoròu、yúxiāng ròusī、jīngjiàng ròusī.
한국인이 좋아하는 중국요리는 궈바오러우, 위샹러우쓰, 징장러우쓰가 있습니다.

Voca⁺
*中餐 Zhōngcān 명 중식 | 锅包肉 guōbāoròu 명 궈바오러우(탕수육) | 鱼香肉丝 yúxiāng ròusī 명 위샹러우쓰 (돼지고기를 채썰어 위샹 소스에 볶은 매콤한 요리) | 宫保鸡丁 gōngbǎo jīdīng 명 궁바오지딩 (닭고기에 견과류를 넣어 볶은 요리) | 麻辣烫 málàtàng 명 마라탕 (얼얼하게 매운 중국 쓰촨성의 유명 요리) | 酸辣汤 suānlàtāng 명 쏸라탕 (시큼하고 매운맛의 국)

Business VOCA

0013 日本菜 Rìběncài

명 일본요리

예 一说到日本菜，人们马上会想到日本的寿司。
Yì shuōdào Rìběncài, rénmen mǎshàng huì xiǎngdào Rìběn de shòusī.
일본요리를 이야기하면 사람들은 바로 일본의 스시를 떠올립니다.

Voca⁺
日餐 Rìcān 명 일식 | 拉面 lāmiàn 명 라면 (손으로 뽑은 면) | 寿司 shòusī 명 스시, 일식초밥 | 纳豆 nàdòu 명 낫토 | 什锦烧 shíjǐnshāo 명 오코노미야끼

0014 意大利菜 Yìdàlìcài

명 이탈리아 요리

예 在韩国最大众的意大利菜是意大利面和比萨饼。
Zài Hánguó zuì dàzhòng de Yìdàlìcài shì Yìdàlìmiàn hé bǐsàbǐng.
한국에서 가장 대중적인 이탈리아 요리는 스파게티와 피자입니다.

Voca⁺
意大利面 Yìdàlìmiàn 명 스파게티, 파스타 | 千层面 qiāncéngmiàn 명 라자냐 | 比萨饼 bǐsàbǐng 명 피자(pizza)

0015 西餐* xīcān

명 서양요리

예 西餐之母是哪种菜？有人说是法国菜，有人说是意大利菜。
Xīcān zhī mǔ shì nǎ zhǒng cài? Yǒu rén shuō shì Fǎguócài, yǒurén shuō shì Yìdàlìcài.
서양요리의 어머니는 어떤 요리일까요? 어떤 사람은 프랑스 요리라고 말하고, 어떤 사람은 이탈리아 요리라고 말합니다.

Voca⁺
牛排 niúpái 명 비프스테이크 | 烧火鸡 shāohuǒjī 명 칠면조 구이 | 煨炖菜 wēidùncài 명 스튜(stew) | 肉丸 ròuwán 명 미트볼 | 沙拉 shālā 명 샐러드

0016 美味佳肴 měiwèi jiāyáo

맛있는 요리

예 我喜欢做菜，也喜欢去找不同饭店的美味佳肴。
Wǒ xǐhuan zuòcài, yě xǐhuan qù zhǎo bù tóng fàndiàn de měiwèi jiāyáo.
저는 요리하는 것을 좋아하고 여러 식당의 맛있는 요리를 찾아다니는 것도 좋아합니다.

Voca⁺
家常便饭 jiācháng biànfàn 명 가정식, 흔히 있는 일, 다반사 | *品尝 pǐncháng 동 시식하다, 맛보다

03 식당·카페

0017
火锅
huǒguō

명 신선로

예 四川菜最有名的就是火锅，麻辣火锅最受欢迎。
Sìchuāncài zuì yǒumíng de jiùshì huǒguō, málà huǒguō zuì shòu huānyíng.
쓰촨요리 중 가장 유명한 것은 바로 훠궈로, 마라훠궈가 가장 인기 있습니다.

Voca⁺
麻辣火锅 málà huǒguō **명** 맵고 얼얼한 중국식 샤부샤부 요리 |
鸳鸯火锅 yuānyang huǒguō **명** 칸이 나뉜 신선로에 담겨 나오는 샤부샤부

0018
自助餐
zìzhùcān

명 뷔페. 셀프서비스식의 식사

예 我们需要在会场中布置自助餐和各种酒水。
Wǒmen xūyào zài huìchǎng zhōng bùzhì zìzhùcān hé gèzhǒng jiǔshuǐ.
우리는 회의장에 뷔페요리와 각종 음료를 준비할 필요가 있습니다.

Voca⁺
自助食堂 zìzhù shítáng **명** 카페테리아 (셀프서비스식 간이식당) |
自助 zìzhù **동** 스스로 돕다 | 自助游 zìzhùyóu **명** 자유여행

0019
肉
ròu

명 고기

예 我们还点了锅包肉和一瓶可乐，今天真是大饱口福了。
Wǒmen hái diǎn le guōbāoròu hé yì píng kělè, jīntiān zhēnshi dàbǎo kǒufú le.
우리는 추가로 궈바오러우와 콜라 한 병을 주문했습니다. 오늘 정말 맛있는 음식을 배불리 먹었습니다.

Voca⁺
*牛肉 niúròu **명** 쇠고기, 소고기 | 猪肉 zhūròu **명** 돼지고기 |
羊肉 yángròu **명** 양고기 | 鸡肉 jīròu **명** 닭고기 | 鸭肉 yāròu **명** 오리고기

0020
蔬菜*
shūcài

명 채소

예 这儿的麻辣烫最有名，我们选了肥牛肉、各种蔬菜和蘑菇。
Zhèr de málàtàng zuì yǒumíng, wǒmen xuǎn le féiniúròu、gèzhǒng shūcài hé mógu.
여기 마라탕이 가장 유명합니다. 우리는 차돌박이와 각종 야채, 버섯을 골랐습니다.

Voca⁺
油菜 yóucài **명** 청경채 | 蘑菇 mógu 버섯 | 芹菜 qíncài **명** 셀러리 | 绿豆芽 lǜdòuyá **명** 숙주 | 黄豆芽 huángdòuyá **명** 콩나물 | 土豆 tǔdòu **명** 감자

Business VOCA

0021 海鲜* hǎixiān

명 해산물. 해물

예 我喜欢吃海鲜，特别喜欢吃生鱼片和鲍鱼。
Wǒ xǐhuan chī hǎixiān, tèbié xǐhuan chī shēngyúpiàn hé bàoyú.
저는 해산물 먹는 것을 좋아하는데, 특히 회와 전복을 좋아합니다.

Voca⁺
大虾 dàxiā 명 큰 새우. 대하 | 鲍鱼 bàoyú 명 전복 | 海参 hǎishēn 명 해삼 |
鱼 yú 명 생선

0022 做法* zuòfǎ

명 (하는) 방법. 요리법. 조리법

예 菜的做法很多，如炒、烤、炖、蒸、煎等。
Cài de zuòfǎ hěn duō, rú chǎo、kǎo、dùn、zhēng、jiān děng.
요리하는 방법은 매우 많습니다. 예를 들면 볶고, 굽고, 삶고, 찌고, 지지는 것 등입니다.

Voca⁺
煎 jiān 동 (적은 기름에) 지지다 | 炒 chǎo 동 볶다 | 烹 pēng 동 삶다. 끓이다 |
炸 zhá 동 (기름에) 튀기다 | 煮 zhǔ 동 삶다. 끓이다 | 炖 dùn 동 푹 고다. 푹 삶다 |
熬 áo 동 오래 끓이다. 푹 삶다 | 蒸 zhēng 동 찌다 | 烤 kǎo 동 굽다

0023 味道* wèidao

명 맛

예 我们都喜欢吃辣的味道，所以点了特辣的口味。
Wǒmen dōu xǐhuan chī là de wèidao, suǒyǐ diǎn le tè là de kǒuwèi.
우리 모두 매운 맛을 좋아해서 아주 매운 맛을 주문했습니다.

Voca⁺
*辣 là 형 맵다 | *酸 suān 형 시다. 시큼하다 | *甜 tián 형 (맛이) 달다 |
*苦 kǔ 형 쓰다. 고생스럽다 | *咸 xián 형 (맛이) 짜다 | *胃口 wèikǒu 명 식욕.
(어떤 일·활동에 대한) 흥미. 구미

0024 用餐 yòngcān

동 식사를 하다

예 自助餐在用餐时，应该按照自己的饭量取食物，避免浪费。
Zìzhùcān zài yòngcān shí, yīnggāi ànzhào zìjǐ de fànliàng qǔ shíwù, bìmiǎn làngfèi.
뷔페음식점에서 식사를 할 때에는 낭비를 피하기 위해 자신의 식사량에 따라 음식물을 가져와야 합니다.

Voca⁺
用餐愉快 yòngcān yúkuài 맛있게 드세요 | *就餐 jiùcān 동 식사하다

0025
咖啡厅
kāfēitīng

명 카페

예 韩国的大街小巷里有很多的咖啡厅，喝咖啡成为人们生活的一个部分。
Hánguó de dàjiē xiǎoxiàng li yǒu hěn duō de kāfēitīng, hē kāfēi chéngwéi rénmen shēnghuó de yí ge bùfen.
한국의 길거리에는 많은 카페가 있습니다. 커피를 마시는 것은 사람들의 생활의 일부가 되었습니다.

Voca⁺
星巴克 Xīngbākè 명 스타벅스 | 咖啡师 kāfēishī 명 바리스타 | 咖啡豆 kāfēidòu 명 커피원두

0026
咖啡*
kāfēi

명 커피

예 你为什么总去那家咖啡厅喝咖啡呢？味道很好吗？
Nǐ wèishénme zǒng qù nà jiā kāfēitīng hē kāfēi ne? Wèidao hěn hǎo ma?
당신은 왜 항상 그 카페에 가서 커피를 마시나요? 맛이 좋은가요?

Voca⁺
咖啡拿铁 kāfēi nátiě 명 카페라테 | 咖啡摩卡 kāfēi mókǎ 명 카페모카 | 焦糖玛奇朵 jiāotáng mǎqíduǒ 명 카라멜 마끼아또

0027
大杯
dàbēi

명 큰컵, 라지 사이즈

예 请给我两杯大杯的热咖啡。
Qǐng gěi wǒ liǎng bēi dàbēi de rè kāfēi.
저에게 라지 사이즈의 따뜻한 커피를 두 잔 주세요.

Voca⁺
超大杯 chāodàbēi 명 특대 사이즈 컵, 벤티 사이즈 컵 | 中杯 zhōngbēi 명 레귤러 사이즈 컵 | 小杯 xiǎobēi 명 스몰 사이즈 컵

0028
冷饮
lěngyǐn

명 청량음료

예 除了冰淇淋，你们还有其他冷饮吗？
chúle bīngqílín, nǐmen háiyǒu qítā lěngyǐn ma?
아이스크림 외에 여기 다른 청량음료도 있나요?

Voca⁺
热饮 rèyǐn 명 뜨거운 음료

Business VOCA

0029 茶 chá

명 차

예 你要喝什么饮料，红茶、绿茶还是咖啡?
Nǐ yào hē shénme yǐnliào, hóngchá、lǜchá háishi kāfēi?
당신은 어떤 음료를 마시려고 하나요? 홍차, 녹차 아니면 커피인가요?

Voca+
*红茶 hóngchá 명 홍차 | 绿茶 lǜchá 명 녹차 | 奶茶 nǎichá 명 밀크티 |
珍珠奶茶 zhēnzhū nǎichá 명 버블티 | 茉莉花茶 mòlihuāchá 명 재스민차 |
普洱茶 pǔ'ěrchá 명 푸얼차. 보이차

0030 果汁 guǒzhī

명 과일즙. 과일주스

예 我们这儿的果汁是鲜榨的水果汁。
Wǒmen zhèr de guǒzhī shì xiānzhà de shuǐguǒzhī.
저희 과일주스는 싱싱하고 신선한 과일주스입니다.

Voca+
苹果汁 píngguǒzhī 명 사과주스 | 西红柿汁 xīhóngshìzhī 명 토마토주스 |
橙汁 chéngzhī 명 오렌지주스

0031 冰沙 bīngshā

명 슬러시. 스무디

예 今天天气太热了，我们吃芒果冰沙吧。
Jīntiān tiānqì tài rè le, wǒmen chī mángguǒ bīngshā ba.
오늘 날씨가 너무 더우니 우리 망고스무디 먹어요.

Voca+
草莓冰沙 cǎoméi bīngshā 명 딸기스무디 | 芒果冰沙 mángguǒ bīngshā
명 망고스무디

0032 苏打水 sūdáshuǐ

명 소다수. 탄산수

예 听说常喝苏打水对身体很好，是真的吗?
Tīngshuō cháng hē sūdáshuǐ duì shēntǐ hěn hǎo, shì zhēn de ma?
듣자 하니 탄산수를 자주 마시는 것이 몸에 좋다던데 정말인가요?

Voca+
碳酸水 tànsuānshuǐ 명 탄산수. 소다수

03 식당·카페

0033
矿泉水[*]
kuàngquánshuǐ

명 생수

예 来一杯美式咖啡、一块巧克力蛋糕和一瓶矿泉水。
Lái yì bēi měishì kāfēi、yí kuài qiǎokèlì dàngāo hé yì píng kuàngquánshuǐ.
아메리카노 한 잔, 초콜릿 케이크 한 조각과 생수 한 병 주세요.

Voca⁺
凉水 liángshuǐ 명 냉수. 찬물 | 生水 shēngshuǐ 명 생수. 끓이지 않은 물 |
*开水 kāishuǐ 명 끓인 물

0034
啤酒[*]
píjiǔ

명 맥주

예 中国自主品牌雪花啤酒在中国市场占有率最大。
Zhōngguó zìzhǔ pǐnpái Xuěhuā Píjiǔ zài Zhōngguó shìchǎng zhànyǒulǜ zuì dà.
중국 자체 브랜드 쉐화맥주는 중국시장 점유율이 가장 큽니다.

Voca⁺
青岛啤酒 Qīngdǎo Píjiǔ 명 칭따오맥주 | 燕京啤酒 Yānjīng Píjiǔ 명 옌징맥주 |
雪花啤酒 Xuěhuā Píjiǔ 명 쉐화맥주

0035
鸡尾酒
jīwěijiǔ

명 칵테일

예 鸡尾酒是一种混合饮料，是两种以上的酒和饮料混合的。
Jīwěijiǔ shì yì zhǒng hùnhé yǐnliào, shì liǎng zhǒng yǐshàng de jiǔ hé yǐnliào hùnhé de.
칵테일은 일종의 혼합음료로 두 종류 이상의 술과 음료를 혼합한 것입니다.

Voca⁺
威士忌 wēishìjì 명 위스키 | 香槟酒 xiāngbīnjiǔ 명 샴페인 | 酒量 jiǔliàng
명 주량 | 耍酒疯 shuǎ jiǔfēng 주사를 부리다 | 冰块儿 bīngkuàir 명 얼음

0036
蛋糕[*]
dàngāo

명 케이크

예 喝茶、喝咖啡的时候吃一块蛋糕更好吃。
Hē chá、hē kāfēi de shíhou chī yí kuài dàngāo gèng hǎochī.
차를 마시고, 커피를 마실 때 케이크 한 조각을 먹으면 더 맛있습니다.

Voca⁺
甜点 tiándiǎn 명 단 빵이나 과자류. 디저트 | *点心 diǎnxin 명 떡·과자·빵·
케이크 등과 같은 간식(거리)

Business VOCA

0037 买单* mǎidān

[동] 계산하다

[예] 我和男朋友吃饭时今天我买单明天他买单，轮着结账。
Wǒ hé nánpéngyou chīfàn shí jīntiān wǒ mǎidān míngtiān tā mǎidān, lúnzhe jiézhàng.
저와 남자친구는 식사를 할 때, 오늘은 제가 사고 내일은 그가 사는 식으로 돌아가며 계산합니다.

Voca⁺
结帐 jiézhàng [동] 계산하다 | 算账 suànzhàng [동] 계산하다. 끝장을 내다

0038 AA制 AAzhì

더치페이

[예] 最近年轻人之间AA制很普遍，各付各的帐。
Zuìjìn niánqīngrén zhījiān AA zhì hěn pǔbiàn, gè fù gè de zhàng.
요즘 젊은이들 사이에서 더치페이는 매우 보편적으로, 각자 자신의 것을 냅니다.

Voca⁺
平摊一起付 píngtān yìqǐ fù 똑같이 나누어 지불하다 | *请客 qǐngkè [동] 초대하다

0039 刷卡* shuākǎ

[동] 카드를 긁다. 카드로 결제하다

[예] 随着经济的发展，刷卡消费的人比用现金的人更多了。
Suízhe jīngjì de fāzhǎn, shuākǎ xiāofèi de rén bǐ yòng xiànjīn de rén gèng duō le.
경제 발전에 따라 카드로 소비하는 사람이 현금을 사용하는 사람보다 훨씬 많아졌습니다.

Voca⁺
*现金 xiànjīn [명] 현금 | *借记卡 jièjìkǎ [명] 직불카드

0040 等待* děngdài

[동] (사물·상황 등을) 기다리다

[예] 这儿的菜很有名，周末在门口排队等待起码要等2个小时。
Zhèr de cài hěn yǒumíng, zhōumò zài ménkǒu páiduì děngdài qǐmǎ yào děng liǎng ge xiǎoshí.
이곳의 요리는 매우 유명해서 주말에 입구에서 줄을 서서 기다리는데 최소한 2시간은 기다려야 합니다.

Voca⁺
*排 pái [동] 배열하다 [명] (배열한) 줄. 열 | *排队 páiduì [동] 정렬하다. 줄을 서다

VOCA Review 학습한 단어를 복습해 보세요.

1. 우리말을 중국어로 말해본 후 직접 한자와 병음을 써보세요.

① 요리를 주문하다
② 메뉴. 차림표
③ 요리를 내오다
④ 포장판매하다
⑤ 간판요리
⑥ 밀가루 음식. 분식
⑦ 맛
⑧ 음료

2. 호응하는 어휘끼리 연결한 후 직접 써보세요.

① 服务 • • 菜单
② 受   • • 周到
③ 喝   • • 苏打水
④ 看   • • 欢迎

3. 보기에서 알맞은 어휘를 골라 넣으세요.

보기   a. 烤   b. 中国菜   c. 上菜   d. 寿司

① 菜的做法很多，如炒、(　　　)、炖、蒸、煎等。
② 一说到日本菜，人们马上会想到日本的(　　　)。
③ 韩国人喜欢的(　　　)是锅包肉、鱼香肉丝、京酱肉丝。
④ 中餐(　　　)顺序是先凉后热，新鲜清淡的先上，味重的后上。

answer

1. ① 点菜 diǎncài ② 菜单 càidān ③ 上菜 shàngcài ④ 外卖 wàimài ⑤ 招牌菜 zhāopáicài
   ⑥ 面食 miànshí ⑦ 味道 wèidào ⑧ 饮料 yǐnliào
2. ① 服务周到 ② 受欢迎 ③ 喝苏打水 ④ 看菜单   3. ① a ② d ③ b ④ c

Let's Checking! 주어진 한국어 문장을 중국어로 말해 보세요.

최근 회사 부근에 새로운 음식점이 오픈했는데 서비스가 좋고 맛도 좋습니다.

✓ 最近公司附近开了一家新餐厅，服务周到，味道也很不错。

저는 요리하는 것을 좋아하고

✓ 我喜欢做菜，

여러 식당의 맛있는 요리를 찾아다니는 것도 좋아합니다.

✓ 也喜欢去找不同饭店的美味佳肴。

오늘 저는 동료와 함께 그 음식점에 가서 그들의 간판요리를 먹을 계획입니다.

✓ 今天我打算跟同事一起去那家餐厅吃他们的招牌菜。

여기 마라탕이 가장 유명합니다. 우리는 차돌박이와 각종 야채, 버섯을 골랐습니다.

✓ 这儿的麻辣烫最有名，我们选了肥牛肉、各种蔬菜和蘑菇。

우리 모두 매운 맛을 좋아해서 아주 매운 맛을 주문했습니다.

✓ 我们都喜欢吃辣的味道，所以点了特辣的口味。

우리는 추가로 궈바오러우와 콜라 한 병을 주문했습니다.

✓ 我们还点了锅包肉和一瓶可乐，

오늘 정말 맛있는 음식을 배불리 먹었습니다.

✓ 今天真是大饱口福了。

Chapter 4 업종별 업무 Ⅱ

04 인터넷·게임 (网络·游戏)

Mind Map Note

* **网络** wǎngluò
   명 인터넷

* **游戏** yóuxì
   명 게임

玩家 wánjiā
명 게이머

门户网站 ménhù wǎngzhàn
명 (인터넷) 포털사이트

* **搜索** sōusuǒ
   동 검색하다

上传 shàngchuán
동 업로드 하다

* **登录** dēnglù
   동 로그인하다

* **首页** shǒuyè
   명 (인터넷) 홈페이지

跟帖 gēntiě
동 댓글을 달다

* **用户名** yònghùmíng
   명 아이디(ID)

* **密码** mìmǎ
   명 암호, 비밀번호

退出 tuìchū
동 로그아웃 하다

Let's Speaking!

이 단원을 학습하고 나면 아래 내용을 중국어로 말할 수 있어요.

- 제가 매일 출근해서 가장 먼저 하는 것은 바로

- 컴퓨터를 켜고 인터넷을 하는 것上网입니다.

- 회사가 '종이 없는 사무(No paper)'를 추구해서

- 저는 업무내용을 모두 컴퓨터 하드웨어硬盘에 저장했습니다.

- 인터넷이 출현한 후 우리의 일과 생활은 모두 인터넷网络을 떠날 수가 없습니다.

- 온라인 업무, 온라인 구매, SNS社交网站 교류 등 인터넷을 통해 많은 것을 할 수 있습니다.

- 제가 인터넷上网을 할 때 가장 많이 사용하는 것은

- 정보 검색搜索을 하고, 웨이신으로 채팅하고, 블로그博客를 보는 것 등입니다.

Let's Start Up!

주제에 맞는 단어와 예문을 학습해 보세요.　　◉ Track 4-4

0001

网络*
wǎngluò

명 인터넷

예 网络问世以来，我们的工作和生活都离不开它了。
Wǎngluò wènshì yǐlái, wǒmen de gōngzuò hé shēnghuó dōu líbukāi tā le.
인터넷이 출현한 후 우리의 일과 생활은 모두 그것을 떠날 수가 없습니다.

Voca⁺
*互联网 hùliánwǎng 명 인터넷

0002

门户网站
ménhù wǎngzhàn

명 (인터넷) 포털사이트

예 我好久没上这个门户网站，想不起我的用户名来了。
Wǒ hǎojiǔ méi shàng zhè ge ménhù wǎngzhàn, xiǎngbuqǐ wǒ de yònghùmíng lái le.
저는 오랫동안 이 포털사이트에 접속하지 않아서 아이디가 생각나지 않습니다.

Voca⁺
*网站 wǎngzhàn 명 (인터넷) 웹사이트 | 网站代管 wǎngzhàn dàiguǎn 웹호스팅(web hosting)

0003

网页*
wǎngyè

명 (인터넷) 웹페이지

예 我们觉得你们设计的网页背景图案有点儿过时了。
Wǒmen juéde nǐmen shèjì de wǎngyè bèijǐng tú'àn yǒudiǎnr guòshí le.
우리는 당신들이 디자인한 웹페이지 배경 도안이 유행이 조금 지났다고 생각합니다.

Voca⁺
网页设计 wǎngyè shèjì 웹디자인 | 网页服务器 wǎngyè fúwùqì 웹서버

0004

首页
shǒuyè

명 홈페이지 초기화면. 처음 페이지

예 在门户网站首页的最顶端一般是搜索栏。
Zài ménhù wǎngzhàn shǒuyè de zuì dǐngduān yìbān shì sōusuǒlán.
포털사이트 첫페이지의 가장 위쪽은 보통 검색창입니다.

Voca⁺
主页 zhǔyè 명 (컴퓨터) 홈페이지

Business VOCA

0005 社交网站 shèjiāo wǎngzhàn

명 SNS, 사교사이트

예 网上工作、网上购物、社交网站交流，通过网络可以做很多事儿。
Wǎngshàng gōngzuò、wǎngshàng gòuwù、shèjiāo wǎngzhàn jiāoliú, tōngguò wǎngluò kěyǐ zuò hěn duō shìr.
온라인 업무, 온라인 구매, SNS 교류 등 인터넷을 통해 많은 것을 할 수 있습니다.

Voca⁺
绿色网站 lǜsè wǎngzhàn 명 그린 웹사이트(green website: 홈페이지에 영상·이미지 등 내용이 없는 순 문자 웹사이트 또는 내용이 건전하고 활력 있는 웹사이트)

0006 会员* huìyuán

명 회원

예 我喜欢中国电视连续剧，所以成为了爱奇艺的收费会员。
Wǒ xǐhuan Zhōngguó diànshì liánxùjù, suǒyǐ chéngwéi le Àiqíyì de shōufèi huìyuán.
저는 중국 TV 드라마를 좋아해서 아이치이의 유료회원이 되었습니다.

Voca⁺
会员制 huìyuánzhì 명 회원제

0007 登录* dēnglù

동 로그인 하다

예 我好久没登录这个门户网站，忘了我的密码了。
Wǒ hǎojiǔ méi dēnglù zhè ge ménhù wǎngzhàn, wàng le wǒ de mìmǎ le.
저는 오랫동안 이 포털사이트에 로그인 하지 않아서 비밀번호를 잊었습니다.

Voca⁺
远程登录 yuǎnchéng dēnglù 명 원격 로그인

0008 退出 tuìchū

동 물러나다, 로그아웃 하다

예 在网吧上网时，如果用个人账号登录，别忘记退出。
Zài wǎngbā shàngwǎng shí, rúguǒ yòng gèrén zhànghào dēnglù, bié wàngjì tuìchū.
PC방에서 인터넷에 접속할 때, 만약 개인 계정에 로그인 했다면 로그아웃 하는 것을 잊지 말아야 합니다.

Voca⁺
退出键 tuìchūjiàn 명 Esc 키 | 下线 xiàxiàn 동 로그아웃 하다

04 인터넷·게임 271

0009
上网 *
shàngwǎng

동 인터넷을 하다

예 我每天上班做的第一件事就是打开电脑上网。
Wǒ měitiān shàngbān zuò de dì yī jiàn shì jiùshì dǎkāi diànnǎo shàngwǎng.
제가 매일 출근해서 가장 먼저 하는 것은 바로 컴퓨터를 켜고 인터넷을 하는 것입니다.

Voca⁺
上网聊天 shàngwǎng liáotiān 인터넷에 접속하여 채팅하다 │
上网礼节 shàngwǎng lǐjié 네티켓

0010
上传
shàngchuán

동 업로드(upload) 하다

예 我在我的社交网站上上传了今天照的照片。
Wǒ zài wǒ de shèjiāo wǎngzhàn shang shàngchuán le jīntiān zhào de zhàopiàn.
저는 제 SNS에 오늘 찍은 사진을 올렸습니다.

Voca⁺
上载 shàngzài 동 업로드(upload) 하다 │ 登 dēng 동 기재하다, 게재하다

0011
下载 *
xiàzài

동 다운로드(download) 하다

예 现在非法下载电影或MP3的问题很严重。
Xiànzài fēifǎ xiàzài diànyǐng huò MP sān de wèntí hěn yánzhòng.
현재 불법으로 영화 혹은 MP3를 다운로드 하는 문제가 매우 심각합니다.

Voca⁺
批量下载 pīliàng xiàzài 동 대량으로 다운로드 하다

0012
用户名 *
yònghùmíng

명 사용자, 아이디(ID)

예 登录门户网站的时候要输入自己的用户名和密码。
Dēnglù ménhù wǎngzhàn de shíhou yào shūrù zìjǐ de yònghùmíng hé mìmǎ.
포털사이트에 로그인 할 때는 자신의 아이디와 비밀번호를 입력해야 합니다.

Voca⁺
用户卡 yònghùkǎ 명 사용자 카드 │ 用户编号 yònghù biānhào 가입자 번호

Business VOCA

0013 密码*
mìmǎ

명 암호. 비밀번호

예 如果忘了自己的密码，通过本人认证可以找回自己的密码。
Rúguǒ wàng le zìjǐ de mìmǎ, tōngguò běnrén rènzhèng kěyǐ zhǎohuí zìjǐ de mìmǎ.
만약 자신의 비밀번호를 잊었다면, 본인인증을 통해 자신의 비밀번호를 찾을 수 있습니다.

Voca⁺
密码锁 mìmǎsuǒ 명 비밀번호형 자물쇠

0014 搜索*
sōusuǒ

동 검색하다

예 我上网时常用的是搜索信息、聊微信、看博客等。
Wǒ shàngwǎng shí chángyòng de shì sōusuǒ xìnxī、liáo Wēixìn、kàn Bókè děng.
제가 인터넷을 할 때 가장 많이 사용하는 것은 정보 검색을 하고, 웨이신으로 채팅하고, 블로그를 보는 것 등입니다.

Voca⁺
搜索引擎 sōusuǒ yǐnqíng = 搜寻引擎 sōuxún yǐnqíng 명 (인터넷) 검색엔진

0015 浏览*
liúlǎn

동 대충 훑어보다

예 我每天工作的主要任务是浏览各大门户网站，寻找合作对象。
Wǒ měitiān gōngzuò de zhǔyào rènwù shì liúlǎn gè dà ménhù wǎngzhàn, xúnzhǎo hézuò duìxiàng.
제가 매일 하는 주된 일은 대형 포털사이트를 검색하여 협력대상을 찾는 것입니다.

Voca⁺
浏览器 liúlǎnqì 명 브라우저

0016 网址*
wǎngzhǐ

명 웹사이트 주소. 인터넷 주소

예 我们对贵公司的产品很感兴趣，请告诉我贵公司的网址。
Wǒmen duì guì gōngsī de chǎnpǐn hěn gǎn xìngqù, qǐng gàosu wǒ guì gōngsī de wǎngzhǐ.
저희는 귀사의 제품에 매우 관심이 있습니다. 제게 귀사의 사이트를 알려주세요.

Voca⁺
网站 wǎngzhàn 명 사이트 | 网名 wǎngmíng 명 아이디(ID). 닉네임

0017 更新 gēngxīn

동 경신하다. 갱신하다. 업데이트(update) 하다

예 这个季度的新产品上市了，图片刚刚更新了。
Zhè ge jìdù de xīn chǎnpǐn shàngshì le, túpiàn gānggāng gēngxīn le.
이번 분기의 신제품이 출시되어 사진이 막 업데이트 되었습니다.

Voca+
更新向导 gēngxīn xiàngdǎo (컴퓨터) 업데이트 마법사 | 更新换代 gēngxīn huàndài 동 낡은 것을 새 것으로 바꾸다. 구식을 새로운 기술이나 설비로 바꾸다

0018 升级 shēngjí

동 업그레이드(upgrade) 하다. 승급하다

예 玩家通过玩儿游戏，特别是过关、升级获得成就感。
Wánjiā tōngguò wánr yóuxì, tèbié shì guòguān, shēngjí huòdé chéngjiùgǎn.
게이머는 게임을 통해 특히 관문 통과, 승급으로 성취감을 얻습니다.

Voca+
升级换代 shēngjí huàndài 동 상품을 업그레이드(upgrade) 하다

0019 微信* Wēixìn

명 위챗(Wechat). 인터넷 메신저

예 我跟在中国的朋友通过微信聊天儿、打电话。
Wǒ gēn zài Zhōngguó de péngyou tōngguò Wēixìn liáotiānr, dǎ diànhuà.
저는 중국에 있는 친구와 웨이신을 통해 한담하고, 전화를 합니다.

0020 博客 bókè

명 블로그(blog)

예 我在运营做菜的博客，访问者数也挺多的。
Wǒ zài yùnyíng zuòcài de Bókè, fǎngwènzhě shù yě tǐng duō de.
저도 요리하는 블로그를 운영하고 있는데 방문자 수도 꽤 많습니다.

Voca+
睡眠博客 shuìmián bókè 명 사용하지 않는 휴면상태 블로그

Business VOCA

0021 跟帖 gēntiē

명 댓글 동 댓글을 달다

예 姜记者，今天你登的新闻下面有很多网民跟帖。
Jiāng jìzhě, jīntiān nǐ dēng de xīnwén xiàmiàn yǒu hěn duō wǎngmín gēntiē.
지앙 기자님, 오늘 당신이 올린 뉴스 아래에 많은 네티즌들의 댓글이 달렸어요.

Voca⁺
回帖 huítiě 명 인터넷 게시물의 댓글 | 发帖 fātiě 동 게시글을 올리다

0022 网民 wǎngmín

명 네티즌

예 有些网民发帖说韩国的网络实名制是必要的。
Yǒuxiē wǎngmín fātiě shuō Hánguó de wǎngluò shímíngzhì shì bìyào de.
일부 네티즌들은 게시글을 올려 한국의 인터넷 실명제는 필요하다고 말했습니다.

Voca⁺
铁杆儿网民 tiěgǎnr wǎngmín 열성 네티즌

0023 网德 wǎngdé

명 인터넷상의 예절. 네티켓

예 最近提出重视网德的声音越来越大。
Zuìjìn tíchū zhòngshì wǎngdé de shēngyīn yuèláiyuè dà.
최근 네티켓을 중시하자는 목소리가 점점 커지고 있습니다.

Voca⁺
上网礼节 shàngwǎng lǐjié 명 네티켓 | 品德 pǐndé 명 인품과 덕성. 품성 | 美德 měidé 명 미덕. 좋은 품성

0024 支付宝 Zhīfùbǎo

명 즈푸바오. 알리페이 (중국 모바일 전자결제 앱)

예 你注册了自己的支付宝，可以使用网银支付。
Nǐ zhùcè le zìjǐ de Zhīfùbǎo, kěyǐ shǐyòng wǎngyín zhīfù.
당신이 자신의 즈푸바오를 등록하면 인터넷은행을 사용해서 지불할 수 있습니다.

Voca⁺
淘宝网 Táobǎowǎng 타오바오 사이트 | 京东 Jīngdōng 징둥 닷컴 (중국 대표적인 B2C 플랫폼)

04 인터넷·게임

0025 视窗 shìchuāng

명 윈도우(window), 창

예 微软出来得比较早，所以微软视窗操作系统很受欢迎。
Wēiruǎn chūlái de bǐjiào zǎo, suǒyǐ Wēiruǎn shìchuāng cāozuò xìtǒng hěn shòu huānyíng.
마이크로소프트사는 비교적 초창기에 나와서 마이크로소프트사의 윈도우 시스템은 매우 인기가 있습니다.

Voca+
视窗版 shìchuāngbǎn 윈도우 버전 | 视窗九八 shìchuāng jiǔbā 윈도우98

0026 视频* shìpín

명 동영상

예 虽然我在国外，但是通过视频跟家人通话的时候，就像在家一样。
Suīrán wǒ zài guówài, dànshì tōngguò shìpín gēn jiārén tōnghuà de shíhou, jiù xiàng zài jiā yíyàng.
비록 제가 외국에 있지만 동영상으로 가족들과 통화할 때는 꼭 집에 있는 것 같습니다.

Voca+
视频电话 shìpín diànhuà 명 화상전화 | 视频会议 shìpín huìyì 명 넷미팅, 영상회의

0027 附件* fùjiàn

명 첨부파일

예 我刚给您发了邮件，这个月的财务报表通过附件发给您了。
Wǒ gāng gěi nín fā le yóujiàn, zhè ge yuè de cáiwù bàobiǎo tōngguò fùjiàn fāgěi nín le.
제가 방금 당신에게 메일을 보냈습니다. 이번 달의 재무제표는 첨부파일로 보내드렸습니다.

Voca+
附加文件 fùjiā wénjiàn 명 첨부파일 | 附加费 fùjiāfèi 명 부가금

0028 存盘 cúnpán

동 (컴퓨터에) 저장하다

예 写报告的时候电脑突然死机了，我没存盘，怎么办？
Xiě bàogào de shíhou diànnǎo tūrán sǐjī le, wǒ méi cúnpán, zěnme bàn?
보고서를 쓸 때 컴퓨터가 갑자기 다운 되었는데, 저장을 하지 않았어요. 어쩌죠?

Voca+
内存条 nèicúntiáo 명 메모리 칩 | 内存卡 nèicúnkǎ 명 메모리 카드

Business VOCA

0029
加载
jiāzài

동 로딩(loading) 하다

예 现在视频正在加载中，请稍等。
Xiànzài shìpín zhèngzài jiāzài zhōng, qǐng shāo děng.
지금 동영상이 로딩 중이니 잠시 기다리세요.

Voca⁺
重新加载 chóngxīn jiāzài 리로드(reload)

0030
安装⭑
ānzhuāng

동 설치하다. 장치하다

예 我新买了一台笔记本，今天要安装视窗10。
Wǒ xīn mǎi le yì tái bǐjìběn, jīntiān yào ānzhuāng shìchuāng shí.
제가 노트북 한 대를 새로 샀는데, 오늘 윈도우 10을 설치하려고 합니다.

Voca⁺
安装程序 ānzhuāng chéngxù 설치 프로그램

0031
杀毒软件
shādú ruǎnjiàn

명 백신 프로그램

예 为了保护电脑里的资料，公司电脑安装了杀毒软件。
Wèile bǎohù diànnǎo li de zīliào, gōngsī diànnǎo ānzhuāng le shādú ruǎnjiàn.
컴퓨터 안의 자료를 보호하기 위해 회사의 컴퓨터에는 백신 프로그램을 설치하였습니다.

Voca⁺
⭑硬件 yìngjiàn 명 하드웨어

0032
硬盘⭑
yìngpán

명 하드 드라이버

예 公司追求"无纸化办公"，所以我把工作内容都存在电脑硬盘上了。
Gōngsī zhuīqiú "wúzhǐhuà bàngōng", suǒyǐ wǒ bǎ gōngzuò nèiróng dōu cúnzài diànnǎo yìngpán shang le.
회사가 '종이 없는 사무(No paper)'를 추구해서 저는 업무내용을 모두 컴퓨터 하드웨어에 저장했습니다.

Voca⁺
移动硬盘 yídòng yìngpán 명 외장하드

0033 病毒* bìngdú

명 바이러스. 병원체. 병균

예 我的电脑染上病毒了，真烦，不知道怎么办才好。
Wǒ de diànnǎo rǎnshàng bìngdú le, zhēn fán, bù zhīdào zěnme bàn cái hǎo.
제 컴퓨터가 바이러스에 걸려서 정말 짜증나요. 어떻게 해야 좋을지 모르겠어요.

Voca+
杀毒软件 shādú ruǎnjiàn 백신 프로그램

0034 网吧* wǎngbā

명 PC방

예 我经常到网吧玩儿游戏，是因为那儿的消费低。
Wǒ jīngcháng dào wǎngbā wánr yóuxì, shì yīnwèi nàr de xiāofèi dī.
저는 자주 PC방에 가서 게임을 하는데 그곳의 비용이 저렴하기 때문입니다.

Voca+
网吧难民 wǎngbā nànmín PC방 난민 (경제적인 어려움으로 인해 밤마다 가격이 싼 PC방을 전전하며 생활하는 사람을 가리키는 말로 일본에서 유래함)

0035 无线 wúxiàn

형 무선의

예 这款智能手机屏幕很大，不知道功能怎么样，能无线上网吗？
Zhè kuǎn zhìnéng shǒujī píngmù hěn dà, bù zhīdào gōngnéng zěnmeyàng, néng wúxiàn shàngwǎng ma?
이 스마트폰은 화면은 큰데 기능이 어떤지 모르겠어요. 무선인터넷 되나요?

Voca+
无线网络 wúxiàn wǎngluò 무선 네트워크

0036 网络游戏 wǎngluò yóuxì

명 온라인 게임. 인터넷 게임

예 网络游戏种类很多。如动作游戏、角色扮演游戏、冒险游戏等。
Wǎngluò yóuxì zhǒnglèi hěn duō. Rú dòngzuò yóuxì, juésè bànyǎn yóuxì, màoxiǎn yóuxì děng.
온라인 게임은 종류가 많습니다. 예를 들면 액션 게임, 롤플레잉 게임, 어드벤처 게임 등입니다.

Voca+
在线游戏 zàixiàn yóuxì 명온라인 게임 | 手机游戏 shǒujī yóuxì 명모바일 게임 | 动作游戏 dòngzuò yóuxì 명액션 게임 | 角色扮演游戏 juésè bànyǎn yóuxì 명롤플레잉 게임 | 冒险游戏 màoxiǎn yóuxì 명어드벤처 게임

Business VOCA

0037 玩家 wánjiā

명 게이머

예 极少数网络游戏玩家因为游戏中毒，不能区分网络和现实而犯了罪。
Jíshǎoshù wǎngluò yóuxì wánjiā yīnwèi yóuxì zhòngdú, bùnéng qūfēn wǎngluò hé xiànshí ér fàn le zuì.

극소수 인터넷 게임 게이머는 게임에 중독되어 인터넷과 현실을 구분하지 못하고 범죄를 저지릅니다.

Voca+
玩儿 wánr 동 놀다. 즐기다 | 玩儿法 wánrfǎ 명 게임의 규칙과 방법

0038 上瘾 shàngyǐn

동 중독되다. 인이 박이다

예 在线游戏很有意思，所以玩家容易上瘾。
Zàixiàn yóuxì hěn yǒu yìsi, suǒyǐ wánjiā róngyì shàngyǐn.

온라인 게임은 매우 재미가 있어서 게이머들이 쉽게 중독됩니다.

Voca+
上瘾者 shàngyǐnzhě 중독자 | 网瘾 wǎngyǐn 명 인터넷 중독

0039 平台★ píngtái

명 플랫폼. 옥상 테라스. 평면 작업대

예 玩家登录后，可以在这个平台上与其他玩家展开对战。
Wánjiā dēnglù hòu, kěyǐ zài zhè ge píngtái shang yǔ qítā wánjiā zhǎnkāi duìzhàn.

게이머는 로그인을 한 후에 이 플랫폼에서 다른 게이머와 대전을 벌입니다.

Voca+
游戏平台 yóuxì píngtái 명 게임 플랫폼

0040 黑客 hēikè

명 해커

예 很多黑客学历并不高，但是在计算机操作中有特别的天赋。
Hěn duō hēikè xuélì bìng bù gāo, dànshì zài jìsuànjī cāozuò zhōng yǒu tèbié de tiānfù.

많은 해커들의 학력이 결코 높지는 않지만 컴퓨터 조작에는 천부적인 재능이 있습니다.

Voca+
垃圾邮件 lājī yóujiàn 명 스팸메일 | 真实姓名 zhēnshí xìngmíng 명 실명 | 无记名 wújìmíng 명 무기명

04 인터넷·게임

Voca Review 학습한 단어를 복습해 보세요.

1. 우리말을 중국어로 말해본 후 직접 한자와 병음을 써보세요.

① 포털사이트
② 웹페이지
③ 로그인 하다
④ 로그아웃 하다
⑤ 업로드 하다
⑥ 아이디(ID)
⑦ 검색하다
⑧ 댓글을 달다

2. 호응하는 어휘끼리 연결한 후 직접 써보세요.

① 上 • • 门户网站
② 成为 • • 照片
③ 上传 • • 会员
④ 非法 • • 下载

3. 보기에서 알맞은 어휘를 골라 넣으세요.

보기   a. 微信   b. 认证   c. 搜索   d. 更新

① 如果忘了自己的密码，通过本人（　　）可以找回自己的密码。
② 我上网时常用的是（　　）信息、聊微信、看博客等。
③ 这个季度的新产品上市了，图片刚刚（　　）了。
④ 我跟在中国的朋友通过（　　）聊天儿、打电话。

answer

1. ①门户网站 ménhù wǎngzhàn ②网页 wǎngyè ③登录 dēnglù ④退出 tuìchū
   ⑤上传 shàngchuán ⑥用户名 yònghùmíng ⑦搜索 sōusuǒ ⑧跟帖 gēntiě
2. ①上门户网站 ②成为会员 ③上传照片 ④非法下载   3. ①b ②c ③d ④a

Let's Checking! 주어진 한국어 문장을 중국어로 말해 보세요.

제가 매일 출근해서 가장 먼저 하는 것은 바로
✓ 我每天上班做的第一件事就是

컴퓨터를 켜고 인터넷을 하는 것입니다.
✓ 打开电脑上网。

회사가 '종이 없는 사무(No paper)'를 추구해서
✓ 公司追求"无纸化办公",

저는 업무내용을 모두 컴퓨터 하드웨어에 저장했습니다.
✓ 所以我把工作内容都存在电脑硬盘上了。

인터넷이 출현한 후 우리의 일과 생활은 모두 인터넷을 떠날 수가 없습니다.
✓ 网络问世以来，我们的工作和生活都离不开网络。

온라인 업무, 온라인 구매, SNS 등 인터넷을 통해 많은 것을 할 수 있습니다.
✓ 网上工作、网上购物、社交网站交流，通过网络可以做很多事儿。

제가 인터넷을 할 때 많이 사용하는 것은
✓ 我上网时常用的是

정보 검색을 하고, 웨이신으로 채팅하고, 블로그를 보는 것 등입니다.
✓ 搜索信息、聊微信、看博客等。

Chapter 4 업종별 업무 Ⅱ

05 면세점·백화점(免税店·百货商场)

Mind Map Note

百货商场 bǎihuò shāngchǎng
명 백화점

免税店 miǎnshuìdiàn
명 면세점

逛街 guàngjiē
동 길거리를 거닐며 구경하다

会员卡 huìyuánkǎ
명 멤버십카드

***购物** gòuwù
동 물품을 구입하다

***价位** jiàwèi
명 가격대

退税 tuìshuì
동 세금을 환급하다

取货单 qǔhuòdān
명 상품교환권

***名牌** míngpái
명 명품

化妆品 huàzhuāngpǐn
명 화장품

童装 tóngzhuāng
명 아동복

***手表** shǒubiǎo
명 손목시계

Let's Speaking!

이 단원을 학습하고 나면 아래 내용을 중국어로 말할 수 있어요.

- 저는 면세점免税店에서 근무하는데, 매일 많은 중국인 여행객을 대합니다.

- 80년대생, 90년대생의 중국인 여행객이

- 가장 관심을 가지는 것은 한국화장품化妆品입니다.

- 면세점은 가격이 저렴할 뿐 아니라 품질品质도 괜찮고,

- 어떤 곳은 약간의 샘플도 증정赠送합니다.

- 고객들은 피부 보습保湿제품과 기능성제품에 매우 관심이 있습니다.

- 그중 판매 제1위는 보습제품이고, 그 다음은 마스크 팩面膜, 클렌징오일 등입니다.

- 그밖에 건강식품健康食品도 관광객에게 인기가 있는데, 특히 홍삼제품입니다.

Let's Start Up!

주제에 맞는 단어와 예문을 학습해 보세요.   Track 4-5

0001

购物*
gòuwù

명 쇼핑 동 물품을 구입하다

예 对喜欢购物的女性来说，百货商店是一个购物天堂。
Duì xǐhuan gòuwù de nǚxìng lái shuō, bǎihuòshāngdiàn shì yí ge gòuwù tiāntáng.
쇼핑을 좋아하는 여성의 입장에서 백화점은 쇼핑 천국입니다.

Voca⁺
*网购 wǎnggòu 동 인터넷(으로) 구매하다 | *邮购 yóugòu 동 통신(으로) 구매하다

0002

消费
xiāofèi

동 소비하다

예 在本店消费超过一百元可获得礼品一份。
Zài běndiàn xiāofèi chāoguò yìbǎi yuán kě huòdé lǐpǐn yí fèn.
저희 매장에서 100위안 이상 소비를 하시면 선물을 하나 받을 수 있습니다.

Voca⁺
*消费品 xiāofèipǐn 명 소비품. 소비물자 | 超前消费 chāoqián xiāofèi 동 과소비하다

0003

免税店
miǎnshuìdiàn

명 면세점

예 我在免税店工作，我每天接待很多中国游客。
Wǒ zài miǎnshuìdiàn gōngzuò, wǒ měitiān jiēdài hěn duō Zhōngguó yóukè.
저는 면세점에서 근무하는데, 매일 많은 중국인 여행객을 대합니다.

Voca⁺
*免税 miǎnshuì 동 면세하다. 면세되다 | *免费 miǎnfèi 동 무료로 하다 | 收费 shōufèi 동 유료로 하다

0004

百货商场
bǎihuòshāngchǎng

명 백화점

예 我喜欢逛百货商场，一逛就是一天，去多少次也不够。
Wǒ xǐhuan guàng bǎihuòshāngchǎng, yí guàng jiùshì yì tiān, qù duōshao cì yě bú gòu.
저는 백화점에서 쇼핑하는 것을 좋아하는데, 한번 가면 하루 종일이고 여러 번 가도 부족합니다.

Voca⁺
乐天 Lètiān 명 롯데 | 新世界 Xīnshìjiè 명 신세계 | *商店 shāngdiàn 명 상점

Business VOCA

0005
逛街
guàngjiē

동 아이쇼핑하다

예 我喜欢逛街，有时什么也不买，有时买一大堆回来。
Wǒ xǐhuan guàngjiē, yǒushí shénme yě bù mǎi, yǒushí mǎi yídàduī huílái.
저는 아이쇼핑을 좋아하는데, 어떤 때는 아무것도 사지 않고, 어떤 때는 한아름씩 사서 돌아옵니다.

Voca⁺
*逛 guàng 동 거닐다. 배회하다. 돌아다니다 | 逛商店 guàng shāngdiàn 상점을 구경하다 | 逛游 guàngyóu 동 할 일 없이 돌아다니다 | 闲逛 xiánguàng 동 한가로이 돌아다니다

0006
欢迎光临
huānyíng guānglín

어서 오세요

예 顾客来的时候售货员说"欢迎光临"。
Gùkè lái de shíhou shòuhuòyuán shuō "huānyíng guānglín".
고객이 올 때 판매원은 "어서 오세요"라고 말합니다.

Voca⁺
欢迎光顾 huānyíng guānggù = 欢迎惠顾 huānyíng huìgù 어서 오세요

0007
会员卡
huìyuánkǎ

명 멤버십카드(membership card)

예 持会员卡的客户全场购物可以享受10%的优惠。
Chí huìyuánkǎ de kèhù quánchǎng gòuwù kěyǐ xiǎngshòu bǎifēnzhī shí de yōuhuì.
회원카드를 가진 고객은 전매장에서 쇼핑할 때 10%의 혜택을 누릴 수 있습니다.

Voca⁺
银卡 yínkǎ 명 실버카드 | 金卡 jīnkǎ 명 골드카드 | 贵宾卡 guìbīnkǎ 명 VIP카드 | 积分卡 jīfēnkǎ 명 적립카드

0008
名牌*
míngpái

명 유명상표. 명품

예 我们在免税店可以买到来自世界各地的名牌商品。
Wǒmen zài miǎnshuìdiàn kěyǐ mǎidào láizì shìjiè gèdì de míngpái shāngpǐn.
우리는 면세점에서 세계 각국의 명품을 살 수 있습니다.

Voca⁺
名牌包 míngpáibāo 명 명품백. 가방 | 假冒名牌 jiǎmào míngpái 명 가짜 명품

0009
打折商品
dǎzhé shāngpǐn

명 할인상품

예 这是打折商品，现在买打八折，很实惠。
Zhè shì dǎzhé shāngpǐn, xiànzài mǎi dǎ bā zhé, hěn shíhuì.
이것은 세일상품으로 지금 20% 할인해서 매우 실속 있습니다.

Voca+
大甩卖 dàshuǎimài 동 폭탄세일하다

0010
买一送一
mǎi yī sòng yī

동 원 플러스 원(1+1)

예 本商场保湿面膜买一送一，美白面膜买二送一。
Běn shāngchǎng bǎoshī miànmó mǎi yī sòng yī, měibái miànmó mǎi èr sòng yī.
저희 상점은 보습마스크가 1+1이고, 미백마스크는 2+1입니다.

Voca+
限量销售 xiànliàng xiāoshòu 명 한정판매

0011
赠送*
zèngsòng

동 증정하다. 주다

예 免税店不但价格便宜，而且品质也不错，有的还赠送一些样品。
Miǎnshuìdiàn búdàn jiàgé piányi, érqiě pǐnzhì yě búcuò, yǒu de hái zèngsòng yìxiē yàngpǐn.
면세점은 가격이 저렴할 뿐 아니라 품질도 괜찮고, 어떤 곳은 약간의 샘플도 증정합니다.

Voca+
*赠品 zèngpǐn 명 증정품 | *捐赠 juānzèng 동 기증하다. 헌납하다

0012
化妆品
huàzhuāngpǐn

명 화장품

예 80后、90后的中国游客最关心的是韩国化妆品。
Bā líng hòu、jiǔ líng hòu de Zhōngguó yóukè zuì guānxīn de shì Hánguó huàzhuāngpǐn.
80년대생, 90년대생의 중국인 여행객이 가장 관심을 가지는 것은 한국화장품입니다.

Voca+
化妆水 huàzhuāngshuǐ 명 스킨 | 乳液 rǔyè 명 로션 | 眼霜 yǎnshuāng 명 아이크림 | 精华液 jīnghuáyè 명 에센스

Business VOCA

0013 面膜 miànmó

명 마사지 팩, 마스크 팩

예 其中销售第一位的是保湿产品，其次是面膜、卸妆油等。
Qízhōng xiāoshòu dì yī wèi de shì bǎoshī chǎnpǐn, qícì shì miànmó、xièzhuāngyóu děng.
그중 판매 제1위는 보습제품이고, 그 다음은 마스크 팩, 클렌징오일 등입니다.

Voca+
卸妆油 xièzhuāngyóu 명 클렌징오일 | 粉饼 fěnbǐng 명 파우더팩트 |
防晒霜 fángshàishuāng 명 썬크림. 자외선차단제 | 香水 xiāngshuǐ 명 향수

0014 干性 gānxìng

명 건성

예 您的皮肤是干性的还是油性的?
Nín de pífū shì gānxìng de háishi yóuxìng de?
당신의 피부는 건성인가요, 아니면 지성인가요?

Voca+
油性 yóuxìng 명 지성 | 混合性 hùnhéxìng 명 혼합성. 복합성

0015 保湿 bǎoshī

명 보습 동 보습하다

예 他们很关心皮肤保湿产品和功能性产品。
Tāmen hěn guānxīn pífū bǎoshī chǎnpǐn hé gōngnéngxìng chǎnpǐn.
그들은 피부 보습제품과 기능성제품에 매우 관심이 있습니다.

Voca+
美白 měibái 미백. 화이트닝 | 去皱 qùzhòu 동 주름을 제거하다 |
祛斑 qūbān 동 반점을 없애다 | 收缩毛孔 shōusuō máokǒng 모공을 좁히다

0016 童装 tóngzhuāng

명 아동복

예 本店一楼是童装、二楼是女性服装、三楼是男性服装。
Běndiàn yī lóu shì tóngzhuāng、èr lóu shì nǚxìng fúzhuāng、sān lóu shì nánxìng fúzhuāng.
저희 상점의 1층은 아동복, 2층은 여성의류, 3층은 남성의류입니다.

Voca+
男士服装 nánshì fúzhuāng 남성복 | 女士服装 nǚshì fúzhuāng 여성복 |
儿童服装 értóng fúzhuāng 아동복 | 运动服 yùndòngfú 운동복

0017
西装 *
xīzhuāng

명 양복

예 百货商店的西装虽然价格贵，但因为是名牌产品，品质和样式都很令人满意。
Bǎihuòshāngdiàn de xīzhuāng suīrán jiàgé guì, dàn yīnwèi shì míngpái chǎnpǐn, pǐnzhì hé yàngshì dōu hěn lìng rén mǎnyì.
백화점의 양복은 비록 가격이 비싸지만 명품이라 품질과 스타일이 사람을 만족시킵니다.

Voca⁺
裤子 kùzi 명 바지 | 裙子 qúnzi 명 치마 | 大衣 dàyī 명 외투 |
连衣裙 liányīqún 명 원피스

0018
款式 *
kuǎnshì

명 스타일. 양식. 격식

예 这件风衣款式虽然不时尚，但也不落后潮流。
Zhè jiàn fēngyī kuǎnshì suīrán bù shíshàng, dàn yě bú luòhòu cháoliú.
이 트렌치코트는 비록 트렌디하지는 않지만 유행에 뒤처지지도 않습니다.

Voca⁺
*新颖 xīnyǐng 형 새롭다. 참신하다 | 别致 biézhì 형 색다르다. 독특하다 |
*独特 dútè 형 독특하다

0019
风格 *
fēnggé

명 스타일. 성품. 풍격

예 这是简约风格，那是奢华风格，请慢慢看！
Zhè shì jiǎnyuē fēnggé, nà shì shēhuá fēnggé, qǐng mànmān kàn!
이것은 심플한 스타일이고, 저것은 화려한 스타일이니 천천히 보세요!

Voca⁺
奢华 shēhuá 형 호화스럽다 | 简约 jiǎnyuē 형 간단하다. 심플하다 |
复古 fùgǔ 동 복고하다 | *时尚 shíshàng 명 유행. 시대적 유행

0020
皮包
píbāo

명 가죽 핸드백

예 为庆祝成立五十周年，本店皮包全部七折销售。
Wèi qìngzhù chénglì wǔshí zhōunián, běn diàn píbāo quánbù qī zhé xiāoshòu.
창립 50주년을 축하하기 위해, 저희 매장은 가죽 핸드백 전체를 30% 할인판매합니다.

Voca⁺
包 bāo 명 가방. 자루. 주머니 동 (종이나 천 따위로) 싸다 | 文件包 wénjiànbāo 서류가방 | 钱包 qiánbāo 명 지갑

Business VOCA

0021 手表* shǒubiǎo

명 손목시계

예 顾客，您经常佩戴什么款式的手表?
Gùkè, nín jīngcháng pèidài shénme kuǎnshì de shǒubiǎo?
고객님, 보통 어떤 스타일의 시계를 착용하세요?

Voca+
智能手表 zhìnéng shǒubiǎo 명 스마트워치 | 模拟手表 mónǐ shǒubiǎo 명 아날로그 시계 | 电子手表 diànzǐ shǒubiǎo 명 전자 손목시계

0022 珠宝 zhūbǎo

명 진주와 보석, 보석류

예 珠宝在8层，电梯在那儿，请坐电梯上去吧。
Zhūbǎo zài bā céng, diàntī zài nàr, qǐng zuò diàntī shàngqù ba.
쥬얼리는 8층입니다. 엘리베이터가 저쪽에 있으니 엘리베이터를 타고 올라가세요.

Voca+
蓝宝石 lánbǎoshí 명 사파이어 | 祖母绿 zǔmǔlǜ 명 에메랄드 | 珍珠 zhēnzhū 명 진주 | *黄金 huángjīn 명 황금 | *银 yín 명 은

0023 戒指 jièzhi

명 반지

예 这边都是戒指。您自己用还是送人?
Zhèbian dōu shì jièzhi. Nín zìjǐ yòng háishi sòngrén?
이쪽은 모두 반지입니다. 직접 사용하실 건가요, 아니면 선물하실 건가요?

Voca+
首饰 shǒushi 명 (귀고리·목걸이·반지·팔찌 따위의) 장신구 | 手镯 shǒuzhuó 명 팔찌 | 耳环 ěrhuán 명 귀걸이

0024 钻石 zuànshí

명 다이아몬드

예 婚戒不是一般的戒指，所以很多女人想买钻石戒指。
Hūnjiè bú shì yìbān de jièzhi, suǒyǐ hěn duō nǚrén xiǎng mǎi zuànshí jièzhi.
결혼반지는 보통 반지가 아니라서 많은 여성들이 다이아몬드 반지를 사고 싶어 합니다.

Voca+
切工 qiēgōng 명 컷팅 | 克拉 kèlā 명 캐럿 | *颜色 yánsè 명 색깔 | 净度 jìngdù 명 투명도

0025
项链儿
xiàngliànr

📖 목걸이

📝 项链儿的长度可以调整，既可以单独佩戴，又可以叠戴。
Xiàngliànr de chángdù kěyǐ tiáozhěng, jì kěyǐ dāndú pèidài, yòu kěyǐ diédài.
목걸이의 길이는 조절이 가능합니다. 단독으로 착용하셔도 되고 레이어드 하셔도 됩니다.

Voca⁺
*戴 dài 동 (머리·가슴·팔·손 따위에) 쓰다. 착용하다

0026
香烟
xiāngyān

📖 담배

📝 免税店的香烟因为不包含税金，价格特别便宜。
Miǎnshuìdiàn de xiāngyān yīnwèi bù bāohán shuìjīn, jiàgé tèbié piányi.
면세점의 담배는 세금을 포함하지 않기 때문에 가격이 특히 저렴합니다.

Voca⁺
*盒 hé 명 양 통. 갑. 함 (작은 상자를 셀 때) | *条 tiáo 양 줄기. 가닥. 항목 (가늘고 긴 것을 셀 때). 보루

0027
威士忌
wēishìjì

📖 위스키

📝 这款威士忌只在免税店才能买到，而且一个人限购两瓶。
Zhè kuǎn wēishìjì zhǐ zài miǎnshuìdiàn cái néng mǎidào, érqiě yí ge rén xiàngòu liǎng píng.
이 위스키는 면세점에서만 살 수 있고 한 사람이 2병까지 살 수 있습니다.

Voca⁺
*瓶 píng 명 양 병 (병을 셀 때) | 毫升 háoshēng 양 밀리리터(ml)

0028
健康食品
jiànkāng shípǐn

📖 건강식품

📝 另外健康食品也很受游客的欢迎，尤其是红参产品。
Lìngwài jiànkāng shípǐn yě hěn shòu yóukè de huānyíng, yóuqí shì hóngshēn chǎnpǐn.
그밖에 건강식품도 관광객에게 인기가 있는데, 특히 홍삼제품입니다.

Voca⁺
绿色食品 lǜsè shípǐn 명 녹색식품. 무공해식품 | 发酵食品 fājiào shípǐn 명 발효식품

Business VOCA

0029 大小 dàxiǎo

[명] 크기. 사이즈

[예] 这个大小不适合我，有大一点儿的吗?
Zhè ge dàxiǎo bú shìhé wǒ, yǒu dà yìdiǎnr de ma?
이 사이즈는 저에게 안 맞아요, 좀 더 큰 것 있나요?

Voca⁺
大 dà [형] 크다 | *小 xiǎo [형] (부피·면적·나이·수량 등이) 작다

0030 材质* cáizhì

[명] 재질. 재료의 성질

[예] 我给您看各种材质，这种款式有18K金、925纯银、玫瑰金和白金。
Wǒ gěi nín kàn gèzhǒng cáizhì, zhè zhǒng kuǎnshì yǒu shíbā K jīn、jiǔ èr wǔ chúnyín、méiguījīn hé báijīn.
제가 각종 재질을 보여드릴게요. 이 스타일은 18K 금, 925 순은, 로즈골드와 백금이 있습니다.

Voca⁺
925纯银 jiǔ èr wǔ chúnyín [명] 925 순은 | 玫瑰金 méiguījīn [명] 로즈골드

0031 价位* jiàwèi

[명] 가격대. 가격수준

[예] 顾客，您想看个什么价位的情侣对戒?
Gùkè, nín xiǎng kàn ge shénme jiàwèi de qínglǚ duìjiè?
고객님, 당신은 어떤 가격대의 커플반지를 보시나요?

Voca⁺
*差价 chājià [명] (동일 상품의) 가격 차이 | *标价 biāojià [명] 표시 가격 [동] 상품가격을 표시하다 | *价钱 jiàqián [명] 가격

0032 密封袋 mìfēngdài

[명] 밀봉용 봉지

[예] 化妆品等液体类物品要放在密封袋里。
Huàzhuāngpǐn děng yètǐlèi wùpǐn yào fàngzài mìfēngdài li.
화장품 등 액체류 물품은 밀봉용 봉지에 넣어야 합니다.

Voca⁺
密封罐 mìfēngguàn [명] 밀폐용기 | 密封圈 mìfēngquān [명] 패킹용 고무

0033 发票* fāpiào

명 영수증

예 商品退换、退货需要发票，不要丢，请拿好。
Shāngpǐn tuìhuàn、tuìhuò xūyào fāpiào, bú yào diū, qǐng náhǎo.
상품을 환불, 교환할 때에는 영수증이 필요하니 잃어버리지 않도록 잘 가지고 계세요.

Voca⁺
开发票 kāi fāpiào 영수증을 끊어주다

0034 取货单 qǔhuòdān

명 상품교환권. 인수증

예 在免税店购买进口商品和烟酒类商品，要用取货单到机场内提货。
Zài miǎnshuìdiàn gòumǎi jìnkǒu shāngpǐn hé yānjiǔlèi shāngpǐn, yào yòng qǔhuòdān dào jīchǎng nèi tíhuò.
면세점에서 구매한 수입상품과 담배 및 주류상품은 인수증을 가지고 공항에서 인도받아야 합니다.

Voca⁺
取货 qǔhuò 동 (물품을) 넘겨받다

0035 登机牌* dēngjīpái

명 탑승권. 보딩패스

예 请出示您的护照和登机牌，然后在这儿签名。
Qǐng chūshì nín de hùzhào hé dēngjīpái, ránhòu zài zhèr qiānmíng.
당신의 여권과 보딩패스를 보여주신 후 여기에 서명하세요.

Voca⁺
登机口 dēngjīkǒu 명 탑승게이트 | 登机手续 dēngjī shǒuxù 탑승수속 | 转机 zhuǎnjī 동 비행기를 갈아타다

0036 收银台* shōuyíntái

명 계산대

예 如果要购买商品，请在这边的收银台排队交款。
Rúguǒ yào gòumǎi shāngpǐn, qǐng zài zhèbian de shōuyíntái páiduì jiāokuǎn.
만약 상품을 구매하려 한다면 이쪽 계산대에서 줄을 서서 계산하세요.

Voca⁺
*柜台 guìtái 명 계산대. 카운터

Business VOCA

0037
收款员
shōukuǎnyuán

명 계산원, 수납원

예 收款员说没有会员卡不能享受打折优惠。
Shōukuǎnyuán shuō méiyǒu huìyuánkǎ bùnéng xiǎngshòu dǎzhé yōuhuì.
수납원이 회원카드가 없으면 할인혜택을 받을 수 없다고 합니다.

Voca⁺
收银机 shōuyínjī 명 금전등록기

0038
微信支付
Wēixìn zhīfù

명 위챗 페이(Wechat pay)

예 您是刷卡，付现金还是微信支付？
Nín shì shuākǎ, fù xiànjīn háishì Wēixìn zhīfù?
카드로 하시겠어요, 현금 아니면 위챗 페이로 지불하시겠어요?

Voca⁺
*信用卡 xìnyòngkǎ 명 신용카드 | 银行卡 yínhángkǎ 명 현금카드

0039
退税
tuìshuì

명 세금 환급

예 您去机场16号登机口对面的退税柜台办理退税手续就可以。
Nín qù jīchǎng shíliù hào dēngjīkǒu duìmiàn de tuìshuì guìtái bànlǐ tuìshuì shǒuxù jiù kěyǐ.
공항 16번 게이트 맞은편의 세금환불 데스크로 가서서 환급수속을 하면 됩니다.

Voca⁺
退货 tuìhuò 동 반품하다 | *退换 tuìhuàn 동 (상품을) 교환하다

0040
慢走
mànzǒu

안녕히 가세요, 살펴가세요 (관용표현)

예 顾客离开商店的时候售货员说"请慢走"或"欢迎下次再来"。
Gùkè líkāi shāngdiàn de shíhou shòuhuòyuán shuō "qǐng màn zǒu" huò "huānyíng xiàcì zài lái".
고객이 상점을 떠날 때 판매원은 "살펴가세요" 혹은 "다음에 또 오세요"라고 말합니다.

VOCA Review 학습한 단어를 복습해 보세요.

1. 우리말을 중국어로 말해본 후 직접 한자와 병음을 써보세요.

① 물품을 구입하다 _____
② 멤버십카드 _____
③ 명품 _____
④ 화장품 _____
⑤ 복장. 옷 _____
⑥ 가격대 _____
⑦ 상품교환권 _____
⑧ 세금을 환급하다 _____

2. 호응하는 어휘끼리 연결한 후 직접 써보세요.

① 逛 • • 游客
② 接待 • • 样品
③ 得到 • • 商店
④ 赠送 • • 优惠

3. 보기에서 알맞은 어휘를 골라 넣으세요.

> **보기**　　a. 油性　　b. 佩戴　　c. 发票　　d. 退税

① 您的皮肤是干性的还是（　　）的?
② 顾客，您经常（　　）什么款式的手表?
③ 商品退换、退货需要（　　），不要丢，请拿好。
④ 您去机场16号登机口对面的退税柜台办理（　　）手续就可以。

answer

1. ① 购物 gòuwù　② 会员卡 huìyuánkǎ　③ 名牌 míngpái　④ 化妆品 huàzhuāngpǐn　⑤ 服装 fúzhuāng　⑥ 价位 jiàwèi　⑦ 取货单 qǔhuòdān　⑧ 退税 tuìshuì
2. ① 逛商店　② 接待游客　③ 得到优惠　④ 赠送样品　　3. ① a　② b　③ c　④ d

Let's Checking! 주어진 한국어 문장을 중국어로 말해 보세요.

저는 면세점에서 근무하는데, 매일 많은 중국인 여행객을 대합니다.

✓ 我在免税店工作，我每天接待很多中国游客。

80년대생, 90년대생의 중국인 여행객이

✓ 80后、90后的中国游客

가장 관심을 가지는 것은 한국화장품입니다.

✓ 最关心的是韩国化妆品。

면세점은 가격이 저렴할 뿐 아니라 품질도 괜찮고,

✓ 免税店不但价格便宜，而且品质也不错，

어떤 곳은 약간의 샘플도 증정합니다.

✓ 有的还赠送一些样品。

고객들은 피부 보습제품과 기능성제품에 매우 관심이 있습니다.

✓ 顾客们很关心皮肤保湿产品和功能性产品。

그중 판매 제1위는 보습제품이고, 그 다음은 마스크 팩, 클렌징오일 등입니다.

✓ 其中销售第一位的是保湿产品，其次是面膜、卸妆油等。

그밖에 건강식품도 관광객에게 인기가 있는데, 특히 홍삼제품입니다.

✓ 另外健康食品也很受游客的欢迎，尤其是红参产品。

#중국 돋보기

세계 백색가전 1위 海尔

'하이얼(海尔, Haier Group)'은 중국의 가전회사로 본사는 산둥성(山东省) 칭다오(青岛)에 있다. 1920년 냉장고 공장으로 시작하여, 1949년 국영기업이 되었다. 주로 냉장고, 세탁기, 텔레비전, 에어컨, 컴퓨터 등을 생산하고 판매한다. 하이얼의 회장 '장뤼민(张瑞敏)'은 "품질은 사업의 처음이자 끝"라는 경영철학을 가지고 있다. 그는 1984년 35세에 이 공장의 공장장으로 발령을 받아 적자였던 공장을 살리고 회장에까지 오르게 된다.

하이얼은 글로벌화 과정에서 진출하고자 하는 나라의 현지문화를 조사한 후 신제품을 출시했다. 예를 들면 미국시장에 진출할 때 냉장고 위에 선반을 펼치면 책상이 되는 접이식 냉장고를 개발하여 기숙사 작은방에서 생활하는 대학생들에게 큰 인기를 끌었다.

하이얼은 아메바 경영으로 유명하다. 아메바 경영이란 조직을 작게 나누어 직원들 모두가 경영에 참여할 수 있도록 하는 것으로 직원이 제안한 사업 아이템을 가지고 팀을 꾸릴 수 있다. 아이디어 제안자가 팀의 대표가 되어 수익이 나면 본사와 적절히 나눈다. 실례로 한 농민이 세탁기 배수관이 자주 막힌다고 애프터서비스를 신청했다. 농민이 세탁기를 빨래가 아닌 고구마를 씻는 용도로 사용하는 것이 고장 원인이었다. 이를 알고 직원은 농민들이 사용할 수 있는 고구마 세탁기를 출시하자고 제안하여 좋은 성과를 거두었다.

이렇듯 직원들에게 진정한 주인의식을 가질 수 있도록 하였고 직원들의 열정과 긍정적인 에너지를 이끌어 세계적으로 경쟁력 있는 회사로 성장하게 만들었다.

Chapter 5
부서별 업무

01 영업·마케팅   298
02 인사·행정   312
03 홍보·광고   326
04 구매·재무   340
05 AS·고객관리   356
— 중국 돋보기   368

Chapter 5 부서별 업무

01 영업·마케팅(营销)

Mind Map Note

*营销 yíngxiāo
동 판매하다. 마케팅하다

市场占有率 shìchǎng zhànyǒulǜ
시장점유율

*推出 tuīchū
동 출시하다

上市 shàngshì
동 시장에 나오다

*畅销 chàngxiāo
형 잘 팔리다

网点 wǎngdiǎn
명 판매망. 점포망

销路 xiāolù
명 (상품의) 판로

试销 shìxiāo
명 시험 판매하다

*质量 zhìliàng
명 품질

*战略 zhànlüè
명 전략

主导产品 zhǔdǎo chǎnpǐn
명 주력상품

Let's Speaking!

이 단원을 학습하고 나면 아래 내용을 중국어로 말할 수 있어요.

— 저희 회사가 신제품을 출시推出하여, 제가 상세한 자료를 고객에게 보냈습니다.

— 제가 재직한 3년 동안 매년 매출销售량의 증가폭이 10% 이상이었습니다.

— 이번 신제품도 제가 영업판매营销를 책임집니다.

— 저희의 주력상품主导产品은 녹차입니다.

— 저희 제품은 해외시장에서 매우 잘 나가고畅销 있는데,

— 특히 중국에서 가장 잘 나갑니다畅销.

— 신제품의 지명도를 제고하기 위해 우리는 광고와 판촉促销이벤트를 하였습니다.

— 그때부터 저희 제품의 판매는 줄곧 공급供货이 타이트 해서 늘상 매진됩니다.

Let's Start Up!
주제에 맞는 단어와 예문을 학습해 보세요. 　Track 5-1

0001
推出*
tuīchū

동 내놓다. 출시하다

예 我们公司推出了新产品，我把详细的资料寄给了客户。
Wǒmen gōngsī tuīchū le xīn chǎnpǐn, wǒ bǎ xiángxì de zīliào jìgěi le kèhù.
저희 회사가 신제품을 출시하여, 제가 상세한 자료를 고객에게 보냈습니다.

Voca⁺
*推广 tuīguǎng 동 널리 보급하다 | *推荐 tuījiàn 동 추천하다 |
*推销 tuīxiāo 동 판로를 확장하다

0002
上市*
shàngshì

동 출시되다. 시장에 나오다. 상장되다

예 经济型轿车上市后价格不断下降，到这个月下降到最低。
Jīngjìxíng jiàochē shàngshì hòu jiàgé búduàn xiàjiàng, dào zhè ge yuè xià jiàng dào zuì dī.
보급형 자동차가 출시된 후 가격이 계속 떨어져서 이번 달에는 최저로 떨어졌습니다.

Voca⁺
上市销售 shàngshì xiāoshòu 시판

0003
主导产品
zhǔdǎo chǎnpǐn

명 주력상품

예 这次新产品也由我负责营销，我们的主导产品是绿茶。
Zhè cì xīn chǎnpǐn yě yóu wǒ fùzé yíngxiāo, wǒmen de zhǔdǎo chǎnpǐn shì lǜchá.
이번 신제품도 제가 영업판매를 책임집니다. 저희의 주력상품은 녹차입니다.

Voca⁺
*主导 zhǔdǎo 명 동 주도(하다)

0004
营销*
yíngxiāo

명 영업. 판매. 동 판매하다. 마케팅하다

예 下个月老板要我去北京参加一个市场营销研讨会。
Xià ge yuè lǎobǎn yào wǒ qù Běijīng cānjiā yí ge shìchǎng yíngxiāo yántǎohuì.
다음 달에 사장님이 저더러 베이징에 가서 시장 영업판매 토론회에 참가하라고 합니다.

Voca⁺
*运营 yùnyíng 동 운영하다 | *私营 sīyíng 형 민간인이 경영하는

Business VOCA

0005 销售* xiāoshòu

동 판매하다

예 我在职的三年期间，每年销售量的增幅都在10%以上。
Wǒ zàizhí de sān nián qījiān, měinián xiāoshòuliàng de zēngfú dōu zài bǎifēn zhī shí yǐshàng.
제가 재직한 3년 동안 매년 매출량의 증가폭이 10% 이상이었습니다.

Voca⁺
*包销 bāoxiāo 동 총판하다 | *经销 jīngxiāo 동 중개판매하다 | 代销 dàixiāo 동 대리판매하다 | 脱销 tuōxiāo 동 매진되다. 품절되다

0006 试销 shìxiāo

동 (새 상품을) 시험 판매하다.
테스트 마케팅(test marketing) 하다

예 试销的商品一般是指还未正式进入市场的新产品。
Shìxiāo de shāngpǐn yìbān shì zhǐ hái wèi zhèngshì jìnrù shìchǎng de xīn chǎnpǐn.
테스트 마케팅 하는 상품은 보통은 아직 정식으로 시장에 나오지 않은 신제품입니다.

Voca⁺
*试点 shìdiǎn 동 시험적으로 해보다 | *试行 shìxíng 동 시험적으로 실행하다 | *尝试 chángshì 동 시도해보다. 테스트 해보다

0007 畅销* chàngxiāo

형 잘 팔리다

예 我们的产品在海外市场热销，尤其是在中国最畅销。
Wǒmen de chǎnpǐn zài hǎiwài shìchǎng rèxiāo, yóuqí shì zài Zhōngguó zuì chàngxiāo.
저희 제품은 해외시장에서 매우 잘 나가고 있는데, 특히 중국에서 가장 잘 나갑니다.

Voca⁺
热销 rèxiāo 형 잘 팔리다. 불티나게 팔리다 | *流畅 liúchàng 형 유창하다. 거침없다 | *畅通 chàngtōng 동 막힘없이 잘 통하다

0008 滞销 zhìxiāo

형 (상품의) 판매가 부진한

예 电视广告效果很好，一些滞销产品因此提高了销量。
Diànshì guǎnggào xiàoguǒ hěn hǎo, yìxiē zhìxiāo chǎnpǐn yīncǐ tígāo le xiāoliàng.
TV광고 효과가 매우 좋아서 일부 판매부진 제품의 판매량이 그로 인해 제고되었습니다.

Voca⁺
*停滞 tíngzhì 동 정체되다. 침체하다 | *滞纳金 zhìnàjīn 명 체납금

0009
目标＊
mùbiāo

- 图 목표. 타깃(target)
- 例 我们的目标市场是大公司和政府机构。
  Wǒmen de mùbiāo shìchǎng shì dàgōngsī hé zhèngfǔ jīgòu.
  저희의 타깃시장은 대기업과 정부기구입니다.

Voca⁺
目标奖励 mùbiāo jiǎnglì 일정한 업무량을 완수하고 나서 받는 장려금 |
实现目标 shíxiàn mùbiāo 목적을 성취하다

0010
准顾客
zhǔngùkè

- 图 가망고객. 예비고객(prospect customers)
- 例 准顾客是指有购买产品的潜在可能性的人或组织。
  Zhǔngùkè shì zhǐ yǒu gòumǎi chǎnpǐn de qiánzài kěnéngxìng de rén huò zǔzhī.
  준고객은 제품을 구매할 잠재 가능성이 있는 사람이나 조직을 가리킵니다.

Voca⁺
潜在顾客 qiánzài gùkè 잠재고객 | 预期顾客 yùqī gùkè 가망고객.
유망고객 | 顾客监督制度 gùkè jiāndū zhìdù 고객 모니터링(monitoring)

0011
质量＊
zhìliàng

- 图 질. 품질
- 例 您好，我想买办公椅，哪种质量好一点？
  Nín hǎo, wǒ xiǎng mǎi bàngōngyǐ, nǎ zhǒng zhìliàng hǎo yìdiǎn?
  안녕하세요, 제가 사무용 의자를 사고 싶은데 어떤 종류가 품질이 좀 나은가요?

Voca⁺
质量保证 zhìliàng bǎozhèng 품질보증 | 质量控制 zhìliàng kòngzhì 품질관리 |
质量达标 zhìliàng dábiāo 품질이 기준에 도달하다

0012
品种＊
pǐnzhǒng

- 图 제품의 종류. 품종
- 例 饮料行业的现状是品种多、口味多，竞争十分激烈。
  Yǐnliào hángyè de xiànzhuàng shì pǐnzhǒng duō、kǒuwèi duō、jìngzhēng shífēn jīliè.
  음료업종의 현황은 제품종류가 많고, 맛의 종류가 많아 경쟁이 매우 치열합니다.

Voca⁺
品种目录 pǐnzhǒng mùlù 품종 목록 | ＊礼品 lǐpǐn 선물 |
＊奢侈品 shēchǐpǐn 사치품 | ＊展品 zhǎnpǐn 전시품 (展览品의 약칭) |
＊工艺品 gōngyìpǐn 공예품

Business VOCA

0013
品牌*
pǐnpái

명 브랜드. 상표

예 我们委托越南工厂制造产品，贴我们的品牌。
Wǒmen wěituō Yuènán gōngchǎng zhìzào chǎnpǐn, tiē wǒmen de pǐnpái.
우리는 베트남 공장에 제품 제조를 위탁하고 저희 브랜드를 붙입니다.

Voca⁺
三星电子 Sānxīng Diànzǐ 명 삼성전자 | 现代汽车 Xiàndài Qìchē 명 현대자동차 | 爱茉莉 Àimòlì 명 아모레 | 希杰集团 Xījié Jítuán 명 CJ 그룹

0014
渠道*
qúdào

명 관개 수로. 방법. 경로

예 根据调查，五成以上消费者的购买渠道是超市。
Gēnjù diàochá, wǔ chéng yǐshàng xiāofèizhě de gòumǎi qúdào shì chāoshì.
조사에 따르면 50% 이상 소비자의 구매경로는 마트라고 합니다.

Voca⁺
渠道管理 qúdào guǎnlǐ 명 유통채널 관리 | 渠道选择 qúdào xuǎnzé 명 유통채널 선택 | 多渠道 duōqúdào 명 다방면. 여러 경로

0015
网点*
wǎngdiǎn

명 판매망. 점포망. 서비스망

예 商业街网点的投资回报率高，因为位置佳、地段好。
Shāngyèjiē wǎngdiǎn de tóuzī huíbàolǜ gāo, yīnwèi wèizhì jiā, dìduàn hǎo.
상업가에 위치한 영업점의 투자 회수율이 높은데 위치가 좋고 지역이 좋기 때문입니다.

Voca⁺
商业网点 shāngyè wǎngdiǎn 점포망 | 销售网点 xiāoshòu wǎngdiǎn 판매망

0016
战略*
zhànlüè

명 전략

예 市场营销战略是指确定目标市场，选择相应的市场营销方法。
Shìchǎng yíngxiāo zhànlüè shì zhǐ quèdìng mùbiāo shìchǎng, xuǎnzé xiāngyìng de shìchǎng yíngxiāo fāngfǎ.
시장 영업판매 전략은 목표시장을 확정하고 이에 상응하는 시장 영업판매 방법을 선택하는 것을 가리킵니다.

Voca⁺
战略合作 zhànlüè hézuò 전략적 제휴 | 营销战略 yíngxiāo zhànlüè 마케팅 전략

01 영업 · 마케팅

0017
促销 *
cùxiāo

동 판촉하다

예 为了提高新产品知名度，我们做了广告和促销活动。
Wèile tígāo xīnchǎnpǐn zhīmíngdù, wǒmen zuò le guǎnggào hé cùxiāo huódòng.
신제품의 지명도를 제고하기 위해 우리는 광고와 판촉이벤트를 하였습니다.

Voca⁺
促销品 cùxiāopǐn 명 판촉물 | 促销费 cùxiāofèi 명 판촉비 |
促销战 cùxiāozhàn 판촉전, 판촉경쟁

0018
返券
fǎnquàn

동 (쿠폰, 상품권 등으로) 돌려주다

예 国庆节期间在本店消费满五百元即返五十元的代金券。
Guóqìng Jié qījiān zài běn diàn xiāofèi mǎn wǔbǎi yuán jí fǎn wǔshí yuán de dàijīnquàn.
국경일 기간에 저희 상점에서 500위안 이상을 구매하시면 50위안짜리 상품권을 드립니다.

Voca⁺
*代金券 dàijīnquàn 명 상품권 | *债券 zhàiquàn 명 채권 |
*证券 zhèngquàn 명 (유가)증권

0019
供应商
gōngyìngshāng

명 공급업자

예 现在采购部和供应商正在讨论相关事宜。
Xiànzài cǎigòubù hé gōngyìngshāng zhèngzài tǎolùn xiāngguān shìyí.
현재 구매부와 공급업체가 관련 사업을 토론하고 있습니다.

Voca⁺
供应链 gōngyìngliàn 명 공급사슬 | 餐饮供应 cānyǐn gōngyìng 명 케이터링

0020
供货
gōnghuò

동 물품을 공급하다

예 我们的产品销售一直供货紧张，还常出现脱销。
Wǒmen de chǎnpǐn xiāoshòu yìzhí gōnghuò jǐnzhāng, hái cháng chūxiàn tuōxiāo.
저희 제품의 판매는 줄곧 공급이 타이트 해서 늘상 매진됩니다.

Voca⁺
供货方 gōnghuòfāng 명 공급자, 공급처 | 断货 duànhuò 품절되다

Business VOCA

0021 市场占有率 shìchǎng zhànyǒulǜ

시장점유율. 마켓셰어

예) 大同电脑和广明电脑的市场占有率分别为30%和25%。
Dàtóng diànnǎo hé Guǎngmíng diànnǎo de shìchǎng zhànyǒulǜ fēnbié wéi bǎifēnzhī sānshí hé bǎifēnzhī èrshíwǔ.

다통 컴퓨터와 광밍 컴퓨터의 시장점유율은 각각 30%, 25%입니다.

Voca+
市场份额 shìchǎng fèn'é 시장점유율. 마켓셰어

0022 价格战 jiàgézhàn

명) 가격전쟁. 가격전

예) 打价格战不是好办法，我们降价竞争公司也会降价。
Dǎ jiàgézhàn bú shì hǎo bànfǎ, wǒmen jiàngjià jìngzhēng gōngsī yě huì jiàngjià.

가격전을 하는 것은 좋은 방법이 아닙니다. 우리가 가격을 내리면 경쟁사도 가격을 내릴 것입니다.

Voca+
价格垄断 jiàgé lǒngduàn 가격담합 | 零售价格 língshòu jiàgé 리테일 프라이스 소매가

0023 降价 jiàngjià

동) 가격을 낮추다

예) 我认为可以考虑降价销售，用低价吸引消费者。
Wǒ rènwéi kěyǐ kǎolǜ jiàngjià xiāoshòu, yòng dījià xīyǐn xiāofèizhě.

저는 가격을 낮춰 판매하는 것도 고려해야 한다고 생각합니다. 저가로 소비자를 끌어들여야 합니다.

Voca+
降价出售 jiàngjià chūshòu 가격을 인하하여 판매하다 | 季节性降价 jìjiéxìng jiàngjià 계절할인

0024 涨价* zhǎngjià

동) 물가가 오르다

예) 最近原材料涨价，造成产品的价格上涨，引起消费者的不满。
Zuìjìn yuáncáiliào zhǎngjià, zàochéng chǎnpǐn de jiàgé shàngzhǎng, yǐnqǐ xiāofèizhě de bùmǎn.

최근 원재료 가격이 올라서 제품의 가격도 올라 소비자 불만을 야기했습니다.

Voca+
涨价风 zhǎngjiàfēng 명) 다투어 물가를 인상하는 추세

0025
增长 *
zēngzhǎng

동 증가하다. 늘어나다

예 这一季度的总销售额比上季度增长了40%。
Zhè yí jìdù de zǒng xiāoshòu'é bǐ shàng jìdù zēngzhǎng le bǎifēnzhī sìshí.
이번 분기의 총 판매액이 지난 분기보다 40% 증가했습니다.

Voca+
增长潜力 zēngzhǎng qiánlì 성장 잠재력 | 负增长 fùzēngzhǎng 동 마이너스 성장하다

0026
减少 *
jiǎnshǎo

동 감소하다

예 这一季度的总销售额比上季度减少了40%。
Zhè yí jìdù de zǒng xiāoshòu'é bǐ shàng jìdù jiǎnshǎo le bǎifēnzhī sìshí.
이번 분기의 총 판매액이 지난 분기보다 40% 감소했습니다.

Voca+
*减产 jiǎnchǎn 동 생산을 줄이다. 생산량이 감소하다 | *锐减 ruìjiǎn 동 격감하다. 급락하다 | *削减 xuējiǎn 동 삭감하다. 줄이다. 깎다

0027
持平 *
chípíng

동 (비교 대상의 수량과) 같다 형 공평하다

예 电脑的销售量为十万台，和上一季度基本持平。
Diànnǎo de xiāoshòuliàng wéi shíwàn tái, hé shàng yí jìdù jīběn chípíng.
컴퓨터의 판매량은 10만 대로 지난 분기와 기본적으로 같습니다.

Voca+
*持续 chíxù 동 지속하다. 계속 유지하다 | *维持 wéichí 동 유지하다. 지키다 | *坚持 jiānchí 동 (주장 따위를) 고수하다

0028
同比 *
tóngbǐ

동 전년도 동기(同期)와 대비하다

예 2018年上半年的销售额同比增长了10%。
Èr líng yī bā nián shàngbànnián de xiāoshòu'é tóngbǐ zēngzhǎng le bǎifēnzhī shí.
2018년 상반기의 판매액이 전년 동기 대비 10% 증가하였습니다.

Voca+
同比增加率 tóngbǐ zēngjiālǜ 전년 동기 대비 증가율

Business VOCA

0029 环比 huánbǐ

동 (일정 주기를 기준으로) 통계를 대비하다

예 2018年上半年的销售额环比增长了10%。
Èr líng yī bā nián shàngbànnián de xiāoshòu'é huánbǐ zēngzhǎng le bǎifēnzhī shí.
2018년 상반기의 판매액이 같은 기간 통계 대비 10% 증가하였습니다.

Voca⁺
月环比 yuèhuánbǐ 당월 소비가격 지수와 전월의 비율

0030 抽奖* chōujiǎng

동 수상자를 추첨하다

예 今天消费满一千元即可参加抽奖活动，奖品为笔记本电脑。
Jīntiān xiāofèi mǎn yìqiān yuán jí kě cānjiā chōujiǎng huódòng, jiǎngpǐn wéi bǐjìběn diànnǎo.
오늘 1,000위안 이상 소비하시면 즉시 추첨이벤트에 참여하실 수 있는데, 상품은 노트북입니다.

Voca⁺
*奖励 jiǎnglì 명상. 상금 동장려하다. 표창하다 | *奖状 jiǎngzhuàng 명(장려나 표창하기 위한) 상장

0031 免费* miǎnfèi

동 무료로 하다

예 商场的化妆品柜台有可以免费试用的各种化妆品。
Shāngchǎng de huàzhuāngpǐn guìtái yǒu kěyǐ miǎnfèi shìyòng de gèzhǒng huàzhuāngpǐn.
상점의 화장품 매대에는 무료로 테스트 할 수 있는 각종 화장품이 있습니다.

Voca⁺
免费配送 miǎnfèi pèisòng 명무료배달 | 免费样品 miǎnfèi yàngpǐn 명무료샘플

0032 经销商 jīngxiāoshāng

명 중개(위탁)판매인

예 一级经销商每个月的库存基本都是零。
Yī jí jīngxiāoshāng měi ge yuè de kùcún jīběn dōu shì líng.
1등급 중개판매상은 매달 재고가 기본적으로 제로입니다.

Voca⁺
独家经销 dújiā jīngxiāo 독점수입권

0033 中间商 zhōngjiānshāng

명 중개상, 중개업소

예 推销员有义务帮助中间商推销产品。
Tuīxiāoyuán yǒu yìwù bāngzhù zhōngjiānshāng tuīxiāo chǎnpǐn.
판매사원은 중개상이 제품을 판매할 수 있도록 도와줄 의무가 있습니다.

Voca+
房地产中间商 fángdìchǎn zhōngjiānshāng 공인중개사

0034 竞争* jìngzhēng

명 경쟁 **동** 경쟁하다

예 他们公司通过走后门中标了，这是一种不正当的竞争方式。
Tāmen gōngsī tōngguò zǒu hòumén zhòngbiāo le, zhè shì yì zhǒng bú zhèngdàng de jìngzhēng fāngshì.
그들의 회사는 부정한 방법으로 경매에 낙찰되었는데, 이것은 떳떳하지 못한 경쟁방식입니다.

Voca+
竞争率 jìngzhēnglǜ **명** 경쟁률 | 竞争对手 jìngzhēng duìshǒu 경쟁상대

0035 销路* xiāolù

명 (상품의) 판로

예 好产品能提高商品身价，吸引顾客、扩大销路。
Hǎo chǎnpǐn néng tígāo shāngpǐn shēnjià, xīyǐn gùkè, kuòdà xiāolù.
좋은 제품은 상품 자체의 몸값을 제고할 수 있고, 고객을 유치하여 판로를 넓힐 수 있습니다.

Voca+
打开销路 dǎkāi xiāolù 판로를 개척하다

0036 推销* tuīxiāo

동 판로를 확장하다

예 网络广告已经成为目前十分重要的一种推销方式。
Wǎngluò guǎnggào yǐjīng chéngwéi mùqián shífēn zhòngyào de yì zhǒng tuīxiāo fāngshì.
인터넷 광고는 현재 이미 매우 중요한 판매방식이 되었습니다.

Voca+
推销术 tuīxiāoshù 세일즈맨십 | 登门推销 dēngmén tuīxiāo 방문판매 | 针对性推销 zhēnduìxìng tuīxiāo 맞춤형 마케팅

Business VOCA

0037 利润* lìrùn

명 이윤

예 你们认为直接简单地赚取利润的方法是什么?
Nǐmen rènwéi zhíjiē jiǎndān de zhuànqǔ lìrùn de fāngfǎ shì shénme?
여러분은 직접적이고 간단한 이윤추구 방법이란 무엇이라고 생각하십니까?

Voca⁺
净赚 jìngzhuàn 명 순익, 순이익 = 净利 jìnglì | 毛利 máolì 명 총수익, 매상 총이익

0038 回报率 huíbàolǜ

명 투자 수익률

예 这款手机一上市就非常受欢迎，市场回报率非常高。
Zhè kuǎn shǒujī yí shàngshì jiù fēicháng shòu huānyíng, shìchǎng huíbàolǜ fēicháng gāo.
이 휴대전화는 출시되자마자 매우 인기가 있어서 시장 투자 수익률이 매우 높습니다.

Voca⁺
负回报 fùhuíbào 수익 총액과 투입 총액간의 차이가 마이너스인 상태 |
回报率预测 huíbàolǜ yùcè 수익률 예측

0039 连锁店* liánsuǒdiàn

명 체인점

예 他的火锅店一开始只是一个路边摊，现在扩大规模，已经开了十家连锁店了。
Tā de huǒguōdiàn yì kāishǐ zhǐshì yí ge lùbiāntān, xiànzài kuòdà guīmó, yǐjīng kāi le shí jiā liánsuǒdiàn le.
그의 훠궈가게는 처음 시작할 때는 노점일 뿐이었는데 지금은 규모를 넓혀 10개의 프랜차이즈점을 오픈했습니다.

Voca⁺
连锁经营 liánsuǒ jīngyíng 체인경영 | 连锁倒闭 liánsuǒ dǎobì 연쇄도산

0040 本土化 běntǔhuà

명 현지화

예 大同公司的成功是因为公司坚持走本土化的道路。
Dàtóng Gōngsī de chénggōng shì yīnwèi gōngsī jiānchí zǒu běntǔhuà de dàolù.
다통회사의 성공은 회사가 현지화 노선으로 갈 것을 고수했기 때문입니다.

Voca⁺
现代化 xiàndàihuà 명 현대화

Voca Review 학습한 단어를 복습해 보세요.

1. 우리말을 중국어로 말해본 후 직접 한자와 병음을 써보세요.

① 출시하다
② 주력상품
③ 잘 팔리다
④ 시험 판매하다
⑤ 품질
⑥ 판매망. 점포망
⑦ 전략
⑧ 시장점유율

2. 호응하는 어휘끼리 연결한 후 직접 써보세요.

① 提高 •　　　　• 价格战
② 抽奖 •　　　　• 消费者
③ 打　 •　　　　• 知名度
④ 吸引 •　　　　• 活动

3. 보기에서 알맞은 어휘를 골라 넣으세요.

보기　　a. 坚持　　b. 分别　　c. 委托　　d. 激烈

① 饮料行业的现状是品种多、口味多，竞争十分（　　　）。
② 我们（　　　）越南工厂制造产品，贴我们的品牌。
③ 大同电脑和广明电脑的市场占有率（　　　）为30%和25%。
④ 大同公司的成功是因为公司（　　　）走本土化的道路。

---

answer

1. ①推出 tuīchū　②主导产品 zhǔdǎo chǎnpǐn　③畅销 chàngxiāo　④试销 shìxiāo　⑤质量 zhìliàng
　 ⑥网点 wǎngdiǎn　⑦战略 zhànlüè　⑧市场占有率 shìchǎng zhànyǒulǜ
2. ①提高知名度　②抽奖活动　③打价格战　④吸引消费者　　3. ①d　②c　③b　④a

Let's Checking! 주어진 한국어 문장을 중국어로 말해 보세요.

저희 회사가 신제품을 출시하여, 제가 상세한 자료를 고객에게 보냈습니다.
✓ 我们公司推出了新产品，我把详细的资料寄给了客户。

제가 재직한 3년 동안 매년 매출량의 증가폭이 10% 이상이었습니다.
✓ 我在职的三年期间，每年销售量的增幅都在10%以上。

이번 신제품도 제가 영업판매를 책임집니다.
✓ 这次新产品也由我负责营销。

저희의 주력상품은 녹차입니다.
✓ 我们的主导产品是绿茶。

저희 제품은 해외시장에서 매우 잘 나가고 있는데,
✓ 我们的产品在海外市场热销，

특히 중국에서 가장 잘 나갑니다.
✓ 尤其是在中国最畅销。

신제품의 지명도를 제고하기 위해 우리는 광고와 판촉이벤트를 하였습니다.
✓ 为了提高新产品知名度，我们做了广告和促销活动。

그때부터 저희 제품의 판매는 줄곧 공급이 타이트 해서 늘상 매진됩니다.
✓ 之后我们的产品销售一直供货紧张，还常出现脱销。

Chapter 5 부서별 업무

02 인사·행정(人事·行政)

Mind Map Note

*行政 xíngzhèng
명 행정. 관리. 운영

人事 rénshì
명 인사

*年薪 niánxīn
명 연봉

*经验 jīngyàn
명 경험

*绩效 jìxiào
명 업적과 성과

评估 pínggū
동 평가하다

*任职 rènzhí
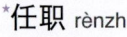
동 재직하다

应聘者 yìngpìnzhě
명 응시자. 지원자

*辞职 cízhí
동 사직하다

试用期 shìyòngqī
명 수습기간

自荐信 zìjiànxìn
명 자기소개서

正式职员 zhèngshì zhíyuán
명 정(식)직원

Let's Speaking!   이 단원을 학습하고 나면 아래 내용을 중국어로 말할 수 있어요.

- 저희 회사는 상반기에 신문에 인재를 초빙诚聘하는 구인광고를 실었습니다.

- 지원자应聘者는 회사 사이트에 접속하면 회사의 채용정보를 알 수 있습니다.

- 저희는 수십 명의 신입사원新员工을 모집하는데

- 업무지역은 상하이이고 연봉은 면담面议 후 결정합니다.

- 재직任职 조건은 대학 4년제 졸업 이상의 학력과

- 영어 능력이 뛰어나고, 단체정신团队精神이 있어야 합니다.

- 우리 회사는 가장 총명한 사람을 필요로 하는 것이 아니라,

- 근면勤奋하고 성실한 사람을 필요로 합니다.

Let's Start Up!
주제에 맞는 단어와 예문을 학습해 보세요.   Track 5-2

0001
诚聘
chéngpìn

동 인재를 초빙하다

예 我们公司上半年在报纸上登了诚聘英才的招聘广告。
Wǒmen gōngsī shàngbànnián zài bàozhǐ shang dēng le chéngpìn yīngcái de zhāopìn guǎnggào.
저희 회사는 상반기에 신문에 인재를 초빙하는 구인광고를 실었습니다.

Voca+
*聘请 pìnqǐng 동 초빙하다. 모셔오다 | *聘任 pìnrèn 동 초빙하여 임용하다 |
*聘用 pìnyòng 동 초빙하여 임용하다

0002
招聘会
zhāopìnhuì

명 채용박람회

예 下星期一将举行针对有工作经验的人的招聘会。
Xià xīngqīyī jiāng jǔxíng zhēnduì yǒu gōngzuò jīngyàn de rén de zhāopìnhuì.
다음 주 월요일에 업무 경력자들을 대상으로 하는 채용박람회가 열립니다.

Voca+
公开招聘 gōngkāi zhāopìn 공채(public subscription) | 招聘考试 zhāopìn kǎoshì 채용시험

0003
应聘者
yìngpìnzhě

명 응시자. 지원자

예 应聘者上公司网站就能了解公司的招聘信息。
Yìngpìnzhě shàng gōngsī wǎngzhàn jiù néng liǎojiě gōngsī de zhāopìn xìnxī.
지원자는 회사 사이트에 접속하면 회사의 채용정보를 알 수 있습니다.

Voca+
前往应聘 qiánwǎng yìngpìn 초빙에 응해 가다

0004
自荐信
zìjiànxìn

명 자기소개서. 자천서

예 我用电子邮件发了我的简历和自荐信。
Wǒ yòng diànzǐyóujiàn fā le wǒ de jiǎnlì hé zìjiànxìn.
저는 이메일로 제 이력서와 자기소개서를 보냈습니다.

Voca+
毛遂自荐 Máosuì zìjiàn 성 모수(毛遂)가 자천(自薦)하다. 스스로 자기를 추천하다

Business VOCA

0005 面议* miànyì

동 직접 만나 의논하다

예 我们招聘几十名新员工，工作地点是上海，年薪面议。
Wǒmen zhāopìn jǐ shí míng xīn yuángōng, gōngzuò dìdiǎn shì Shànghǎi, niánxīn miànyì.
저희는 수십 명의 신입사원을 모집하는데 업무지역은 상하이이고 연봉은 면담 후 결정합니다.

Voca+
*商议 shāngyì 동 상의하다. 토의하다 | *协议 xiéyì 명 동 협의(하다). 합의(하다) |
*议论 yìlùn 명 의견 동 의논하다. 논의하다

0006 面谈 miàntán

동 면담하다

예 我和张主任面谈以后，我对他的印象改变了。
Wǒ hé Zhāng zhǔrèn miàntán yǐhòu, wǒ duì tā de yìnxiàng gǎibiàn le.
저는 장 주임과 면담을 한 후 그에 대한 인상이 바뀌었습니다.

Voca+
*会谈 huìtán 동 회담하다 | *交谈 jiāotán 동 이야기를 나누다 |
*谈话 tánhuà 명 담화 동 이야기하다

0007 实习职工 shíxí zhígōng

인턴사원

예 你上大学期间做过实习职工吗？有工作经验吗？
Nǐ shàng dàxué qījiān zuòguo shíxí zhígōng ma? Yǒu gōngzuò jīngyàn ma?
당신은 대학에 다니는 동안 인턴사원으로 일한 적이 있나요? 업무경험 있어요?

Voca+
实习职员 shíxí zhíyuán 견습사원 | 实习医生 shíxí yīshēng 레지던트

0008 证书* zhèngshū

명 증서. 증명서

예 应聘时需要准备简历、各种证书和自荐信。
Yìngpìn shí xūyào zhǔnbèi jiǎnlì、gèzhǒng zhèngshū hé zìjiànxìn.
구직 지원을 할 때는 이력서, 각종 증서와 자기소개서를 준비할 필요가 있습니다.

Voca+
认证书 rènzhèngshū 인증서 | 资格证书 zīgé zhèngshū 자격증명서

0009

责任心
zérènxīn

- 명 책임감
- 예 本人工作认真、性格开朗，具有很强的责任心。
  Běnrén gōngzuò rènzhēn, xìnggé kāilǎng, jùyǒu hěn qiáng de zérènxīn.
  저는 일을 열심히 하고, 성격이 명랑하며 강한 책임감이 강합니다.

Voca⁺
*责任 zérèn 명 책임 | 承担责任 chéngdān zérèn 책임을 지다 | 推卸责任 tuīxiè zérèn 책임을 회피하다

0010

经验*
jīngyàn

- 명 경험
- 예 我以前给新员工做过培训，在这个方面很有经验。
  Wǒ yǐqián gěi xīn yuángōng zuòguo péixùn, zài zhè ge fāngmiàn hěn yǒu jīngyàn.
  저는 예전에 신입사원들을 교육한 적이 있어서 이 분야에는 경험이 많습니다.

Voca⁺
积累经验 jīlěi jīngyàn 경험을 쌓다

0011

勤奋*
qínfèn

- 형 꾸준하다. 부지런하다
- 예 我们公司不需要最聪明的人，而需要勤奋、老实的人。
  Wǒmen gōngsī bù xūyào zuì cōngmíng de rén, ér xūyào qínfèn, lǎoshi de rén.
  우리 회사는 가장 총명한 사람을 필요로 하는 것이 아니라, 근면하고 성실한 사람을 필요로 합니다.

Voca⁺
*勤快 qínkuai 형 부지런하다. 근면하다

0012

积极*
jījí

- 형 적극적이다. 의욕적이다
- 예 公司要工作态度积极、认真负责、能承受工作压力的人。
  Gōngsī yào gōngzuò tàidù jījí, rènzhēn fùzé, néng chéngshòu gōngzuò yālì de rén.
  회사는 업무태도가 적극적이고 책임감이 강하며, 업무 스트레스를 견딜 수 있는 사람을 원합니다.

Voca⁺
积极性 jījíxìng 명 적극성

Business VOCA

0013
笔试
bǐshì

명 필기시험

예 我应聘的公司通知我通过了笔试，让我下星期参加面试。
Wǒ yìngpìn de gōngsī tōngzhī wǒ tōngguò le bǐshì, ràng wǒ xià xīngqī cānjiā miànshì.
제가 지원한 회사가 제게 필기시험에 통과했으니 다음 주 면접에 참가하라고 통지했습니다.

Voca⁺
口试 kǒushì 명 구두시험 | *面试 miànshì 명 면접시험

0014
年薪*
niánxīn

명 연봉

예 公司新入职的职员年薪起点都一样，但工作三年后，年薪的差异就越来越大。
Gōngsī xīn rùzhí de zhíyuán niánxīn qǐdiǎn dōu yíyàng, dàn gōngzuò sān nián hòu, niánxīn de chāyì jiù yuèláiyuè dà.
회사에 새로 들어온 직원은 기본 연봉이 모두 같지만, 3년 일한 후 연봉의 차이는 점점 커집니다.

Voca⁺
*底薪 dǐxīn 명 기본급. 본봉 | *起薪 qǐxīn 명 초봉

0015
报酬*
bàochou

명 보수. 사례금

예 我们公司年薪不高，你考虑过报酬、待遇吗？
Wǒmen gōngsī niánxīn bù gāo, nǐ kǎolǜ guo bàochou、dàiyù ma?
저희 회사는 연봉이 높지 않는데, 당신은 보수와 대우를 고려해본 적이 있나요?

Voca⁺
*酬劳 chóuláo 명 보수. 사례금 동 노고에 보답하다 | *薪酬 xīnchóu 명 봉급. 임금 | *酬谢 chóuxiè 동 사례하다

0016
津贴*
jīntiē

명 수당

예 如果出差，公司会支付出差期间的差旅费，还有额外的津贴。
Rúguǒ chūchāi, gōngsī huì zhīfù chūchāi qījiān de chāilǚfèi, hái yǒu éwài de jīntiē.
만약 출장을 가면 회사는 출장기간 동안의 출장비를 지불하고 별도의 수당도 줍니다.

Voca⁺
岗位津贴 gǎngwèi jīntiē 직위 수당금

0017 退休金 tuìxiūjīn

명 퇴직금

예 我们公司的职员达到60岁退休年龄后，就可以每月支取退休金了。
Wǒmen gōngsī de zhíyuán dádào liùshí suì tuìxiū niánlíng hòu, jiù kěyǐ měi yuè zhīqǔ tuìxiūjīn le.

저희 회사의 직원은 60세 퇴직 연령이 되면 매달 퇴직금을 받습니다.

Voca⁺
退休 tuìxiū 동 퇴직하다. 퇴임하다

0018 录用* lùyòng

동 채용하다. 임용하다

예 恭喜您被我们公司的营销部录用，请您下个星期一到人事部报到。
Gōngxǐ nín bèi wǒmen gōngsī de yíngxiāobù lùyòng, qǐng nín xià ge xīngqīyī dào rénshìbù bàodào.

당신이 우리 회사의 영업판매부에 채용된 것을 축하드립니다. 다음 주 월요일에 인사부에 와서 출근 보고를 하세요.

Voca⁺
破格录用 pògé lùyòng 파격적으로 임용하다 | 录用考试 lùyòng kǎoshì 채용시험

0019 任职* rènzhí

동 직무를 맡다. 재직하다

예 任职条件为大学本科以上学历、英语能力强、有团队精神。
Rènzhí tiáojiàn wéi dàxué běnkē yǐshàng xuélì, Yīngyǔ nénglì qiáng, yǒu tuánduì jīngshén.

재직 조건은 대학 4년제 졸업 이상의 학력과 영어 능력이 뛰어나고, 단체정신이 있어야 합니다.

Voca⁺
*任命 rènmìng 동 임명하다 | *担任 dānrèn 동 맡다. 담당하다

0020 钟点工* zhōngdiǎngōng

명 시간제 노동(자). 파트타이머

예 钟点工是劳动报酬以小时计算的一种用工形式。
Zhōngdiǎngōng shì láodòng bàochóu yǐ xiǎoshí jìsuàn de yì zhǒng yònggōng xíngshì.

파트타이머는 시간으로 근로 임금을 계산하는 근로 형식의 일종입니다.

Voca⁺
小时工 xiǎoshígōng 명 시간제 노동 | 发传单小时工 fāchuándān xiǎoshígōng 전단지 배포 아르바이트

Business VOCA

0021
试用期
shìyòngqī

명 수습기간. 인턴기간. 시용 기간

예 请问，新员工的试用期一般要多长时间？
Qǐngwèn, xīn yuángōng de shìyòngqī yìbān yào duōcháng shíjiān?
말씀 좀 여쭐게요. 신입사원의 수습기간은 보통 얼마나 걸리나요?

Voca⁺
试用品 shìyòngpǐn 명 시용품

0022
正式职员
zhèngshì zhíyuán

정(식)직원

예 您三个月的试用期满了，而且通过了评估，欢迎您成为正式职员。
Nín sān ge yuè de shìyòngqī mǎn le, érqiě tōngguò le pínggū, huānyíng nín chéngwéi zhèngshì zhíyuán.
당신은 3개월의 수습기간을 채웠고, 평가에 통과했습니다. 정직원이 된 것을 환영합니다.

Voca⁺
*正式 zhèngshì 형 정식의. 공식의

0023
任职变更
rènzhí biàngēng

보직 변경

예 恭喜您晋升为营业部的科长，任职变更通知已经发到各部门了。
Gōngxǐ nín jìnshēng wéi yíngyèbù de kēzhǎng, rènzhí biàngēng tōngzhī yǐjīng fādào gè bùmén le.
영업부 과장으로 승진하신 것을 축하드립니다. 보직 변경은 이미 각 부서에 통지되었습니다.

Voca⁺
变更 biàngēng 동 변경하다. 바꾸다

0024
成果*
chéngguǒ

명 성과. 결과

예 上半年你的工作有什么成果？
Shàngbànnián nǐ de gōngzuò yǒu shénme chéngguǒ?
상반기 당신의 업무는 어떤 성과가 있습니까?

Voca⁺
*成就 chéngjiù 명 (사업상의) 성취. 성과. 업적 동 완성하다. 이루다

0025
业绩 *
yèjì

명 업적, 실적

예 小王今年工作业绩很好，总经理表扬他了。
Xiǎo Wáng jīnnián gōngzuò yèjì hěn hǎo, zǒngjīnglǐ biǎoyáng tā le.
샤오왕의 올해 업무실적이 매우 좋아서 사장님이 그를 칭찬하였습니다.

Voca⁺
企业业绩 qǐyè yèjì 기업실적 | 生产业绩 shēngchǎn yèjì 생산실적

0026
绩效 *
jìxiào

명 업적과 성과

예 我们部门没有固定工资，拿的是绩效工资，多劳多得、少劳少得、不劳不得。
Wǒmen bùmén méiyǒu gùdìng gōngzī, ná de shì jìxiào gōngzī, duō láo duō dé、shǎo láo shǎo dé、bù láo bù dé.
우리 부서는 고정급여가 없고, 성과급을 받습니다. 일을 많이 하면 소득이 많고, 적게 하면 소득이 적고, 안 하면 소득이 없습니다.

Voca⁺
绩效工资 jìxiào gōngzī 성과급 | 绩效薪酬 jìxiào xīnchóu 성과급

0027
评估
pínggū

동 (질·수준·성적 등을) 평가하다

예 我们公司每年年末对员工进行全年工作业绩评估。
Wǒmen gōngsī měinián niánmò duì yuángōng jìnxíng quánnián gōngzuò yèjì pínggū.
우리 회사는 매년 연말 직원들의 일 년 동안의 업무실적을 평가합니다.

Voca⁺
*评比 píngbǐ 동 비교하여 평가하다 | *评级 píngjí 동 등급을 평가하다 |
*评审 píngshěn 동 평가하다, 심사하다

0028
晋升 *
jìnshēng

동 승진하다, 진급하다

예 按照人事评估结果，有些人晋升，有些人降职，还有些人没有变动。
Ànzhào rénshì pínggū jiéguǒ, yǒuxiē rén jìnshēng, yǒuxiē rén jiàngzhí, hái yǒuxiē rén méiyǒu biàndòng.
인사평가 결과에 따라 어떤 사람들은 승진하고, 어떤 사람들은 강등되고, 또 어떤 사람들은 변동이 없습니다.

Voca⁺
*升职 shēngzhí 동 승진하다 | *提升 tíshēng 동 진급하다, 진급시키다

Business VOCA

0029 结构调整
jiégòu tiáozhěng

구조조정

예) 因为经济不景气，我们公司又要进行结构调整。
Yīnwèi jīngjì bù jǐngqì, wǒmen gōngsī yòu yào jìnxíng jiégòu tiáozhěng.
경제가 불황이라 저희 회사는 또 구조조정을 하려 합니다.

Voca+
*裁员 cáiyuán 〔동〕(기관·기업 등에서) 감원하다

0030 降职
jiàngzhí

〔동〕 강직되다. 강등되다

예) 他因为工作中出现的错误，给公司造成了损失，被降职了。
Tā yīnwèi gōngzuò zhōng chūxiàn de cuòwù, gěi gōngsī zàochéng le sǔnshī, bèi jiàngzhí le.
그는 업무 중에 발생한 실수로 회사에 손실을 가져다 주어서 직위가 강등되었습니다.

Voca+
降薪 jiàngxīn 〔동〕감봉되다

0031 解雇*
jiěgù

〔동〕 해고하다

예) 在试用期间，如果事假达到七天以上者将被解雇。
Zài shìyòng qījiān, rúguǒ shìjià dádào qī tiān yǐshàng zhě jiāng bèi jiěgù.
수습기간 동안 만약 개인적인 일로 낸 휴가가 7일 이상인 사람은 해고될 수 있습니다.

Voca+
*开除 kāichú 〔동〕해고하다. 제거하다 | *下岗 xiàgǎng 〔동〕퇴직하다. 실직하다 |
*炒鱿鱼 chǎoyóuyú 해고하다. 파면하다

0032 辞职*
cízhí

〔동〕 사직하다. 직장을 그만두다

예) 工作中有困难要想办法，不要动不动就辞职。
Gōngzuò zhōng yǒu kùnnán yào xiǎng bànfǎ, búyào dòngbudòng jiù cízhí.
업무 중 어려움이 있으면 방법을 생각해야지 걸핏하면 사직하려 해서는 안 됩니다.

Voca+
*辞退 cítuì 〔동〕해고하다. 해직시키다

0033
跳槽*
tiàocáo

동 직장을 옮기다

예 公司最头疼的是培训了新员工，但有人总想跳槽。
Gōngsī zuì tóuténg de shì péixùn le xīn yuángōng, dàn yǒurén zǒng xiǎng tiàocáo.
회사에서 가장 골치 아픈 것이 신입사원을 교육하면 누군가는 늘 이직을 생각한다는 것입니다.

Voca⁺
调动工作 diàodòng gōngzuò 전근하다. 전임하다 | 人事调动 rénshì diàodòng 인사 이동

0034
猎头
liètóu

명 (기업의 위탁을 받아) 고급인재를 물색하는 사람. 헤드헌터

예 有一家猎头公司跟我联系，他们给我的条件很好，我在考虑跳槽。
Yǒu yì jiā liètóu gōngsī gēn wǒ liánxì, tāmen gěi wǒ de tiáojiàn hěn hǎo, wǒ zài kǎolǜ tiàocáo.
한 헤드헌팅 회사가 제게 연락했는데, 그들이 제시한 조건이 매우 좋아서, 저는 이직을 고려 중입니다.

Voca⁺
猎头公司 liètóu gōngsī 헤드헌팅(head hunting) 회사 | 挖人才 wā réncái 인재를 빼내다

0035
提前退休
tíqián tuìxiū

명 사전퇴직. 희망퇴직. 명예퇴직

예 听说副总经理今年业绩不好，他接受了提前退休。
Tīngshuō fù zǒngjīnglǐ jīnnián yèjì bù hǎo, tā jiēshòu le tíqián tuìxiū.
듣자하니 부사장이 올해 실적이 좋지 않아서 희망퇴직을 받아들였다고 합니다.

Voca⁺
名誉退休 míngyù tuìxiū 명예퇴직

0036
岗前培训
gǎngqián péixùn

명 오리엔테이션

예 各部门的岗前培训准备得怎么样了？
Gè bùmén de gǎngqián péixùn zhǔnbèi de zěnmeyàng le?
각 부서의 오리엔테이션은 어떻게 준비돼 가고 있나요?

Voca⁺
职业培训 zhíyè péixùn 명 직업훈련 | 工作培训 gōngzuò péixùn 명 직무훈련

Business VOCA

0037 培训* péixùn

명 교육. 연수　동 훈련하다. 양성하다

예 被录用后员工要参加企业文化培训和岗位职责培训。
Bèi lùyòng hòu yuángōng yào cānjiā qǐyè wénhuà péixùn hé gǎngwèi zhízé péixùn.
채용된 후 직원은 기업문화 교육과 직무교육에 참가해야 합니다.

Voca+
培训班 péixùnbān 명 양성반. 육성반

0038 企业文化 qǐyè wénhuà

명 기업문화

예 企业文化培训可以让员工了解自己工作的公司。
Qǐyè wénhuà péixùn kěyǐ ràng yuángōng liǎojiě zìjǐ gōngzuò de gōngsī.
기업문화 교육은 직원으로 하여금 자신이 일하는 회사를 이해하게 합니다.

Voca+
创造企业文化 chuàngzào qǐyè wénhuà 기업문화 창조 | 御宅文化 yùzhái wénhuà 오타쿠 문화 | 山寨文化 shānzhài wénhuà 산자이 문화 (중국에서 모조품이 널리 통용되면서 나타난 사회적·문화적 현상)

0039 岗位职责 gǎngwèi zhízé

명 직무

예 岗位职责培训可以培养员工的专业能力、提高业务效率。
Gǎngwèi zhízé péixùn kěyǐ péiyǎng yuángōng de zhuānyè nénglì、tígāo yèwù xiàolǜ.
직무교육은 직원의 전문능력을 배양하고 업무효율을 높일 수 있게 해줍니다.

Voca+
岗位 gǎngwèi 명 직장. 부서. 근무처 | 岗位责任制 gǎngwèi zérènzhì 부서 책임제

0040 职业道德 zhíyè dàodé

명 직업윤리

예 应聘者的成绩固然重要，但更重要的是他们的职业道德观。
Yìngpìnzhě de chéngjì gùrán zhòngyào, dàn gèng zhòngyào de shì tāmen de zhíyè dàodéguān.
지원자의 성적도 물론 중요하지만, 더 중요한 것은 그들의 직업윤리입니다.

Voca+
职业道德规定 zhíyè dàodé guīdìng 직업윤리 규정

VOCA Review 학습한 단어를 복습해 보세요.

1. 우리말을 중국어로 말해본 후 직접 한자와 병음을 써보세요.

① 구직자
② 자기소개서
③ 연봉
④ 재직하다
⑤ 수습기간
⑥ 계약직 노동자
⑦ 업적과 성과
⑧ 평가하다

2. 호응하는 어휘끼리 연결한 후 직접 써보세요.

① 举行　　•　　　　•　简历
② 发　　　•　　　　•　笔试
③ 通过　　•　　　　•　评估
④ 进行　　•　　　　•　招聘会

3. 보기에서 알맞은 어휘를 골라 넣으세요.

보기　　a. 辞职　　b. 道德观　　c. 结构调整　　d. 应聘者

① (　　　)上公司网站就能了解公司的招聘信息。
② 因为经济不景气，我们公司又要进行(　　　)。
③ 工作中有困难要想办法，不要动不动就(　　　)。
④ 应聘者的成绩固然重要，但更重要的是他们的职业(　　　)。

answer

1. ① 应聘者 yìngpìnzhě　② 自荐信 zìjiànxìn　③ 年薪 niánxīn　④ 任职 rènzhí　⑤ 试用期 shìyòngqī　⑥ 合同工 hétonggōng　⑦ 绩效 jìxiào　⑧ 评估 pínggū
2. ① 举行招聘会　② 发简历　③ 通过笔试　④ 进行评估　　3. ① d　② c　③ a　④ b

Let's Checking! 주어진 한국어 문장을 중국어로 말해 보세요.

저희 회사는 상반기에 신문에 인재를 초빙하는 구인광고를 실었습니다.
✓ 我们公司上半年在报纸上登了诚聘英才的招聘广告。

지원자는 회사 사이트에 접속하면 회사의 채용정보를 알 수 있습니다.
✓ 应聘者上公司网站就能了解公司的招聘信息。

저희는 수십 명의 신입사원을 모집하는데
✓ 我们招聘几十名新员工，

업무지역은 상하이이고 연봉은 면담 후 결정합니다.
✓ 工作地点是上海，年薪面议。

재직 조건은 대학 4년제 졸업 이상의 학력과
✓ 任职条件为大学本科以上学历、

영어 능력이 뛰어나고, 단체정신이 있어야 합니다.
✓ 英语能力强、有团队精神。

우리 회사는 가장 총명한 사람을 필요로 하는 것이 아니라,
✓ 我们公司不需要最聪明的人，

근면하고 성실한 사람을 필요로 합니다.
✓ 而需要勤奋、老实的人。

Chapter 5 부서별 업무

03 홍보·광고(宣传·广告)

Mind Map Note

多媒体 duōméitǐ
명 멀티미디어

*互联网 hùliánwǎng
명 인터넷

*宣传 xuānchuán
동 홍보하다

广告 guǎnggào
명 광고, 선전

电视广告 diànshì guǎnggào
명 TV 광고

平面广告 píngmiàn guǎnggào
명 평면광고

户外广告 hùwài guǎnggào
명 옥외광고

横幅广告 héngfú guǎnggào
명 배너광고

*传单 chuándān
명 전단

收视率 shōushìlǜ
명 시청률

*赞助 zànzhù
동 협찬하다

黄金时段 huángjīn shíduàn
명 황금시간대

Let's Speaking!

이 단원을 학습하고 나면 아래 내용을 중국어로 말할 수 있어요.

- 처음에 저희 회사는 비용 문제를 고려했기 때문에 평면광고平面广告를 하였고,

- 제품의 지명도를 높이기 위해 우리는 스타明星를 초빙하여 광고를 했습니다.

- 회사는 수차례의 회의를 통해 이해득실을 계산하여

- 다시 TV电视광고를 하기로 결정하였습니다.

- 지명도知名度를 확대하기 위해

- 회사는 거액巨额을 투자하여 인기가 높은 스타를 데려다가 광고를 찍었습니다.

- 우리는 황금시간대黄金时段에 광고를 방영하여 관중들을 사로잡을 계획입니다.

- 우리는 스타의 인지도를 빌어 우리 제품의 지명도知名度를 높일 수 있기를 바랍니다.

Let's Start Up!

주제에 맞는 단어와 예문을 학습해 보세요. Track 5-3

0001
宣传*
xuānchuán

- 명 선전. 홍보 동 선전하다. 홍보하다
- 예 这是新产品的宣传画，您看选用哪一张比较好？
  Zhè shì xīn chǎnpǐn de xuānchuánhuà, nín kàn xuǎnyòng nǎ yì zhāng bǐjiào hǎo?
  이것은 신제품의 홍보그림입니다. 보시고 하나를 고른다면 어느 것이 비교적 좋은가요?

Voca+
宣传室 xuānchuánshì 명 홍보실 | 宣传品 xuānchuánpǐn 명 홍보인쇄물. 전단. 광고지

0002
多媒体
duōméitǐ

- 명 대중매체. 매스미디어
- 예 现在是多媒体时代，最近对多媒体广告的关心越来越高。
  Xiànzài shì duōméitǐ shídài, zuìjìn duì duōméitǐ guǎnggào de guānxīn yuèláiyuè gāo.
  현재는 멀티미디어 시대로 최근 멀티미디어 광고에 대한 관심이 날로 높아지고 있습니다.

0003
广播*
guǎngbō

- 동 방송하다 명 방송 프로그램
- 예 现在广播广告越来越流行了，我们是不是也考虑一下？
  Xiànzài guǎngbō guǎnggào yuèláiyuè liúxíng le, wǒmen shì bu shì yě kǎolǜ yíxià?
  현재 방송광고가 점점 유행이 되고 있으니, 저희도 고려해보는 것이 어떨까요?

Voca+
*播放 bōfàng 동 방송·방영·상영하다

0004
互联网*
hùliánwǎng

- 명 인터넷
- 예 旅游产品的订购将通过互联网和电子商务进行。
  Lǚyóu chǎnpǐn de dìnggòu jiāng tōngguò hùliánwǎng hé diànzǐ shāngwù jìnxíng.
  여행상품 주문은 인터넷과 전자상거래를 통해 진행됩니다.

Voca+
互联网审查 hùliánwǎng shěnchá 인터넷 검열 | 互联网泡沫 hùliánwǎng pàomò (경제) 닷컴 버블

328　Chapter 5 부서별 업무

Business VOCA

0005 节目* jiémù

명 프로그램. 항목. 목록

예 听众朋友们，你们好，欢迎收听商业信息节目。
Tīngzhòng péngyoumen, nǐmen hǎo, huānyíng shōutīng shāngyè xìnxī jiémù.
청취자 여러분 안녕하세요? 비즈니스 정보 프로그램을 청취하시는 것을 환영합니다.

Voca⁺
综艺节目 zōngyì jiémù 버라이어티 쇼 | 娱乐节目 yúlè jiémù 오락 프로그램 | 连续剧 liánxùjù 명 텔레비전 연속극. 드라마

0006 电视广告 diànshì guǎnggào

TV광고

예 公司通过好几次的会议计算利弊得失，决定再做电视广告。
Gōngsī tōngguò hǎo jǐ cì de huìyì jìsuàn lìbì déshī, juédìng zài zuò diànshì guǎnggào.
회사는 수차례의 회의를 통해 이해득실을 계산하여 다시 TV광고를 하기로 결정하였습니다.

Voca⁺
直接广告 zhíjiē guǎnggào 직접광고 | 间接广告 jiànjiē guǎnggào 간접광고

0007 平面广告 píngmiàn guǎnggào

명 평면광고

예 起初我们公司因为考虑费用问题，做了平面广告。
Qǐchū wǒmen gōngsī yīnwèi kǎolǜ fèiyòng wèntí, zuò le píngmiàn guǎnggào.
처음에 저희 회사는 비용 문제를 고려했기 때문에 평면광고를 하였습니다.

Voca⁺
*平面 píngmiàn 명 [수학] 평면 | 平面设计 píngmiàn shèjì 평면적인 광고디자인

0008 户外广告 hùwài guǎnggào

명 옥외광고

예 我们公司还要做一些户外广告活动。
Wǒmen gōngsī hái yào zuò yìxiē hùwài guǎnggào huódòng.
우리 회사는 또한 일부 옥외광고 작업을 하려고 합니다.

Voca⁺
*户外 hùwài 명 집 밖. 야외. 옥외

0009
公益广告
gōngyì guǎnggào

명 공익광고

예 近年来，随着人们环保意识的增强，优秀的公益广告越来越多。
Jìnnián lái, suízhe rénmen huánbǎo yìshí de zēngqiáng, yōuxiù de gōngyì guǎnggào yuèláiyuè duō.
요즘 들어 사람들의 환경보호 의식이 강해짐에 따라 우수한 공익광고가 점점 많아지고 있습니다.

Voca⁺
公益事业 gōngyì shìyè 공익사업 | 公益服务 gōngyì fúwù 사회봉사

0010
横幅广告
héngfú guǎnggào

명 배너광고

예 横幅广告是网络广告的一种形式，也是目前最常见的广告形式。
Héngfú guǎnggào shì wǎngluò guǎnggào de yì zhǒng xíngshì, yě shì mùqián zuì chángjiàn de guǎnggào xíngshì.
배너광고는 인터넷광고의 한 형식으로, 현재 가장 자주 보이는 광고 형식입니다.

Voca⁺
*横幅 héngfú **명** 배너, 현수막, 가로폭

0011
路牌广告
lùpái guǎnggào

명 도로 표지광고

예 我觉得路牌广告是一种不错的宣传方式，而且成本比较低。
Wǒ juéde lùpái guǎnggào shì yì zhǒng búcuò de xuānchuán fāngshì, érqiě chéngběn bǐjiào dī.
저는 도로 표지광고는 괜찮은 홍보방식이며, 원가도 비교적 낮다고 생각합니다.

Voca⁺
路牌 lùpái **명** 교통 표지, 도로 표지, 이정표

0012
投产
tóuchǎn

동 투자생산하다

예 我们公司为了提高销售额不惜投产新产品。
Wǒmen gōngsī wèile tígāo xiāoshòu'é bùxī tóuchǎn xīnchǎnpǐn.
저희 회사는 판매액을 제고하기 위해 신제품을 투자생산하는 것을 아끼지 않습니다.

Voca⁺
*投资 tóuzī **명** **동** 투자(하다) | *投产 tóuchǎn **동** 생산에 들어가다

Business VOCA

0013 播出 bōchū

동 방송하다. 방송으로 내보내다

예 我们公司产品广告的播出时间是30秒。
Wǒmen gōngsī chǎnpǐn guǎnggào de bōchū shíjiān shì sānshí miǎo.
저희 회사 제품광고의 방영시간은 30초입니다.

Voca⁺
重播 chóngbō 동 재방송하다 | 现场直播 xiànchǎng zhíbō 명 생중계

0014 传单 chuándān

명 전단지

예 我不喜欢通过传单的方式做广告，如果行人随便扔掉传单，会造成污染。
Wǒ bù xǐhuan tōngguò chuándān de fāngshì zuò guǎnggào, rúguǒ xíngrén suíbiàn rēngdiào chuándān, huì zàochéng wūrǎn.
저는 전단지를 통한 방식으로 광고하는 것을 좋아하지 않습니다. 만약 행인들이 전단지를 아무렇게나 버리면 환경오염을 야기할 수 있기 때문입니다.

Voca⁺
散发 sànfā 동 배포하다

0015 杂志 zázhì

명 잡지

예 我们的产品针对的是老年人，在健康杂志上做广告也许更好。
Wǒmen de chǎnpǐn zhēnduì de shì lǎoniánrén, zài jiànkāng zázhì shang zuò guǎnggào yěxǔ gèng hǎo.
우리 제품은 노년층을 대상으로 하니 건강잡지에 광고를 하는 것이 더 낫습니다.

Voca⁺
杂志副刊 zázhì fùkān 잡지의 부록 | 停刊 tíngkān 동 (신문·잡지 등의) 간행을 중지하다

0016 免费报纸 miǎnfèi bàozhǐ

명 무가지

예 咱们公司以前一直在免费报纸上做广告，效果不太理想。
Zánmen gōngsī yǐqián yìzhí zài miǎnfèi bàozhǐ shang zuò guǎnggào, xiàoguǒ bútài lǐxiǎng.
우리 회사는 이전에 줄곧 무가지에 광고를 해서 효과가 별로 좋지 않았습니다.

Voca⁺
*报社 bàoshè 명 신문사 | *上报 shàngbào 동 신문에 나다. 상부에 보고하다

0017 海报 hǎibào

명 (문예공연·영화·운동경기 등의) 포스터, 광고전단

예 购书300元以上有礼品赠送，详情见书店内海报。
Gòu shū sānbǎi yuán yǐshàng yǒu lǐpǐn zèngsòng, xiángqíng jiàn shūdiàn nèi hǎibào.

300위안 이상 책을 구매하면 선물을 증정합니다. 상세한 것은 서점 내 포스터를 봐주세요.

Voca+
电影海报 diànyǐng hǎibào 영화포스터 | 演出海报 yǎnchū hǎibào 공연포스터

0018 宣传画册 xuānchuán huàcè

명 팸플릿

예 每个企业都有自己的文化，通过一个企业的宣传画册，我们能看到一个企业的品味。
Měi ge qǐyè dōu yǒu zìjǐ de wénhuà, tōngguò yí ge qǐyè de xuānchuán huàcè, wǒmen néng kàndào yí ge qǐyè de pǐnwèi.

모든 기업은 자신의 문화가 있습니다. 한 기업의 팸플릿을 통해 우리는 그 기업의 스타일을 알 수 있습니다.

Voca+
画册 huàcè 명 화첩, 화집

0019 小招贴 xiǎozhāotiē

명 스티커

예 在公共场所随便粘贴的小招贴广告不利于城市的美观。
Zài gōnggòng chǎngsuǒ suíbiàn zhāntiē de xiǎozhāotiē guǎnggào bú lìyú chéngshì de měiguān.

공공장소에 함부로 붙여놓은 스티커 광고는 도시의 미관에 도움이 되지 않습니다.

Voca+
招贴 zhāotiē 명 (벽 등에 붙여진) 광고, 포스터, 벽보 | 商业招贴 shāngyè zhāotiē 상업포스터

0020 消费群 xiāofèiqún

명 소비군

예 做广告方案首先要考虑产品定位和消费群。
Zuò guǎnggào fāng'àn shǒuxiān yào kǎolǜ chǎnpǐn dìngwèi hé xiāofèiqún.

광고안을 만들 때 가장 먼저 제품의 자리와 소비군을 고려해야 합니다.

Voca+
超额消费 chāo'é xiāofèi 과소비 | 感情消费 gǎnqíng xiāofèi 감정소비

Business VOCA

0021 赞助* zànzhù

명 찬조, 협찬　동 찬조하다, 협찬하다

예 您觉得未来中国的体育赞助市场会怎么样?
Nín juéde wèilái Zhōngguó de tǐyù zànzhù shìchǎng huì zěnmeyàng?
당신은 미래 중국의 스포츠 스폰서 시장이 어떠할 것이라고 생각하나요?

Voca+
赞助商 zànzhùshāng 명 협찬기업, 협찬사 | 赞助金 zànzhùjīn 명 찬조금 |
赞助人 zànzhùrén 스폰서

0022 黄金时段 huángjīn shíduàn

명 황금시간대

예 我们打算在黄金时段播放广告吸引观众。
Wǒmen dǎsuàn zài huángjīn shíduàn bōfàng guǎnggào xīyǐn guānzhòng.
우리는 황금시간대에 광고를 방영하여 관중들을 사로잡을 계획입니다.

Voca+
黄金周 huángjīnzhōu 명 황금주간 (음력설·중국 건국기념일(10월1일)의 1주일 연휴기간) | 黄金搭档 huángjīn dādàng 명 명콤비 | 黄金时代 huángjīn shídài 명 황금시대 (정치·경제·문화가 가장 발전한 시대), 황금기 (인생의 가장 소중한 시기) |
黄金地段 huángjīn dìduàn 명 도심지, 다운타운

0023 排名* páimíng

명 순위　동 순위를 매기다

예 销售额排名第一的是智能手机和笔记本电脑等个人电子产品。
Xiāoshòu'é páimíng dì yī de shì zhìnéng shǒujī hé bǐjìběn diànnǎo děng gèrén diànzǐ chǎnpǐn.
판매액 순위 1위는 스마트폰과 노트북 등 개인용 전자제품입니다.

Voca+
*排行榜 páihángbǎng 명 순위차트 | *排列 páiliè 동 배열하다, 정렬하다

0024 明星* míngxīng

명 (유명한 연예인·운동선수 등의) 스타(star)

예 为了提高产品知名度, 我们请明星做了广告。
Wèile tígāo chǎnpǐn zhīmíngdù, wǒmen qǐng míngxīng zuò le guǎnggào.
제품의 지명도를 높이기 위해 우리는 스타를 초빙하여 광고를 했습니다.

Voca+
明星焦点 míngxīng jiāodiǎn 명 스타 이슈 | 明星代言 míngxīng dàiyán 명 스타 대변인

03 홍보·광고

0025
专家
zhuānjiā

명 전문가

예 我们要聘请一些有名气的、能干的广告专家。
Wǒmen yào pìnqǐng yì xiē yǒu míngqì de、nénggàn de guǎnggào zhuānjiā.
우리는 유명하고 능력 있는 광고 전문가를 초빙하려고 합니다.

Voca⁺
专家咨询 zhuānjiā zīxún 전문가 자문 | 专家意见 zhuānjiā yìjiàn 전문가 견해

0026
知名度
zhīmíngdù

명 지명도

예 我们希望借明星的认知度能够提高我们产品的知名度。
Wǒmen xīwàng jiè míngxīng de rènzhīdù nénggòu tígāo wǒmen chǎnpǐn de zhīmíngdù.
우리는 스타의 인지도를 빌어 우리 제품의 지명도를 높일 수 있기를 바랍니다.

Voca⁺
认知度 rènzhīdù 명 인지도

0027
天价
tiānjià

명 최고가

예 有名的好莱坞电影明星的广告费简直是天价。
Yǒumíng de Hǎoláiwù diànyǐng míngxīng de guǎnggàofèi jiǎnzhí shì tiānjià.
유명한 할리우드 무비스타의 광고료는 그야말로 최고가입니다.

Voca⁺
顶价 dǐngjià 명 최고가격. 최고가 | 身价 shēnjià 명 몸값

0028
形象*
xíngxiàng

명 형상. 이미지

예 在主要路口树立广告牌，有利于建立产品形象、增加知名度。
Zài zhǔyào lùkǒu shùlì guǎnggàopái, yǒu lìyú jiànlì chǎnpǐn xíngxiàng、zēngjiā zhīmíngdù.
주요 도로에 광고판을 세우면 제품 이미지를 건립하고, 지명도를 높이는 데 유리합니다.

Voca⁺
形象大使 xíngxiàng dàshǐ 명 (이미지를 향상시키는) 홍보대사 | 形象代言人 xíngxiàng dàiyánrén 명 (특정 브랜드의 제품을) 광고하는 모델

Business VOCA

0029 拍摄* pāishè

[동] 촬영하다. (사진을) 찍다

[예] 广告的拍摄周期比较短，快的话三四天，慢的话一个星期。
Guǎnggào de pāishè zhōuqī bǐjiào duǎn, kuài dehuà sān sì tiān, màn dehuà yí ge xīngqī.
광고의 촬영 주기는 비교적 짧아서, 빠르면 3~4일, 느리면 1주일입니다.

Voca+
*拍照 pāizhào [동] 사진을 찍다

0030 广告词 guǎnggàocí

[명] 광고멘트

[예] 王老吉的广告词是"怕上火，喝王老吉"。
Wánglǎojí de guǎnggàocí shì "pà shànghuǒ, hē Wánglǎojí".
왕라오지의 광고멘트는 "샹훠를 피하려면 왕라오지를 마시세요"입니다.

Voca+
广告语 guǎnggàoyǔ [명] 광고문구. 광고멘트

0031 广告费 guǎnggàofèi

[명] 광고료

[예] 我认为过高的广告费会增加产品的成本，给消费者带来负担。
Wǒ rènwéi guògāo de guǎnggàofèi huì zēngjiā chǎnpǐn de chéngběn, gěi xiāofèizhě dàilái fùdān.
저는 지나치게 높은 광고비는 제품의 원가를 높이고 소비자에게 부담을 가져올 수 있다고 생각합니다.

Voca+
广告露出 guǎnggào lùchū 광고 노출

0032 广告主 guǎnggàozhǔ

[명] 광고주

[예] 听说广告主对广告性价比的评估不高。
Tīngshuō guǎnggàozhǔ duì guǎnggào xìngjiàbǐ de pínggū bù gāo.
듣자 하니 광고주의 광고 가성비에 대한 평가가 높지 않다고 합니다.

Voca+
东道主 dōngdàozhǔ [명] (손님을 초대한) 주인. 주최측. 주최자 | *主人 zhǔrén [명] 주인. 고용주

0033 广告牌 guǎnggàopái

명 광고판

예 广告牌我们设计了几种样式，您看哪种好？
Guǎnggàopái wǒmen shèjì le jǐ zhǒng yàngshì, nín kàn nǎ zhǒng hǎo?
광고판은 우리가 여러 가지 스타일로 디자인했는데, 당신이 보기에 어느 것이 낫다고 생각하세요?

Voca⁺
*牌子 páizi 명 상표, 브랜드, 팻말 | *冒牌 màopái 동 상표를 도용하다 |
*牌照 páizhào 명 자동차 번호판

0034 广告栏 guǎnggàolán

명 광고란

예 报纸的广告栏曾经是报社收入的主体部分。
Bàozhǐ de guǎnggàolán céngjīng shì bàoshè shōurù de zhǔtǐ bùfen.
신문의 광고란은 일찍이 신문사 수입의 주된 부분이었습니다.

Voca⁺
*刊登 kāndēng 동 (신문·잡지 등에) 게재하다, 싣다 | 版面 bǎnmiàn 명 지면

0035 招标* zhāobiāo

동 입찰 공고하다

예 我们报社的广告板块通过招标，承包给了大中广告公司。
Wǒmen bàoshè de guǎnggào bǎnkuài tōngguò zhāobiāo, chéngbāo gěi le Dàzhōng Guǎnggào Gōngsī.
저희 신문사의 광고판은 입찰을 통해 따중 광고회사에 맡겼습니다.

Voca⁺
招标无效 zhāobiāo wúxiào 명 유찰 | 招标公告 zhāobiāo gōnggào 입찰공고 |
重新招标 chóngxīn zhāobiāo 명 재입찰

0036 中标 zhòngbiāo

동 (입찰자가) 낙찰되다

예 我们公司参加的本市公共汽车换代项目，投标工程中标了。
Wǒmen gōngsī cānjiā de běn shì gōnggòngqìchē huàndài xiàngmù, tóubiāo gōngchéng zhòngbiāo le.
저희 회사가 참가한 우리 시 버스의 세대교체 프로젝트가 경쟁입찰을 거쳐 낙찰되었습니다.

Voca⁺
中标价格 zhòngbiāo jiàgé 명 낙찰가 | 中标人 zhòngbiāorén 명 낙찰인

Business VOCA

0037 巨额 jù'é

[형] 액수가 많은. 거액의

[예] 为了扩大知名度，公司投资巨额请人气高的明星拍摄广告。
Wèile kuòdà zhīmíngdù, gōngsī tóuzī jù'é qǐng rénqì gāo de míngxīng pāishè guǎnggào.
지명도를 확대하기 위해 회사는 거액을 투자하여 인기가 높은 스타를 데려다가 광고를 찍었습니다.

Voca⁺
巨头 jùtóu [명] 우두머리 | 财界巨头 cáijiè jùtóu [명] 재계 거인 | 金融巨头 jīnróng jùtóu [명] 금융계의 거두

0038 卖点★ màidiǎn

[명] 상품의 매력(장점). 소비자의 마음을 사로잡는 점

[예] 该产品的卖点是优良品质和高性价比。
Gāi chǎnpǐn de màidiǎn shì yōuliáng pǐnzhì hé gāo xìngjiàbǐ.
이 제품의 판매포인트는 우수한 품질과 높은 가성비입니다.

Voca⁺
独特卖点 dútè màidiǎn 차별화 특성

0039 收视率 shōushìlǜ

[명] 시청률

[예] 收视率高的电视连续剧之前插播的广告最贵。
Shōushìlǜ gāo de diànshì liánxùjù zhīqián chābō de guǎnggào zuì guì.
시청률이 높은 TV연속극 이전에 방송되는 광고가 가장 비쌉니다.

Voca⁺
收视者 shōushìzhě [명] 시청자

0040 收听率 shōutīnglǜ

[명] 청취율

[예] 在收听率高的电台节目中插播广告最有利于宣传。
Zài shōutīnglǜ gāo de diàntái jiémù zhōng chābō guǎnggào zuì yǒulìyú xuānchuán.
청취율이 높은 라디오 프로그램 사이에 광고를 삽입하는 것이 홍보에 가장 유리합니다.

Voca⁺
收听者 shōutīngzhě [명] 청취자

voca Review 학습한 단어를 복습해 보세요.

1. 우리말을 중국어로 말해본 후 직접 한자와 병음을 써보세요.

① 대중매체
② 인터넷
③ 배너광고
④ 전단
⑤ 협찬하다
⑥ 황금시간대
⑦ 스타
⑧ 시청률

2. 호응하는 어휘끼리 연결한 후 직접 써보세요.

① 欢迎 • • 收听
② 计算 • • 广告
③ 做 • • 利弊得失
④ 投入 • • 巨资

3. 보기에서 알맞은 어휘를 골라 넣으세요.

보기   a. 插播   b. 越来越   c. 不利于   d. 吸引

① 随着人们环保意识的增强，优秀的公益广告（   ）多。
② 在公共场所随便粘贴的小招贴广告（   ）城市的美观。
③ 我们打算在黄金时段播放广告（   ）观众。
④ 收视率高的电视连续剧之前（   ）的广告最贵。

answer

1. ①媒体 méitǐ ②互联网 hùliánwǎng ③横幅广告 héngfú guǎnggào ④传单 chuándān
   ⑤赞助 zànzhù ⑥黄金时段 huángjīn shíduàn ⑦明星 míngxīng ⑧收视率 shōushìlǜ
2. ①欢迎收听 ②计算利弊得失 ③做广告 ④投入巨资   3. ①b ②c ③d ④a

Let's Checking!   주어진 한국어 문장을 중국어로 말해 보세요.

처음에 저희 회사는 비용 문제를 고려했기 때문에 평면광고를 하였고,
- ✓ 起初我们公司因为考虑费用问题，做了平面广告。

제품의 지명도를 높이기 위해 우리는 스타를 초빙하여 광고를 했습니다.
- ✓ 为了提高产品知名度，我们请明星做了广告。

회사는 수차례의 회의를 통해 이해득실을 계산하여
- ✓ 公司通过好几次的会议计算利弊得失，

다시 TV광고를 하기로 결정하였습니다.
- ✓ 决定做电视广告。

지명도를 확대하기 위해
- ✓ 为了扩大知名度，

회사는 거액을 투자하여 인기가 높은 스타를 데려다가 광고를 찍었습니다.
- ✓ 公司投资巨额请人气高的明星拍摄广告。

우리는 황금시간대에 광고를 방영하여 관중들을 사로잡을 계획입니다.
- ✓ 我们打算在黄金时段播放广告吸引观众。

우리는 스타의 인지도를 빌어 우리 제품의 지명도를 높일 수 있기를 바랍니다.
- ✓ 我们希望借明星的认知度能够提高我们产品的知名度。

Chapter 5 부서별 업무

04 구매 · 재무 (采购 · 财务)

Mind Map Note

*采购 cǎigòu
[동] 구매하다

财务 cáiwù
[명] 재무

单价 dānjià
[명] 단가

*订单 dìngdān
[명] 주문서

*订金 dìngjīn
[명] 예약금. 계약금

甲方 jiǎfāng
[명] 갑방

*所得税 suǒdéshuì
[명] 소득세

增值税 zēngzhíshuì
[명] 부가가치세

*支付 zhīfù
[동] 지불하다

分期付款 fēnqī fùkuǎn
분할지급. 할부

*支出 zhīchū
[명] 지출 [동] 지출하다

Let's Speaking!

이 단원을 학습하고 나면 아래 내용을 중국어로 말할 수 있어요.

- 저희는 중국에서 식품원료를 수입하는데 이번에는 자금资金이 부족합니다.

- 우리는 일시불一次性付款은 큰 자금을 마련筹集해야 해서 부담이 너무 큽니다.

- 저희는 분할납부分期付款를 제안했는데

- 이는 일시불의 경제적인 스트레스를 해소할 수 있습니다.

- 공급업체가 신용장 대금款额(额度)을 80%까지 올려줄 수 있다고 말했습니다.

- 그래서 지난주 구매采购부와 재무부 인사가 공급업체와 관련사업을 토론하였습니다.

- 재무부 인사는 3개월마다 한 번씩 결산结算하고,

- 매년 연말 총결산总结算하는 것을 제안하였습니다.

Let's Start Up!

주제에 맞는 단어와 예문을 학습해 보세요.   ⦿ Track 5-4

0001
采购*
căigòu

图 구매   图 (기관·기업 등에서) 구매하다

예 上星期采购部跟财务部人士和供应商讨论了相关事宜。
Shàng xīngqī căigòubù gēn cáiwùbù rénshì hé gōngyìngshāng tǎolùn le xiāngguān shìyí.
지난주 구매부와 재무부 인사가 공급업체와 관련사업을 토론하였습니다.

Voca⁺
*收购 shōugòu 图 구입하다. 사들이다 | *进货 jìnhuò 图 상품을 사들이다

0002
资金
zījīn

图 자금. 자본금

예 我们从中国进口食品原料，但这次资金不够。
Wǒmen cóng Zhōngguó jìnkǒu shípǐn yuánliào, dàn zhè cì zījīn bú gòu.
저희는 중국에서 식품원료를 수입하는데 이번에는 자금이 부족합니다.

Voca⁺
资金周转 zījīn zhōuzhuǎn 자금순환 | 资金周转率 zījīn zhōuzhuǎnlǜ 자금회전율

0003
凭证
píngzhèng

图 증거. 근거. 증빙

예 为了回公司报销，消费的时候每次都要准备好报销凭证。
Wèile huí gōngsī bàoxiāo, xiāofèi de shíhou měicì dōu yào zhǔnbèi hǎo bàoxiāo píngzhèng.
회사에 가서 청구하기 위해 돈을 쓸 때는 매번 소비 증빙자료를 잘 준비해 두어야 합니다.

Voca⁺
报销凭证 bàoxiāo píngzhèng 결산 증빙

0004
支付*
zhīfù

图 지불하다. 내다

예 现在你们提出用信用证支付百分之五十的货款，是吧？
Xiànzài nǐmen tíchū yòng xìnyòngzhèng zhīfù bǎifēnzhī wǔshí de huòkuǎn, shì ba?
현재 신용장으로 50%의 대금을 지불하신다고 제안하신 것이 맞지요?

Voca⁺
*支出 zhīchū 图图 지출(하다)

---

342 Chapter 5 부서별 업무

Business VOCA

0005
款额
kuǎn'é

명 금액

예 供应商说可以把信用证的款额提高到百分之八十。
Gōngyìngshāng shuō kěyǐ bǎ xìnyòngzhèng de kuǎn'é tígāo dào bǎifēnzhī bāshí.
공급업체가 신용장 금액을 80%까지 올려줄 수 있다고 말했습니다.

Voca⁺
货款 huòkuǎn 명 상품대금. 물건값

0006
优惠*
yōuhuì

형 특혜의. 우대의

예 如果增加订购量，我们能做出让步，给你们优惠百分之五。
Rúguǒ zēngjiā dìnggòuliàng, wǒmen néng zuòchū ràngbù, gěi nǐmen yōuhuì bǎifēnzhī wǔ.
만약 구매량이 증가하면 저희가 양보해서 여러분께 5%를 우대해드릴 수 있습니다.

Voca⁺
提价 tíjià 동 가격을 올리다 | *物价 wùjià 명 물가 | 高价 gāojià 명 고가. 비싼 값 |
*廉价 liánjià 형 염가이다. 저렴하다 | 特价 tèjià 명 특가

0007
一次性付款
yícìxìng fùkuǎn

일시불

예 因为一次性付款没有利息，价格最便宜，所以我们一般都采用一次性付款的方式。
Yīnwèi yícìxìng fùkuǎn méiyǒu lìxī, jiàgé zuì piányi, suǒyǐ wǒmen yìbān dōu cǎiyòng yícìxìng fùkuǎn de fāngshì.
일시불은 이자가 없기 때문에 가격이 가장 저렴합니다. 그래서 저희는 보통 일시불 방식을 채택합니다.

Voca⁺
*一次性 yícìxìng 형 일회용인

0008
分期付款
fēnqī fùkuǎn

분할지급. 할부

예 我们提出分期付款，这可以缓解一次性付款的经济压力。
Wǒmen tíchū fēnqī fùkuǎn, zhè kěyǐ huǎnjiě yícìxìng fùkuǎn de jīngjì yālì.
저희는 분할납부를 제안했는데 이는 일시불의 경제적인 스트레스를 해소할 수 있습니다.

Voca⁺
*分期 fēnqī 동 시기(기간)를 나누다

0009
分批
fēnpī

동 분할하다

예 现在现货不够，如果要的话我们可以分批供货。
Xiànzài xiànhuò bú gòu, rúguǒ yào de huà wǒmen kěyǐ fēnpī gònghuò.
현재 재고가 부족해서 만약 필요하다면 우리는 분할 출고할 수 있습니다.

Voca⁺
*分别 fēnbié 동 헤어지다 부 각각, 따로따로 | *分工 fēngōng 동 분업하다, 분담하다 |
*分期 fēnqī 동 시기(기간)를 나누다

0010
差额
chā'é

명 차액

예 随着原材料价格上涨，产品的单价也随之上涨。这个差额应该由采购方支付。
Suízhe yuáncáiliào jiàgé shàngzhǎng, chǎnpǐn de dānjià yě suízhī shàng zhǎng. Zhè ge chā'é yīnggāi yóu cǎigòufāng zhīfù.
원료값이 상승함에 따라 제품의 단가도 따라서 올랐습니다. 이 차액은 구매 측에서 지불해야 합니다.

Voca⁺
*数额 shù'é 명 일정한 수, 정액, 액수 | *总额 zǒng'é 명 총액 |
余额 yú'é 명 잔고, 잔금

0011
结算
jiésuàn

동 결산하다

예 财务部人士提出每三个月结算一次，每年年底总结算。
Cáiwùbù rénwéi tíchū měi sān ge yuè jiésuàn yí cì, měinián niándǐ zǒngjiésuàn.
재무부 인사는 3개월마다 한 번씩 결산하고, 매해 연말 총결산하는 것을 제안하였습니다.

Voca⁺
结算期止 jiésuàn qīzhǐ 결산 마감 | 结算货款 jiésuàn huòkuǎn 대금결제 |
现金结算 xiànjīn jiésuàn 현금결제

0012
甲方
jiǎfāng

명 갑방

예 贵公司认为我们利润分成时，甲方占多大比例好？
Guì gōngsī rènwéi wǒmen lìrùn fēnchéng shí, jiǎfāng zhàn duōdà bǐlì hǎo?
귀사는 저희가 이윤을 나눌 때 갑이 얼마만큼의 비율을 차지하는 것이 낫다고 생각하나요?

Voca⁺
*甲 jiǎ 명 갑 (십간(十干)의 첫째), 첫 번째

Business VOCA

0013
乙方
yǐfāng

명 을방

예 双方决定甲方提供技术，乙方提供机械设备。
Shuāngfāng juédìng jiǎfāng tígōng jìshù, yǐfāng tígōng jīxiè shèbèi.
양측은 갑이 기술을 제공하고 을이 기계설비를 제공하는 것으로 결정하였습니다.

Voca+
*乙 yǐ 명 을 (천간(天干)의 둘째), 두 번째

0014
订单 *
dìngdān

명 (상품·물품 예약의) 주문서

예 最近贵公司的毛衣订单减少了很多，是因为季节的原因吗？
Zuìjìn guì gōngsī de máoyī dìngdān jiǎnshǎo le hěn duō, shì yīnwèi jìjié de yuányīn ma?
최근 귀사의 스웨터 발주서가 많이 줄었는데 계절적인 원인 때문인가요?

Voca+
订单量 dìngdānliàng 수주액 | 订单序号 dìngdān xùhào 주문번호 |
订单骤增 dìngdān zhòuzēng 주문 쇄도

0015
单价
dānjià

명 단가

예 这个单价的有效期是两个星期，希望贵公司尽快下订单。
Zhè ge dānjià de yǒuxiàoqī shì liǎng ge xīngqī, xīwàng guì gōngsī jǐnkuài xià dìngdān.
이 단가의 유효기간은 2주로 귀사가 빨리 발주를 내려주시기를 바랍니다.

Voca+
生产单价 shēngchǎn dānjià 생산단가 | 出口单价 chūkǒu dānjià 수출단가 |
广告单价 guǎnggào dānjià 광고단가

0016
数量 *
shùliàng

명 수량

예 货款是用单价乘以数量，大量订购还可以优惠。
Huòkuǎn shì yòng dānjià chéngyǐ shùliàng, dàliàng dìnggòu hái kěyǐ yōuhuì.
물건대금은 단가 곱하기 수량으로, 대량으로 구매하면 혜택을 받을 수 있습니다.

Voca+
大量 dàliàng 형 대량의, 많은 양의

04 구매·재무 345

0017 原价* yuánjià

명 정가

예 女士连衣裙原价每套500元，现价每套300元。
Nǚshì liányīqún yuánjià měi tào wǔbǎi yuán, xiànjià měi tào sānbǎi yuán.
여성 원피스의 정가는 한 벌당 500위안인데, 현재 한 벌당 300위안입니다.

Voca+
市价 shìjià 명 시장가격, 시세 | 折扣价 zhékòujià 명 할인가 |
零售价 língshòujià 명 소매가(격) | 批发价 pīfājià 명 도매가(격)

0018 竞争力 jìngzhēnglì

명 경쟁력

예 同类产品的价格越来越低，贵公司的报价在市场上没有竞争力。
Tónglèi chǎnpǐn de jiàgé yuèláiyuè dī, guì gōngsī de bàojià zài shìchǎng shang méiyǒu jìngzhēnglì.
동종제품의 가격이 점점 낮아져서 귀사의 견적은 시장에서 경쟁력이 없습니다.

Voca+
竞争加剧 jìngzhēng jiājù 경쟁심화 | 竞争机制 jìngzhēng jīzhì 명 경쟁 메커니즘

0019 订金* dìngjīn

명 계약금, 예약금

예 在签约后，通常采购方会给供货方一笔订金。
Zài qiānyuē hòu, tōngcháng cǎigòufāng huì gěi gōnghuòfāng yì bǐ dìngjīn.
계약을 체결한 후, 구매자는 일반적으로 공급업체에게 계약금을 제공합니다.

Voca+
*本金 běnjīn 명 원금, (기업 등의) 자본금 | *基金 jījīn 명 기금, 펀드 |
*资金 zījīn 명 자금, 자본금

0020 催款 cuīkuǎn

동 돈을 재촉하다

예 上个月已经交货了，可是尾款还没到。我已经发了催款的邮件。
Shàng ge yuè yǐjīng jiāohuò le, kěshì wěikuǎn háiméi dào. Wǒ yǐjīng fā le cuīkuǎn de yóujiàn.
지난달 이미 물건을 납품했지만 잔액이 아직 결제되지 않았습니다. 제가 이미 대금을 재촉하는 메일을 보냈습니다.

Voca+
催货 cuīhuò 동 물건을 재촉하다

Business VOCA

0021 滞纳金* zhìnàjīn

명 체납금

예 请遵守交期，过期我们将收取5%滞纳金。
Qǐng zūnshǒu jiāoqī, guòqī wǒmen jiāng shōuqǔ bǎifēnzhī wǔ zhìnàjīn.
납기를 준수해주세요. 날짜를 어기면 저희는 체납금을 5% 받도록 하겠습니다.

Voca+
滞纳税 zhìnàshuì 미납세 | 滞纳利息 zhìnà lìxī 연체이자, 체납이자

0022 审核* shěnhé

동 심사하여 결정하다

예 一万元以下的办公性支出，由部门负责人审核批准就行了。
Yíwàn yuán yǐxià de bàngōngxìng zhīchū, yóu bùmén fùzérén shěnhé pīzhǔn jiùxíng le.
1만 위안 이하의 사무적인 지출은 부서 책임자가 심의하여 승인하면 됩니다.

Voca+
计划审核 jìhuà shěnhé 계획감사 | 事后审核 shìhòu shěnhé 사후감사 | 现金审核 xiànjīn shěnhé 현금실사

0023 财务* cáiwù

명 재무, 재정

예 李总，这是您下午的安排，五点财务部张经理来汇报财务情况。
Lǐ zǒng, zhè shì nín xiàwǔ de ānpái, wǔ diǎn cáiwùbù Zhāng jīnglǐ lái huìbào cáiwù qíngkuàng.
리 사장님, 이것은 오후의 일정으로 5시 재무부 장 부장님이 오셔서 재무상황을 보고할 것입니다.

Voca+
财务总监 cáiwù zǒngjiān 최고 재무관리자 | 财务报表分析 cáiwù bàobiǎo fēnxī 손익계산서 분석

0024 有形资产 yǒuxíng zīchǎn

명 유형자산

예 有形资产是指有实物形态的资产，包括固定资产和流动资产。
Yǒuxíng zīchǎn shì zhǐ yǒu shíwù xíngtài de zīchǎn, bāokuò gùdìng zīchǎn hé liúdòng zīchǎn.
유형자산은 실물형태의 자산을 가리키며 고정자산과 유동자산을 포함합니다.

Voca+
资产评估 zīchǎn pínggū **명** 자산평가 | 固定资产 gùdìng zīchǎn **명** 고정자산

0025 无形资产
wúxíng zīchǎn

명 무형자본. 무형자산

예 无形资产包括货币资金、应收帐款、金融资产、专利权、商标权等。
Wúxíng zīchǎn bāokuò huòbì zījīn, yīngshōu zhàngkuǎn, jīnróng zīchǎn, zhuānlìquán, shāngbiāoquán děng.
무형자산은 화폐현금, 미수금, 금융자산, 특허권, 상표권 등을 포함합니다.

Voca⁺
转让无形资产 zhuǎnràng wúxíng zīchǎn 무형자산 양도 |
无形资产清理收益 wúxíng zīchǎn qīnglǐ shōuyì 무형자산 처분이익

0026 收入*
shōurù

명 수입

예 公司这个月收入大于支出，有盈余，总经理很高兴。
Gōngsī zhè ge yuè shōurù dàyú zhīchū, yǒu yíngyú, zǒngjīnglǐ hěn gāoxing.
회사의 이번 달 수입이 지출보다 훨씬 많아서 이윤이 남아 사장님이 매우 기뻐합니다.

Voca⁺
收入差距 shōurù chājù 소득 격차 | 票房收入 piàofáng shōurù 명 흥행수입

0027 支出*
zhīchū

명 지출 동 지출하다

예 我们这个月购买原材料的支出很大，公司出现了赤字。
Wǒmen zhè ge yuè gòumǎi yuáncáiliào de zhīchū hěn dà, gōngsī chūxiàn le chìzì.
저희가 이번 달 구매한 원료의 지출이 너무 심해서 회사는 적자가 났습니다.

Voca⁺
支出详单 zhīchū xiángdān 지출명세서 | 支出预算 zhīchū yùsuàn 지출 예산

0028 所得税*
suǒdéshuì

명 소득세

예 中国政府结束了经济特区长期以来的外资所得税优惠政策。
Zhōngguó zhèngfǔ jiéshù le jīngjì tèqū chángqī yǐlái de wàizī suǒdéshuì yōuhuì zhèngcè.
중국 정부는 경제특구의 장기적인 외자기업 소득세 혜택정책을 종결하였습니다.

Voca⁺
抵扣 dǐkòu 동 공제하다 | 所得税申报 suǒdéshuì shēnbào 소득세 신고 |
营业税 yíngyèshuì 명 영업세

Business VOCA

0029 筹集* chóují

동 (돈을) 마련하다

예 我们认为一次性付款需要筹集大笔资金，负担太大。
Wǒmen rènwéi yícìxìng fùkuǎn xūyào chóují dàbǐ zījīn, fùdān tài dà.
우리는 일시불로 큰 자금을 마련해야 해서 부담이 너무 크다고 생각합니다.

Voca⁺
*集资 jízī 동 자금을 모으다

0030 缴税 jiǎoshuì

동 납세하다. 세금을 내다

예 我们公司按照国家法律按时缴税，这是纳税证明。
Wǒmen gōngsī ànzhào guójiā fǎlǜ ànshí jiǎoshuì, zhè shì nàshuì zhèngmíng.
우리 회사는 국가법률에 따라 제때 세금을 납부합니다. 이것은 납세증명입니다.

Voca⁺
*纳税 nàshuì 동 세금을 납부하다 | 收税 shōushuì 동 세금을 징수하다 | 税务所 shuìwùsuǒ 명 세무서 | 查税 cháshuì 동 세무조사를 하다

0031 奖金* jiǎngjīn

명 보너스. 상금

예 今年公司收入翻了一翻，公司年终给每个职员都发了奖金。
Jīnnián gōngsī shōurù fān le yì fān, gōngsī niánzhōng gěi měi ge zhíyuán dōu fā le jiǎngjīn.
올해 회사의 수입이 200%로 늘어서 회사는 연말에 모든 직원에게 보너스를 주었습니다.

Voca⁺
年终奖 niánzhōngjiǎng 명 연말상여금 | 加班费 jiābānfèi 명 특근수당 | 过节费 guòjiéfèi 명 명절 경비

0032 分红* fēnhóng

동 이익 배당 동 (기업 등에서) 이익을 분배하다

예 分红是股份公司在赢利中每年按股票份额的一定比例支付给投资者的红利。
Fēnhóng shì gǔfèn gōngsī zài yínglì zhōng měinián àn gǔpiào fèn'é de yídìng bǐlì zhīfù gěi tóuzīzhě de hónglì.
배당은 주식회사가 이윤 중 매년 주식배당의 일정비율에 따라 투자자에게 지불하는 배당금입니다.

Voca⁺
股利 gǔlì 주식배당금 | *红利 hónglì 명 주식배당. 초과 배당금. 상여금

0033 审计* shěnjì

동 회계감사를 하다

예 公司每年都要接受审计部门对公司账务的不定期审查。
Gōngsī měinián dōu yào jiēshòu shěnjì bùmén duì gōngsī zhàngwù de bú dìngqī shěnchá.
회사는 매년 회계감사부서로부터 회사재무에 대해 비정기적으로 심사를 받습니다.

Voca+
母公司 mǔgōngsī 명 모회사 | *子公司 zǐgōngsī 명 자회사

0034 公积金* gōngjījīn

명 (기업의) 적립금, 준비금

예 企业向投资者分配利润后，剩余部分可以按规定存入公积金。
Qǐyè xiàng tóuzīzhě fēnpèi lìrùn hòu, shèngyú bùfen kěyǐ àn guīdìng cúnrù gōngjījīn.
기업은 투자자에게 이윤을 분배한 후 남은 부분은 규정에 따라 적립금으로 예금할 수 있습니다.

Voca+
盈余公积 yíngyú gōngjī 이익 잉여금

0035 增值税 zēngzhíshuì

명 부가가치세

예 企业在销售产品时，应该付多少增值税？
Qǐyè zài xiāoshòu chǎnpǐn shí, yīnggāi fù duōshao zēngzhíshuì?
기업은 제품을 판매할 때 부가가치세를 얼마나 내야 하나요?

Voca+
增值税含税价 zēngzhíshuì hánshuìjià 부가가치세 포함가격 |
增值税法 zēngzhí shuìfǎ 부가가치세법

0036 认股权 rèngǔquán

명 스톡옵션, 주식매입선택권

예 认股权一般授予高级管理人员或对公司有重大贡献的员工。
Rèngǔquán yìbān shòuyǔ gāojí guǎnlǐ rényuán huò duì gōngsī yǒu zhòngdà gòngxiàn de yuángōng.
스톡옵션은 보통 고급 관리인력 혹은 회사에 큰 공헌을 한 직원에게 줍니다.

Voca+
认股 rèngǔ 동 주식청약을 하다 | 炒股 chǎogǔ 동 주식하다

Business VOCA

0037 财务报表
cáiwù bàobiǎo

명 재무제표

예 财务报表上写着注册资本300万，产品供不应求，应该容易得到贷款。

Cáiwù bàobiǎo shang xiězhe zhùcè zīběn sānbǎi wàn, chǎnpǐn gōngbúyìngqiú, yīnggāi róngyì dédào dàikuǎn.

재무제표에 자본 300만 위안이 등록되어 있고, 제품의 공급이 부족하니 대출을 쉽게 받을 수 있다고 쓰여 있습니다.

Voca⁺
盈亏 yíngkuī 명 이득과 손해 | 损益 sǔnyì 명 손익

0038 法人卡
fǎrénkǎ

명 법인카드

예 这张卡是总经理的法人卡，用于公司招待客户时结算用。

Zhè zhāng kǎ shì zǒngjīnglǐ de fǎrénkǎ, yòngyú gōngsī zhāodài kèhù shí jiésuàn yòng.

이 카드는 사장님의 법인카드로 회사가 고객을 접대할 때 계산에 사용됩니다.

Voca⁺
法人税 fǎrénshuì 법인세 | 法人代表 fǎrén dàibiǎo 법인대표

0039 负债*
fùzhài

명 부채 동 빚을 지다

예 公司的营业额处于滑坡状态，据说已经负债累累了。

Gōngsī de yíngyè'é chǔyú huápō zhuàngtài, jùshuō yǐjīng fùzhài lěilěi le.

회사의 영업액이 하락하는 상태에 처해 있어, 다른 사람의 말에 의하면 이미 부채가 많다고 합니다.

Voca⁺
*贷款 dàikuǎn 명 대출금. 대부금 동 대출하다

0040 现金流量表
xiànjīn liúliàngbiǎo

현금 흐름표. 현금 유입표

예 现金流量表是在固定期间内一家机构的现金增减变动情形，这包含银行存款。

Xiànjīn liúliàngbiǎo shì zài gùdìng qījiān nèi yì jiā jīgòu de xiànjīn zēngjiǎn biàndòng qíngxíng, zhè bāohán yínháng cúnkuǎn.

현금 유입표는 일정 기간 내에 한 기구의 현금 증감변동 상황으로 이는 은행 저축을 포함합니다.

Voca⁺
现金 xiànjīn 명 현금 | 流量 liúliàng 명 유동량

voca Review 학습한 단어를 복습해 보세요.

1. 우리말을 중국어로 말해본 후 직접 한자와 병음을 써보세요.

① 구매하다
② 지불하다
③ 예약금
④ 분할지급
⑤ 발주서
⑥ 소득세
⑦ 부가가치세
⑧ 스톡옵션

2. 호응하는 어휘끼리 연결한 후 직접 써보세요.

① 讨论　　　•　　　　•　资金
② 筹集　　　•　　　　•　压力
③ 缓解　　　•　　　　•　分成
④ 利润　　　•　　　　•　事宜

3. 보기에서 알맞은 어휘를 골라 넣으세요.

보기　　a. 订金　　b. 遵守　　c. 认股权　　d. 无形

① 在签约后，通常采购方会给供货方一笔（　　）。
② 请（　　）交期，过期我们将收取5%滞纳金。
③ （　　）资产包括货币资金、金融资产、专利权、商标权等。
④ （　　）一般授予高级管理人员或对公司有重大贡献的员工。

answer

1. ① 采购 cǎigòu　② 支付 zhīfù　③ 订金 dìngjīn　④ 分期付款 fēnqī fùkuǎn　⑤ 订单 dìngdān
　⑥ 所得税 suǒdéshuì　⑦ 增值税 zēngzhíshuì　⑧ 认股权 rèngǔquán
2. ① 讨论事宜　② 筹集资金　③ 缓解压力　④ 利润分成　3. ①a ②b ③d ④c

Let's Checking! 주어진 한국어 문장을 중국어로 말해 보세요.

저희는 중국에서 식품원료를 수입하는데 이번에는 자금이 부족합니다.

✓ 我们从中国进口食品原料，但这次资金不够。

우리는 일시불은 큰 자금을 마련해야 해서 부담이 너무 크다고 생각합니다.

✓ 我们认为一次性付款需要筹集大笔资金，负担太大。

저희는 분할납부를 제안했는데

✓ 我们提出分期付款，

이는 일시불의 경제적인 스트레스를 해소할 수 있습니다.

✓ 这可以缓解一次性付款的经济压力。

공급업체가 신용장 대금을 80%까지 올려줄 수 있다고 말했습니다.

✓ 供应商说可以把信用证的款额提高到百分之八十。

그래서 지난주 구매부와 재무부 인사가 공급업체와 관련사업을 토론하였습니다.

✓ 所以上星期采购部跟财务部人士和供应商讨论了相关事宜。

재무부 인사는 3개월마다 한 번씩 결산하고,

✓ 财务部人士提出每三个月结算一次，

매년 연말 총결산하는 것을 제안하였습니다.

✓ 每年年底总结算。

Chapter 5 부서별 업무

05 AS · 고객관리 (售后服务)

Mind Map Note

*售后服务 shòuhòu fúwù
명 애프터서비스

*维修 wéixiū
동 수리하다

保修期 bǎoxiūqī
수리보증 기간

忠实用户 zhōngshí yònghù
충성도가 높은 사용자

*上门服务 shàngmén fúwù
방문서비스

满意度 mǎnyìdù
만족도

*反馈 fǎnkuì
명 피드백(feedback)

*投诉 tóusù
동 컴플레인 하다

*配件 pèijiàn
명 부품

*免费 miǎnfèi
동 무료로 하다

消费者协会 xiāofèizhě xiéhuì
명 소비자협회

Let's Speaking!

이 단원을 학습하고 나면 아래 내용을 중국어로 말할 수 있어요.

- 고객客户의 요구를 만족시키기 위해

- 제조상은 양질의 애프터서비스售后服务를 제공해야 합니다.

- 회사의 복사기가 아직 수리보증 기간保修期이 지나지 않았는데 고장이 나서

- 저희는 방문서비스上门服务를 신청하였습니다.

- 수리보증 기간 내에 전국 각지의 수리센터维修中心에서 무료보수 서비스를 누릴 수 있습니다.

- 제조업자는 전국 각지에 서비스망服务网이 있어서

- 서비스는 주야나 휴일을 가리지 않고 호출하는 대로 달려옵니다随叫随到.

- 그들은 바로 사람을 보내 방문서비스上门服务를 해주었고, 저희 복사기를 수리하였습니다.

Let's Start Up!
주제에 맞는 단어와 예문을 학습해 보세요.   Track 5-5

0001

售后服务*
shòuhòu fúwù

명 애프터서비스(A/S)

예 为了满足客户的要求，厂家要提供良好的售后服务。
Wèile mǎnzú kèhù de yāoqiú, chǎngjiā yào tígōng liánghǎo de shòuhòu fúwù.
고객의 요구를 만족시키기 위해 제조상은 양질의 애프터서비스를 제공해야 합니다.

Voca+
自愿服务 zìyuàn fúwù 명 자원봉사

0002

客户服务中心
kèhù fúwù zhōngxīn

고객서비스 센터

예 购买一年以内可以得到客户服务中心提供的免费维修服务。
Gòumǎi yì nián yǐnèi kěyǐ dédào kèhù fúwù zhōngxīn tígōng de miǎnfèi wéixiū fúwù.
구매한 지 1년 이내에는 고객서비스 센터가 제공하는 무상수리 서비스를 받을 수 있습니다.

Voca+
购物中心 gòuwù zhōngxīn 명 대형쇼핑센터

0003

上门服务*
shàngmén fúwù

방문서비스(하다)

예 他们马上派人上门服务，维修我们的电脑。
Tāmen mǎshàng pài rén shàngmén fúwù, wéixiū wǒmen de diànnǎo.
그들은 바로 사람을 보내 방문서비스를 해주었고, 저희 컴퓨터를 수리하였습니다.

Voca+
送货上门 sònghuò shàngmén 집까지 상품을 배달해주다

0004

故障*
gùzhàng

명 고장. 결함

예 顾客，您的手机出了什么故障？
Gùkè, nín de shǒujī chū le shénme gùzhàng?
고객님, 휴대전화가 어떤 고장이 났나요?

Voca+
*问题 wèntí 명 (해답을 요구하는·해결해야 할) 문제 | 坏了 huài le 동 고장 나다

Business VOCA

0005 保修期 bǎoxiūqī

수리보증 기간

예) 公司的复印机还没过保修期就出故障了，我们申请了上门服务。
Gōngsī de fùyìnjī hái méi guò bǎoxiūqī jiù chū gùzhàng le, wǒmen shēnqǐng le shàngmén fúwù.
회사의 복사기가 아직 수리보증 기간이 지나지 않았는데 고장이 나서 저희는 방문서비스를 신청하였습니다.

Voca+
* 保修 bǎoxiū 동 (무상으로) 보증수리하다. 애프터서비스 하다

0006 申请* shēnqǐng

동 신청하다

예) 申请售后服务一般要多长时间？
Shēnqǐng shòuhòu fúwù yìbān yào duōcháng shíjiān?
애프터서비스를 신청하면 보통 얼마나 걸립니까?

Voca+
申请书 shēnqǐngshū 명 신청서 | 申请表 shēnqǐngbiǎo 명 신청표

0007 维修* wéixiū

동 수리하다. 보수하다

예) 他们马上派修理人员维修了我们的复印机。
Tāmen mǎshàng pài xiūlǐ rényuán wéixiū le wǒmen de fùyìnjī.
그들은 곧 수리인력을 보내서 저희의 복사기를 수리해주었습니다.

Voca+
维修工 wéixiūgōng 명 수리, 정비공 | 维修师 wéixiūshī 명 수리, 정비공

0008 维修中心 wéixiū zhōngxīn

명 수리센터

예) 保修期内在全国各地的维修中心都可以享受免费保修服务。
Bǎoxiūqī nèi zài quánguó gèdì de wéixiū zhōngxīn dōu kěyǐ xiǎngshòu miǎnfèi bǎoxiū fúwù.
수리보증 기간 내에 전국 각지의 수리센터에서 무료보수 서비스를 누릴 수 있습니다.

Voca+
维修费用 wéixiū fèiyòng 수리비용

0009 保养* bǎoyǎng

동 수리하다. 정비하다. 보수하다

예 饮水机需要三个月一次定期保养。
Yǐnshuǐjī xūyào sān ge yuè yí cì dìngqī bǎoyǎng.
정수기는 3개월마다 한 번씩 정기적으로 관리해야 합니다.

Voca⁺
定期保养 dìngqī bǎoyǎng 정기적으로 관리하다

0010 费用* fèiyòng

명 비용. 지출

예 空调售后服务存在乱收费现象，如安装费用、安装配件费用等。
Kōngtiáo shòuhòu fúwù cúnzài luàn shōufèi xiànxiàng, rú ānzhuāng fèiyòng、ānzhuāng pèijiàn fèiyòng děng.
에어컨의 애프터서비스는 마구잡이식으로 비용을 받는 현상이 있습니다.
예를 들면 설치비용, 부품 설치비용 등입니다.

Voca⁺
费用清单 fèiyòng qīngdān 청구서 | 附加费用 fùjiā fèiyòng 추가요금 | 乱收费 luàn shōufèi 명 불법요금

0011 付费 fùfèi

동 비용을 지불하다. 유료로 하다

예 您的冰箱过了保修期出了故障，我们付费维修。
Nín de bīngxiāng guòle bǎoxiūqī chū le gùzhàng, wǒmen fùfèi wéixiū.
당신 냉장고는 수리보증 기간이 지나 고장이 나서 저희가 유료로 수리합니다.

Voca⁺
一年保修，三年维修 yì nián bǎoxiū, sān nián wéixiū 1년 무상수리, 3년 유상수리

0012 收费 shōufèi

동 유료로 하다

예 因为消费者使用不当造成损坏的话实行收费修理。
Yīnwèi xiāofèizhě shǐyòng búdàng zàochéng sǔnhuài dehuà shíxíng shōufèi xiūlǐ.
소비자의 사용이 적절치 못해 파손된 경우 유료로 수리를 합니다.

Voca⁺
收费站 shōufèizhàn 명 톨게이트, 고속도로 요금소 | 收费停车场 shōufèi tíngchēchǎng 명 유료주차장

Business VOCA

0013 型号* xínghào

명 모델. 사이즈. 형. 타입

예 您说的那种型号的空调一年前已经停产了。
Nín shuō de nà zhǒng xínghào de kōngtiáo yì nián qián yǐjīng tíngchǎn le.
당신이 말씀하신 그 모델의 에어컨은 1년 전에 이미 단종되었습니다.

Voca+
*类型 lèixíng 명 유형

0014 配件* pèijiàn

명 부품. 부속품

예 我公司不生产配件，直接生产并销售成品。
Wǒ gōngsī bù shēngchǎn pèijiàn, zhíjiē shēngchǎn bìng xiāoshòu chéngpǐn.
우리 회사는 부품을 생산하는 게 아니라 완제품을 직접 생산해 판매합니다.

Voca+
配件专区 pèijiàn zhuānqū 부품 전문판매 | 汽车配件 qìchē pèijiàn 자동차 부속품 | 笔记本配件 bǐjìběn pèijiàn 명 노트북 부품 | 成品 chéngpǐn 명 완성품. 완제품

0015 投诉* tóusù

동 신고하다. 불평하다. 컴플레인 하다

예 消费者投诉的主要内容都是什么?
Xiāofèizhě tóusù de zhǔyào nèiróng dōu shì shénme?
소비자가 컴플레인 하는 주요 내용은 모두 무엇입니까?

Voca+
投诉电话 tóusù diànhuà 명 민원전화. 컴플레인 전화 | 投诉率 tóusùlǜ 명 불만 신고율

0016 忠实用户 zhōngshí yònghù

충실한 사용자. 충성도가 높은 사용자

예 我的丈夫是苹果产品的忠实用户，手机、电脑都用苹果牌。
Wǒ de zhàngfu shì Píngguǒ chǎnpǐn de zhōngshí yònghù, shǒujī、diànnǎo dōu yòng Píngguǒ pái.
제 남편은 애플 제품의 충성도 높은 사용자로 휴대전화, 컴퓨터 모두 애플 브랜드를 사용합니다.

Voca+
实际用户 shíjì yònghù 실수요자

0017
噪音＊
zàoyīn

명 잡음. 소음

예 我家的冰箱噪音很大，制冰、制冷也有问题。
Wǒ jiā de bīngxiāng zàoyīn hěn dà, zhìbīng、zhìlěng yě yǒu wèntí.
저희 집 냉장고는 잡음이 심하고, 제빙, 제냉에도 문제가 있습니다.

Voca⁺
上霜 shàngshuāng 동 서리가 생기다 | 漏水 lòushuǐ 동 물이 세다 |
＊冷藏 lěngcáng 동 냉장하다 | 冷冻 lěngdòng 동 냉동하다

0018
液晶
yèjīng

명 액정

예 手机液晶破裂了，什么都看不见，电话也打不进来。
Shǒujī yèjīng pòliè le, shénme dōu kànbujiàn, diànhuà yě dǎ bu jìnlái.
휴대전화 액정이 부서져서 아무것도 안 보이고, 전화도 들어오지 않습니다.

Voca⁺
液晶屏 yèjīngpíng 명 액정화면

0019
图像＊
túxiàng

명 이미지. 영상

예 上星期买的数码相机图像不清楚，液晶屏也有问题。
Shàng xīngqī mǎi de shùmǎxiàngjī túxiàng bù qīngchu, yèjīngpíng yě yǒu wèntí.
지난주에 산 디지털카메라의 영상이 분명하지 않고 액정화면도 문제가 있습니다.

Voca⁺
图像卡 túxiàngkǎ 명 그래픽카드 | 像素 xiàngsù 명 화소 | 自拍 zìpāi
명동 셀카(를 찍다)

0020
关机
guānjī

동 전원을 끄다

예 手机经常突然关机和开机，而且电池太热，恐怕要爆炸。
Shǒujī jīngcháng tūrán guānjī hé kāijī, érqiě diànchí tài rè, kǒngpà yào bàozhà.
휴대전화가 항상 갑자기 꺼졌다 켜지고, 게다가 배터리가 너무 뜨거워서 터질 것 같습니다.

Voca⁺
＊开关 kāiguān 명 스위치. 개폐기. 밸브

Business VOCA

0021 电热管 diànrèguǎn

명 전열관. 전열파이프

예 热水器的电热管坏了，要多长时间能修好?
Rèshuǐqì de diànrèguǎn huài le, yào duōcháng shíjiān néng xiūhǎo?
온수기의 전열관이 고장 났는데 수리하는 데 얼마나 걸릴까요?

Voca+
电热毯 diànrètǎn 명 전기장판. 전기요 | 电热水壶 diànrèshuǐhú 명 전기포트 |
电热杯 diànrèbēi 명 전기컵

0022 冷凝器 lěngníngqì

명 냉각기

예 电冰箱的冷凝器有问题，修理费要五十元。
Diànbīngxiāng de lěngníngqì yǒu wèntí, xiūlǐfèi yào wǔshí yuán.
냉장고의 냉각기가 문제가 있어서, 수리비는 50위안이 필요합니다.

Voca+
冷凝 lěngníng 동 응축되다. 응결되다 | 冷凝管 lěngníngguǎn 명 냉각기 |
冷凝液 lěngníngyè 명 응축액

0023 电源模块 diànyuán mókuài

명 전원모듈

예 平板电视的电源模块出故障了，需要付哪些费用?
Píngbǎn diànshì de diànyuán mókuài chū gùzhàng le, xūyào fù nǎxiē fèiyòng?
평면TV의 전원모듈이 고장 났는데 어떤 비용을 내야 하나요?

Voca+
电源线 diànyuánxiàn 명 전원선 | 电源插座 diànyuán chāzuò 명 콘센트 |
电源开关 diànyuán kāiguān 명 전원스위치

0024 停产 tíngchǎn

동 생산을 중지하다. 단종되다

예 这种款式的电视五年前已经停产了，没有配件。
Zhè zhǒng kuǎnshì de diànshì wǔ nián qián yǐjīng tíngchǎn le, méiyǒu pèijiàn.
이런 스타일의 TV는 5년 전에 이미 단종되어서 부품이 없습니다.

Voca+
*停工 tínggōng 동 일을 멈추다 | *停止 tíngzhǐ 동 정지하다

0025
死机
sǐjī

동 (컴퓨터·기계 등이) 다운되다

예 我的手机电池不能充电了，而且老是死机。
Wǒ de shǒujī diànchí bùnéng chōngdiàn le, érqiě lǎoshì sǐjī.
제 휴대전화 배터리가 충전이 안 되고 게다가 자꾸 다운됩니다.

Voca⁺
*死 sǐ 동 죽다

0026
病毒*
bìngdú

명 바이러스. 병원체. 병균

예 电脑中了病毒，我已经打电话申请维修服务了。
Diànnǎo zhòng le bìngdú, wǒ yǐjīng dǎ diànhuà shēnqǐng wéixiū fúwù le.
컴퓨터가 바이러스에 걸려서 저는 이미 전화로 수리서비스를 신청했습니다.

Voca⁺
病毒营销 bìngdú yíngxiāo 입소문 마케팅. 바이럴 마케팅

0027
包退
bāotuì

동 (일정 조건 아래) 반품을 보증하다

예 如果您对我们的产品不满意，在购买一周内，可以拿收据来商店，我们包退。
Rúguǒ nín duì wǒmen de chǎnpǐn bù mǎnyì, zài gòumǎi yì zhōu nèi, kěyǐ ná shōujù lái shāngdiàn, wǒmen bāotuì.
만약 당신이 저희 제품에 불만이 있을 경우, 구매 후 1주일 내에 영수증을 가지고 상점에 오시면 환불해드립니다.

Voca⁺
*包退包换 bāotuì bāohuàn 교환 보증·상품의 반환과 교환을 보증하다

0028
包换
bāohuàn

동 (일정한 조건 아래) 구매 상품의 교환을 보증하다

예 如果正常使用出现质量问题，购买之日起七天以内可以包换。
Rúguǒ zhèngcháng shǐyòng chūxiàn zhìliàng wèntí, gòumǎi zhī rì qǐ qī tiān yǐnèi kěyǐ bāohuàn.
만약 정상적으로 사용했는데 품질에 문제가 생겼다면 구매한 날로부터 7일 이내에 교환이 가능합니다.

Voca⁺
*更换 gēnghuàn 동 바꾸다. 교체하다. 변경하다

Business VOCA

0029 热线* rèxiàn

명 직통전화. 핫라인. 인기노선

예 我们公司为客户提供24小时服务热线。
Wǒmen gōngsī wèi kèhù tígōng èrshísì xiǎoshí fúwù rèxiàn.
우리 회사는 고객에게 24시간 서비스 핫라인을 제공합니다.

Voca+
旅游热线 lǚyóu rèxiàn 명 인기 관광노선

0030 启动* qǐdòng

동 (기계·설비 등의) 시동을 걸다

예 我家的电脑出故障了，怎么也启动不了。
Wǒ jiā de diànnǎo chū gùzhàng le, zěnme yě qǐdòng bùliǎo.
저희 집의 컴퓨터가 고장이 났는데 어떻게 해도 부팅이 안 됩니다.

Voca+
重新启动 chóngxīn qǐdòng 명 리부팅

0031 等* děng

동 기다리다

예 每次打电话到维修中心都要等几分钟，他们应该增加服务热线。
Měicì dǎ diànhuà dào wéixiū zhōngxīn dōu yào děng jǐ fēnzhōng, tāmen yīnggāi zēngjiā fúwù rèxiàn.
매번 서비스센터로 전화를 걸 때마다 몇 분씩 기다려야 하니, 그들은 서비스 핫라인을 늘려야 합니다.

Voca+
*等待 děngdài 동 (사물·상황 등을) 기다리다 | *等候 děnghòu 동 기다리다
[주로 구체적인 대상에 쓰임]

0032 加强* jiāqiáng

동 강화하다. 증강하다

예 因为天热，购买空调的客户激增，我们已经加强工作力度，可仍然要购买一周后才能安装。
Yīnwèi tiān rè, gòumǎi kōngtiáo de kèhù jīzēng, wǒmen yǐjīng jiāqiáng gōngzuò lìdù, kě réngrán yào gòumǎi yì zhōu hòu cái néng ānzhuāng.
날씨가 더워서 에어컨을 구매하는 고객이 급격히 증가하고 있습니다. 우리는 이미 업무강도를 강화했지만 여전히 구입 1주일 후에야 설치가 가능합니다.

Voca+
加强组织 jiāqiáng zǔzhī 조직 강화

0033
消费者协会
xiāofèizhě xiéhuì

명 소비자 협회

예 如果跟商家联系好几次也不能解决问题，你就联系消费者协会吧。
Rúguǒ gēn shāngjiā liánxì hǎo jǐ cì yě bùnéng jiějué wèntí, nǐ jiù liánxì xiāofèizhě xiéhuì ba.
만약 상품판매자와 여러 번 연락해도 문제가 해결되지 않으면 소비자 협회에 연락해보세요.

Voca⁺
消费者保护法 xiāofèizhě bǎohùfǎ 소비자 보호법 | 消费者权利 xiāofèizhě quánlì 소비자 권리

0034
随叫随到
suíjiào suídào

호출하는 대로 달려오다

예 厂家在全国各地都有服务网点，服务不分昼夜节假，随叫随到。
Chǎngjiā zài quánguó gèdì dōu yǒu fúwù wǎngdiǎn, fúwù bùfēn zhòuyè jiéjiǎ, suíjiào suídào.
제조업자는 전국 각지에 서비스망이 있어서 서비스는 주야나 휴일을 가리지 않고 호출하는 대로 달려옵니다.

Voca⁺
随叫随应 suíjiào suíyìng 부르자마자 응하다 | 随意 suíyì **부** (자기) 마음대로

0035
诚信*
chéngxìn

형 성실하다. 신용을 지키다

예 因为我们公司信守诚信，近几年公司规模越来越大。
Yīnwèi wǒmen gōngsī xìnshǒu chéngxìn, jìn jǐ nián gōngsī guīmó yuèláiyuè dà.
저희 회사는 신용을 지키기 때문에 최근 몇 년간 규모가 점점 커졌습니다.

Voca⁺
*诚实 chéngshí **형** 성실하다 | *真诚 zhēnchéng **형** 진실하다 |
*信誉 xìnyù **명** 신용. 명성. 위신

0036
满意度
mǎnyìdù

명 만족도

예 提高客户满意度可以保证客户的忠诚度。
Tígāo kèhù mǎnyìdù kěyǐ bǎozhèng kèhù de zhōngchéngdù.
고객만족도를 높이면 고객의 충성도를 보장할 수 있습니다.

Voca⁺
十分满意 shífēn mǎnyì 매우 만족하다

Business VOCA

0037 流失率 liúshīlǜ

명 유실률

예 有些企业售后服务不周到，这会导致客户流失率增加。
Yǒuxiē qǐyè shòuhòu fúwù bù zhōudào, zhè huì dǎozhì kèhù liúshīlǜ zēngjiā.
일부 기업은 애프터서비스가 세심하지 못한데, 이는 고객유실율의 증가를 야기합니다.

Voca⁺
顾客流失率 gùkè liúshīlǜ 가입해지율

0038 一锤子买卖 yìchuízi mǎimai

후일은 생각하지 않고 이번 장사만 신경을 쓰다

예 没有企业想做一锤子买卖，企业很了解拥有客户的重要性。
Méiyǒu qǐyè xiǎng zuò yìchuízi mǎimai, qǐyè hěn liǎojiě yōngyǒu kèhù de zhòngyàoxing.
이번만 장사하자고 생각하는 기업은 없습니다. 기업은 고객 보유의 중요성을 잘 알고 있습니다.

Voca⁺
揽买卖 lǎn mǎimai 동 고객을 끌어모으다. 호객 행위를 하다

0039 回访 huífǎng

동 답방하다. 답례로 방문하다

예 我们通过电子邮件、手机短信、定期回访等方式管理客户。
Wǒmen tōngguò diànzǐyóujiàn、shǒujī duǎnxìn、dìngqī huífǎng děng fāngshì guǎnlǐ kèhù.
우리는 이메일, 휴대전화 메시지, 정기적인 방문 등의 방식을 통해 고객을 관리합니다.

Voca⁺
礼节性回访 lǐjiéxìng huífǎng 의례적인 답방

0040 反馈* fǎnkuì

명 피드백(feedback) 동 (정보나 반응이) 되돌아오다

예 我们用多种方式及时反馈客户的意见和建议。
Wǒmen yòng duō zhǒng fāngshì jíshí fǎnkuì kèhù de yìjiàn hé jiànyì.
우리는 여러 가지 방식으로 고객의 의견과 건의에 제때 피드백 합니다.

Voca⁺
反馈效应 fǎnkuì xiàoyìng 피드백 효과

Voca Review 학습한 단어를 복습해 보세요.

1. 우리말을 중국어로 말해본 후 직접 한자와 병음을 써보세요.

① 수리보증 기간
② 방문서비스
③ 무료로 하다
④ 부품
⑤ 컴플레인 하다
⑥ 충실한 사용자
⑦ 만족도
⑧ 피드백

2. 호응하는 어휘끼리 연결한 후 직접 써보세요.

① 申请 •　　　　• 故障
② 出　 •　　　　• 服务
③ 造成 •　　　　• 病毒
④ 中　 •　　　　• 损坏

3. 보기에서 알맞은 어휘를 골라 넣으세요.

보기　　a. 液晶　　b. 包退　　c. 维修中心　　d. 停产

① 保修期内在全国各地的（　　　）都可以享受免费保修服务。
② 手机（　　　）破裂了，什么都看不见，电话也打不进来。
③ 这种款式的电视五年前已经（　　　）了，没有配件。
④ 在购买一周内，可以拿收据来商店，我们（　　　）。

answer

1. ① 保修期 bǎoxiūqī　② 上门服务 shàngmén fúwù　③ 免费 miǎnfèi　④ 配件 pèijiàn
　　⑤ 投诉 tóusù　⑥ 忠实用户 zhōngshí yònghù　⑦ 满意度 mǎnyìdù　⑧ 反馈 fǎnkuì
2. ① 申请服务　② 出故障　③ 造成损坏　④ 中病毒　3. ①c ②a ③d ④b

Let's Checking! 주어진 한국어 문장을 중국어로 말해 보세요.

고객의 요구를 만족시키기 위해
✓ 为了满足客户的要求,

제조상은 양질의 애프터서비스를 제공해야 합니다.
✓ 厂家要提供良好的售后服务。

회사의 복사기가 아직 수리보증 기간이 지나지 않았는데 고장이 나서
✓ 公司的复印机还没过保修期就出故障了,

저희는 방문서비스를 신청하였습니다.
✓ 我们申请了上门服务。

수리보증 기간 내에 전국 각지의 수리센터에서 무료보수 서비스를 누릴 수 있습니다.
✓ 保修期内在全国各地的维修中心都可以享受免费保修服务。

제조업자는 전국 각지에 서비스망이 있어서
✓ 厂家在全国各地都有服务网点,

서비스는 주야나 휴일을 가리지 않고 호출하는 대로 달려옵니다.
✓ 服务不分昼夜节假,随叫随到。

그들은 바로 사람을 보내 방문서비스를 해주었고, 저희 복사기를 수리하였습니다.
✓ 他们马上派人上门服务,维修我们的复印机。

#중국 돋보기

볼보자동차를 인수한 吉利

'지리(吉利, Geely)'는 중국의 자동차 제조업체로 저장성(浙江省) 항저우(杭州)에 있다. 지리는 세계적 기업 볼보자동차를 인수한 것으로도 유명하다.

창업자인 '리슈푸(李书福)' 회장은 자수성가형 CEO이다. 그는 고등학교를 졸업한 후 아버지가 주신 100위안을 종자돈으로 사진 찍는 일을 시작하였다. 그는 사진을 찍어 모은 돈으로 사진관을 열었고, 사진관을 운영하여 모은 돈으로 냉장고 부품을 생산하는 공장을 세워 냉장고를 생산·판매하기까지 이른다. 그러나 그는 이에 만족하지 않았다. 1997년 자동차 산업에 관심을 가지고 투자할 목적으로 정부기관을 찾아가 수십 억 위안도 투자할 수 있으니 민영기업이 자동차를 만들게 해달라고 하였으나 정부는 이를 거절하였다. 그러던 중 모 트럭회사를 인수할 기회가 생겨 이 회사를 인수하고 그는 트럭 제조부터 시작했는데, 그것이 지리 자동차의 시작이었다.

지리는 볼보자동차 인수를 계기로 도약했고, 볼보의 R&D 성과물들을 가져와 자동차 성능을 향상시켰다. 또한 타사자동차의 40%~50% 가격에 출시된 지리는 빠르게 시장점유율을 높여갔다.

현재 지리는 전기차를 비롯하여 스마트카, 미래차 기업으로 빠르게 변신하고 있다.

색인

A

AA制	AA zhì	Ch4	265
癌症	áizhèng	Ch4	233
安排	ānpái	Ch2	112
安全	ānquán	Ch3	171
安装	ānzhuāng	Ch4	277

B

罢工	bàgōng	Ch2	107
白板	báibǎn	Ch1	70
百货商场	bǎihuòshāngchǎng	Ch4	284
拜托	bàituō	Ch2	146
搬	bān	Ch3	184
半成品	bànchéngpǐn	Ch3	172
办法	bànfǎ	Ch2	135
半自动	bànzìdòng	Ch3	176
冰沙	bīngshā	Ch4	263
冰箱	bīngxiāng	Ch1	57
宾主	bīnzhǔ	Ch2	148
包	bāo	Ch1	60
包换	bāohuàn	Ch5	362
包间	bāojiān	Ch4	257
包退	bāotuì	Ch5	362
包装	bāozhuāng	Ch3	187
保健品	bǎojiànpǐn	Ch1	61
保留	bǎoliú	Ch2	133
保湿	bǎoshī	Ch4	287
保险	bǎoxiǎn	Ch1	18
保修期	bǎoxiūqī	Ch5	357
保养	bǎoyǎng	Ch5	358
报酬	bàochou	Ch5	317
报告	bàogào	Ch2	128
报关	bàoguān	Ch3	162
报价	bàojià	Ch3	157
报销	bàoxiāo	Ch2	119
报纸	bàozhǐ	Ch2	89
背包游	bēibāoyóu	Ch4	242
本土化	běntǔhuà	Ch5	309
编辑	biānjí	Ch2	118
便条贴	biàntiáotiē	Ch1	76
标准	biāozhǔn	Ch3	172
鼻炎	bíyán	Ch4	232
笔记本	bǐjìběn	Ch1	54
笔试	bǐshì	Ch5	317
笔筒	bǐtǒng	Ch1	73
毕业	bìyè	Ch2	84
病毒	bìngdú	Ch4	278
病毒	bìngdú	Ch5	362
病假	bìngjià	Ch2	105
播出	bōchū	Ch5	331
博客	bókè	Ch4	274
部长	bùzhǎng	Ch1	46

C

材料	cáiliào	Ch3	187
材质	cáizhì	Ch4	291
财务	cáiwù	Ch5	347
财务报表	cáiwù bàobiǎo	Ch5	351
财务部	cáiwùbù	Ch1	43
采购	cǎigòu	Ch5	342
采购部	cǎigòubù	Ch1	42
菜单	càidān	Ch4	256
参观	cānguān	Ch2	114
参加	cānjiā	Ch2	114
参团游	cāntuányóu	Ch4	242
餐费	cānfèi	Ch4	245

색인

餐厅	cāntīng	Ch4 256		尺子	chǐzi	Ch1 75
餐饮	cānyǐn	Ch1 15		出版	chūbǎn	Ch1 14
仓储	cāngchǔ	Ch3 186		出差	chūchāi	Ch2 117
仓库	cāngkù	Ch3 174		出货	chūhuò	Ch3 162
草案	cǎo'àn	Ch2 131		出境	chūjìng	Ch3 142
茶	chá	Ch4 263		出口	chūkǒu	Ch3 163
查询	cháxún	Ch3 156		出门	chūmén	Ch2 99
差额	chā'é	Ch5 344		出勤	chūqín	Ch2 107
长途	chángtú	Ch3 186		出席	chūxí	Ch2 128
畅销	chàngxiāo	Ch5 301		出租车	chūzūchē	Ch2 102
厂家	chǎngjiā	Ch3 170		出租者	chūzūzhě	Ch3 213
厂商	chǎngshāng	Ch3 170		初次	chūcì	Ch2 144
厂长	chǎngzhǎng	Ch1 49		筹集	chóují	Ch5 349
产出	chǎnchū	Ch3 179		抽奖	chōujiǎng	Ch5 307
产假	chǎnjià	Ch2 106		传达	chuándá	Ch2 121
产量	chǎnliàng	Ch3 176		传单	chuándān	Ch5 331
产品	chǎnpǐn	Ch1 54		传送带	chuánsòngdài	Ch3 187
朝向	cháoxiàng	Ch3 217		传真	chuánzhēn	Ch2 113
车费	chēfèi	Ch4 245		传真机	chuánzhēnjī	Ch1 56
车间	chējiān	Ch3 173		储备	chǔbèi	Ch3 163
车库	chēkù	Ch3 219		厨房	chúfáng	Ch3 218
衬衫	chènshān	Ch1 58		厨师	chúshī	Ch1 33
成本	chéngběn	Ch3 170		处长	chùzhǎng	Ch1 47
成果	chéngguǒ	Ch5 319		辞职	cízhí	Ch5 321
成交	chéngjiāo	Ch3 159		催款	cuīkuǎn	Ch5 346
成立	chénglì	Ch3 173		催讨	cuītǎo	Ch3 162
成品	chéngpǐn	Ch3 172		存款	cúnkuǎn	Ch3 205
诚聘	chéngpìn	Ch5 314		存盘	cúnpán	Ch4 276
诚信	chéngxìn	Ch5 364		存折	cúnzhé	Ch3 205
乘务员	chéngwùyuán	Ch1 28		磋商	cuōshāng	Ch3 160
痴呆症	chīdāizhèng	Ch4 237		促销	cùxiāo	Ch5 304
迟到	chídào	Ch2 104				
持平	chípíng	Ch5 306				

D

打印机	dǎyìnjī	Ch1	56
打折商品	dǎzhé shāngpǐn	Ch4	286
打卡	dǎkǎ	Ch2	104
打卡机	dǎkǎjī	Ch1	69
打孔机	dǎkǒngjī	Ch1	69
打扰	dǎrǎo	Ch4	250
大巴	dàbā	Ch4	246
大杯	dàbēi	Ch4	262
大盘	dàpán	Ch3	202
大小	dàxiǎo	Ch4	291
大学	dàxué	Ch2	85
代表	dàibiǎo	Ch2	148
大夫	dàifu	Ch4	228
贷款	dàikuǎn	Ch3	207
代理商	dàilǐshāng	Ch3	161
待遇	dàiyù	Ch2	91
单价	dānjià	Ch5	345
蛋糕	dàngāo	Ch4	264
淡季	dànjì	Ch4	243
倒车	dǎochē	Ch2	102
导演	dǎoyǎn	Ch1	31
导游	dǎoyóu	Ch1	27
导游费	dǎoyóufèi	Ch4	246
道理	dàolǐ	Ch2	134
登机牌	dēngjīpái	Ch4	292
登记	dēngjì	Ch2	141
登录	dēnglù	Ch4	271
等	děng	Ch5	363
等待	děngdài	Ch4	265
地点	dìdiǎn	Ch2	127
地铁	dìtiě	Ch2	101
地址	dìzhǐ	Ch3	192

点菜	diǎncài	Ch4	256
点钱	diǎnqián	Ch3	204
电池	diànchí	Ch1	56
电动	diàndòng	Ch3	175
电费	diànfèi	Ch3	220
电话	diànhuà	Ch2	112
电脑	diànnǎo	Ch1	54
电热管	diànrèguǎn	Ch5	361
电视	diànshì	Ch1	57
电视广告	diànshì guǎnggào	Ch5	329
电梯	diàntī	Ch3	215
电讯	diànxùn	Ch1	14
电源模块	diànyuán mókuài	Ch5	361
电子	diànzǐ	Ch1	13
电子邮件	diànzǐyóujiàn	Ch2	112
店员	diànyuán	Ch1	30
订单	dìngdān	Ch5	345
订货	dìnghuò	Ch3	157
订金	dìngjīn	Ch5	346
订票	dìngpiào	Ch4	244
订书机	dìngshūjī	Ch1	68
订做	dìngzuò	Ch3	179
定期	dìngqī	Ch3	206
董事长	dǒngshìzhǎng	Ch1	45
督促	dūcù	Ch2	119
独家	dújiā	Ch3	161
堵车	dǔchē	Ch2	103
度假型	dùjiàxíng	Ch4	247
多媒体	duōméitǐ	Ch5	328

색인 **371**

색인

E

耳鼻喉科	ěrbíhóukē	Ch4	229
耳机	ěrjī	Ch1	55

F

发财	fācái	Ch3	203
发票	fāpiào	Ch4	292
发言	fāyán	Ch2	129
法人卡	fǎrénkǎ	Ch5	351
反对	fǎnduì	Ch2	133
反馈	fǎnkuì	Ch5	365
返券	fǎnquàn	Ch5	304
方案	fāng'àn	Ch2	132
房地产	fángdìchǎn	Ch1	19
房东	fángdōng	Ch3	212
房卡	fángkǎ	Ch4	249
房子	fángzi	Ch3	212
房租	fángzū	Ch3	213
防压	fángyā	Ch3	191
访问	fǎngwèn	Ch2	114
访问者	fǎngwènzhě	Ch3	177
纺织品	fǎngzhīpǐn	Ch1	58
费用	fèiyòng	Ch5	358
分红	fēnhóng	Ch5	349
分批	fēnpī	Ch5	344
分期付款	fēnqī fùkuǎn	Ch5	343
风格	fēnggé	Ch4	288
丰盛	fēngshèng	Ch2	149
浮动	fúdòng	Ch3	201
服务	fúwù	Ch1	15
服务费	fúwùfèi	Ch4	251
服务员	fúwùyuán	Ch1	30
福利	fúlì	Ch2	91

服装	fúzhuāng	Ch1	15
付	fù	Ch3	215
付费	fùfèi	Ch5	358
付款	fùkuǎn	Ch3	158
负债	fùzhài	Ch3	203
负债	fùzhài	Ch5	351
妇产科	fùchǎnkē	Ch4	229
附件	fùjiàn	Ch4	276
复印	fùyìn	Ch2	113
复印机	fùyìnjī	Ch1	56
复印纸	fùyìnzhǐ	Ch1	76
副总经理	fùzǒngjīnglǐ	Ch1	45

G

干杯	gānbēi	Ch2	149
干性	gānxìng	Ch4	287
感冒	gǎnmào	Ch4	233
钢笔	gāngbǐ	Ch1	73
岗前培训	gǎngqián péixùn	Ch5	322
岗位职责	gǎngwèi zhízé	Ch5	323
高峰时间	gāofēng shíjiān	Ch2	103
歌手	gēshǒu	Ch1	32
割双眼皮	gē shuāngyǎnpí	Ch4	236
跟帖	gēntiě	Ch4	275
更新	gēngxīn	Ch4	274
工厂	gōngchǎng	Ch2	115
工程师	gōngchéngshī	Ch1	33
工人	gōngrén	Ch1	35
工资	gōngzī	Ch2	91
工作	gōngzuò	Ch2	105
公共汽车	gōnggòngqìchē	Ch2	101
公积金	gōngjījīn	Ch5	350
公斤	gōngjīn	Ch3	190

公路	gōnglù	Ch3 185
公司	gōngsī	Ch2 98
公务员	gōngwùyuán	Ch1 27
公益广告	gōngyì guǎnggào	Ch5 330
供货	gōnghuò	Ch5 304
供应商	gōngyìngshāng	Ch5 304
沟通	gōutōng	Ch2 88
购物	gòuwù	Ch4 284
购物游	gòuwùyóu	Ch4 242
股东	gǔdōng	Ch3 198
股价	gǔjià	Ch3 198
股票	gǔpiào	Ch3 199
股市	gǔshì	Ch3 198
骨科	gǔkē	Ch4 230
故障	gùzhàng	Ch5 356
挂号	guàhào	Ch4 231
关机	guānjī	Ch5 360
关税	guānshuì	Ch3 162
关系	guānxi	Ch3 160
关照	guānzhào	Ch2 145
观望	guānwàng	Ch3 203
光临	guānglín	Ch2 146
广播	guǎngbō	Ch5 328
广告	guǎnggào	Ch1 13
广告词	guǎnggàocí	Ch5 335
广告费	guǎnggàofèi	Ch5 335
广告栏	guǎnggàolán	Ch5 336
广告牌	guǎnggàopái	Ch5 336
广告主	guǎnggàozhǔ	Ch5 335
逛街	guàngjiē	Ch4 285
国内	guónèi	Ch2 140
果汁	guǒzhī	Ch4 263
过敏	guòmǐn	Ch4 232

H

海报	hǎibào	Ch5 332
海关	hǎiguān	Ch2 141
海外	hǎiwài	Ch2 140
海鲜	hǎixiān	Ch4 261
海运	hǎiyùn	Ch3 185
韩国菜	hánguócài	Ch4 258
汉语	hànyǔ	Ch2 86
行长	hángzhǎng	Ch1 49
航班	hángbān	Ch2 141
航空	hángkōng	Ch1 16
好处	hǎochu	Ch2 86
合并	hébìng	Ch2 131
合同	hétong	Ch2 116
合同工	hétonggōng	Ch1 26
合作	hézuò	Ch2 131
和解	héjiě	Ch3 165
黑板	hēibǎn	Ch1 70
黑客	hēikè	Ch4 279
横幅广告	héngfú guǎnggào	Ch5 330
红绿灯	hónglǜdēng	Ch2 104
后勤部	hòuqínbù	Ch1 43
化妆品	huàzhuāngpǐn	Ch1 62
化妆师	huàzhuāngshī	Ch1 34
化妆水	huàzhuāngshuǐ	Ch4 286
坏处	huàichu	Ch2 86
欢迎	huānyíng	Ch2 146
欢迎光临	huānyíng guānglín	Ch4 285
欢迎会	huānyínghuì	Ch2 147
环比	huánbǐ	Ch5 307
环境	huánjìng	Ch3 221
黄金时段	huángjīn shíduàn	Ch5 333
汇报	huìbào	Ch2 128

색인

回报率	huíbàolǜ	Ch5	309
回访	huífǎng	Ch5	365
会客室	huìkèshì	Ch3	178
会议	huìyì	Ch2	126
会议簿	huìyìbù	Ch1	71
会议室	huìyìshì	Ch2	127
会议主席	huìyì zhǔxí	Ch2	129
会员	huìyuán	Ch4	271
会员卡	huìyuánkǎ	Ch4	285
汇款	huìkuǎn	Ch3	207
汇率	huìlǜ	Ch3	204
户外广告	hùwài guǎnggào	Ch5	330
户型	hùxíng	Ch3	217
护士	hùshi	Ch1	29
护照	hùzhào	Ch2	143
互联网	hùliánwǎng	Ch5	328
活期	huóqī	Ch3	206
火车	huǒchē	Ch2	102
火锅	huǒguō	Ch4	260
货车	huòchē	Ch3	185
货代	huòdài	Ch3	190
货物	huòwù	Ch3	184
货源	huòyuán	Ch3	191
货运	huòyùn	Ch3	158

J

机会	jīhuì	Ch2	92
机器	jīqì	Ch3	174
机长	jīzhǎng	Ch1	28
积极	jījí	Ch5	316
基金	jījīn	Ch3	204
鸡尾酒	jīwěijiǔ	Ch4	264
激光	jīguāng	Ch4	237

急诊	jízhěn	Ch4	231
集装箱	jízhuāngxiāng	Ch3	188
计划	jìhuà	Ch2	118
计算器	jìsuànqì	Ch1	70
记录	jìlù	Ch2	133
记者	jìzhě	Ch1	32
纪念品	jìniànpǐn	Ch4	246
季度	jìdù	Ch2	127
技术部	jìshùbù	Ch1	41
绩效	jìxiào	Ch5	320
金融	jīnróng	Ch5	18
津贴	jīntiē	Ch5	317
经理	jīnglǐ	Ch1	46
经历	jīnglì	Ch2	92
经销商	jīngxiāoshāng	Ch5	307
经验	jīngyàn	Ch5	316
加班	jiābān	Ch2	105
加工	jiāgōng	Ch3	177
加强	jiāqiáng	Ch5	363
加载	jiāzài	Ch4	277
甲方	jiǎfāng	Ch5	344
价格战	jiàgézhàn	Ch5	305
价位	jiàwèi	Ch4	291
监督	jiāndū	Ch3	178
剪刀	jiǎndāo	Ch1	76
简历	jiǎnlì	Ch2	90
减少	jiǎnshǎo	Ch5	306
检验	jiǎnyàn	Ch3	161
健康	jiànkāng	Ch4	235
健康食品	jiànkāng shípǐn	Ch4	290
见面	jiànmiàn	Ch2	113
建筑	jiànzhù	Ch1	21
奖金	jiǎngjīn	Ch2	91

奖金	jiǎngjīn	Ch5 349		局长	júzhǎng	Ch1 47
降价	jiàngjià	Ch5 305		举行	jǔxíng	Ch2 147
降职	jiàngzhí	Ch5 321		巨额	jù'é	Ch5 337
交期	jiāoqī	Ch3 157		聚餐	jùcān	Ch2 116
交通卡	jiāotōngkǎ	Ch2 101		聚会	jùhuì	Ch2 116
交易	jiāoyì	Ch3 159				
胶带	jiāodài	Ch1 76		**K**		
胶水	jiāoshuǐ	Ch1 75		咖啡	kāfēi	Ch4 262
缴税	jiǎoshuì	Ch5 349		咖啡厅	kāfēitīng	Ch4 262
叫早	jiàozǎo	Ch4 251		开场白	kāichǎngbái	Ch2 129
轿车	jiàochē	Ch2 100		开车	kāichē	Ch2 100
教育	jiàoyù	Ch1 17		开会	kāihuì	Ch2 126
教授	jiàoshòu/jiāoshòu	Ch1 28		开幕	kāimù	Ch2 147
接待员	jiēdàiyuán	Ch1 35		看病	kànbìng	Ch4 231
接风	jiēfēng	Ch2 145		看法	kànfǎ	Ch2 134
接送	jiēsòng	Ch2 114		看房	kànfáng	Ch3 212
节目	jiémù	Ch5 329		考虑	kǎolǜ	Ch2 134
结构调整	jiégòu tiáozhěng	Ch5 321		考勤	kǎoqín	Ch2 106
结算	jiésuàn	Ch5 344		科长	kēzhǎng	Ch1 47
解雇	jiěgù	Ch5 321		客房	kèfáng	Ch4 248
解决	jiějué	Ch2 135		客服部	kèfúbù	Ch1 42
介绍	jièshào	Ch2 84		客户	kèhù	Ch2 116
戒指	jièzhi	Ch4 289		客户服务中心	kèhù fúwù zhōngxīn	Ch5 356
进口	jìnkǒu	Ch3 163		客厅	kètīng	Ch3 219
晋升	jìnshēng	Ch5 320		空房	kōngfáng	Ch4 248
禁烟房间	jìnyān fángjiān	Ch4 250		空调	kōngtiáo	Ch1 54
警察	jǐngchá	Ch1 35		空运	kōngyùn	Ch3 184
景点	jǐngdiǎn	Ch4 244		控制	kòngzhì	Ch3 175
敬	jìng	Ch2 148		快递	kuàidì	Ch1 17
竞争	jìngzhēng	Ch5 308		会计	kuàijì	Ch1 21
竞争力	jìngzhēnglì	Ch5 346		会计部	kuàijìbù	Ch1 43
酒	jiǔ	Ch1 61		会计师	kuàijìshī	Ch1 34
酒店	jiǔdiàn	Ch4 247		快件	kuàijiàn	Ch2 120

색인

款额	kuǎn'é	Ch5	343
宽带	kuāndài	Ch3	221
旷工	kuànggōng	Ch2	107
矿泉水	kuàngquánshuǐ	Ch4	264
款式	kuǎnshì	Ch4	288
库存	kùcún	Ch3	174
裤子	kùzi	Ch1	59

L

垃圾桶	lājītǒng	Ch1	77
老板	lǎobǎn	Ch1	35
老师	lǎoshī	Ch1	29
冷凝器	lěngníngqì	Ch5	361
冷饮	lěngyǐn	Ch4	262
离	lí	Ch2	98
凉菜	liángcài	Ch4	258
联络	liánluò	Ch2	117
连锁店	liánsuǒdiàn	Ch5	309
礼宾部	lǐbīnbù	Ch4	250
礼貌	lǐmào	Ch2	145
理财	lǐcái	Ch3	201
理赔	lǐpéi	Ch3	165
利润	lìrùn	Ch3	309
利息	lìxī	Ch3	206
连衣裙	liányīqún	Ch1	58
猎头	liètóu	Ch5	322
临时工	línshígōng	Ch1	26
零售	língshòu	Ch1	12
领带	lǐngdài	Ch1	59
领导	lǐngdǎo	Ch1	48
流程	liúchéng	Ch3	178
浏览	liúlǎn	Ch4	273
流利	liúlì	Ch2	87
流失率	liúshīlǜ	Ch5	365
流通	liútōng	Ch1	13
留疤	liú bā	Ch4	237
留言	liúyán	Ch2	121
隆鼻	lóngbí	Ch4	236
楼层	lóucéng	Ch3	215
楼盘	lóupán	Ch3	214
楼市	lóushì	Ch3	214
楼梯	lóutī	Ch3	214
路牌广告	lùpái guǎnggào	Ch5	330
路线	lùxiàn	Ch4	243
录用	lùyòng	Ch5	318
旅游	lǚyóu	Ch1	13
旅行社	lǚxíngshè	Ch4	242
律师	lǜshī	Ch1	33

M

麻醉	mázuì	Ch4	235
买单	mǎidān	Ch4	265
买方	mǎifāng	Ch3	158
买入	mǎirù	Ch3	199
买一送一	mǎi yī song yī	Ch4	286
卖点	màidiǎn	Ch5	337
卖方	màifāng	Ch3	159
满意度	mǎnyìdù	Ch5	364
慢走	mànzǒu	Ch4	293
贸易	màoyì	Ch1	12
美发师	měifàshī	Ch1	34
美容	měiróng	Ch1	16
美容师	měiróngshī	Ch1	34
媒体	méitǐ	Ch1	14
美味佳肴	měiwèi jiāyáo	Ch4	259
门户网站	ménhù wǎngzhàn	Ch4	270

门票	ménpiào	Ch4	245
门诊	ménzhěn	Ch4	228
密封	mìfēng	Ch3	188
密封袋	mìfēngdài	Ch4	291
密码	mìmǎ	Ch4	273
免费报纸	miǎnfèi bàozhǐ	Ch5	331
面包	miànbāo	Ch1	60
面积	miànjī	Ch3	173
面膜	miànmó	Ch4	287
面食	miànshí	Ch4	257
面试	miànshì	Ch2	84
面谈	miàntán	Ch5	315
面对面	miànduìmiàn	Ch5	315
面议	miànyì	Ch2	93
免费	miǎnfèi	Ch5	307
免税店	miǎnshuìdiàn	Ch4	284
名牌	míngpái	Ch4	285
名片	míngpiàn	Ch2	115
名胜古迹	míngshèng gǔjì	Ch4	244
明星	míngxīng	Ch5	333
泌尿科	mìniàokē	Ch4	230
秘书	mìshū	Ch1	27
模特	mótè	Ch5	334
目标	mùbiāo	Ch5	302
木箱	mùxiāng	Ch3	189

N

难题	nántí	Ch2	132
内科	nèikē	Ch4	229
内勤	nèiqín	Ch2	117
能干	nénggàn	Ch2	120
能力	nénglì	Ch2	88
能源	néngyuán	Ch1	21

年度	niándù	Ch2	127
年薪	niánxīn	Ch5	317
年休假	niánxiūjià	Ch2	106
牛市	niúshì	Ch3	199
农产品	nóngchǎnpǐn	Ch1	63
农业	nóngyè	Ch1	21

P

拍摄	pāishè	Ch5	335
排名	páimíng	Ch5	333
派	pài	Ch2	140
泡菜	pàocài	Ch1	62
泡沫塑料	pàomò sùliào	Ch3	188
批	pī	Ch3	176
批发	pīfā	Ch1	12
批准	pīzhǔn	Ch2	120
培训	péixùn	Ch5	323
赔偿	péicháng	Ch3	164
配件	pèijiàn	Ch5	359
配送	pèisòng	Ch3	192
配送员	pèisòngyuán	Ch3	192
皮包	píbāo	Ch4	288
皮肤科	pífūkē	Ch4	231
啤酒	píjiǔ	Ch4	264
漂亮	piàoliang	Ch4	237
品牌	pǐnpái	Ch5	303
品质	pǐnzhì	Ch3	171
品种	pǐnzhǒng	Ch5	302
平方米	píngfāngmǐ	Ch3	173
平面广告	píngmiàn guǎnggào	Ch5	329
平面图	píngmiàntú	Ch3	217
平台	píngtái	Ch4	279
评估	pínggū	Ch5	320

색인

凭证	píngzhèng	Ch5	342
破产	pòchǎn	Ch3	203
破裂	pòliè	Ch3	192

Q

期间	qījiān	Ch4	249
骑	qí	Ch2	102
启动	qǐdòng	Ch5	363
企划部	qǐhuàbù	Ch1	41
企业文化	qǐyè wénhuà	Ch5	323
起床	qǐchuáng	Ch2	98
起早	qǐzǎo	Ch2	98
汽车	qìchē	Ch1	63
器官	qìguān	Ch4	234
洽谈	qiàtán	Ch2	131
铅笔	qiānbǐ	Ch1	73
签名	qiānmíng	Ch3	193
勤奋	qínfèn	Ch5	316
轻工产品	qīnggōngchǎnpǐn	Ch1	63
清洁工	qīngjiégōng	Ch1	31
请假	qǐngjià	Ch2	105
请客	qǐngkè	Ch2	146
庆祝	qìngzhù	Ch2	147
渠道	qúdào	Ch5	303
取货单	qǔhuòdān	Ch4	292
取款	qǔkuǎn	Ch3	206
全自动	quánzìdòng	Ch3	175
雀斑	quèbān	Ch4	236
裙子	qúnzi	Ch1	59

R

热水器	rèshuǐqì	Ch3	220
热线	rèxiàn	Ch5	363
认股权	rèngǔquán	Ch5	350
人参	rénshēn	Ch1	62
人身意外保险	rénshēn yìwài bǎoxiǎn	Ch4	247
人事部	rénshìbù	Ch1	40
任职	rènzhí	Ch5	318
任职变更	rènzhí biàngēng	Ch5	319
日本菜	rìběncài	Ch4	259
日程	rìchéng	Ch2	112
日用品	rìyòngpǐn	Ch1	60
肉	ròu	Ch4	260
入境	rùjìng	Ch2	142
入住	rùzhù	Ch4	248
软件	ruǎnjiàn	Ch2	87

S

三室一厅	sān shì yì tīng	Ch3	218
散户	sǎnhù	Ch3	199
散装	sǎnzhuāng	Ch3	187
散会	sànhuì	Ch2	135
杀毒软件	shādú ruǎnjiàn	Ch4	277
商定	shāngdìng	Ch3	160
商谈	shāngtán	Ch2	130
商务中心	shāngwù zhōngxīn	Ch4	249
商业区	shāngyèqū	Ch3	216
上班	shàngbān	Ch2	99
上班族	shàngbānzú	Ch1	26
上菜	shàngcài	Ch4	256
上车	shàngchē	Ch2	99
上传	shàngchuán	Ch4	272
上门服务	shàngmén fúwù	Ch5	356
上市	shàngshì	Ch5	300
上网	shàngwǎng	Ch4	272
上瘾	shàngyǐn	Ch4	279

上涨	shàngzhǎng	Ch3 200		收据本	shōujùběn	Ch1 71
社交网站	shèjiāo wǎngzhàn	Ch4 271		收入	shōurù	Ch5 348
设备	shèbèi	Ch3 175		收视率	shōushìlǜ	Ch5 337
设计	shèjì	Ch1 18		收听率	shōutīnglǜ	Ch5 337
设计师	shèjìshī	Ch1 33		收银台	shōuyíntái	Ch4 292
设施	shèshī	Ch3 221		收款员	shōukuǎnyuán	Ch4 293
申报单	shēnbàodān	Ch2 143		收银员	shōuyínyuán	Ch1 30
申请	shēnqǐng	Ch5 357		手表	shǒubiǎo	Ch4 289
审核	shěnhé	Ch5 347		手机	shǒujī	Ch1 55
审计	shěnjì	Ch5 350		手术	shǒushù	Ch4 234
生产	shēngchǎn	Ch1 12		手续	shǒuxù	Ch2 143
生产部	shēngchǎnbù	Ch1 42		首页	shǒuyè	Ch4 270
生产线	shēngchǎnxiàn	Ch3 172		受潮	shòucháo	Ch3 191
升级	shēngjí	Ch4 274		售后服务部	shòuhòu fúwùbù	Ch1 44
实习	shíxí	Ch2 93		售后服务	shòuhòu fúwù	Ch5 356
实习职工	shíxí zhígōng	Ch5 315		售货员	shòuhuòyuán	Ch1 30
实习生	shíxíshēng	Ch1 26		数额	shù'é	Ch3 202
时差	shíchā	Ch2 144		刷卡	shuākǎ	Ch4 265
时间	shíjiān	Ch2 126		水桶	shuǐtǒng	Ch1 77
食品	shípǐn	Ch1 60		熟练	shúliàn	Ch2 87
十字路口	shízì lùkǒu	Ch2 104		数量	shùliàng	Ch5 345
士气	shìqì	Ch3 171		数码相机	shùmǎ xiàngjī	Ch1 55
市场占有率	shìchǎng zhànyǒulǜ	Ch5 305		扫描仪	sǎomiáoyí	Ch1 57
市场部	shìchǎngbù	Ch1 40		扫把	sàobǎ	Ch1 77
试销	shìxiāo	Ch5 301		司机	sījī	Ch1 27
试用期	shìyòngqī	Ch5 319		死机	sǐjī	Ch5 362
视窗	shìchuāng	Ch4 276		送餐	sòngcān	Ch4 251
视频	shìpín	Ch4 276		送货上门	sònghuò shàngmén	Ch3 193
书房	shūfáng	Ch3 219		搜索	sōusuǒ	Ch4 273
书架	shūjià	Ch1 68		苏打水	sūdáshuǐ	Ch4 263
蔬菜	shūcài	Ch4 260		塑封机	sùfēngjī	Ch1 69
收发	shōufā	Ch2 113		塑料	sùliào	Ch3 190
收费	shōufèi	Ch5 358				

색인

随叫随到	suíjiào suídào	Ch5 364
碎纸机	suìzhǐjī	Ch1 69
损害	sǔnhài	Ch3 164
损失	sǔnshī	Ch3 164
所得税	suǒdéshuì	Ch5 348
索赔	suǒpéi	Ch3 164

T

台灯	táidēng	Ch1 74
台式机	táishìjī	Ch2 87
谈判	tánpàn	Ch2 130
讨论	tǎolùn	Ch2 130
套餐	tàocān	Ch4 257
套牢	tàoláo	Ch3 201
特产	tèchǎn	Ch4 246
特长	tècháng	Ch2 85
提前退休	tíqián tuìxiū	Ch5 322
提醒	tíxǐng	Ch2 121
提议	tíyì	Ch2 130
体温	tǐwēn	Ch4 232
听	tīng	Ch2 86
停产	tíngchǎn	Ch5 361
天价	tiānjià	Ch5 334
填充物	tiánchōngwù	Ch3 189
条件	tiáojiàn	Ch3 161
跳槽	tiàocáo	Ch5 322
铁路	tiělù	Ch3 185
通过	tōngguò	Ch2 93
通知	tōngzhī	Ch2 128
同比	tóngbǐ	Ch5 306
同意	tóngyì	Ch2 133
童装	tóngzhuāng	Ch4 287
统计	tǒngjì	Ch2 119
投产	tóuchǎn	Ch5 330
投入	tóurù	Ch3 179
投诉	tóusù	Ch5 359
投资	tóuzī	Ch3 202
头衔	tóuxián	Ch2 145
图钉	túdīng	Ch1 74
图像	túxiàng	Ch5 360
推出	tuīchū	Ch5 300
推销	tuīxiāo	Ch5 308
退	tuì	Ch3 215
退出	tuìchū	Ch4 271
退房	tuìfáng	Ch4 249
退税	tuìshuì	Ch4 293
退休金	tuìxiūjīn	Ch5 318
拖把	tuōbǎ	Ch1 77

U

U(优)盘	U (yōu) pán	Ch1 55

W

外汇	wàihuì	Ch3 204
外科	wàikē	Ch4 228
外卖	wàimài	Ch4 257
外勤	wàiqín	Ch2 117
外向	wàixiàng	Ch2 88
玩家	wánjiā	Ch4 279
网吧	wǎngbā	Ch4 278
网德	wǎngdé	Ch4 275
网点	wǎngdiǎn	Ch5 303
网络	wǎngluò	Ch4 270
网络游戏	wǎngluò yóuxì	Ch4 278
网民	wǎngmín	Ch4 275
网页	wǎngyè	Ch4 270

网站	wǎngzhàn	Ch2 89		X		
网址	wǎngzhǐ	Ch4 273		西餐	xīcān	Ch4 259
往返	wǎngfǎn	Ch4 244		西装	xīzhuāng	Ch4 288
往来	wǎnglái	Ch3 158		吸脂	xīzhī	Ch4 236
旺季	wàngjì	Ch4 243		希望	xīwàng	Ch2 92
微信	Wēixìn	Ch4 274		新闻	xīnwén	Ch2 89
微信支付	Wēixìn zhīfù	Ch4 293		星级	xīngjí	Ch4 247
威士忌	wēishìjì	Ch4 290		洗衣	xǐyī	Ch4 251
维生素	wéishēngsù	Ch1 61		洗衣机	xǐyījī	Ch1 57
维修	wéixiū	Ch5 357		下班	xiàbān	Ch2 99
维修部	wéixiūbù	Ch1 44		下车	xiàchē	Ch2 100
维修中心	wéixiū zhōngxīn	Ch5 357		下级	xiàjí	Ch1 48
卫生间	wèishēngjiān	Ch3 218		下载	xiàzài	Ch4 272
位置	wèizhì	Ch3 216		先进	xiānjìn	Ch3 176
味道	wèidao	Ch4 261		现场	xiànchǎng	Ch2 115
胃镜	wèijìng	Ch4 233		现货	xiànhuò	Ch3 174
文档	wéndàng	Ch2 118		现金流量表	xiànjīn liúliàngbiǎo	Ch5 351
文件包	wénjiànbāo	Ch1 72		限制	xiànzhì	Ch3 202
文件袋	wénjiàndài	Ch1 72		香水	xiāngshuǐ	Ch1 63
文件柜	wénjiànguì	Ch1 72		香烟	xiāngyān	Ch4 290
文件盒	wénjiànhé	Ch1 71		箱装	xiāngzhuāng	Ch3 188
文件夹	wénjiànjiā	Ch1 72		项链儿	xiàngliànr	Ch4 290
问题	wèntí	Ch2 135		项目	xiàngmù	Ch2 132
因特网	yīntèwǎng	Ch1 14		橡皮	xiàngpí	Ch1 75
卧室	wòshì	Ch3 218		(小)儿科	(xiǎo')érkē	Ch4 230
握手	wòshǒu	Ch2 115		消防员	xiāofángyuán	Ch1 31
舞蹈	wǔdǎo	Ch1 20		消费	xiāofèi	Ch4 284
无菌	wújūn	Ch3 179		消费群	xiāofèiqún	Ch5 332
无线	wúxiàn	Ch4 278		消费者协会	xiāofèizhě xiéhuì	Ch5 364
无形资产	wúxíng zīchǎn	Ch5 348		销户	xiāohù	Ch3 207
物流	wùliú	Ch1 16		销路	xiāolù	Ch5 308
物品	wùpǐn	Ch2 142		销售	xiāoshòu	Ch5 301
物业费	wùyèfèi	Ch3 220		销售部	xiāoshòubù	Ch1 40

색인

小区	xiǎoqū	Ch3	217
小招贴	xiǎozhāotiē	Ch5	332
效率	xiàolǜ	Ch2	120
校长	xiàozhǎng	Ch1	49
鞋	xié	Ch1	59
协助	xiézhù	Ch2	119
写字楼	xiězìlóu	Ch3	214
信息部	xìnxībù	Ch1	43
信用证	xìnyòngzhèng	Ch3	159
行李箱	xínglǐxiāng	Ch2	142
行政部	xíngzhèngbù	Ch1	44
形象	xíngxiàng	Ch5	334
型号	xínghào	Ch5	359
性格	xìnggé	Ch2	88
幸会	xìnghuì	Ch2	144
休假	xiūjià	Ch2	106
熊市	xióngshì	Ch3	200
修正液	xiūzhèngyè	Ch1	75
宣传	xuānchuán	Ch5	328
宣传画册	xuānchuán huàcè	Ch5	332
学历	xuélì	Ch2	84
学生	xuésheng	Ch1	29
学位	xuéwèi	Ch2	85
询价	xúnjià	Ch3	156
询问	xúnwèn	Ch3	156

Y

押金	yājīn	Ch3	213
牙科	yákē	Ch4	230
研发部	yánfābù	Ch1	42
研究	yánjiū	Ch1	18
眼科	yǎnkē	Ch4	229
演艺	yǎnyì	Ch1	19
演员	yǎnyuán	Ch1	31
阳台	yángtái	Ch3	219
样品	yàngpǐn	Ch2	143
样品	yàngpǐn	Ch3	178
邀请	yāoqǐng	Ch2	149
要求	yāoqiú	Ch3	163
药	yào	Ch4	234
医疗	yīliáo	Ch1	15
医疗观光	yīliáo guānguāng	Ch4	235
医生	yīshēng	Ch1	29
医院	yīyuàn	Ch4	228
一次性付款	yícìxìng fùkuǎn	Ch5	343
乙方	yǐfāng	Ch5	345
椅子	yǐzi	Ch1	68
一锤子买卖	yìchuízi mǎimai	Ch5	365
艺术	yìshù	Ch1	19
议题	yìtí	Ch2	129
议价	yìjià	Ch3	157
易燃	yìrán	Ch3	191
意大利菜	yìdàlìcài	Ch4	259
意见	yìjiàn	Ch2	134
音乐	yīnyuè	Ch1	20
银行职员	yínháng zhíyuán	Ch1	28
银行卡	yínhángkǎ	Ch3	207
引进	yǐnjìn	Ch3	177
饮料	yǐnliào	Ch1	61
印台	yìntái	Ch1	74
荧光笔	yíngguāngbǐ	Ch1	73
营销	yíngxiāo	Ch5	300
营销部	yíngxiāobù	Ch1	41
营业部	yíngyèbù	Ch1	41
硬盘	yìngpán	Ch4	277
应聘	yìngpìn	Ch2	90

应聘者	yìngpìnzhě	Ch5 314		增值税	zēngzhíshuì	Ch5 350
液晶	yèjīng	Ch5 360		赠送	zèngsòng	Ch4 286
业绩	yèjì	Ch5 320		责任心	zérènxīn	Ch5 316
用餐	yòngcān	Ch4 261		支出	zhīchū	Ch5 348
用户名	yònghùmíng	Ch4 272		支付	zhīfù	Ch5 342
佣金	yòngjīn	Ch3 160		支付宝	zhīfùbǎo	Ch4 275
优惠	yōuhuì	Ch5 343		知名度	zhīmíngdù	Ch5 334
游戏	yóuxì	Ch1 20		账簿	zhàngbù	Ch1 71
邮政	yóuzhèng	Ch1 17		涨幅	zhǎngfú	Ch3 200
友好	yǒuhǎo	Ch2 149		账号	zhànghào	Ch3 205
有形资产	yǒuxíng zīchǎn	Ch5 347		账户	zhànghù	Ch3 205
预订	yùdìng	Ch4 248		涨价	zhǎngjià	Ch5 305
娱乐	yúlè	Ch1 20		涨停	zhǎngtíng	Ch5 201
员工	yuángōng	Ch2 92		战略	zhànlüè	Ch5 303
原价	yuánjià	Ch5 346		展销	zhǎnxiāo	Ch3 156
原料	yuánliào	Ch3 171		招标	zhāobiāo	Ch5 336
圆珠笔芯	yuánzhūbǐxīn	Ch1 74		招待	zhāodài	Ch2 148
院长	yuànzhǎng	Ch1 49		召开	zhàokāi	Ch2 126
月付	yuèfù	Ch3 216		招牌菜	zhāopáicài	Ch4 258
运单	yùndān	Ch3 193		招聘	zhāopìn	Ch2 90
运费	yùnfèi	Ch3 193		招聘会	zhāopìnhuì	Ch5 314
运输	yùnshū	Ch3 184		争议	zhēngyì	Ch3 165
运输业	yùnshūyè	Ch1 16		真空	zhēnkōng	Ch3 189
预算	yùsuàn	Ch2 132		整理	zhěnglǐ	Ch2 118
				整容	zhěngróng	Ch4 235
Z				正式职员	zhèngshì zhíyuán	Ch5 319
赞助	zànzhù	Ch5 333		正装	zhèngzhuāng	Ch1 58
早餐	zǎocān	Ch4 250		证件吊卡	zhèngjiàn diàokǎ	Ch1 70
早退	zǎotuì	Ch2 107		证券	zhèngquàn	Ch3 198
噪音	zàoyīn	Ch5 360		证书	zhèngshū	Ch5 315
咨询	zīxún	Ch1 17		症状	zhèngzhuàng	Ch4 232
杂志	zázhì	Ch5 331		治安	zhì'ān	Ch3 221
增长	zēngzhǎng	Ch5 306		制度	zhìdù	Ch2 90

색인

职工	zhígōng	Ch1 48		主任	zhǔrèn	Ch1 46
职位	zhíwèi	Ch2 93		住宿	zhùsù	Ch1 19
职业道德	zhíyè dàodé	Ch5 323		住宿费	zhùsùfèi	Ch4 245
植物人	zhíwùrén	Ch4 234		住院	zhùyuàn	Ch4 233
纸箱	zhǐxiāng	Ch3 189		住宅区	zhùzháiqū	Ch3 216
指教	zhǐjiào	Ch2 144		桌子	zhuōzi	Ch1 68
质量	zhìliàng	Ch5 302		资金	zījīn	Ch5 342
质量部	zhìliàngbù	Ch1 44		资料	zīliào	Ch2 141
滞纳金	zhìnàjīn	Ch5 347		紫菜	zǐcài	Ch1 62
滞销	zhìxiāo	Ch5 301		自动售票机	zìdòng shòupiàojī	Ch2 101
中标	zhòngbiāo	Ch5 336		自荐信	zìjiànxìn	Ch5 314
中国	zhōngguó	Ch2 89		自行车	zìxíngchē	Ch2 103
中国菜	zhōngguócài	Ch4 258		自由自在	zìyóu zìzài	Ch4 243
中间商	zhōngjiānshāng	Ch5 308		自助餐	zìzhùcān	Ch4 260
中介	zhōngjiè	Ch3 212		总裁	zǒngcái	Ch1 45
忠实用户	zhōngshí yònghù	Ch5 359		总经理	zǒngjīnglǐ	Ch1 45
钟点工	zhōngdiǎngōng	Ch5 318		总务部	zǒngwùbù	Ch1 40
仲裁	zhòngcái	Ch3 165		走路	zǒulù	Ch2 103
重量	zhòngliàng	Ch3 190		走势	zǒushì	Ch3 200
珠宝	zhūbǎo	Ch4 289		租	zū	Ch3 213
专家	zhuānjiā	Ch1 32		组长	zǔzhǎng	Ch1 47
专业	zhuānyè	Ch2 85		组装	zǔzhuāng	Ch3 177
转包	zhuǎnbāo	Ch3 170		钻石	zuànshí	Ch4 289
转告	zhuǎngào	Ch2 121		坐	zuò	Ch2 100
装货	zhuānghuò	Ch3 186		做法	zuòfǎ	Ch4 261
装修	zhuāngxiū	Ch3 220				
装运	zhuāngyùn	Ch3 186				
主持人	zhǔchírén	Ch1 32				
主导产品	zhǔdǎo chǎnpǐn	Ch5 300				
主管	zhǔguǎn	Ch1 46				
助理	zhùlǐ	Ch1 48				
准备	zhǔnbèi	Ch2 140				
准顾客	zhǔngùkè	Ch5 302				

착!붙는
비즈니스 중국어
단어장

- PART 1 voca Quick check!
- PART 2 BCT (A), (B) 필수단어 4000

시사중국어사

착!붙는
비즈니스 중국어
단어장

PART 1

voca Quick check!

Voca Quick check!

◉ Chapter 1-01

다음 단어들의 병음과 뜻을 각각 써 보세요.

- 贸易
- 生产
- 批发
- 零售
- 流通
- 广告
- 旅游
- 电子
- 电讯
- 因特网
- 媒体
- 出版
- 服务
- 餐饮
- 服装
- 医疗
- 美容
- 物流
- 运输业
- 航空
- 邮政
- 快递
- 咨询
- 教育
- 研究
- 设计
- 金融
- 保险
- 住宿
- 房地产
- 艺术
- 演艺
- 娱乐
- 游戏
- 音乐
- 舞蹈
- 建筑
- 会计
- 农业
- 能源

VOCA Quick check!

◎ Chapter 1-02

다음 단어들의 병음과 뜻을 각각 써 보세요.

- 上班族
- 清洁工
- 临时工
- 消防员
- 合同工
- 演员
- 实习生
- 导演
- 公务员
- 歌手
- 秘书
- 模特儿
- 导游
- 主持人
- 司机
- 记者
- 机长
- 工程师
- 乘务员
- 设计师
- 银行职员
- 厨师
- 教授
- 律师
- 老师
- 会计师
- 学生
- 美容师
- 医生
- 美发师
- 护士
- 化妆师
- 店员
- 工人
- 服务员
- 老板
- 售货员
- 警察
- 收银员
- 接待员

Voca Quick check!

◉ Chapter 1-03

다음 단어들의 병음과 뜻을 각각 써 보세요.

- 总务部
- 人事部
- 销售部
- 市场部
- 营业部
- 营销部
- 企划部
- 技术部
- 客服部
- 生产部
- 研发部
- 采购部
- 会计部
- 财务部
- 后勤部
- 信息部
- 行政部
- 维修部
- 售后服务部
- 质量部

- 总经理
- 总裁
- 董事长
- 副总经理
- 部长
- 主管
- 主任
- 经理
- 处长
- 局长
- 科长
- 组长
- 助理
- 职工
- 领导
- 下级
- 行长
- 厂长
- 校长
- 院长

VOCA Quick check!

Chapter 1-04

다음 단어들의 병음과 뜻을 각각 써 보세요.

- 产品
- 电脑
- 笔记本
- 空调
- 手机
- 数码相机
- 耳机
- U(优)盘
- 电池
- 复印机
- 打印机
- 传真机
- 扫描仪
- 电视
- 洗衣机
- 冰箱
- 纺织品
- 连衣裙
- 衬衫
- 正装
- 裙子
- 裤子
- 领带
- 鞋
- 包
- 食品
- 日用品
- 面包
- 饮料
- 酒
- 保健品
- 维生素
- 人参
- 泡菜
- 紫菜
- 化妆水
- 香水
- 汽车
- 农产品
- 轻工产品

voca Quick check!

◉ Chapter 1-05

다음 단어들의 병음과 뜻을 각각 써 보세요.

- ☐ 桌子
- ☐ 椅子
- ☐ 书架
- ☐ 订书机
- ☐ 打孔机
- ☐ 塑封机
- ☐ 碎纸机
- ☐ 打卡机
- ☐ 计算器
- ☐ 证件吊卡
- ☐ 白板
- ☐ 黑板
- ☐ 账簿
- ☐ 会议簿
- ☐ 收据本
- ☐ 文件盒
- ☐ 文件夹
- ☐ 文件袋
- ☐ 文件柜
- ☐ 文件包
- ☐ 笔筒
- ☐ 铅笔
- ☐ 钢笔
- ☐ 荧光笔
- ☐ 圆珠笔芯
- ☐ 图钉
- ☐ 台灯
- ☐ 印台
- ☐ 尺子
- ☐ 橡皮
- ☐ 修正液
- ☐ 胶水
- ☐ 胶带
- ☐ 剪刀
- ☐ 便条贴
- ☐ 复印纸
- ☐ 拖把
- ☐ 扫把
- ☐ 水桶
- ☐ 垃圾桶

voca Quick check!

◎ Chapter 2-01

다음 단어들의 병음과 뜻을 각각 써 보세요.

- 面试
- 介绍
- 学历
- 毕业
- 学位
- 大学
- 专业
- 特长
- 好处
- 坏处
- 汉语
- 听
- 流利
- 熟练
- 台式机
- 软件
- 性格
- 外向
- 沟通
- 能力
- 报纸
- 新闻
- 网站
- 中国
- 简历
- 应聘
- 招聘
- 制度
- 福利
- 待遇
- 工资
- 奖金
- 员工
- 希望
- 机会
- 经历
- 职位
- 面对面
- 实习
- 通过

VOCA Quick check!

Chapter 2-02

다음 단어들의 병음과 뜻을 각각 써 보세요.

- 起床
- 离
- 起早
- 公司
- 出门
- 上班
- 下班
- 上车
- 下车
- 坐
- 轿车
- 开车
- 交通卡
- 公共汽车
- 自动售票机
- 地铁
- 出租车
- 火车
- 倒车
- 骑

- 自行车
- 堵车
- 走路
- 高峰时间
- 红绿灯
- 十字路口
- 打卡
- 迟到
- 工作
- 加班
- 请假
- 病假
- 产假
- 休假
- 年休假
- 考勤
- 出勤
- 旷工
- 早退
- 罢工

VOCQ Quick check!

◎ Chapter 2-03

다음 단어들의 병음과 뜻을 각각 써 보세요.

- 安排
- 日程
- 电话
- 电子邮件
- 收发
- 传真
- 复印
- 见面
- 参加
- 参观
- 访问
- 接送
- 名片
- 现场
- 工厂
- 握手
- 客户
- 合同
- 聚餐
- 聚会

- 出差
- 内勤
- 外勤
- 联络
- 计划
- 整理
- 文档
- 编辑
- 统计
- 协助
- 督促
- 报销
- 批准
- 能干
- 效率
- 快件
- 转告
- 留言
- 传达
- 提醒

voca Quick check! ◎ Chapter 2-04

다음 단어들의 병음과 뜻을 각각 써 보세요.

- 会议
- 开会
- 召开
- 时间
- 地点
- 会议室
- 季度
- 年度
- 报告
- 汇报
- 通知
- 出席
- 会议主席
- 开场白
- 议题
- 发言
- 提议
- 讨论
- 商谈
- 谈判

- 洽谈
- 合并
- 合作
- 草案
- 项目
- 方案
- 难题
- 预算
- 记录
- 同意
- 反对
- 保留
- 考虑
- 意见
- 看法
- 道理
- 问题
- 办法
- 解决
- 散会

VOCQ Quick check! ◎ Chapter 2-05

다음 단어들의 병음과 뜻을 각각 써 보세요.

- 派
- 国内
- 海外
- 准备
- 资料
- 航班
- 登记
- 海关
- 出境
- 入境
- 行李箱
- 物品
- 样品
- 申报单
- 护照
- 手续
- 时差
- 初次
- 幸会
- 指教
- 关照
- 礼貌
- 头衔
- 接风
- 欢迎
- 光临
- 拜托
- 请客
- 庆祝
- 欢迎会
- 开幕
- 举行
- 代表
- 宾主
- 敬
- 招待
- 邀请
- 友好
- 干杯
- 丰盛

VOCA Quick check!

◎ Chapter 3-01

다음 단어들의 병음과 뜻을 각각 써 보세요.

- 展销
- 询问
- 查询
- 询价
- 议价
- 报价
- 交期
- 订货
- 付款
- 货运
- 往来
- 买方
- 卖方
- 交易
- 信用证
- 成交
- 关系
- 磋商
- 商定
- 佣金

- 条件
- 独家
- 代理商
- 检验
- 催讨
- 出货
- 报关
- 关税
- 进口
- 出口
- 储备
- 要求
- 索赔
- 赔偿
- 损失
- 损害
- 理赔
- 争议
- 仲裁
- 和解

VOCA Quick check!

◎ Chapter 3-02

다음 단어들의 병음과 뜻을 각각 써 보세요.

- 厂家
- 厂商
- 转包
- 成本
- 品质
- 安全
- 士气
- 原料
- 成品
- 半成品
- 标准
- 生产线
- 面积
- 平方米
- 成立
- 车间
- 仓库
- 库存
- 现货
- 机器

- 设备
- 控制
- 电动
- 全自动
- 半自动
- 先进
- 批
- 产量
- 引进
- 组装
- 加工
- 访问者
- 会客室
- 样品
- 流程
- 监督
- 订做
- 无菌
- 投入
- 产出

Voca Quick check!

Chapter 3-03

다음 단어들의 병음과 뜻을 각각 써 보세요.

- 运输
- 搬
- 货物
- 空运
- 海运
- 铁路
- 公路
- 货车
- 装货
- 装运
- 长途
- 仓储
- 传送带
- 包装
- 散装
- 材料
- 集装箱
- 箱装
- 泡沫塑料
- 密封
- 木箱
- 纸箱
- 填充物
- 真空
- 塑料
- 重量
- 公斤
- 货代
- 货源
- 防压
- 受潮
- 易燃
- 破裂
- 配送
- 配送员
- 地址
- 签名
- 送货上门
- 运单
- 运费

VOCA Quick check!

◎ Chapter 3-04

다음 단어들의 병음과 뜻을 각각 써 보세요.

- 证券
- 股市
- 股价
- 股东
- 股票
- 散户
- 买入
- 牛市
- 熊市
- 走势
- 涨幅
- 上涨
- 涨停
- 浮动
- 套牢
- 理财
- 投资
- 大盘
- 数额
- 限制

- 发财
- 观望
- 负债
- 破产
- 点钱
- 外汇
- 汇率
- 基金
- 账户
- 存折
- 账号
- 存款
- 取款
- 定期
- 活期
- 利息
- 汇款
- 贷款
- 销户
- 银行卡

VOCA Quick check!

다음 단어들의 병음과 뜻을 각각 써 보세요.

- 房子
- 看房
- 房东
- 中介
- 租
- 房租
- 押金
- 出租者
- 楼市
- 楼盘
- 写字楼
- 楼梯
- 楼层
- 电梯
- 付
- 退
- 月付
- 位置
- 商业区
- 住宅区

- 小区
- 平面图
- 户型
- 朝向
- 三室一厅
- 卧室
- 卫生间
- 厨房
- 阳台
- 客厅
- 书房
- 车库
- 装修
- 物业费
- 电费
- 热水器
- 设施
- 宽带
- 环境
- 治安

VOCA Quick check! ◎ Chapter 4-01

다음 단어들의 병음과 뜻을 각각 써 보세요.

- 医院
- 大夫
- 门诊
- 外科
- 内科
- 耳鼻喉科
- 妇产科
- 眼科
- 牙科
- 骨科
- 泌尿科
- (小)儿科
- 皮肤科
- 挂号
- 看病
- 急诊
- 体温
- 症状
- 鼻炎
- 过敏
- 感冒
- 住院
- 癌症
- 胃镜
- 药
- 器官
- 手术
- 植物人
- 健康
- 整容
- 医疗观光
- 麻醉
- 割双眼皮
- 隆鼻
- 吸脂
- 雀斑
- 激光
- 漂亮
- 留疤
- 痴呆症

VOCA Quick check!

다음 단어들의 병음과 뜻을 각각 써 보세요.

- 旅行社
- 背包游
- 参团游
- 购物游
- 旺季
- 淡季
- 自由自在
- 路线
- 订票
- 往返
- 景点
- 名胜古迹
- 住宿费
- 车费
- 餐费
- 门票
- 导游费
- 大巴
- 特产
- 纪念品

- 人身意外保险
- 酒店
- 度假型
- 星级
- 预订
- 空房
- 客房
- 入住
- 退房
- 期间
- 商务中心
- 房卡
- 禁烟房间
- 礼宾部
- 打扰
- 早餐
- 叫早
- 送餐
- 洗衣
- 服务费

VOCA Quick check!

다음 단어들의 병음과 뜻을 각각 써 보세요.

- 餐厅
- 点菜
- 菜单
- 上菜
- 包间
- 外卖
- 套餐
- 面食
- 凉菜
- 招牌菜
- 韩国菜
- 中国菜
- 日本菜
- 意大利菜
- 西餐
- 美味佳肴
- 火锅
- 自助餐
- 肉
- 蔬菜
- 海鲜
- 做法
- 味道
- 用餐
- 咖啡厅
- 咖啡
- 大杯
- 冷饮
- 茶
- 果汁
- 冰沙
- 苏打水
- 矿泉水
- 啤酒
- 鸡尾酒
- 蛋糕
- 买单
- AA制
- 刷卡
- 等待

Voca Quick check!

◎ Chapter 4-04

다음 단어들의 병음과 뜻을 각각 써 보세요.

- ☐ 网络
- ☐ 门户网站
- ☐ 网页
- ☐ 首页
- ☐ 社交网站
- ☐ 会员
- ☐ 登录
- ☐ 退出
- ☐ 上网
- ☐ 上传
- ☐ 下载
- ☐ 用户名
- ☐ 密码
- ☐ 搜索
- ☐ 浏览
- ☐ 网址
- ☐ 更新
- ☐ 升级
- ☐ 微信
- ☐ 博客

- ☐ 跟帖
- ☐ 网民
- ☐ 网德
- ☐ 支付宝
- ☐ 视窗
- ☐ 视频
- ☐ 附件
- ☐ 存盘
- ☐ 加载
- ☐ 安装
- ☐ 杀毒软件
- ☐ 硬盘
- ☐ 病毒
- ☐ 网吧
- ☐ 无线
- ☐ 网络游戏
- ☐ 玩家
- ☐ 上瘾
- ☐ 平台
- ☐ 黑客

VOCA Quick check!

◎ Chapter 4-05

다음 단어들의 병음과 뜻을 각각 써 보세요.

- 购物
- 消费
- 免税店
- 百货商场
- 逛街
- 欢迎光临
- 会员卡
- 名牌
- 打折商品
- 买一送一
- 赠送
- 化妆品
- 面膜
- 干性
- 保湿
- 童装
- 西装
- 款式
- 风格
- 皮包
- 手表
- 珠宝
- 戒指
- 钻石
- 项链儿
- 香烟
- 威士忌
- 健康食品
- 大小
- 材质
- 价位
- 密封袋
- 发票
- 取货单
- 登机牌
- 收银台
- 收款员
- 微信支付
- 退税
- 慢走

Voca Quick check!

Chapter 5-01

다음 단어들의 병음과 뜻을 각각 써 보세요.

- 推出
- 上市
- 主导产品
- 营销
- 销售
- 试销
- 畅销
- 滞销
- 目标
- 准顾客
- 质量
- 品种
- 品牌
- 渠道
- 网点
- 战略
- 促销
- 返券
- 供应商
- 供货
- 市场占有率
- 价格战
- 降价
- 涨价
- 增长
- 减少
- 持平
- 同比
- 环比
- 抽奖
- 免费
- 经销商
- 中间商
- 竞争
- 销路
- 推销
- 利润
- 回报率
- 连锁店
- 本土化

VOCA Quick check!

◉ Chapter 5-02

다음 단어들의 병음과 뜻을 각각 써 보세요.

- 诚聘
- 招聘会
- 应聘者
- 自荐信
- 面议
- 面谈
- 实习职工
- 证书
- 责任心
- 经验
- 勤奋
- 积极
- 笔试
- 年薪
- 报酬
- 津贴
- 退休金
- 录用
- 任职
- 钟点工
- 试用期
- 正式职员
- 任职变更
- 成果
- 业绩
- 绩效
- 评估
- 晋升
- 结构调整
- 降职
- 解雇
- 辞职
- 跳槽
- 猎头
- 提前退休
- 岗前培训
- 培训
- 企业文化
- 岗位职责
- 职业道德

Voca Quick check!

Chapter 5-03

다음 단어들의 병음과 뜻을 각각 써 보세요.

- 宣传
- 多媒体
- 广播
- 互联网
- 节目
- 电视广告
- 平面广告
- 户外广告
- 公益广告
- 横幅广告
- 路牌广告
- 投产
- 播出
- 传单
- 杂志
- 免费报纸
- 海报
- 宣传画册
- 小招贴
- 消费群

- 赞助
- 黄金时段
- 排名
- 明星
- 专家
- 知名度
- 天价
- 形象
- 拍摄
- 广告词
- 广告费
- 广告主
- 广告牌
- 广告栏
- 招标
- 中标
- 巨额
- 卖点
- 收视率
- 收听率

VOCA Quick check!

◎ Chapter 5-04

다음 단어들의 병음과 뜻을 각각 써 보세요.

- 采购
- 资金
- 凭证
- 支付
- 款额
- 优惠
- 一次性付款
- 分期付款
- 分批
- 差额
- 结算
- 甲方
- 乙方
- 订单
- 单价
- 数量
- 原价
- 竞争力
- 订金
- 催款
- 滞纳金
- 审核
- 财务
- 有形资产
- 无形资产
- 收入
- 支出
- 所得税
- 筹集
- 缴税
- 奖金
- 分红
- 审计
- 公积金
- 增值税
- 认股权
- 财务报表
- 法人卡
- 负债
- 现金流量表

VOCA Quick check!

Chapter 5-05

다음 단어들의 병음과 뜻을 각각 써 보세요.

- 售后服务
- 客户服务中心
- 上门服务
- 故障
- 保修期
- 申请
- 维修
- 维修中心
- 保养
- 费用
- 付费
- 收费
- 型号
- 配件
- 投诉
- 忠实用户
- 噪音
- 液晶
- 图像
- 关机
- 电热管
- 冷凝器
- 电源模块
- 停产
- 死机
- 病毒
- 包退
- 包换
- 热线
- 启动
- 等
- 加强
- 消费者协会
- 随叫随到
- 诚信
- 满意度
- 流失率
- 一锤子买卖
- 回访
- 反馈

PART 2

BCT (A), (B) 필수단어 4000

A

0001	啊	a	조 문장 끝에 쓰여 긍정을 나타냄
0002	矮	ǎi	형 (높이가) 낮다. (키가) 작다
0003	爱	ài	명 동 사랑(하다)
0004	爱好	àihào	명 취미
0005	爱护	àihù	동 소중히 하다. 잘 보살피다
0006	爱人	àiren	명 남편 또는 아내
0007	爱惜	àixī	동 아끼다. 소중히 여기다
0008	爱心	àixīn	명 사랑하는 마음
0009	安检	ānjiǎn	명 안전검사. 보안검사
0010	安静	ānjìng	형 조용하다. 안정되다
0011	安排	ānpái	동 (인원·시간 등을) 안배하다
0012	安全	ānquán	명 형 안전(하다)
0013	安慰	ānwèi	명 위안(하다) 형 위로가 되다
0014	安心	ānxīn	동 안심하다
0015	安置	ānzhì	동 (사람·사물을) 제위치에 놓다
0016	安装	ānzhuāng	동 설치하다
0017	按	àn	동 (손·손가락으로) 누르다 전 ~에 따라서
0018	按期	ànqī	부 기한대로. 제때에
0019	按时	ànshí	부 제때에. 규정된 시간대로
0020	按照	ànzhào	전 ~에 따라서
0021	案例	ànlì	명 사례
0022	昂贵	ángguì	형 비싸다
0023	熬夜	áoyè	동 밤샘하다. 철야하다

B

0024	八/捌	bā/bā	수 8. 여덟 / '八'의 갖은자
0025	拔	bá	동 뽑다. 빼다
0026	把	bǎ	전 ~을. ~를 [동작이 미치는 대상(목적어)을 동사 앞으로 끌어내어 처치를 나타냄]
0027	把关	bǎguān	동 관문을 지키다. 책임을 지다
0028	把握	bǎwò	동 (꽉 움켜) 쥐다 명 자신감
0029	爸爸	bàba	명 아빠
0030	罢工	bàgōng	명 동 파업(하다)
0031	吧	ba	조 문장 맨 끝에 쓰여 상의·제의·청유·기대·명령 등의 어기를 나타냄
0032	白	bái	명 흰색 형 희다 부 헛되이
0033	白酒	báijiǔ	명 배갈. 백주. 고량주
0034	白领	báilǐng	명 정신노동자. 화이트칼라
0035	白天	báitiān	명 낮. 대낮

0036	百/佰	bǎi/bǎi	수 100. 백/ '百'의 갖은자
0037	百分比	bǎifēnbǐ	명 백분율. 백분비
0038	百分点	bǎifēndiǎn	명 퍼센트 [1퍼센트를 一个…이라 함]
0039	百分之	bǎifēnzhī	수 백분의~
0040	摆	bǎi	동 놓다. 벌여놓다. 과시하다
0041	摆脱	bǎituō	동 (어려운 상황에서) 벗어나다
0042	拜访	bàifǎng	명 동 방문(하다)
0043	拜年	bàinián	동 세배하다. 새해 인사를 드리다
0044	拜托	bàituō	동 부탁하다
0045	班	bān	명 반. 조. 단체. 그룹
0046	班车	bānchē	명 정기운행 차량. 통근차
0047	班次	bāncì	명 학년. (교대작업의) 순서. 운행
0048	班机	bānjī	명 정기항공편(여객기)
0049	颁布	bānbù	동 반포하다. 공포하다. 포고하다
0050	颁发	bānfā	동 (증서 따위를) 수여하다. (명령 따위를) 하달하다
0051	搬	bān	동 운반하다. 옮기다. 이사하다
0052	搬迁	bānqiān	동 이전하다. 이사하다
0053	搬运	bānyùn	명 동 운송(하다). 수송(하다)
0054	版本	bǎnběn	명 판본
0055	版权	bǎnquán	명 판권. 저작권
0056	办法	bànfǎ	명 방법
0057	办公室	bàngōngshì	명 사무실
0058	办理	bànlǐ	동 처리하다
0059	半	bàn	수 반. 30분
0060	半途而废	bàntú'érfèi	중도에 포기하다
0061	帮忙	bāngmáng	동 일(손)을 돕다. 도움을 주다
0062	帮助	bāngzhù	명 도움. 원조 동 돕다
0063	榜样	bǎngyàng	명 본보기. 모범. 귀감
0064	棒	bàng	형 (수준이) 높다. (성적이) 뛰어나다 명 막대기
0065	傍晚	bàngwǎn	명 저녁무렵. 해질 무렵
0066	包	bāo	명 가방. 자루 동 (종이나 천 따위로) 싸다
0067	包工头	bāogōngtóu	명 도급업자. 청부업자. 공사 작업반장
0068	包裹	bāoguǒ	명 소포. 보따리 동 싸다. 포장하다
0069	包含	bāohán	동 포함하다
0070	包涵	bāohán	동 용서하다. 양해하다
0071	包间	bāojiān	명 (호텔·음식점의) 룸(room)
0072	包括	bāokuò	동 포함하다. 포괄하다
0073	包退包换	bāotuì bāohuàn	교환 보증. 상품의 반환과 교환을 보증하다
0074	包销	bāoxiāo	동 총판하다. 일괄 구입하여 판매하다

0075	包装	bāozhuāng	명 동 포장(하다)
0076	包子	bāozi	명 (소가 든) 찐빵. 바오쯔
0077	包租	bāozū	동 (일정기간) 전세내다. 대절하다
0078	薄	báo	형 얇다. (인정이) 야박하다
0079	宝贵	bǎoguì	형 귀중하다 동 소중히 하다
0080	饱	bǎo	형 배부르다
0081	饱和	bǎohé	명 포화 동 최대한도에 이르다
0082	保持	bǎochí	동 지키다. 유지하다
0083	保存	bǎocún	동 보존하다. 저장하다
0084	保管	bǎoguǎn	동 보관하다 명 보관인
0085	保护	bǎohù	명 동 보호(하다)
0086	保留	bǎoliú	동 보류하다. 유보하다. 보존하다
0087	保险	bǎoxiǎn	명 보험
0088	保修	bǎoxiū	동 무상으로 보증 수리하다. 애프터 서비스하다
0089	保养	bǎoyǎng	동 보양하다. 수리하다
0090	保障	bǎozhàng	동 (생명·재산·권리 등을) 보장하다. 보증하다
0091	保证	bǎozhèng	동 보증하다 명 담보(물)
0092	保质期	bǎozhìqī	명 품질 보증 기간
0093	保重	bǎozhòng	동 건강에 주의하다. 몸조심하다
0094	报表	bàobiǎo	명 (관련 부서에 제출할) 보고 양식. 보고서
0095	报酬	bàochou	명 보수. 사례금
0096	报答	bàodá	동 보답하다
0097	报到	bàodào	동 도착 보고(신고)를 하다
0098	报道	bàodào	명 동 보도(하다)
0099	报复	bàofù	명 동 보복(하다). 앙갚음(하다)
0100	报告	bàogào	명 동 보고(하다)
0101	报关	bàoguān	동 통관 수속을 하다. 세관 신고를 하다
0102	报价	bàojià	동 견적서를 내다
0103	报名	bàomíng	동 신청하다. 등록하다
0104	报盘	bàopán	동 (파는 쪽이) 견적서를 내다. 오퍼(offer)를 내다
0105	报社	bàoshè	명 신문사
0106	报销	bàoxiāo	동 (공무로 쓴 돈을) 청구하다
0107	报纸	bàozhǐ	명 신문
0108	抱	bào	동 안다. (생각·의견을) 품다
0109	抱歉	bàoqiàn	동 사과하다
0110	抱怨	bàoyuàn	동 (불만을 품고) 원망하다
0111	暴跌	bàodiē	동 폭락하다
0112	暴利	bàolì	명 폭리
0113	杯	bēi	명 양 컵. 잔

0114	悲观	bēiguān	명 형 비관(적이다)
0115	北	běi	명 북. 북녘. 북방. 북쪽
0116	北京	Běijīng	명 베이징. 북경
0117	备案	bèi'àn	동 (검토 및 처리를 위해) 준비하다
0118	备份	bèifèn	동 백업(backup)하다. 카피(copy)하다
0119	备忘录	bèiwànglù	명 (일반적인) 비망록. 회의록
0120	备选	bèixuǎn	동 미리 준비하여 선택하게 하다. 후보를 내다
0121	备注	bèizhù	명 (책이나 글 등에서의) 주석
0122	背	bèi	명 등. (사물의) 뒷면 형 재수없다
0123	背景	bèijǐng	명 배경. 배후. 백그라운드(background)
0124	倍	bèi	양 배. 곱절 동 갑절로 늘다
0125	被	bèi	동 ~에게 ~를 당하다 전 피동문에서 주어가 동작의 대상임을 나타냄
0126	被动	bèidòng	형 피동적이다. 수동적이다
0127	被子	bèizi	명 이불
0128	本	běn	양 권 [책을 세는 단위] 명 책. 공책
0129	本地	běndì	명 본고장. 이 땅. 이 곳
0130	本金	běnjīn	명 원금. (기업 등의) 자본금
0131	本科	běnkē	명 (대학교의) 학부과정 [2~3년 과정의 전문대학(专科)과 구별됨]
0132	本来	běnlái	부 본래. 원래 형 본래의
0133	本领	běnlǐng	명 재능. 기량. 능력
0134	本钱	běnqián	명 본전. 밑천. 원금
0135	本人	běnrén	명 (1인칭의) 본인. (사건의) 본인. 당사자
0136	本事	běnshì	명 능력. 기량. 재능. 수완
0137	本息	běnxī	명 원금과 이자. 원리
0138	本质	běnzhì	명 본질. (사람의) 본성
0139	笨	bèn	형 어리석다. 우둔하다. 서투르다
0140	崩溃	bēngkuì	동 붕괴하다. 파산하다
0141	鼻子	bízi	명 코
0142	比	bǐ	동 비교하다 전 ~에 비해
0143	比较	bǐjiào	동 비교하다 전 ~에 비해 부 비교적. 상대적으로
0144	比例	bǐlì	명 비례. 비율. 비중
0145	比率	bǐlǜ	명 비율
0146	比如	bǐrú	접 예를 들어. 예컨대
0147	比赛	bǐsài	명 동 경기·시합(하다)
0148	比值	bǐzhí	명 비율
0149	比重	bǐzhòng	명 비중
0150	彼此	bǐcǐ	대 피차. 상호. 서로
0151	笔	bǐ	명 필기구
0152	笔记本	bǐjìběn	명 공책. (컴퓨터) 노트북

0153	必然	bìrán	명 필연 부 반드시. 꼭
0154	必须	bìxū	부 반드시. 꼭
0155	必需	bìxū	동 꼭 필요로 하다 명 필수품
0156	必要	bìyào	명 필요(성) 형 필요로 하다
0157	毕竟	bìjìng	부 드디어. 필경. 결국
0158	毕业	bìyè	동 졸업하다
0159	闭幕	bìmù	동 폐막하다. 막을 내리다
0160	避免	bìmiǎn	동 피하다. 모면하다
0161	编号	biānhào	명 일련번호 동 (순서대로) 번호를 매기다
0162	编辑	biānjí	명 편집. 편집자 동 편집하다
0163	贬值	biǎnzhí	동 (화폐 가치가) 평가 절하되다
0164	变化	biànhuà	명 동 변화(하다)
0165	变相	biànxiàng	형 형식만 변하고 내용은 변하지 않다
0166	便利	biànlì	형 편리하다 동 편리하게 하다
0167	便条	biàntiáo	명 메모. 쪽지
0168	便于	biànyú	동 (~하기에) 쉽다. ~에 편하다
0169	遍	biàn	양 번. 차례. 회 [한 동작의 처음부터 끝까지의 전 과정]
0170	辩论	biànlùn	명 동 변론·논쟁(하다)
0171	标价	biāojià	명 표시 가격 동 상품 가격을 표시하다
0172	标间	biāojiān	명 일반실 ['标准间'의 준말]
0173	标明	biāomíng	동 명시하다. 명기하다
0174	标签	biāoqiān	명 상표. 라벨. 꼬리표
0175	标书	biāoshū	명 입찰 문서
0176	标题	biāotí	명 표제. 제목. 타이틀(title)
0177	标志	biāozhì	명 표지. 상징 동 명시하다. 상징하다
0178	标准	biāozhǔn	명 표준. 기준. 잣대
0179	表达	biǎodá	동 (사상이나 감정을) 나타내다. 표현하다
0180	表格	biǎogé	명 서식. 표. 도표
0181	表面	biǎomiàn	명 표면. 외관. 겉
0182	表明	biǎomíng	동 표명하다. 분명하게 밝히다
0183	表情	biǎoqíng	명 표정 동 기분·감정을 나타내다
0184	表示	biǎoshì	동 가리키다. (사상·감정 등을) 나타내다
0185	表现	biǎoxiàn	명 태도. 표현 동 표현하다
0186	表演	biǎoyǎn	동 공연하다. 연기하다
0187	表扬	biǎoyáng	동 칭찬하다. 표창하다
0188	别	bié	부 ~하지마라 형 다르다 동 이별하다
0189	别人	biérén	대 남. 타인
0190	别墅	biéshù	명 별장
0191	宾馆	bīnguǎn	명 호텔

0192	冰	bīng	명 얼음 형 차다. 시리다
0193	冰箱	bīngxiāng	명 아이스박스. 냉장고
0194	丙	bǐng	명 병. 십간의 셋째. 등급을 매길 때 제3위
0195	饼干	bǐnggān	명 과자. 비스킷
0196	并购	bìnggòu	동 인수 합병하다
0197	并列	bìngliè	동 병렬하다
0198	并且	bìngqiě	접 또한. 그리고. 아울러
0199	病	bìng	명 병 동 병나다. 앓다
0200	病毒	bìngdú	명 바이러스. 병원체. 병균
0201	病假	bìngjià	명 병가. 병결
0202	拨打	bōdǎ	동 전화를 걸다
0203	拨款	bōkuǎn	명 (정부나 상급 기관의) 지출금 동 돈을 내주다
0204	波动	bōdòng	동 동요하다. 오르내리다
0205	播放	bōfàng	동 방송·방영·상영하다
0206	博览会	bólǎnhuì	명 박람회
0207	博士	bóshì	명 박사(학위)
0208	博物馆	bówùguǎn	명 박물관
0209	薄利多销	bólì duōxiāo	박리다매 하다
0210	薄弱	bóruò	형 박약하다. 취약하다
0211	不必	búbì	부 ~할 필요 없다
0212	不错	búcuò	형 괜찮다. 좋다
0213	不但…而且…	búdàn…érqiě…	접 ~할 뿐만 아니라~하다
0214	不断	búduàn	부 부단히 동 끊임없다
0215	不过	búguò	접 그런데. 그러나
0216	不见得	bújiàndé	동 반드시 ~라고는 할 수 없다
0217	不客气	bú kèqi	천만에요. 별말씀을요
0218	不耐烦	bú nàifán	형 못 참다. 성가시다
0219	不用	búyòng	부 ~할 필요가 없다
0220	补	bǔ	동 보수하다. 보충하다
0221	补偿	bǔcháng	동 (손실·손해를) 보충하다. (차액·결손을) 보상하다
0222	补充	bǔchōng	동 보충하다. 보완하다
0223	补贴	bǔtiē	명 보조금. 수당 동 (주로 재정상) 보조하다
0224	补助	bǔzhù	동 보조하다. 돕다
0225	不	bù	부 아니다
0226	不安	bù'ān	형 불안하다. 편안치 않다
0227	不得不	bùdébù	어쩔 수 없이. 부득불
0228	不得了	bùdéliǎo	형 큰일났다. (정도가) 심하다
0229	不法	bùfǎ	형 불법의. 법률에 위반되다
0230	不妨	bùfáng	부 무방하다. 괜찮다

0231	不管	bùguǎn	접 ~에 관계없이
0232	不好意思	bù hǎoyìsi	부끄럽다. 미안하다
0233	不仅	bùjǐn	접 ~일 뿐만 아니라
0234	不可抗力	bùkěkànglì	명 불가항력
0235	不然	bùrán	접 그렇지않으면
0236	不如	bùrú	동 ~만 못하다 접 ~하는 편이 낫다 [주로 '与其 yǔqí'와 호응]
0237	不惜	bùxī	동 아끼지 않다
0238	不止	bùzhǐ	동 멈추지 않다. ~에 그치지 않다
0239	不足	bùzú	형 부족하다 동 ~할 가치가 없다
0240	布局	bùjú	명 구도. 짜임새. 분포. 구조
0241	布置	bùzhì	동 진열하다. 배치하다
0242	步行	bùxíng	동 걸어서 가다. 보행하다
0243	步骤	bùzhòu	명 (일이 진행되는) 순서. 절차
0244	部分	bùfen	명 부분
0245	部件	bùjiàn	명 조립부품. 부품
0246	部门	bùmén	명 부서
0247	部署	bùshǔ	명 동 배치·안배(하다)
0248	部长	bùzhǎng	명 장관. 대신

C

0249	擦	cā	동 비비다. 문지르다. 칠하다
0250	猜	cāi	동 추측하다
0251	才	cái	부 비로서. 겨우
0252	才能	cáinéng	명 재능. 재간. 수완
0253	材料	cáiliào	명 재료. 자료. 인재
0254	材质	cáizhì	명 재질. 재료의 성질
0255	财产	cáichǎn	명 재산. 자산
0256	财富	cáifù	명 부. 재산. 자산
0257	财经	cáijīng	명 재경. 재정과 경제
0258	财力	cáilì	명 재력. 경제력. 재정적인 힘
0259	财务	cáiwù	명 재무. 재정
0260	财政	cáizhèng	명 재정
0261	裁判	cáipàn	명 심판 동 심판을 보다
0262	裁员	cáiyuán	동 (기관·기업 등에서) 감원하다
0263	采访	cǎifǎng	동 취재하다. 인터뷰하다
0264	采购	cǎigòu	동 (기관·기업 등에서) 구입하다
0265	采纳	cǎinà	동 (건의·의견 등을) 수락하다
0266	采取	cǎiqǔ	동 (방침·정책 등을) 채택하다
0267	采用	cǎiyòng	동 채용하다. 채택하다

0268	菜	cài	명 채소. 반찬. 요리
0269	菜单	càidān	명 메뉴. 식단. 차림표
0270	参观	cānguān	동 (전람회·공장 등을) 참관하다. 견학하다
0271	参加	cānjiā	동 (어떤 조직이나 활동에) 참가하다. 가입하다
0272	参考	cānkǎo	동 (다른 사람의 의견 등을) 참고하다. 참조하다
0273	参与	cānyù	동 참여하다. 가담하다. 개입하다
0274	参照	cānzhào	동 (방법·경험 등을) 참조하다. 참고하다
0275	餐巾纸	cānjīnzhǐ	명 냅킨
0276	餐具	cānjù	명 식기. 식사도구
0277	餐厅	cāntīng	명 식당
0278	残次品	cáncìpǐn	명 불량품. 결함품
0279	惭愧	cánkuì	형 부끄럽다. 창피하다
0280	仓储	cāngchǔ	동 창고에 저장하다
0281	仓促	cāngcù	형 황급하다. 급작스럽다
0282	仓库	cāngkù	명 창고
0283	舱位	cāngwèi	명 객석. 좌석. 자리
0284	操心	cāoxīn	동 걱정하다. 애태우다
0285	操作	cāozuò	동 다루다. 조작하다
0286	草案	cǎo'àn	명 초안
0287	草稿	cǎogǎo	명 원고. 초고
0288	草拟	cǎonǐ	동 초고를 쓰다
0289	草率	cǎoshuài	형 대강하다. 건성으로 하다
0290	册	cè	명 책. 책자 양 책. 권 [책을 세는 단위]
0291	厕所	cèsuǒ	명 변소. 뒷간
0292	侧面	cèmiàn	명 측면. 옆면
0293	测量	cèliáng	명 동 측량(하다). 측정(하다)
0294	测试	cèshì	동 (기계·기기·지식·기능을) 테스트하다
0295	测验	cèyàn	동 시험하다. 테스트하다
0296	策划	cèhuà	명 기획자 동 기획하다
0297	策略	cèlüè	명 책략. 전술 형 전술적이다
0298	层	céng	명 층
0299	层次	céngcì	명 단계. 순서. 등급
0300	叉子	chāzi	명 포크
0301	插	chā	동 끼우다. 삽입하다
0302	插座	chāzuò	명 소켓. 콘센트
0303	差别	chābié	명 차별. 차이. 구별
0304	差错	chācuò	명 착오. 실수. 의외의 일
0305	差价	chājià	명 (동일 상품의) 가격 차이
0306	差距	chājù	명 차. 격차. 갭(gap)

0307	差异	chāyì	몡 차이. 다른 점
0308	茶	chá	몡 차
0309	查询	cháxún	동 문의하다. 조회하다
0310	差	chà	동 부족하다. 모자라다
		chā	형 다르다. 차이나다
0311	差不多	chàbuduō	형 비슷하다
0312	差点儿	chàdiǎnr	부 가까스로. 간신히. 하마터면
0313	拆	chāi	동 뜯다. 떼다. 헐다. 부수다
0314	拆迁	chāiqiān	동 집을 철거하고 이주하다
0315	差旅费	chāilǚfèi	명 출장비
0316	产品	chǎnpǐn	명 상품
0317	产假	chǎnjià	명 출산휴가
0318	产生	chǎnshēng	동 생기다. 발생하다
0319	产业	chǎnyè	명 산업
0320	产业链	chǎnyèliàn	명 산업사슬
0321	产值	chǎnzhí	명 생산액. 생산고
0322	长	cháng	형 길다
0323	长处	chángchù	명 장점. 훌륭한 점
0324	长度	chángdù	명 길이
0325	长期	chángqī	명 장기간. 장시간
0326	长寿	chángshòu	동 장수하다. 오래살다
0327	长途	chángtú	형 장거리의. 먼 거리의
0328	长远	chángyuǎn	형 (미래의 시간을 가리켜) 길다. 원대하다
0329	尝	cháng	동 맛보다. 시험해 보다. 경험하다
0330	尝试	chángshì	동 시도해 보다. 테스트해 보다
0331	常常	chángcháng	부 항상. 늘. 흔히
0332	常年	chángnián	명 오랜기간. 일년 내내
0333	常识	chángshí	명 상식
0334	偿还	chánghuán	동 (진 빚을) 상환하다
0335	厂家	chǎngjiā	명 공장. 제조업자. 제작자
0336	厂商	chǎngshāng	명 공장. 상점. 제조상
0337	场	chǎng	명 장소. 곳. 어떤 활동의 범위
0338	场地	chǎngdì	명 장소. 마당. 운동장. 공터
0339	场合	chǎnghé	명 (특정한) 시간. 장소. 상황. 장면
0340	场面	chǎngmiàn	명 (영화·연극·소설 등의) 장면. 광경
0341	场所	chǎngsuǒ	명 장소
0342	畅通	chàngtōng	동 막힘없이 잘 통하다
0343	畅销	chàngxiāo	형 잘 팔리다
0344	唱歌	chànggē	동 노래하다

0345	抄	chāo	동	베끼다. 베껴쓰다
0346	抄送	chāosòng	동	부본(사본)을 보내다
0347	钞票	chāopiào	명	지폐. 돈
0348	超过	chāoguò	동	초과하다. 넘다. 추월하다
0349	超级	chāojí	명	(규모·수량·질량 등이) 초. 최상급의
0350	超市	chāoshì	명	마트 ['超级市场'의 약칭]
0351	嘲笑	cháoxiào	동	조소하다. 비웃다
0352	吵	chǎo	동	시끄럽다
0353	吵架	chǎojià	동	다투다. 말다툼하다
0354	炒	chǎo	동	(기름 따위로) 볶다. 투기하다
0355	炒股	chǎogǔ	동	주식 투자를 하다
0356	炒汇	chǎohuì	동	외환 투기를 하다
0357	炒鱿鱼	chǎoyóuyú		해고하다. 파면하다
0358	炒作	chǎozuò	동	(사람·사물의 가치를 높이려 매체를 통해) 대대적으로 띄우다
0359	车库	chēkù	명	차고
0360	车厢	chēxiāng	명	(열차·자동차 등의) 객실. 화물칸
0361	车站	chēzhàn	명	정거장. 역
0362	彻底	chèdǐ	형	철저하다. 철저히하다
0363	撤销	chèxiāo	동	없애다. 취소하다
0364	沉默	chénmò	형	과묵하다 동 침묵하다
0365	陈列	chénliè	동	진열하다. 전시하다
0366	衬衫	chènshān	명	와이셔츠. 셔츠. 블라우스
0367	趁	chèn	전	(때·기회를) 이용해서. 틈타서
0368	趁机	chènjī	부	기회를 틈타서
0369	称	chēng	동	부르다. 일컫다. 칭하다
0370	称呼	chēnghu	명	호칭 동 ~라고 부르다
0371	称赞	chēngzàn	동	칭찬하다. 찬양하다
0372	成	chéng	동	이루다. 완성하다. ~이 되다
0373	成本	chéngběn	명	원가. 코스트. 생산비
0374	成份	chéngfèn	명	(구성) 성분. 요소. 출신. 직업
0375	成功	chénggōng	동	성공하다 형 성공적이다
0376	成果	chéngguǒ	명	성과. 결과
0377	成绩	chéngjì	명	성적. 성과. 기록
0378	成交	chéngjiāo	동	거래가 성립되다
0379	成就	chéngjiù	명	(사업상의) 성취. 성과. 업적 동 완성하다. 이루다
0380	成立	chénglì	동	(조직·기구 따위를) 창립하다. 설립하다
0381	成人	chéngrén	명	성인 동 어른이 되다
0382	成熟	chéngshú	동	(생물체가) 성숙하다. (식물의 열매 등이) 익다
0383	成套	chéngtào	명	한 벌. 한 세트 동 한 세트를 이루다

0384	成为	chéngwéi	동	~가 되다
0385	成效	chéngxiào	명	효과. 성과. 효능
0386	成员	chéngyuán	명	성원. 구성원
0387	成长	chéngzhǎng	동	성장하다. 자라다
0388	诚恳	chéngkěn	형	진실하다. 간절하다
0389	诚实	chéngshí	형	참되다. 성실하다
0390	诚信	chéngxìn	형	성실하다. 신용을 지키다
0391	诚意	chéngyì	명	성의. 진심
0392	承办	chéngbàn	동	맡아 처리하다. 청부 맡다
0393	承包	chéngbāo	동	하청을 받다. 청부 맡다
0394	承担	chéngdān	동	담당하다. 맡다. 감당하다
0395	承诺	chéngnuò	동	승낙하다. 대답하다
0396	承认	chéngrèn	동	승인하다. 인정하다. 동의하다
0397	承受	chéngshòu	동	받아들이다. 견뎌내다. 감당하다
0398	城市	chéngshì	명	도시
0399	乘客	chéngkè	명	승객
0400	乘务员	chéngwùyuán	명	승무원
0401	乘坐	chéngzuò	동	(자동차·비행기 등을) 타다
0402	程度	chéngdù	명	정도. (지식 등의) 수준
0403	程序	chéngxù	명	순서. 절차. 프로그램
0404	惩罚	chéngfá	동	징벌하다
0405	橙子	chéngzi	명	오렌지
0406	吃饭	chīfàn	동	밥을 먹다
0407	吃紧	chījǐn	형	중요하다. 절박하다
0408	吃惊	chījīng	동	놀라다. 겁을 먹다
0409	吃亏	chīkuī	동	손해를 보다
0410	迟到	chídào	동	지각하다
0411	迟早	chízǎo	부	조만간. 머지않아
0412	持平	chípíng	형	공평하다 동 (비교 대상의 수량과) 같다
0413	持续	chíxù	동	지속하다. 계속 유지하다
0414	尺寸	chǐcùn	명	길이. 치수. 사이즈(size). (언행상의) 분별력. 분수
0415	赤字	chìzì	명	적자. 결손
0416	冲	chōng	동	(끓는 물 등을) 붓다. 뿌리다. (물로) 씻어 내다. 충돌하다
0417	冲击	chōngjī	명	충격 동 세차게 부딪치다
0418	冲突	chōngtū	명	모순. 충돌 동 충돌하다
0419	充当	chōngdāng	동	(어떤 직무·역할을) 맡다. 담당하다
0420	充电器	chōngdiànqì	명	충전기
0421	充分	chōngfèn	형	충분하다 부 힘껏. 충분히
0422	充满	chōngmǎn	동	가득차다. 충만하다

0423	充值	chōngzhí	동 (인터넷 계정이나 카드 등에 돈을) 채워넣다
0424	充足	chōngzú	형 충분하다. 충족하다
0425	重复	chóngfù	동 중복되다 동 반복하다
0426	重申	chóngshēn	동 거듭 표명하다
0427	重新	chóngxīn	부 다시
0428	抽奖	chōujiǎng	동 수상자를 추첨하다
0429	抽空	chōukòng	동 틈(시간)을 내다
0430	抽屉	chōuti	명 서랍
0431	抽象	chōuxiàng	동 추상하다 형 추상적이다
0432	抽烟	chōuyān	동 담배를 피우다
0433	酬劳	chóuláo	명 보수 동 노고에 보답하다
0434	酬谢	chóuxiè	동 사례하다
0435	筹备	chóubèi	동 기획하고 준비하다
0436	筹集	chóují	동 대책을 세워 조달하다
0437	丑	chǒu	형 용모가 추하다. 못생기다
0438	臭	chòu	형 구리다. 추악하다. 역겹다
0439	出	chū	동 나오다
0440	出版	chūbǎn	동 출판하다
0441	出差	chūchāi	동 출장 가다
0442	出发	chūfā	동 출발하다
0443	出境	chūjìng	동 출국하다
0444	出口	chūkǒu	명 동 수출(하다)
0445	出门	chūmén	동 외출하다. 출가하다
0446	出名	chūmíng	동 유명해지다
0447	出纳	chūnà	명 출납원. 출납업무 동 (돈·수표 등을) 출납하다
0448	出让	chūràng	동 양도하다. 매도하다
0449	出色	chūsè	형 출중하다. 대단히 뛰어나다
0450	出生	chūshēng	동 출생하다. 태어나다
0451	出示	chūshì	동 제시하다. 내보이다
0452	出售	chūshòu	동 팔다. 판매하다. 매각하다
0453	出席	chūxí	동 회의에 출석하다
0454	出现	chūxiàn	동 출현하다. 나타나다
0455	出租车	chūzūchē	명 택시
0456	初	chū	형 처음의. 최초의
0457	初步	chūbù	형 시작 단계의. 초보적인
0458	初级	chūjí	형 초급의. 초등의
0459	初中	chūzhōng	명 중학교
0460	除非	chúfēi	접 오직 ~하여야 (비로소) 전 ~을 제외하고(는)
0461	除了	chúle	전 ~을 제외하고

0462	除夕	chúxī	명 섣달 그믐날
0463	厨房	chúfáng	명 주방
0464	厨师	chúshī	명 주방장. 셰프
0465	处分	chǔfèn	명 동 처벌(하다). 처분(하다)
0466	处境	chǔjìng	명 (처해 있는) 처지. 상황
0467	处理	chǔlǐ	동 처리하다
0468	处置	chǔzhì	동 처치하다. 처분하다
0469	储备	chǔbèi	동 (물자를) 비축하다. 저장하다
0470	储藏	chǔcáng	동 저장하다. 매장되다
0471	储存	chǔcún	동 (돈·물건 등을) 저축하여 두다
0472	储蓄	chǔxù	명 저금. 예금 동 저축하다
0473	处长	chùzhǎng	명 (직급으로서의) 처장
0474	穿	chuān	동 (옷·신발 등을) 입다. 신다
0475	传播	chuánbō	동 전파하다. 유포하다
0476	传单	chuándān	명 전단
0477	传统	chuántǒng	명 전통 형 전통적이다
0478	传真	chuánzhēn	명 팩스
0479	船	chuán	명 배
0480	窗户	chuānghu	명 창문
0481	窗口	chuāngkǒu	명 창문
0482	床	chuáng	명 침대
0483	床单	chuángdān	명 침대보. 침대시트
0484	创办	chuàngbàn	동 창설하다. 창립하다
0485	创建	chuàngjiàn	동 창건하다
0486	创立	chuànglì	동 창립하다
0487	创新	chuàngxīn	동 옛 것을 버리고 새 것을 창조하다
0488	创业	chuàngyè	동 창업하다
0489	创造	chuàngzào	동 창조하다
0490	春	chūn	명 봄. 봄철
0491	春节	Chūn Jié	명 설. 음력 정월 초하루
0492	春天	chūntiān	명 봄
0493	词典	cídiǎn	명 사전
0494	辞退	cítuì	동 해고하다. 해직시키다
0495	辞职	cízhí	동 사직하다. 직장을 그만두다
0496	此时	cǐshí	명 이때. 지금. 이 시각
0497	此外	cǐwài	접 이밖에
0498	次	cì	양 번. 회 명 순서. 차례
0499	次序	cìxù	명 (시간·공간에서의) 순서
0500	次要	cìyào	형 부차적인. 다음으로 중요한

0501	刺激	cìjī	몡 자극. 충격 동 자극하다. 흥분시키다
0502	匆忙	cōngmáng	휑 매우 바쁘다
0503	聪明	cōngmíng	휑 총명하다
0504	从	cóng	전 ~로부터
0505	从此	cóngcǐ	부 이제부터. 지금부터
0506	从来	cónglái	부 지금까지. 이제까지
0507	从前	cóngqián	몡 종전. 이전. 옛날
0508	从事	cóngshì	동 종사하다
0509	凑巧	còuqiǎo	부 공교롭게 휑 공교롭다
0510	粗	cū	휑 (실·끈·목소리 따위가) 굵다
0511	粗心	cūxīn	휑 세심하지 못하다
0512	促进	cùjìn	동 촉진하다
0513	促使	cùshǐ	동 ~하도록 (재촉)하다
0514	促销	cùxiāo	동 판촉하다
0515	醋	cù	몡 식초. 질투. 샘
0516	催	cuī	동 재촉하다. 다그치다
0517	存	cún	동 존재하다. 저장하다. 저축하다
0518	存款	cúnkuǎn	몡 예금. 저금 동 저금하다
0519	存在	cúnzài	몡 동 존재(하다)
0520	存折	cúnzhé	몡 예금 통장. 저축 통장
0521	磋商	cuōshāng	동 반복하여 협의하다
0522	挫折	cuòzhé	몡 좌절 동 좌절시키다
0523	措施	cuòshī	몡 조치. 대책 동 조치(하다)
0524	错	cuò	동 틀리다 휑 착오. 잘못
0525	错误	cuòwù	몡 실수. 잘못

D

0526	搭档	dādàng	동 협력하다. 짝이 되다 몡 짝. 파트너
0527	搭配	dāpèi	동 (일정한 기준이나 요구에 따라) 배합하다. 조합하다
0528	答应	dāying	동 대답하다. 응답하다
0529	打	dá	양 다스 [12개 한 묶음]
0530	达成	dáchéng	동 달성하다. 도달하다
0531	达到	dádào	동 (주로 노력을 통해) 도달하다. 달성하다
0532	答案	dá'àn	몡 답안. 해답. 답
0533	答复	dáfù	몡 동 회답(하다). 답변(하다)
0534	打	dǎ	동 때리다. 치다
0535	打包	dǎbāo	동 포장하다
0536	打车	dǎchē	동 택시를 타다
0537	打工	dǎgōng	동 아르바이트하다. 일하다
0538	打架	dǎjià	동 (때리며) 싸우다. 다투다

0539	打交道	dǎjiāodao	동 왕래하다. 교제하다
0540	打卡	dǎkǎ	동 자기카드를 인식기에 긁다. (출퇴근시) 타임레코더에 체크하다
0541	打篮球	dǎ lánqiú	농구를 하다
0542	打喷嚏	dǎ pēntì	재채기를 하다
0543	打扰	dǎrǎo	동 방해하다. 폐를 끼치다
0544	打扫	dǎsǎo	동 청소하다. 치우다
0545	打算	dǎsuàn	명 계획 동 ~할 계획이다
0546	打听	dǎting	동 물어보다. 알아보다
0547	打印	dǎyìn	동 인쇄하다. 프린트하다
0548	打招呼	dǎzhāohu	동 (말·행동으로) 인사하다
0549	打折	dǎzhé	동 할인하다
0550	打针	dǎzhēn	동 주사를 놓다
0551	大	dà	형 크다
0552	大大	dàdà	부 크게. 대단히
0553	大胆	dàdǎn	형 대담하다
0554	大方	dàfang	형 호탕하다. 인색하지 않다
0555	大概	dàgài	부 대략
0556	大家	dàjiā	대 모두. 여러분
0557	大批	dàpī	형 대량의. 대량으로
0558	大厦	dàshà	명 고층건물. 빌딩
0559	大使馆	dàshǐguǎn	명 대사관
0560	大写	dàxiě	명 대문자. 갖은자
0561	大型	dàxíng	형 대형(의)
0562	大学	dàxué	명 대학
0563	大约	dàyuē	부 대략. 대강. 얼추
0564	待	dāi	동 머무르다
0565	大夫	dàifu	명 의사
0566	代表	dàibiǎo	명 대표자 동 대표하다
0567	代驾	dàijià	동 대리운전하다
0568	代金券	dàijīnquàn	명 상품권
0569	代理	dàilǐ	동 대리하다. 대신하다
0570	代替	dàitì	동 대신하다. 대체하다
0571	代言	dàiyán	동 대신 말하다
0572	带	dài	동 (몸에) 휴대하다 명 띠. 벨트
0573	带动	dàidòng	동 (이끌어) 선도하다
0574	带领	dàilǐng	동 안내하다. 인솔하다
0575	贷款	dàikuǎn	명 대부금 동 대출하다
0576	待遇	dàiyù	명 (봉급·권리·지위 따위의) 대우. 대접
0577	怠慢	dàimàn	동 냉대하다. 푸대접하다

0578	戴	dài	(동) (머리·가슴 등에) 착용하다
0579	担保	dānbǎo	(동) 담보하다. 보증하다
0580	担任	dānrèn	(동) 맡다. 담당하다
0581	担心	dānxīn	(동) 걱정하다
0582	单独	dāndú	(부) 단독으로. 혼자서
0583	单据	dānjù	(명) 영수증. 증빙서류
0584	单位	dānwèi	(명) 직장. 기관. 단체. 회사
0585	耽误	dānwu	(동) 지체하다. 일을 그르치다
0586	淡季	dànjì	(명) 비수기
0587	蛋糕	dàngāo	(명) 케이크
0588	当初	dāngchū	(명) 당초. 처음. 당시. 그 때
0589	当然	dāngrán	(부) 당연히 (형) 당연하다
0590	当时	dāngshí	(명) 당시. 그때
0591	当心	dāngxīn	(동) 조심하다
0592	党员	dǎngyuán	(명) 당원
0593	档案	dàng'àn	(명) (공)문서. 서류. 파일
0594	档次	dàngcì	(명) (품질 등의) 등급
0595	刀	dāo	(명) 칼
0596	导航	dǎoháng	(동) 항해나 항공을 유도하다. 네비게이션
0597	导游	dǎoyóu	(명) 가이드
0598	导致	dǎozhì	(동) (어떤 사태를) 야기하다. 초래하다
0599	倒	dǎo	(동) (옆으로) 넘어지다. 파산하다
0600	倒闭	dǎobì	(동) (상점·기업체가) 도산하다
0601	倒霉	dǎoméi	(형) 재수없다. 운수 사납다
0602	倒时差	dǎo shíchā	시차에 적응하다
0603	到	dào	(동) 도착하다
0604	到处	dàochù	(명) 도처. 이르는 곳
0605	到达	dàodá	(동) 도달하다. 도착하다
0606	到底	dàodǐ	(부) 도대체. 마침내. 결국
0607	到期	dàoqī	(동) 기한이 되다. 만기가 되다
0608	倒酒	dàojiǔ	(동) 술을 따르다
0609	盗版	dàobǎn	(명) 해적판 (동) 해적판을 내다
0610	道德	dàodé	(명) 도덕. 윤리 (형) 도덕적이다
0611	道理	dàolǐ	(명) 규칙. 도리. 일리
0612	道歉	dàoqiàn	(동) 사과하다
0613	得到	dédào	(동) 얻다. 획득하다
0614	地	de	(조) 단어나 구가 동사 또는 형용사와 같은 중심어를 수식하고 있음을 나타냄
0615	的	de	(조) 관형어 뒤에 쓰여 관형어와 중심어 사이가 종속 관계임을 나타냄

0616	得	de	조 동사나 형용사 뒤에 쓰여 결과나 정도를 나타내는 보어와 연결시킴
0617	得	děi	동 (시간·금전 등이) 걸리다. 필요하다
0618	灯	dēng	명 등
0619	登机牌	dēngjīpái	명 탑승권
0620	登记	dēngjì	동 등기하다. 등록하다
0621	登录	dēnglù	동 로그인하다
0622	等	děng	동 기다리다
0623	等	děng	조 등 [열거한 사물의 낱낱 또는 집합]
0624	等待	děngdài	동 (사물·상황 등을) 기다리다
0625	等候	děnghòu	동 기다리다 [주로 구체적인 대상에 쓰임]
0626	等级	děngjí	명 등급
0627	等于	děngyú	동 ~와 같다. ~이나 다름없다
0628	低	dī	형 (높이·등급·정도가) 낮다
0629	低廉	dīlián	형 싸다. 저렴하다
0630	低劣	dīliè	형 (질이) 낮다. 저급하다
0631	低碳	dītàn	명 저탄소
0632	的士	díshì	명 택시
0633	的确	díquè	부 확실히. 분명히
0634	抵偿	dǐcháng	동 배상하다. 물다. 갚다
0635	抵达	dǐdá	동 도착하다. 도달하다
0636	抵押	dǐyā	동 저당하다. 저당 잡히다
0637	底	dǐ	명 밑. 바닥
0638	底价	dǐjià	명 (경매·입찰 전에 정한) 시작 가격. (상품 판매의) 최저가격
0639	底薪	dǐxīn	명 기본급. 본봉
0640	地道	dìdao	형 본고장의. 진짜의
0641	地点	dìdiǎn	명 지점. 장소. 위치. 소재지
0642	地方	dìfang	명 곳. 장소. 부분. 점
0643	地理	dìlǐ	명 지리. 지리학
0644	地区	dìqū	명 지역. 지구
0645	地铁	dìtiě	명 지하철
0646	地图	dìtú	명 지도
0647	地位	dìwèi	명 (사회적인) 위치. 지위
0648	地震	dìzhèn	명 지진
0649	地址	dìzhǐ	명 주소
0650	递交	dìjiāo	동 직접 내주다. 건네주다
0651	递增	dìzēng	동 점점 늘다. 점차 증가하다
0652	第一	dìyī	수 제1. 첫(번)째. 최초
0653	典当	diǎndàng	동 전당 잡히다 명 전당포

0654	典礼	diǎnlǐ	몡 (성대한) 식. 행사. 의식
0655	典型	diǎnxíng	몡 혱 전형(적이다)
0656	点	diǎn	양 시 [시간의 단위] 동 주문하다
0657	点头	diǎntóu	동 고개를 끄덕이다
0658	点心	diǎnxin	몡 (떡·과자·빵·케이크 등과 같은) 간식. 딤섬(dimsum)
0659	点子	diǎnzi	몡 방법. 생각. 아이디어
0660	电池	diànchí	몡 전지. 건전지
0661	电话	diànhuà	몡 전화
0662	电脑	diànnǎo	몡 컴퓨터
0663	电器	diànqì	몡 전기
0664	电视	diànshì	몡 텔레비전
0665	电梯	diàntī	몡 엘리베이터
0666	电信	diànxìn	몡 전신
0667	电影院	diànyǐngyuàn	몡 영화관
0668	电源	diànyuán	몡 전원
0669	电子邮件	diànzǐyóujiàn	몡 이메일
0670	垫付	diànfù	동 잠시 돈을 대신 내다
0671	吊销	diàoxiāo	동 (이미 발급된 증(명)서를) 회수하여 취소하다
0672	调查	diàochá	동 조사하다
0673	调动	diàodòng	동 (인원·일 등을) 옮기다. 이동하다
0674	调研	diàoyán	동 조사 연구하다
0675	掉	diào	동 떨어지다. 떨어뜨리다
0676	丁	dīng	몡 성년남자. 장정. 정 ['천간(天干)'의 네 번째]
0677	叮嘱	dīngzhǔ	동 신신 당부하다
0678	订	dìng	동 예약하다. 주문하다
0679	订单	dìngdān	몡 (상품·물품 예약 시의) 주문서
0680	订金	dìngjīn	몡 계약금. 예약금
0681	定	dìng	동 안정적이다. 확정적이다
0682	定点	dìngdiǎn	동 거점을 지정하다
0683	定额	dìng'é	몡 정액. 정량. 정원
0684	定期	dìngqī	혱 정기적인 동 기한을 정하다
0685	定位	dìngwèi	동 입지를 굳히다. 자리매김하다 몡 확정된 위치
0686	丢	diū	동 잃어버리다
0687	丢人	diūrén	동 체면을 깎이다
0688	东	dōng	몡 동쪽. 주인
0689	东方	dōngfāng	몡 동방. 동쪽. 아시아
0690	东西	dōngxi	몡 물건. 것
0691	冬	dōng	몡 겨울. 겨울철. 동계
0692	董事长	dǒngshìzhǎng	몡 이사장. 대표이사

0693	懂	dǒng	동 이해하다
0694	动工	dònggōng	동 (토목공사에서) 착공하다
0695	动机	dòngjī	명 동기
0696	动力	dònglì	명 동력. 원동력
0697	动身	dòngshēn	동 출발하다
0698	动态	dòngtài	명 동태
0699	动用	dòngyòng	동 사용하다. 유용하다
0700	动员	dòngyuán	동 (군사 및 경제를) 전시 체제화하다. (특정한 일·활동에 참가하도록) 동원하다
0701	动作	dòngzuò	명 동작. 행동 동 움직이다
0702	冻结	dòngjié	동 (물이) 얼다. (자금을) 동결하다
0703	都	dōu	부 모두
0704	都市	dūshì	명 도시
0705	督促	dūcù	동 감독·재촉하다. 독촉하다
0706	独家	dújiā	명 독점. 단독
0707	独立	dúlì	동 독립하다
0708	独特	dútè	형 독특하다
0709	独资	dúzī	동 개인(단독)투자하다
0710	读	dú	동 읽다
0711	堵车	dǔchē	동 교통이 체증되다
0712	度	dù	명 (온도·밀도 따위의) 도
0713	度过	dùguò	동 (시간을) 보내다. 지내다
0714	短	duǎn	형 (공간적·시간적 거리가) 짧다
0715	短缺	duǎnquē	동 모자라다. 결핍되다
0716	短信	duǎnxìn	명 짧은 편지. (휴대전화의) 문자메시지
0717	断	duàn	동 (도막으로) 자르다. 끊다
0718	锻炼	duànliàn	동 (몸을) 단련하다
0719	队	duì	명 열. 대열. 팀. 단체
0720	对	duì	전 ~에 대해서
0721	对	duì	형 맞다. 옳다 동 대조하다
0722	对比	duìbǐ	명 동 대비하다. 대조하다
0723	对不起	duìbuqǐ	동 미안하다
0724	对策	duìcè	명 대책. 대응책. 대비책
0725	对待	duìdài	동 다루다. 대응하다. 대처하다
0726	对方	duìfāng	명 상대방. 상대편
0727	对付	duìfu	동 대처하다. 대응하다
0728	对话	duìhuà	명 동 대화(하다)
0729	对讲机	duìjiǎngjī	명 (휴대용) 소형 무전기
0730	对立	duìlì	동 대립하다. 대립되다

0731	对面	duìmiàn	몡 반대편. 맞은편
0732	对手	duìshǒu	몡 상대. 적수. 호적수
0733	对象	duìxiàng	몡 (연애·결혼의) 상대. 대상
0734	对于	duìyú	젠 ~에 대하여
0735	对照	duìzhào	동 대조하다
0736	兑换	duìhuàn	동 현금으로 바꾸다
0737	兑现	duìxiàn	동 (수표·어음 등을) 현금으로 바꾸다
0738	吨	dūn	양 톤. 1,000킬로그램(kg)
0739	顿	dùn	동 잠시 멈추다. 잠깐 쉬다
0740	多	duō	형 많다
0741	多亏	duōkuī	동 은혜를 입다. 덕택이다
0742	多么	duōme	부 얼마나
0743	多少	duōshao	대 얼마 [수량을 물을 때]
0744	多余	duōyú	형 여분의. 나머지의
0745	多元化	duōyuánhuà	동 다원화 하다
0746	躲	duǒ	동 숨다. 피하다

E

0747	俄罗斯	Éluósī	몡 러시아
0748	俄语	Éyǔ	몡 러시아어
0749	额度	édù	몡 일정한 액수. 규정된 액수
0750	额外	éwài	형 정액 외의. 정원 외의
0751	恶化	èhuà	동 악화되다. 악화시키다
0752	恶劣	èliè	형 열악하다. 아주 나쁘다
0753	饿	è	형 배고프다
0754	儿子	érzi	몡 아들
0755	而且	érqiě	접 게다가. 또한
0756	耳朵	ěrduo	몡 귀
0757	耳机	ěrjī	형 수화기. 이어폰
0758	二/贰	èr/èr	수 이. 2 / '二'의 갖은자
0759	二手	èrshǒu	몡 조수 형 중고의

F

0760	发	fā	동 보내다. 발송하다
0761	发表	fābiǎo	동 (신문·잡지 등에) 글을 게재하다. (의견을) 발표하다
0762	发布	fābù	동 선포하다. 발포하다
0763	发财	fācái	동 돈을 벌다. 재산을 모으다
0764	发达	fādá	형 발달하다 동 발전시키다
0765	发挥	fāhuī	동 발휘하다
0766	发明	fāmíng	몡 동 발명(하다)

0767	发票	fāpiào	명 영수증
0768	发烧	fāshāo	동 열이 나다
0769	发生	fāshēng	동 (없던 현상이) 발생하다
0770	发现	fāxiàn	명 발견 동 알아차리다
0771	发行	fāxíng	동 (서적·화폐 따위를) 발행하다
0772	发言	fāyán	명 동 발언(하다)
0773	发展	fāzhǎn	동 발전하다
0774	罚款	fákuǎn	명 벌금 동 벌금을 부과하다
0775	法定	fǎdìng	형 법률로 규정된
0776	法规	fǎguī	명 법규
0777	法律	fǎlǜ	명 법률
0778	法人	fǎrén	명 법인
0779	法庭	fǎtíng	명 법정
0780	法院	fǎyuàn	명 법원
0781	翻	fān	동 뒤집다. 전복하다
0782	翻番	fānfān	동 갑절이 되다. 배가 되다
0783	翻译	fānyì	명 통역 동 번역하다. 통역하다
0784	凡事	fánshì	명 모든 일. 매사. 만사
0785	烦	fán	형 번거롭다. 짜증스럽다 동 귀찮게 하다
0786	繁忙	fánmáng	형 일이 많고 바쁘다
0787	反比	fǎnbǐ	명 반비례 ['反比例'의 약칭]
0788	反对	fǎnduì	동 반대하다
0789	反而	fǎn'ér	접 오히려. 반대로 [뒷문장에 쓰여 점층관계를 나타냄]
0790	反复	fǎnfù	동 반복하다. 변덕스럽다
0791	反馈	fǎnkuì	명 피드백 동 (정보나 반응이) 되돌아오다
0792	反弹	fǎntán	동 (가격·시세 등이) 반등하다
0793	反应	fǎnyìng	명 반응. 반향
0794	反映	fǎnyìng	동 (형상을) 반사하다. 반영하다
0795	反正	fǎnzhèng	부 아무튼. 어차피. 어쨌든
0796	返回	fǎnhuí	동 되돌아오다
0797	饭店	fàndiàn	명 호텔
0798	饭馆	fànguǎn	명 음식점
0799	范围	fànwéi	명 범위
0800	方	fāng	명 사각형. 지방. 곳
0801	方案	fāng'àn	명 방안. 표준 양식. 규칙
0802	方便	fāngbiàn	형 편리하다 동 편리하게 하다
0803	方法	fāngfǎ	명 방법
0804	方面	fāngmiàn	명 방면. 분야. 영역
0805	方式	fāngshì	명 방식

0806	方向	fāngxiàng	몡 방향
0807	防止	fángzhǐ	동 방지하다
0808	妨碍	fáng'ài	동 방해하다. 지장을 주다
0809	房地产	fángdìchǎn	몡 부동산
0810	房东	fángdōng	몡 집주인
0811	房间	fángjiān	몡 객실. 방
0812	房卡	fángkǎ	몡 객실카드
0813	房租	fángzū	몡 집세. 임대료
0814	访问	fǎngwèn	동 방문하다
0815	放	fàng	동 놓아주다. 풀어주다
0816	放假	fàngjià	동 방학하다. 휴가로 쉬다
0817	放弃	fàngqì	동 포기하다
0818	放松	fàngsōng	동 늦추다. 느슨하게 하다
0819	放心	fàngxīn	동 안심하다. 마음을 놓다
0820	飞	fēi	동 날다. 비행하다. 휘날리다
0821	飞机	fēijī	몡 비행기
0822	飞快	fēikuài	혱 재빠르다. 날래다
0823	非	fēi	동 ~이 아니다
0824	非常	fēicháng	부 굉장히. 아주
0825	非法	fēifǎ	혱 불법적인. 비합법적인
0826	非洲	Fēizhōu	몡 아프리카 주
0827	肥	féi	몡 비계 혱 살 찌다. 헐렁하다
0828	废除	fèichú	동 (법령·제도 등을) 취소하다. 폐지하다
0829	废品	fèipǐn	몡 폐품. 불합격품
0830	费力	fèilì	동 애쓰다. 정력을 소모하다
0831	费用	fèiyong	몡 비용. 지출
0832	分	fēn	양 (화폐의) 분. 푼. 전 ['1分'은 '1元'의 100분의 1] 동 나누다. 구분하다
0833	分辨	fēnbiàn	동 분별하다. 구분하다
0834	分辩	fēnbiàn	동 변명하다. 해명하다
0835	分别	fēnbié	동 헤어지다 부 각각. 따로따로
0836	分布	fēnbù	동 분포하다. 널려있다
0837	分工	fēngōng	동 분업하다. 분담하다
0838	分红	fēnhóng	동 (기업 등에서) 이익을 분배하다
0839	分类	fēnlèi	동 분류하다
0840	分配	fēnpèi	동 분배하다. 할당하다
0841	分批	fēnpī	동 여러 조로 나누다
0842	分期	fēnqī	동 시기(기간)를 나누다
0843	分数	fēnshù	몡 점수. 분수

0844	分析	fēnxī	동 분석하다
0845	分钟	fēnzhōng	명 분
0846	纷纷	fēnfēn	부 잇달아. 계속해서 형 분분하다
0847	粉色	fěnsè	명 분홍색
0848	份	fèn	양 부 [신문·문건을 세는 양사]
0849	奋斗	fèndòu	동 (목적을 달성하기 위해) 분투하다
0850	丰富	fēngfù	형 풍부하다
0851	丰盛	fēngshèng	형 풍성하다
0852	风	fēng	명 바람
0853	风格	fēnggé	명 스타일. 성품. 풍격
0854	风景	fēngjǐng	명 풍경. 경치
0855	风气	fēngqì	명 (사회나 집단의) 풍조. 기풍
0856	风趣	fēngqù	명 재미. 해학. 유머 형 유머러스하다
0857	风俗	fēngsú	명 풍속
0858	风险	fēngxiǎn	명 위험. 모험
0859	封	fēng	명 봉지. 봉투 양 통. 꾸러미
0860	封闭	fēngbì	동 봉인하다. 폐쇄하다
0861	讽刺	fěngcì	명 동 풍자(하다)
0862	否定	fǒudìng	형 부정적인 동 부정하다
0863	否决	fǒujué	동 (의안 따위를) 부결하다. 기각하다
0864	否认	fǒurèn	동 부인하다. 부정하다
0865	否则	fǒuzé	접 만약 그렇지 않으면
0866	夫人	fūrén	명 부인 [기혼여성에 대한 호칭]
0867	服从	fúcóng	동 따르다. 복종하다
0868	服务员	fúwùyuán	명 종업원
0869	服装	fúzhuāng	명 복장
0870	浮动	fúdòng	동 떠서 움직이다. 동요하다
0871	符合	fúhé	동 부합하다. 맞다
0872	幅	fú	양 폭 [옷감·종이·그림 등을 세는 단위]
0873	幅度	fúdù	명 정도. 폭. 너비
0874	福利	fúlì	명 복리. 복지. 후생복지
0875	辅导	fǔdǎo	동 도우며 지도하다
0876	父亲	fùqīn	명 부친. 아버지
0877	付款	fùkuǎn	동 지불하다
0878	负担	fùdān	명 부담. 책임 동 부담하다
0879	负面	fùmiàn	명 부정적인 면. 소극적인 면
0880	负责	fùzé	동 책임지다. 맡다
0881	负债	fùzhài	명 부채 동 빚을 지다
0882	附加	fùjiā	형 부가의. 초과의 동 부가하다

0883	附件	fùjiàn	명 첨부파일
0884	附近	fùjìn	명 부근. 근처
0885	复习	fùxí	동 복습하다
0886	复印	fùyìn	동 복사하다
0887	复杂	fùzá	형 복잡하다
0888	复制	fùzhì	동 복제하다
0889	副	fù	양 조. 벌. 쌍 [한 벌 또는 한 쌍으로 되어 있는 것] 형 부수적인
0890	副本	fùběn	명 부본. 사본
0891	副作用	fùzuòyòng	명 부작용
0892	富有	fùyǒu	형 부유하다
0893	富裕	fùyù	형 부유하다
0894	腹泻	fùxiè	명 설사

G

0895	改变	gǎibiàn	동 바꾸다
0896	改革	gǎigé	명 동 개혁(하다)
0897	改进	gǎijìn	동 개선하다. 개량하다
0898	改良	gǎiliáng	명 동 개선(하다). 개량(하다)
0899	改善	gǎishàn	동 개선하다. 개량하다
0900	改造	gǎizào	동 개조하다
0901	改正	gǎizhèng	동 (잘못·착오 등을) 개정하다. 시정하다
0902	改组	gǎizǔ	동 (조직·인원 등을) 개편하다
0903	盖章	gàizhāng	동 도장찍다. 날인하다
0904	概况	gàikuàng	명 개황. 대강의 형편
0905	概括	gàikuò	동 개괄하다. 요약하다
0906	概念	gàiniàn	명 개념
0907	干	gān	형 마르다. 건조하다
0908	干杯	gānbēi	동 건배하다
0909	干脆	gāncuì	부 아예. 차라리 형 (언행이) 명쾌하다
0910	干净	gānjìng	형 깨끗하다
0911	干预	gānyù	동 관여하다. 참견하다
0912	干燥	gānzào	동 건조하다. 무미건조하다
0913	赶紧	gǎnjǐn	부 서둘러. 재빨리
0914	赶快	gǎnkuài	부 빨리. 얼른. 어서
0915	敢	gǎn	동 용기를 내다. 자신 있게 ~하다
0916	感动	gǎndòng	동 감동하다. 감동시키다
0917	感激	gǎnjī	동 감격하다
0918	感觉	gǎnjué	명 감각. 느낌
0919	感冒	gǎnmào	명 감기 동 감기에 걸리다
0920	感情	gǎnqíng	명 감정

0921	感受	gǎnshòu	몡 감상. 느낌 동 느끼다
0922	感想	gǎnxiǎng	몡 감상. 느낌. 소감
0923	感谢	gǎnxiè	동 감사하다. 고맙다
0924	干部	gànbù	몡 간부. 지도자. 관리자
0925	干活儿	gànhuór	동 일하다
0926	刚才	gāngcái	몡 방금. 지금 막
0927	刚刚	gānggāng	부 방금. 막
0928	岗位	gǎngwèi	몡 직장. 부서. 근무처
0929	港口	gǎngkǒu	몡 항만. 항구
0930	高	gāo	형 (높이·등급·수준이) 높다
0931	高档	gāodàng	형 고급의. 상등의
0932	高端	gāoduān	형 고급의
0933	高峰	gāofēng	몡 고봉. 절정. 최고점
0934	高级	gāojí	형 (품질 또는 수준 등이) 고급인
0935	高利贷	gāolìdài	몡 고리대금
0936	高速	gāosù	형 고속의
0937	高兴	gāoxìng	형 기쁘다. 즐겁다
0938	高中	gāozhōng	몡 고등학교
0939	告别	gàobié	동 헤어지다. 작별인사를 하다
0940	告辞	gàocí	동 작별을 고하다
0941	告诉	gàosu	동 알려주다
0942	胳膊	gēbo	몡 팔
0943	格局	géjú	몡 짜임새. 구조. 골격. 패턴
0944	格式	géshi	몡 격식. 양식. 서식
0945	格外	géwài	부 각별히. 특별히. 그 외에
0946	个	gè	양 개 [전용 양사가 없는 사물에 두루 쓰임]
0947	个别	gèbié	형 개개의. 단독의
0948	个人	gèrén	몡 개인
0949	各	gè	부 각자. 각기. 각각
0950	各界	gèjiè	몡 각계. 각 방면
0951	各式各样	gèshì gèyàng	각양각색. 여러 종류
0952	各自	gèzì	몡 각자. 제각기
0953	给	gěi	동 주다 전 ~에게
0954	根本	gēnběn	몡 근본 부 원래. 아예
0955	根据	gēnjù	전 ~에 근거하여 동 근거(하다)
0956	根源	gēnyuán	몡 근원 동 ~에 근원하다
0957	跟	gēn	몡 발뒤꿈치. 뒷굽 동 따라가다 접 ~와
0958	跟踪	gēnzōng	동 미행하다. 추적하다
0959	更改	gēnggǎi	동 변경하다. 바꾸다

0960	更换	gēnghuàn	동	교체하다. 변경하다
0961	更正	gēngzhèng	동	정정하다. 잘못을 고치다
0962	更	gèng	부	더. 더욱. 훨씬
0963	更加	gèngjiā	부	더욱 더. 한층
0964	工厂	gōngchǎng	명	공장
0965	工程师	gōngchéngshī	명	기사. 기술자. 엔지니어
0966	工会	gōnghuì	명	노동 조합. 노조
0967	工具	gōngjù	명	공구. 수단. 도구
0968	工人	gōngrén	명	노동자
0969	工薪族	gōngxīnzú	명	샐러리맨. 월급쟁이
0970	工业	gōngyè	명	공업
0971	工艺品	gōngyìpǐn	명	공예품
0972	工资	gōngzī	명	월급. 임금
0973	工作	gōngzuò	명 동	일(하다)
0974	公安局	gōng'ānjú	명	공안국
0975	公布	gōngbù	동	공포하다. 공표하다
0976	公费	gōngfèi	명	공비. 국비
0977	公共汽车	gōnggòng qìchē	명	버스
0978	公关	gōngguān	명	섭외. 홍보
0979	公积金	gōngjījīn	명	(기업의) 적립금. 준비금
0980	公斤	gōngjīn	양	킬로그램(kg)
0981	公开	gōngkāi	형 동	공개적인 / 공개하다
0982	公款	gōngkuǎn	명	공금
0983	公里	gōnglǐ	양	킬로미터(km)
0984	公路	gōnglù	명	도로. 고속도로. 국도
0985	公平	gōngpíng	형	공평하다. 공정하다
0986	公司	gōngsī	명	회사
0987	公务舱	gōngwùcāng	명	비즈니스석
0988	公务员	gōngwùyuán	명	공무원
0989	公用电话	gōngyòng diànhuà	명	공중전화
0990	公寓	gōngyù	명	아파트
0991	公园	gōngyuán	명	공원
0992	公证	gōngzhèng	동	공증하다
0993	功劳	gōngláo	명	공로
0994	功能	gōngnéng	명	기능
0995	攻击	gōngjī	동	공격하다
0996	供不应求	gōngbúyìngqiú		공급이 수요를 따르지 못하다
0997	供给	gōngjǐ	동	공급하다. 제공하다
0998	供应	gōngyìng	동	제공하다. 공급하다

0999	恭喜	gōngxǐ	동 축하하다
1000	巩固	gǒnggù	동 견고하다. 공고하다
1001	共计	gòngjì	동 합계하다. 합하여 계산하다
1002	共同	gòngtóng	형 공동의 부 함께
1003	贡献	gòngxiàn	동 바치다. 공헌하다
1004	沟通	gōutōng	동 교류하다. 소통하다
1005	构成	gòuchéng	명 동 구성(하다)
1006	构造	gòuzào	명 구조 동 짓다. 조립하다
1007	购买	gòumǎi	동 사다. 구매하다
1008	购物	gòuwù	동 물품을 구입하다
1009	购置	gòuzhì	동 (장기간 사용할 것을) 사들이다
1010	够	gòu	동 (필요한 수량·기준 등을) 만족시키다
1011	估计	gūjì	동 예측하다. 추정하다
1012	孤独	gūdú	형 고독하다. 외롭다
1013	古典	gǔdiǎn	명 전고(典故) 형 고전적인
1014	股东	gǔdōng	명 주주. 출자자
1015	股份	gǔfèn	명 주. 주식
1016	股票	gǔpiào	명 증권. 주식
1017	鼓励	gǔlì	동 격려하다. 북돋우다
1018	鼓舞	gǔwǔ	동 고무하다. 분발하게 하다
1019	鼓掌	gǔzhǎng	동 손뼉치다. 박수치다
1020	固定	gùdìng	형 불변하다 동 고정하다
1021	故事	gùshi	명 고사. 이야기
1022	故意	gùyì	부 고의로. 일부러
1023	故障	gùzhàng	명 고장. 결함
1024	顾客	gùkè	명 고객. 손님
1025	顾问	gùwèn	명 고문
1026	雇佣	gùyōng	동 고용하다
1027	刮风	guāfēng	동 바람이 불다
1028	挂	guà	동 (고리·못 따위에) 걸다
1029	挂号	guàhào	동 등록하다. 등기로 부치다
1030	挂失	guàshī	동 (수표·신분증 등의) 분실 신고서를 내다
1031	拐弯	guǎiwān	동 커브를 돌다. 방향을 바꾸다
1032	怪不得	guàibude	부 어쩐지 동 탓할 수 없다
1033	关	guān	동 닫다. (전기를) 끄다
1034	关闭	guānbì	동 닫다. 문을 닫다
1035	关键	guānjiàn	명 관건. 열쇠. 키포인트
1036	关卡	guānqiǎ	명 세관. 톨게이트. 난관
1037	关税	guānshuì	명 관세

1038	关系	guānxì	몡 (사람과 사람 또는 사물 사이의) 관계
1039	关心	guānxīn	동 (사람 또는 사물에 대해) 관심을 갖다
1040	关于	guānyú	전 ~에 관해서. ~에 관한
1041	关照	guānzhào	동 돌보다. 보살피다
1042	官	guān	몡 국가(정부)에 속하는 것. 관료
1043	官方	guānfāng	몡 정부 당국. 정부측
1044	观察	guānchá	동 (사물·현상을) 관찰하다
1045	观点	guāndiǎn	몡 관점. 입장
1046	观念	guānniàn	몡 관념. 생각
1047	观众	guānzhòng	몡 관중
1048	管理	guǎnlǐ	동 관리하다
1049	管制	guǎnzhì	동 통제하다. 제한하다
1050	光	guāng	몡 빛 형 조금도 남지 않다
1051	光滑	guānghuá	형 매끄럽다. 반들반들하다
1052	光临	guānglín	동 광림하시다 [남이 찾아오는 것을 높여하는 말]
1053	光盘	guāngpán	몡 씨디(CD)
1054	广播	guǎngbō	동 방송하다 몡 프로그램
1055	广场	guǎngchǎng	몡 광장
1056	广泛	guǎngfàn	형 광범위하다
1057	广告	guǎnggào	몡 광고
1058	逛	guàng	동 거닐다. 배회하다
1059	归还	guīhuán	동 돌려주다. 반환하다
1060	归纳	guīnà	몡 귀납법 동 귀납하다
1061	规定	guīdìng	몡 규정. 규칙 동 규정하다
1062	规范	guīfàn	몡 규범. 표준 형 규범적인 동 규범에 맞게 하다
1063	规格	guīgé	몡 규격
1064	规划	guīhuà	몡 동 기획(하다)
1065	规矩	guīju	몡 규율. 표준 형 모범적이다
1066	规律	guīlǜ	몡 법칙. 규칙. 규율
1067	规模	guīmó	몡 규모
1068	规则	guīzé	몡 규칙
1069	规章	guīzhāng	몡 규칙. 규정
1070	柜台	guìtái	몡 계산대. 카운터
1071	贵	guì	형 비싸다
1072	贵姓	guìxìng	몡 (상대방의) 성. 성씨
1073	贵重	guìzhòng	형 귀중하다. 중요하다
1074	国产	guóchǎn	형 국산의. 본국이 생산한
1075	国籍	guójí	몡 국적
1076	国际	guójì	몡 국제 형 국제적인

1077	国家	guójiā	명	국가
1078	国企	guóqǐ	명	'국유기업(国有企业)'의 약칭
1079	国庆节	Guóqìng Jié	명	국경절 ['중화인민공화국'의 건국기념일]
1080	果然	guǒrán	부	과연. 생각한대로
1081	果汁	guǒzhī	명	과일즙. 과일주스
1082	过	guò	동	(지점을) 지나다. 건너다. (범위나 한도를) 넘다
1083	过程	guòchéng	명	과정
1084	过度	guòdù	형	과도하다. 지나치다
1085	过分	guòfèn	동	지나치다. 분에 넘치다
1086	过户	guòhù	동	소유권의 명의를 변경하다
1087	过奖	guòjiǎng	동	과찬이십니다
1088	过敏	guòmǐn	동	과민하다. 알레르기 반응을 보이다
1089	过目	guòmù	동	훑어보다. 한번 보다
1090	过期	guòqī	동	기일이 지나다. 기한을 넘기다
1091	过去	guòqù	명	과거 동 지나가다
1092	过剩	guòshèng	동	과잉되다. 필요 한도를 크게 지나치다
1093	过失	guòshī	명	잘못. 실수. 과실
1094	过时	guòshí	형	유행이 지나다 동 시한을 넘기다
1095	过	guo	조	~한 적이 있다 [경험을 나타냄]

H

1096	还	hái	부	여전히. 게다가. 더. 더욱
1097	还是	háishi	부	여전히. ~하는 편이 (더) 좋다
1098	孩子	háizi	명	아이. 어린이. 자녀
1099	海关	hǎiguān	명	세관
1100	海外	hǎiwài	명	해외. 외국. 국외
1101	海鲜	hǎixiān	명	해산물. 해물
1102	海运	hǎiyùn	명	해운
1103	害怕	hàipà	동	겁내다. 무서워하다
1104	害羞	hàixiū	동	부끄러워하다
1105	含量	hánliàng	명	함량
1106	寒假	hánjià	명	겨울방학
1107	喊	hǎn	동	외치다. 큰소리로 부르다
1108	汉堡包	hànbǎobāo	명	햄버거
1109	汉语	Hànyǔ	명	중국어. '한족(汉族)'의 언어
1110	汉字	hànzì	명	한자
1111	汗	hàn	명	땀
1112	行货	hánghuò	명	정품. 합격품
1113	行家	hángjia	명	전문가. 숙련가 형 능하다. 정통하다

번호	단어	병음	뜻
1114	行情	hángqíng	명 시세. 시장가격. 시가
1115	行业	hángyè	명 직업. 직종. 업종
1116	航班	hángbān	명 (비행기나 배의) 운항편. 항공편
1117	航空	hángkōng	명 항공
1118	豪华	háohuá	형 호화롭다. 사치스럽다
1119	好	hǎo	형 좋다
1120	好吃	hǎochī	형 맛있다
1121	好处	hǎochù	명 장점. 좋은 점
1122	好久	hǎojiǔ	형 (시간이) 오래다
1123	好像	hǎoxiàng	동 닮다. 유사하다 부 마치 ~과 같다
1124	好转	hǎozhuǎn	동 호전되다. 좋아지다
1125	号	hào	명 일(날짜). (차례나 순번을 표시하는) 번호
1126	号码	hàomǎ	명 번호. 숫자
1127	号召	hàozhào	동 (국민에게) 호소하다
1128	好客	hàokè	형 손님접대를 좋아하다
1129	好奇	hàoqí	형 호기심을 갖다
1130	耗费	hàofèi	동 낭비하다. 소비하다
1131	喝	hē	동 마시다
1132	合并	hébìng	동 합병하다. 합치다
1133	合法	héfǎ	형 합법적이다
1134	合格	hégé	형 규격에 맞다. 합격이다
1135	合伙	héhuǒ	동 한패가 되다. 동업하다
1136	合计	héjì	동 의논하다. 타산하다
1137	合理	hélǐ	형 합리적이다. 도리에 맞다
1138	合适	héshì	형 적합하다. 알맞다
1139	合同	hétong	명 계약서
1140	合影	héyǐng	명 단체사진 동 함께 찍다
1141	合资	hézī	동 합자하다
1142	合租	hézū	동 공동 임대하다
1143	合作	hézuò	동 합작하다. 협력하다
1144	何必	hébì	동 ~할 필요가 없다
1145	何况	hékuàng	접 하물며. 더군다나
1146	和	hé	전 ~와. ~과
1147	核对	héduì	동 대조 확인하다
1148	核算	hésuàn	동 (기업에서) 정산하다
1149	核心	héxīn	명 핵심. 주요부분
1150	盒	hé	명 통. 갑. 함 양 갑 [작은 상자를 셀 때]
1151	黑	hēi	형 검다. 어둡다
1152	黑板	hēibǎn	명 칠판

1153	黑车	hēichē	명 불법 운행차량
1154	黑市	hēishì	명 암시장
1155	很	hěn	부 매우
1156	横幅	héngfú	명 가로폭. (서화·표어 등의) 폭. 너비
1157	衡量	héngliáng	동 재다. 측정하다
1158	红	hóng	형 붉다. 빨갛다
1159	红包	hóngbāo	명 축의금. 보너스. 세뱃돈
1160	红茶	hóngchá	명 홍차
1161	红利	hónglì	명 주식 배당. 초과 배당금. 상여금
1162	红酒	hóngjiǔ	명 붉은 포도주. 레드 와인
1163	后	hòu	명 (시간상·순서상으로) 뒤. 나중
1164	后果	hòuguǒ	명 (주로 나쁜 측면의) 결과
1165	后悔	hòuhuǐ	동 후회하다. 뉘우치다
1166	后来	hòulái	명 그 후. 그 뒤에
1167	后面	hòumiàn	명 뒤. 뒤쪽. 뒷면
1168	后勤	hòuqín	명 물자 조달 관리업무
1169	后台	hòutái	명 무대 뒤. 막 뒤. 분장실
1170	后天	hòutiān	명 모레
1171	厚	hòu	형 두껍다
1172	候补	hòubǔ	형 후보의
1173	候选人	hòuxuǎnrén	명 입후보자
1174	忽然	hūrán	부 갑자기. 홀연. 별안간
1175	忽视	hūshì	동 소홀히 하다. 경시하다
1176	胡说	húshuō	동 허튼소리를 하다
1177	胡同	hútòng	명 골목. 작은거리
1178	互惠互利	hùhuì hùlì	상호 이익과 혜택을 주다
1179	互联网	hùliánwǎng	명 인터넷
1180	互相	hùxiāng	부 서로. 상호
1181	户口	hùkǒu	명 호구. 호적
1182	户外	hùwài	명 집밖. 야외. 옥외
1183	护士	hùshi	명 간호사
1184	护照	hùzhào	명 여권
1185	花	huā	명 꽃 동 쓰다. 소비하다
1186	花费	huāfèi	동 쓰다. 소비하다
1187	化学	huàxué	명 화학
1188	画画儿	huàhuàr	동 그림을 그리다
1189	话题	huàtí	명 화제. 주제
1190	怀念	huáiniàn	동 추억하다. 그리워하다
1191	怀疑	huáiyí	동 의심하다

1192	怀孕	huáiyùn	동	임신하다
1193	坏	huài	형	나쁘다. 고장 나다
1194	坏处	huàichù	명	단점. 나쁜 점
1195	欢迎	huānyíng	동	환영하다
1196	还	huán	동	돌려주다. 갚다
1197	还原	huányuán	동	환원하다. 복원하다
1198	环比	huánbǐ		연관 상대비율
1199	环节	huánjié	명	환절. 일환
1200	环境	huánjìng	명	환경. 주위상황
1201	缓解	huǎnjiě	동	완화되다. 호전되다
1202	换	huàn	동	교환하다. 바꾸다
1203	黄	huáng	형	노랗다. 선정적인
1204	黄金	huángjīn	명	황금
1205	黄油	huángyóu	명	버터
1206	灰	huī	명	재. 먼지
1207	灰心	huīxīn	동	낙담하다
1208	挥	huī	동	손을 흔들다
1209	挥霍	huīhuò	동	돈을 헤프게 쓰다
1210	恢复	huīfù	동	회복하다. 회복되다
1211	回	huí	동	돌아오다. 되돌아가다
1212	回答	huídá	동	대답하다
1213	回扣	huíkòu	명	수수료. 커미션. 리베이트
1214	回落	huíluò	동	(수위·물가 등이) 다시 떨어지다
1215	回收	huíshōu	동	(폐품이나 오래된 물건 등을) 회수하다
1216	回信	huíxìn	명	회신. 답신 동 회신하다
1217	回忆	huíyì	명	회상. 추억 동 추억하다
1218	回执	huízhí	명	배달 증명서. 수령증
1219	毁约	huǐyuē	동	계약을 파기하다
1220	汇报	huìbào	동	(상황·관련 자료를) 종합하여 보고하다
1221	汇款	huìkuǎn	명	송금한 돈 동 송금하다
1222	汇率	huìlǜ	명	환율
1223	汇总	huìzǒng	동	(자료 따위를) 한데 모으다
1224	会	huì	조동	~할 수 있다 명 모임 동 모이다. 만나다
1225	会餐	huìcān	동	회식하다
1226	会见	huìjiàn	동	회견하다. 만나다
1227	会谈	huìtán	동	회담하다
1228	会议	huìyì	명	회의
1229	会员	huìyuán	명	회원
1230	惠顾	huìgù	동	자주 왕림해 주십시오

1231	婚礼	hūnlǐ	명 결혼식. 혼례
1232	婚姻	hūnyīn	명 혼인. 결혼
1233	活动	huódòng	명 활동. 이벤트
1234	活期	huóqī	형 당좌의. 예금자가 예금을 수시로 인출할 수 있는
1235	活跃	huóyuè	동 활기를 띠게 하다 형 활기 차다
1236	火	huǒ	형 번창하다 동 화 내다 명 불
1237	火车	huǒchē	명 기차
1238	伙伴	huǒbàn	명 친구. 동료. 동반자
1239	或许	huòxǔ	부 아마. 혹시. 어쩌면
1240	或者	huòzhě	접 ~이든가 아니면 ~이다 부 어쩌면. 혹시
1241	货币	huòbì	명 화폐
1242	货物	huòwù	명 물품. 상품. 화물
1243	获得	huòdé	동 획득하다

J

1244	几乎	jīhū	부 거의
1245	机场	jīchǎng	명 공항
1246	机构	jīgòu	명 기구 [기관·단체 등의 업무 단위]
1247	机关	jīguān	명 기관
1248	机会	jīhuì	명 기회
1249	机器	jīqì	명 기계
1250	机遇	jīyù	명 좋은 기회. 찬스. 시기
1251	鸡	jī	명 닭
1252	鸡蛋	jīdàn	명 계란
1253	积分	jīfēn	명 누계점수
1254	积极	jījí	형 적극적이다. 의욕적이다
1255	积累	jīlěi	명 축적. 축적물 동 누적되다
1256	积压	jīyā	동 (오랫동안) 내버려 두다
1257	积攒	jīzǎn	동 조금씩 모으다. 적립하다
1258	基本	jīběn	명 기본 형 기본적인 부 거의. 기본적으로
1259	基础	jīchǔ	명 기초. 토대. 기반
1260	基金	jījīn	명 기금. 펀드
1261	基数	jīshù	명 기수. 기본수
1262	基准	jīzhǔn	명 기준. 표준
1263	激动	jīdòng	형 (감정이) 충동적이다 동 격동하다
1264	激发	jīfā	동 (감정을) 불러 일으키다
1265	激活	jīhuó	동 활성화하다. 촉진하다
1266	激励	jīlì	동 격려하다. 북돋워 주다
1267	激烈	jīliè	형 격렬하다

번호	단어	병음	뜻
1268	及格	jígé	(동) 합격하다
1269	及时	jíshí	(부) 적시에, 제때에
1270	级别	jíbié	(명) 등급, 단계, 계급
1271	极	jí	(부) 아주, 매우 극히
1272	极其	jíqí	(부) 지극히, 매우
1273	即将	jíjiāng	(부) 곧, 머지않아
1274	即日	jírì	(명) 그날, 당일, 수일 내
1275	即使	jíshǐ	(접) 설령 ~할지라도
1276	急	jí	(형) 급하다
1277	急忙	jímáng	(부) 급히, 황급히, 바삐
1278	急诊	jízhěn	(명) 응급진료, 급진 (동) 응급진찰하다
1279	集合	jíhé	(명) 집합 (동) 집합하다, 모이다
1280	集体	jítǐ	(명) 집단, 단체
1281	集团	jítuán	(명) 그룹
1282	集中	jízhōng	(동) 집중하다 (형) 집중된
1283	集资	jízī	(동) 자금을 모으다
1284	嫉妒	jídù	(동) 질투하다, 시기하다
1285	籍贯	jíguàn	(명) 출생지, 본적, 고향
1286	几	jǐ	(수) 몇 [주로 10 이하의 수를 가리킴]
1287	挤	jǐ	(동) 빽빽이 들어차다 (형) 붐비다, 혼잡하다
1288	给予	jǐyǔ	(동) 주다, 부여하다
1289	计划	jìhuà	(명)(동) 계획(하다)
1290	计算	jìsuàn	(동) 계산하다
1291	计算机	jìsuànjī	(명) 계산기, 컴퓨터
1292	计算器	jìsuànqì	(명) (소형) 전자계산기
1293	记得	jìde	(동) 기억하고 있다
1294	记录	jìlù	(명)(동) 기록(하다)
1295	记忆	jìyì	(명)(동) 기억(하다)
1296	记者	jìzhě	(명) 기자
1297	纪录	jìlù	(명)(동) (기록)하다 [= 记录]
1298	纪律	jìlǜ	(명) 규율, 기강, 법도
1299	纪念	jìniàn	(명) 기념물, 기념품 (동) 기념하다
1300	纪要	jìyào	(명) 요록
1301	技能	jìnéng	(명) 기능, 솜씨
1302	技巧	jìqiǎo	(명) 기교, 테크닉
1303	技术	jìshù	(명) 기술
1304	系	jì	(동) 묶다, 매다
1305	季度	jìdù	(명) 분기
1306	季节	jìjié	(명) 계절

1307	既然	jìrán	접 이미 이렇게 된 바에야
1308	继承	jìchéng	동 이어받다. 계승하다
1309	继续	jìxù	동 계속하다
1310	寄	jì	동 부치다. 보내다
1311	寄存	jìcún	동 맡겨두다
1312	寂寞	jìmò	형 적막하다. 쓸쓸하다
1313	绩效	jìxiào	명 업적과 성과
1314	加	jiā	동 더하다. 보태다
1315	加班	jiābān	동 초과 근무하다
1316	加倍	jiābèi	동 배가하다 부 갑절로, 배로
1317	加工	jiāgōng	동 가공하다. 다듬다
1318	加急	jiājí	동 긴급하다
1319	加盟	jiāméng	동 가맹하다. 단체에 가입하다
1320	加强	jiāqiáng	동 강화하다
1321	加油	jiāyóu	동 급유하다. 파이팅하다
1322	加油站	jiāyóuzhàn	명 주유소
1323	夹子	jiāzi	명 집게. 클립. 폴더. 바인더
1324	家	jiā	명 집. 가정. 집안
1325	家具	jiājù	명 가구
1326	家庭	jiātíng	명 가정
1327	家务	jiāwù	명 가사
1328	家乡	jiāxiāng	명 고향
1329	家喻户晓	jiāyù hùxiǎo	집집마다 알다
1330	嘉宾	jiābīn	명 귀한 손님. 가빈
1331	甲	jiǎ	명 갑. 십간(十干)의 첫째
1332	假	jiǎ	명 가짜 상품 형 거짓의. 가짜의
1333	假冒伪劣	jiǎmào wěiliè	(품질이 좋지 않은) 위조 상품
1334	假如	jiǎrú	접 만약. 만일. 가령
1335	假设	jiǎshè	명 가설. 가정 동 가정하다. 꾸며내다
1336	假装	jiǎzhuāng	동 가장하다. 짐짓 ~체하다
1337	价格	jiàgé	명 가격
1338	价钱	jiàqián	명 가격
1339	价位	jiàwèi	명 가격. 가격수준
1340	价值	jiàzhí	명 가치
1341	驾驶	jiàshǐ	동 (자동차·선박·비행기 등을) 운전하다
1342	驾照	jiàzhào	명 운전면허증
1343	假期	jiàqī	명 휴가기간. 휴일
1344	坚持	jiānchí	동 (주장 따위를) 고수하다
1345	坚固	jiāngù	형 견고하다. 튼튼하다

1346	坚决	jiānjué	형 (태도·행동 등이) 단호하다
1347	坚强	jiānqiáng	형 굳세다. 완강하다 동 견고히 하다
1348	艰巨	jiānjù	형 어렵고 힘들다
1349	艰苦	jiānkǔ	형 고달프다. 힘들다
1350	艰难	jiānnán	형 곤란하다. 어렵다
1351	监督	jiāndū	명 동 감독(하다)
1352	监视	jiānshì	동 감시하다
1353	兼并	jiānbìng	동 합병하다. (영토·재산 등을) 병탄하다
1354	兼职	jiānzhí	명 동 겸직(하다)
1355	捡	jiǎn	동 줍다
1356	检查	jiǎnchá	동 검사하다. 조사하다
1357	检验	jiǎnyàn	동 검사하다. 검증하다
1358	减产	jiǎnchǎn	동 생산을 줄이다. 생산량이 감소하다
1359	减肥	jiǎnféi	동 살을 빼다. 다이어트 하다
1360	减少	jiǎnshǎo	동 감소하다
1361	剪彩	jiǎncǎi	동 (개막식 등에서) 테이프를 끊다
1362	剪刀	jiǎndāo	명 가위
1363	简便	jiǎnbiàn	형 간편하다
1364	简称	jiǎnchēng	명 동 약칭(하다)
1365	简单	jiǎndān	형 간단하다. 단순하다
1366	简介	jiǎnjiè	명 안내서 동 간단하게 설명하다
1367	简历	jiǎnlì	명 약력. 이력서
1368	简体字	jiǎntǐzì	명 간화자. 간체자
1369	简要	jiǎnyào	형 간단명료하다
1370	见解	jiànjiě	명 견해. 소견
1371	见面	jiànmiàn	동 만나다
1372	件	jiàn	양 건 [일·사건·개체의 사물을 세는 양사]
1373	间接	jiànjiē	형 간접적인
1374	建立	jiànlì	동 건립하다. 수립하다
1375	建设	jiànshè	명 건설 업무 동 건설하다
1376	建议	jiànyì	명 제안. 건의 동 건의하다
1377	建筑	jiànzhù	명 건축물 동 건축하다
1378	健康	jiànkāng	명 건강 형 건강하다
1379	健身房	jiànshēnfáng	명 헬스클럽
1380	渐渐	jiànjiàn	부 점점. 점차
1381	鉴别	jiànbié	동 감별하다. 변별하다
1382	鉴定	jiàndìng	명 동 감정(하다). 평가(하다)
1383	鉴于	jiànyú	전 접 ~에 비추어보아. ~을 고려하면
1384	键盘	jiànpán	명 키보드. 건반. 자판

1385	将	jiāng	男 장차. 곧. ~하게 될 것이다
1386	将近	jiāngjìn	男 (시간·수량 등이) 거의 ~에 근접하다
1387	将来	jiānglái	명 장래. 미래
1388	讲	jiǎng	동 이야기하다. 말하다
1389	讲话	jiǎnghuà	명 연설. 담화 동 말하다
1390	讲价	jiǎngjià	동 값을 흥정하다
1391	讲解	jiǎngjiě	동 설명하다. 해설하다
1392	讲究	jiǎngjiu	동 소중히 여기다
1393	讲座	jiǎngzuò	명 강좌
1394	奖金	jiǎngjīn	명 보너스. 상금
1395	奖励	jiǎnglì	명 상. 상금 동 표창하다
1396	奖学金	jiǎngxuéjīn	명 장학금
1397	奖状	jiǎngzhuàng	명 (표창하기 위한) 상장
1398	降低	jiàngdī	동 낮추다. 인하하다
1399	降落	jiàngluò	동 떨어지다. 하락하다
1400	酱油	jiàngyóu	명 간장
1401	交	jiāo	동 건네다. 제출하다
1402	交代	jiāodài	동 인계하다. 건네주다
1403	交换	jiāohuàn	동 교환하다
1404	交际	jiāojì	동 교제하다. 서로 사귀다
1405	交接	jiāojiē	동 연접하다. 잇닿다
1406	交流	jiāoliú	동 서로 소통하다. 교류하다
1407	交谈	jiāotán	동 이야기를 나누다
1408	交通	jiāotōng	명 교통
1409	交往	jiāowǎng	명 동 왕래(하다)
1410	交易	jiāoyì	명 동 거래(하다). 교역(하다)
1411	郊区	jiāoqū	명 교외지역. 시외지역
1412	骄傲	jiāo'ào	형 거만하다. 자랑스럽다
1413	教	jiāo	동 가르치다
1414	角	jiǎo	명 (짐승의) 뿔 양 중국 화폐의 보조 단위
1415	角度	jiǎodù	명 각도. 앵글
1416	饺子	jiǎozi	명 만두
1417	脚	jiǎo	명 발 [발목 아래 부분을 가리킴]. (물건의) 다리(부분)
1418	搅拌	jiǎobàn	동 휘저어 섞다. 반죽하다
1419	缴纳	jiǎonà	동 납부하다. 납입하다
1420	叫	jiào	동 부르다
1421	教材	jiàocái	명 교재
1422	教练	jiàoliàn	명 코치 동 훈련하다
1423	教师	jiàoshī	명 교사. 교원

1424	教室	jiàoshì	명 교실
1425	教授	jiàoshòu	명 교수 동 (지식이나 기능을) 가르치다
1426	教训	jiàoxùn	동 훈계하다. 꾸짖다
1427	教育	jiàoyù	명 동 교육(하다)
1428	阶段	jiēduàn	명 단계. 국면
1429	结实	jiēshi	형 단단하다. 튼튼하다
1430	接	jiē	동 마중하다. 접수하다
1431	接触	jiēchù	동 닿다. 접촉하다
1432	接待	jiēdài	동 접대하다
1433	接风洗尘	jiēfēng xǐchén	(멀리에서 온) 손님에게 식사를 대접하다
1434	接近	jiējìn	동 접근하다. 다가가다
1435	接洽	jiēqià	동 절충하다. 교섭하다
1436	接收	jiēshōu	동 받다. 받아들이다
1437	接受	jiēshòu	동 수락하다. 받아들이다
1438	接替	jiētì	동 (남의 업무·직무 등을) 인계하다. 넘겨받다
1439	街道	jiēdào	명 큰길. 거리. 가로
1440	节	jié	명 기념일. 명절 동 절약하다
1441	节目	jiémù	명 프로그램. 항목. 목록
1442	节能	jiénéng	동 에너지를 절약하다
1443	节日	jiérì	명 경축일. 기념일. 명절
1444	节省	jiéshěng	동 아끼다. 절약하다
1445	节约	jiéyuē	동 절약하다. 아끼다
1446	结构	jiégòu	명 구성. 구조 동 안배하다. 짜다
1447	结果	jiéguǒ	명 결실. 결과
1448	结合	jiéhé	동 결합하다. 결부하다
1449	结婚	jiéhūn	동 결혼하다
1450	结局	jiéjú	명 (이야기의) 결말. 끝
1451	结论	jiélùn	명 결론. 결말
1452	结束	jiéshù	동 끝나다. 마치다
1453	结算	jiésuàn	동 결산하다
1454	结账	jiézhàng	동 계산하다
1455	截止	jiézhǐ	동 마감하다. 일단락짓다
1456	截至	jiézhì	동 ~까지 마감이다
1457	解除	jiěchú	동 없애다. 제거하다
1458	解答	jiědá	동 해답하다. 의문을 풀다
1459	解雇	jiěgù	동 해고하다
1460	解决	jiějué	동 해결하다
1461	解释	jiěshì	동 해석하다. 분석하다
1462	介绍	jièshào	동 소개하다

1463	戒烟	jièyān	담배를 끊다
1464	届	jiè	양 회. 기. 차 [정기적인 회의 등에 사용]
1465	届时	jièshí	동 그 때가 되다
1466	界限	jièxiàn	명 한도. 경계
1467	借	jiè	동 빌리다. 빌려주다
1468	借记卡	jièjìkǎ	명 직불카드
1469	借鉴	jièjiàn	동 참고로 하다. 거울로 삼다
1470	借口	jièkǒu	명 핑계 동 핑계를 대다
1471	借条	jiètiáo	명 차용증
1472	斤	jīn	양 근 [무게의 단위]
1473	今年	jīnnián	명 금년. 올해
1474	今天	jīntiān	명 오늘
1475	金融	jīnróng	명 금융
1476	津贴	jīntiē	명 수당 동 수당을 지급하다
1477	仅仅	jǐnjǐn	부 단지. 다만. 겨우
1478	尽管	jǐnguǎn	부 얼마든지 접 비록 ~하더라도
1479	尽快	jǐnkuài	부 되도록 빨리
1480	尽量	jǐnliàng	부 가능한 한. 되도록
1481	紧	jǐn	형 팽팽하다 동 (바짝) 죄다
1482	紧急	jǐnjí	형 긴급하다. 절박하다
1483	紧张	jǐnzhāng	형 긴장하다. 빠듯하다
1484	谨慎	jǐnshèn	형 신중하다. 조심스럽다
1485	尽力	jìnlì	동 온 힘을 다하다
1486	尽职尽责	jìnzhí jìnzé	직무와 책임을 다하다
1487	进	jìn	동 들어가다
1488	进步	jìnbù	명 동 진보(하다) 형 진보적이다
1489	进货	jìnhuò	동 물품이 들어오다
1490	进价	jìnjià	명 구입 가격. 매입 가격
1491	进口	jìnkǒu	명 동 수입(하다)
1492	进行	jìnxíng	동 진행하다. 전진하다
1493	进展	jìnzhǎn	명 진전 동 진전이 있다
1494	近	jìn	형 가깝다
1495	近代	jìndài	명 근대. 근세
1496	近来	jìnlái	명 근래. 요즘
1497	近年	jìnnián	명 최근 몇 년
1498	近视	jìnshì	명 근시 형 근시안적이다
1499	晋升	jìnshēng	동 승진하다. 진급하다
1500	禁止	jìnzhǐ	동 금지하다
1501	京剧	jīngjù	명 경극

1502	经常	jīngcháng	부	언제나. 항상
1503	经典	jīngdiǎn	명 고전 형	전형적이고 영향력이 큰
1504	经费	jīngfèi	명	(사업·지출상의) 경비
1505	经过	jīngguò	동	경과하다. 경험하다
1506	经济	jīngjì	명	경제
1507	经济舱	jīngjìcāng	명	일반석. 이코노미석
1508	经理	jīnglǐ	명	지배인. 사장. 매니저
1509	经历	jīnglì	명 경력. 경험 동	겪다
1510	经商	jīngshāng	동	장사하다
1511	经手	jīngshǒu	동	다루다. 취급하다
1512	经销	jīngxiāo	동	중개 판매하다
1513	经验	jīngyàn	명	경험
1514	经营	jīngyíng	동	경영하다. 운영하다
1515	惊讶	jīngyà	형	의아하다. 놀랍다
1516	精彩	jīngcǎi	형	뛰어나다. 훌륭하다
1517	精力	jīnglì	명	정력. 정신과 체력
1518	精品	jīngpǐn	명	정품. 우량품
1519	精神	jīngshen	명 원기. 활력 형	활기차다
1520	精通	jīngtōng	동	정통하다. 통달하다
1521	景气	jǐngqì	명 경기. 붐 형	경기가 좋다
1522	景色	jǐngsè	명	경치. 풍경
1523	警察	jǐngchá	명	경찰
1524	警告	jǐnggào	명 동	경고(하다)
1525	警惕	jǐngtì	동	경계하다. 경계심을 갖다
1526	净重	jìngzhòng	명	순중량. 실중량
1527	净赚	jìngzhuàn	명	순익. 순이익
1528	竞标	jìngbiāo	동	경쟁 입찰하다
1529	竞争	jìngzhēng	명 동	경쟁(하다)
1530	竟然	jìngrán	부	뜻밖에도. 의외로
1531	敬酒	jìngjiǔ	동	술을 올리다
1532	敬礼	jìnglǐ	동	경례하다
1533	镜子	jìngzi	명	거울
1534	纠纷	jiūfēn	명	분쟁. 다툼
1535	纠正	jiūzhèng	동	(잘못을) 바로잡다
1536	究竟	jiūjìng	명 결말 부	도대체. 대관절
1537	九/玖	jiǔ/jiǔ	수	구. 9 / '九'의 갖은자
1538	久	jiǔ	형	오래다
1539	久仰	jiǔyǎng	동	경모(敬慕)해온 지 아주 오래입니다
1540	酒吧	jiǔbā	명	술집. 바

1541	酒店	jiǔdiàn	명	호텔
1542	酒精	jiǔjīng	명	알코올
1543	旧	jiù	형	오래되다. 낡다. 헐다
1544	救	jiù	동	구하다. 구제하다
1545	救护车	jiùhùchē	명	구급차
1546	就	jiù	부	곧. 즉시. 바로
1547	就餐	jiùcān	동	밥을 먹다. 밥 먹으러 가다
1548	就近	jiùjìn	부	가까운 곳에. 근방에
1549	就业	jiùyè	동	취직하다. 취업하다
1550	就职	jiùzhí	동	부임하다. 취임하다
1551	居留许可	jūliú xǔkě		거류를 허가하다
1552	居然	jūrán	부	뜻밖에. 의외로
1553	居住	jūzhù	동	거주하다
1554	局部	júbù	명	국부. (일)부분
1555	局限	júxiàn	동	국한하다. 제한하다
1556	局域网	júyùwǎng	명	랜(LAN). 근거리 통신망
1557	局长	júzhǎng	명	(관공서 등의) 국장
1558	桔子	júzi	명	귤
1559	举	jǔ	동	들어 올리다. 추천하다
1560	举办	jǔbàn	동	거행하다. 개최하다
1561	举行	jǔxíng	동	거행하다. 개최하다
1562	巨大	jùdà	형	거대하다
1563	拒绝	jùjué	동	거절하다. 거부하다
1564	具备	jùbèi	동	(물품 등을) 갖추다. 구비하다
1565	具体	jùtǐ	형	구체적이다 동 구체화하다
1566	俱乐部	jùlèbù	명	동아리. 클럽
1567	据说	jùshuō	동	말하는 바에 의하면 ~라 한다
1568	距离	jùlí	명	거리. 간격 동 (~로 부터) 떨어지다
1569	聚会	jùhuì	명	모임. 집회
1570	捐款	juānkuǎn	명	기부금 동 돈을 기부하다
1571	捐赠	juānzèng	동	기증하다. 헌납하다
1572	决策	juécè	명	결정된 책략 동 책략을 결정하다
1573	决定	juédìng	동	결정하다
1574	决赛	juésài	명	결승
1575	决心	juéxīn	명 동	결심(하다)
1576	觉得	juéde	동	~라고 느끼다
1577	绝对	juéduì	부	절대로. 완전히 형 절대적인
1578	均匀	jūnyún	형	균등하다. 고르다

K

1579	咖啡	kāfēi	몡 커피
1580	卡	kǎ	몡 카드
1581	开	kāi	동 (닫힌 것·모임 따위를) 열다. (자동차 등을) 운전하다
1582	开办	kāibàn	동 창립하다. 개설하다
1583	开场白	kāichǎngbái	몡 개막사. 프롤로그
1584	开除	kāichú	동 해고하다. 제거하다
1585	开发	kāifā	동 개발하다
1586	开放	kāifàng	동 개방하다. (봉쇄·제한 등을) 해제하다
1587	开关	kāiguān	몡 스위치. 개폐기. 밸브
1588	开户行	kāihùháng	계좌 개설 은행
1589	开价	kāijià	동 값을 부르다 몡 (경매의) 시초 가격
1590	开幕式	kāimùshì	몡 개막식
1591	开始	kāishǐ	동 시작하다
1592	开水	kāishuǐ	몡 끓인 물
1593	开拓	kāituò	동 개척하다
1594	开玩笑	kāiwánxiào	동 농담하다. 장난하다
1595	开心	kāixīn	형 즐겁다. 유쾌하다
1596	开业	kāiyè	동 개업하다
1597	开展	kāizhǎn	동 전개하다. 넓히다. (전시회 등이) 열리다
1598	开支	kāizhī	몡 동 지출(하다)
1599	刊登	kāndēng	동 (신문·잡지에) 싣다
1600	砍价	kǎnjià	동 값을 깎다. 에누리 하다
1601	看	kàn	동 보다
1602	看病	kànbìng	동 (의사가) 진찰하다
1603	看不起	kànbuqǐ	동 경멸하다. 깔보다
1604	看法	kànfǎ	몡 생각. 견해
1605	看见	kànjiàn	동 보다. 보이다
1606	看来	kànlái	부 보기에. 보아하니
1607	看望	kànwàng	동 방문하다. 문안하다
1608	考察	kǎochá	동 고찰하다. 정밀 관찰하다
1609	考核	kǎohé	동 심사하다. 대조하다
1610	考虑	kǎolǜ	동 고려하다
1611	考勤	kǎoqín	동 출근을 체크하다
1612	考试	kǎoshì	몡 동 시험(을 치르다)
1613	考验	kǎoyàn	동 시험하다. 시련을 주다
1614	烤	kǎo	동 굽다
1615	烤鸭	kǎoyā	몡 오리구이
1616	靠	kào	동 기대다. 접근하다

1617	科技	kējì	명	과학기술
1618	科目	kēmù	명	과목. 항목
1619	科学	kēxué	명	과학
1620	科长	kēzhǎng	명	과장
1621	咳嗽	késou	동	기침하다
1622	可爱	kě'ài	형	귀엽다. 사랑스럽다
1623	可观	kěguān	형	볼만하다. 대단하다
1624	可靠	kěkào	형	믿을 만하다. 확실하다
1625	可口	kěkǒu	형	맛있다. 입에 맞다
1626	可怜	kělián	형	가련하다. 불쌍하다
1627	可能	kěnéng	형 가능하다 명 가능성 부 아마도	
1628	可视电话	kěshì diànhuà	명	화상전화
1629	可是	kěshì	접	그러나. 하지만
1630	可惜	kěxī	형	애석하다
1631	可行	kěxíng	동	실행할 만하다
1632	可以	kěyǐ	조동	~할 수 있다. ~해도 좋다
1633	渴	kě	형	목이 타다. 갈증나다
1634	克	kè	양	그램(g)
1635	克服	kèfú	동	극복하다. 이기다
1636	刻	kè	동 새기다 명 때. 순간 양 15분	
1637	刻苦	kèkǔ	동	고생을 참아내다
1638	客服	kèfú	명	고객 서비스
1639	客观	kèguān	명 객관 형 객관적이다	
1640	客户	kèhù	명	고객
1641	客气	kèqi	동	사양하다. 예의바르다
1642	客人	kèrén	명	손님
1643	客厅	kètīng	명	객실. 응접실
1644	课程	kèchéng	명	교육과정. 커리큘럼
1645	肯定	kěndìng	부 틀림없이 동 확신하다 형 분명하다	
1646	恳求	kěnqiú	동	간청하다
1647	空	kōng	형 (속이) 텅 비다 부 헛되이	
1648	空姐	kōngjiě	명	여승무원 ['空中小姐'의 약칭]
1649	空气	kōngqì	명	공기
1650	空调	kōngtiáo	명	에어컨
1651	空运	kōngyùn	동	항공 운송하다
1652	恐怖	kǒngbù	형	공포를 느끼다. 무섭다
1653	恐怕	kǒngpà	부 대체로. 대략 동 걱정하다	
1654	空儿	kòngr	명	틈. 짬. 여유
1655	空白	kòngbái	명	공백. 여백

1656	控股	kònggǔ	동 일정량의 주식을 보유하여 해당 기업체를 지배하다
1657	控制	kòngzhì	동 통제하다, 제어하다
1658	口	kǒu	명 입, 말, (요리나 반찬의) 맛
1659	口岸	kǒu'àn	명 항구
1660	口碑	kǒubēi	명 평판, 평가
1661	口袋	kǒudai	명 호주머니, 부대, 자루
1662	口头	kǒutóu	명 구두 형 말로 표현하다
1663	口味	kǒuwèi	명 맛, 구미, 기호
1664	口语	kǒuyǔ	명 구어, 입말
1665	扣	kòu	동 (세금 따위를) 공제하다, 빼다
1666	哭	kū	동 울다
1667	苦	kǔ	형 쓰다, 고생스럽다
1668	库存	kùcún	명 재고
1669	库房	kùfáng	명 창고
1670	裤子	kùzi	명 바지
1671	夸奖	kuājiǎng	동 칭찬하다
1672	夸张	kuāzhāng	동 과장하다
1673	垮	kuǎ	동 무너지다, 붕괴하다
1674	跨	kuà	동 뛰어넘다
1675	会计	kuàijì	명 회계, 경리
1676	块	kuài	명 덩어리 양 조각 [조각이나 납작한 물건 세는 단위]
1677	快	kuài	형 빠르다
1678	快餐	kuàicān	명 즉석음식, 패스트푸드
1679	快递	kuàidì	명 속달, 빠른우편, 택배
1680	快乐	kuàilè	형 즐겁다, 유쾌하다
1681	快速	kuàisù	형 신속하다, 빠르다
1682	筷子	kuàizi	명 젓가락
1683	宽	kuān	형 (폭이) 넓다
1684	款	kuǎn	명 양식, 스타일, 조항
1685	款待	kuǎndài	동 정성껏 대접하다
1686	款式	kuǎnshì	명 스타일, 양식, 격식
1687	旷工	kuànggōng	동 무단 결근하다
1688	况且	kuàngqiě	접 게다가
1689	矿泉水	kuàngquánshuǐ	명 생수
1690	框架	kuàngjià	명 뼈대, 골격, 구조
1691	亏	kuī	동 손해보다
1692	亏本	kuīběn	동 밑지다, 본전을 까먹다
1693	亏损	kuīsǔn	동 결손나다, 적자나다
1694	困	kùn	동 곤란하다 형 졸리다

| 1695 | 困难 | kùnnan | 형 곤란하다. 어렵다 |
| 1696 | 扩大 | kuòdà | 동 확대하다. 넓히다 |

L

1697	垃圾桶	lājītǒng	명 쓰레기통
1698	拉	lā	동 끌다. 당기다
1699	拉肚子	lā dùzi	동 설사하다
1700	辣	là	형 맵다 동 매운 맛이 자극하다
1701	来	lái	동 오다
1702	来宾	láibīn	명 손님. 내빈
1703	来不及	láibují	동 제시간에 댈 수 없다
1704	来得及	láidejí	동 늦지 않다. 시간에 맞출 수 있다
1705	来往	láiwǎng	동 왕래하다. 오가다
1706	来源	láiyuán	명 (사물의) 근원. 출처. 원산지
1707	来自	láizì	동 ~(로)부터 오다
1708	拦	lán	동 가로막다. 저지하다
1709	栏目	lánmù	명 난. 항목
1710	蓝	lán	명 남. 쪽 형 남색의. 남빛의
1711	蓝领	lánlǐng	명 블루칼라. 육체노동자
1712	篮球	lánqiú	명 농구
1713	懒	lǎn	형 게으르다. 나태하다
1714	浪费	làngfèi	동 낭비하다
1715	劳动力	láodònglì	명 노동력
1716	劳驾	láojià	동 죄송합니다 [부탁·양보 청할 때 쓰는 말]
1717	劳务费	láowùfèi	명 노동 임금. 보수
1718	牢骚	láosāo	명 불만. 넋두리 동 불평하다
1719	老	lǎo	형 늙다 부 항상. 언제나
1720	老板	lǎobǎn	명 상점주인. 사장
1721	老师	lǎoshī	명 선생님
1722	老是	lǎoshì	부 언제나. 늘. 항상
1723	老实	lǎoshi	형 솔직하다. 성실하다
1724	老字号	lǎozìhào	명 대대로 내려오는 전통 있는 가게
1725	乐观	lèguān	형 낙관적이다
1726	乐趣	lèqù	명 즐거움. 재미
1727	了	le	조 동사 또는 형용사 뒤에 쓰여 동작의 완료나 변화를 나타냄
1728	累计	lěijì	동 누계하다. 합계하다
1729	类似	lèisì	형 비슷하다. 유사하다
1730	类型	lèixíng	명 유형
1731	累	lèi	형 피곤하다

1732	冷	lěng	형 춥다
1733	冷藏	lěngcáng	동 냉장하다
1734	冷静	lěngjìng	형 냉정하다. 침착하다
1735	厘米	límǐ	명 센티미터(cm)
1736	离	lí	동 떠나다 전 ~에서. ~로 부터
1737	离开	líkāi	동 떠나다. 헤어지다
1738	礼拜天	lǐbàitiān	명 일요일
1739	礼节	lǐjié	명 예절
1740	礼貌	lǐmào	명 예의 형 예의바르다
1741	礼品	lǐpǐn	명 선물
1742	礼物	lǐwù	명 선물
1743	礼仪	lǐyí	명 예의. 예절과 의식
1744	里(边)	lǐ(bian)	명 속. 안
1745	理财	lǐcái	동 재정을 관리하다
1746	理发	lǐfà	동 이발하다. 머리를 깎다
1747	理解	lǐjiě	동 알다. 이해하다
1748	理论	lǐlùn	명 이론
1749	理念	lǐniàn	명 이념
1750	理赔	lǐpéi	동 배상청구를 처리하다
1751	理事会	lǐshìhuì	명 이사회
1752	理想	lǐxiǎng	명 이상 형 이상적이다
1753	理由	lǐyóu	명 이유. 까닭. 연유
1754	力度	lìdù	명 역량. 힘의 세기
1755	力量	lìliàng	명 힘. 능력. 역량
1756	力气	lìqi	명 힘. 역량
1757	历史	lìshǐ	명 역사
1758	厉害	lìhai	형 무섭다. 대단하다
1759	立场	lìchǎng	명 입장. 태도. 관점
1760	立即	lìjí	부 즉시. 곧. 바로
1761	立刻	lìkè	부 즉시. 곧. 당장
1762	利弊	lìbì	명 이로움과 폐단
1763	利害	lìhài	명 이해. 이익과 손해
1764	利率	lìlǜ	명 이율
1765	利润	lìrùn	명 이윤
1766	利息	lìxī	명 이자
1767	利益	lìyì	명 이익. 이득
1768	利用	lìyòng	동 이용하다. 활용하다
1769	例会	lìhuì	명 정기모임. 정례
1770	例如	lìrú	동 예를 들다. 예를 들면

1771	例外	lìwài	명 예외 동 예외로 하다
1772	例子	lìzi	명 예. 보기. 본보기
1773	俩	liǎ	두 개. 두 사람. 두세 개
1774	连	lián	동 잇다. 붙이다 부 계속하여 전 ~조차도
1775	连接	liánjiē	동 연결하다. 잇다
1776	连忙	liánmáng	부 얼른. 급히. 바삐
1777	连锁店	liánsuǒdiàn	명 연쇄점. 체인점
1778	连续	liánxù	동 연속하다. 계속하다
1779	联合	liánhé	동 연합하다. 결합하다
1780	联络	liánluò	동 연락하다. 소통하다
1781	联系	liánxì	동 연락하다
1782	联想	liánxiǎng	동 연상하다
1783	廉价	liánjià	형 염가이다. 저렴하다
1784	脸	liǎn	명 얼굴
1785	脸色	liǎnsè	명 안색
1786	练习	liànxí	명 연습문제 동 연습하다
1787	良好	liánghǎo	형 양호하다. 훌륭하다
1788	量	liáng	동 (길이·크기·무게 따위를) 재다
1789	凉快	liángkuai	형 시원하다. 서늘하다
1790	两	liǎng	수 둘
1791	亮	liàng	형 밝다. 빛나다
1792	辆	liàng	양 대. 량 [차량 세는 양사]
1793	聊天	liáotiān	동 한담하다. 수다하다
1794	了不起	liǎobuqǐ	형 뛰어나다. 굉장하다
1795	了解	liǎojiě	동 이해하다. 자세하게 알다
1796	列	liè	명 열. 줄 동 배열하다
1797	列车	lièchē	명 열차
1798	列举	lièjǔ	동 열거하다
1799	邻居	línjū	명 이웃
1800	临时	línshí	형 잠시의. 일시적인
1801	零	líng	수 0. 영. 제로(zero)
1802	零件	língjiàn	명 부품. 부속품
1803	零钱	língqián	명 잔돈. 용돈
1804	零售	língshòu	동 소매하다
1805	领带	lǐngdài	명 넥타이
1806	领导	lǐngdǎo	명 지도자. 리더 동 이끌고 나가다
1807	领事馆	lǐngshìguǎn	명 영사관
1808	领头	lǐngtóu	명 옷깃. 칼라
1809	领先	lǐngxiān	동 이끌다. 리드하다

1810	领域	lǐngyù	명 영역
1811	另外	lìngwài	대 다른 사람이나 사물 부 그 밖에 접 이 외에
1812	浏览	liúlǎn	동 대충 훑어보다
1813	流畅	liúchàng	형 유창하다. 거침없다
1814	流程	liúchéng	명 (생산에서) 공정. 과정
1815	流动	liúdòng	동 (기체나 액체가) 흐르다
1816	流利	liúlì	형 (문장·말 따위가) 유창하다
1817	流水线	liúshuǐxiàn	명 작업열. 생산라인
1818	流通	liútōng	동 막힘없이 잘 통하다
1819	流行	liúxíng	형 유행하는 동 유행하다
1820	留学	liúxué	동 유학하다
1821	留言	liúyán	명 메시지 동 메모 남기다
1822	六/陆	liù/liù	수 육. 6 / '六'의 갖은자
1823	隆重	lóngzhòng	형 성대하다. 장중하다
1824	垄断	lǒngduàn	동 독점하다. 농단하다
1825	楼	lóu	명 다층건물. 층집 양 층
1826	楼盘	lóupán	명 (부동산의) 매물
1827	楼市	lóushì	명 부동산 시장
1828	楼梯	lóutī	명 (다층 건물의) 계단. 층계
1829	漏税	lòushuì	동 탈세하다
1830	露面	lòumiàn	동 얼굴을 내밀다. 나타나다
1831	陆续	lùxù	부 끊임없이. 연이어
1832	录取	lùqǔ	동 (시험으로) 채용하다
1833	录像	lùxiàng	명 녹화영상 동 녹화하다
1834	录音	lùyīn	명 동 녹음(하다)
1835	录用	lùyòng	동 채용하다. 임용하다
1836	路	lù	명 길. 도로. (교통수단의) 노선
1837	路过	lùguò	동 (일정한 곳을) 경유하다
1838	旅店	lǚdiàn	명 여관. 여인숙
1839	旅馆	lǚguǎn	명 여관
1840	旅客	lǚkè	명 여객. 여행객
1841	旅途	lǚtú	명 여정. 여행도중
1842	旅行社	lǚxíngshè	명 여행사
1843	旅游	lǚyóu	동 여행하다
1844	履行	lǚxíng	동 이행하다. 실천하다
1845	律师	lǜshī	명 변호사
1846	绿	lǜ	명 푸르다
1847	乱	luàn	형 혼란하다. 어지럽다
1848	轮船	lúnchuán	명 (증)기선

1849	轮流	lúnliú	동	교대로 ~하다
1850	论坛	lùntán	명	논단. 칼럼
1851	逻辑	luójí	명	논리. 로직
1852	落	luò	동	떨어지다. 하강하다
1853	落后	luòhòu	형	낙후되다 동 뒤처지다
1854	落实	luòshí	동	실현되다. 구체화되다

M

1855	妈妈	māma	명	엄마
1856	麻烦	máfan	형	귀찮다. 번거롭다
1857	马虎	mǎhu	형	적당히하다. 대강하다
1858	马上	mǎshàng	부	곧. 즉시. 바로
1859	码头	mǎtóu	명	부두. 선창
1860	骂	mà	동	욕하다
1861	吗	ma	조	문장 끝에 쓰여 의문의 어기를 나타냄
1862	买	mǎi	동	사다
1863	买单	mǎidān	명	계산서. 주문서 동 계산하다
1864	买方	mǎifāng	명	사는 사람. 구매측
1865	卖	mài	동	팔다
1866	卖点	màidiǎn	명	상품의 매력(장점)
1867	馒头	mántou	명	만터우. 찐빵 [소가 없는 것]
1868	满	mǎn	형	가득하다
1869	满意	mǎnyì	형	만족하다
1870	满足	mǎnzú	형	만족하다
1871	慢	màn	형	느리다
1872	忙	máng	형	바쁘다
1873	毛病	máobìng	명	약점. 결점. 실수
1874	毛巾	máojīn	명	타월. 수건
1875	毛利润	máolìrùn		총이윤
1876	毛衣	máoyī	명	털옷. 스웨터
1877	矛盾	máodùn	명	갈등. 모순 동 모순되다
1878	冒昧	màomèi	형	외람되다. 주제넘다
1879	冒牌	màopái	동	상표를 도용하다
1880	冒险	màoxiǎn	동	모험하다
1881	贸易	màoyì	명	무역. 교역
1882	帽子	màozi	명	모자
1883	没关系	méi guānxi		괜찮다. 문제 없다
1884	没有	méiyǒu	동	없다 [소유의 부정]
1885	媒介	méijiè	명	매개자. 매개물. 매체

1886	媒体	méitǐ	명	대중매체, 매스미디어
1887	每	měi	대	매, 각, ~마다, 모두
1888	美观	měiguān	형	보기 좋다
1889	美国	Měiguó	명	미국
1890	美丽	měilì	형	아름답다
1891	美元	Měiyuán	명	달러
1892	门	mén	명	문
1893	门口	ménkǒu	명	입구, 현관
1894	门禁卡	ménjìnkǎ	명	출입카드
1895	门诊	ménzhěn	명	진료, 외래진찰
1896	们	men		~들 [사람을 지칭하는 명사나 대명사 뒤에 쓰여 복수를 나타냄]
1897	梦	mèng	명	꿈
1898	梦想	mèngxiǎng	명	꿈, 이상 동 갈망하다
1899	弥补	míbǔ	동	메우다, 보충하다
1900	迷	mí	동	빠지다 명 광, 팬, 애호가
1901	迷路	mílù	동	길을 잃다 명 미로
1902	米	mǐ	명	쌀 양 미터(m)
1903	米饭	mǐfàn	명	밥
1904	秘密	mìmì	명	비밀, 기밀 형 비밀의
1905	秘书	mìshū	명	비서
1906	密码	mìmǎ	명	암호, 비밀번호
1907	密切	mìqiè	형	밀접하다 동 밀접하게 하다
1908	免除	miǎnchú	동	면하다, 제거하다
1909	免费	miǎnfèi	동	무료로 하다
1910	免税	miǎnshuì	동	면세하다, 면세되다
1911	免提	miǎntí	형	핸즈프리, 스피커폰
1912	勉强	miǎnqiǎng	형	간신히 ~하다
1913	面包	miànbāo	명	빵
1914	面对	miànduì	동	마주 보다, 직면하다
1915	面积	miànjī	명	면적
1916	面临	miànlín	동	(문제·상황에) 직면하다
1917	面试	miànshì	명	면접시험 동 면접 보다
1918	面条	miàntiáo	명	국수
1919	面议	miànyì	동	직접 만나 의논하다
1920	面子	miànzi	명	면목, 체면, 얼굴
1921	描述	miáoshù	동	묘사하다, 기술하다
1922	描写	miáoxiě	동	묘사하다, 그려 내다
1923	秒	miǎo	양	초 [시간·각도 따위의 단위]
1924	民营	mínyíng	형	민간인이 경영하는

1925	民用	mínyòng	형	민간에서 쓰는. 민간의
1926	民族	mínzú	명	민족
1927	敏感	mǐngǎn	형	민감하다
1928	名称	míngchēng	명	이름. 명칭
1929	名次	míngcì	명	석차. 순위. 서열
1930	名单	míngdān	명	명단. 명부
1931	名副其实	míngfù qíshí		명실상부하다
1932	名列榜首	mínglièbǎngshǒu		명단에 이름이 맨 윗자리에 오르다
1933	名牌	míngpái	명	유명상표
1934	名片	míngpiàn	명	명함
1935	名声	míngshēng	명	명성
1936	名胜古迹	míngshèng gǔjì	명	명승지. 명승고적지
1937	名誉	míngyù	명	명성. 명예
1938	名字	míngzi	명	이름
1939	明白	míngbai	형 분명하다 동 이해하다	
1940	明确	míngquè	형 명확하다 동 명확하게 하다	
1941	明天	míngtiān	명	내일
1942	明显	míngxiǎn	형	뚜렷하다. 분명하다
1943	明星	míngxīng	명	스타(star) [유명한 연예인·운동 선수 등을 가리킴]
1944	命令	mìnglìng	명 명령 동 명령하다	
1945	摸索	mōsuǒ	동	(방법·경험 등을) 모색하다
1946	模仿	mófǎng	동	모방하다. 본뜨다
1947	模糊	móhu	형	모호하다
1948	模式	móshì	명	표준양식. 유형. 패턴
1949	摩托车	mótuōchē	명	오토바이
1950	末	mò	명 사물의 끝(부분) 형 마지막의	
1951	陌生	mòshēng	형	생소하다. 낯설다
1952	某	mǒu	대	어느. 아무. 모
1953	模板	múbǎn	명	양식. 템플릿(template)
1954	母亲	mǔqīn	명	모친. 어머니
1955	目标	mùbiāo	명	목표
1956	目的	mùdì	명	목적
1957	目录	mùlù	명	목록. 목차
1958	目前	mùqián	명	현재. 지금
1959	沐浴露	mùyùlù	명	바디클린저. 바디샴푸

N

1960	拿	ná	동	(손으로) 잡다. 쥐다. 가지다
1961	哪(哪儿)	nǎ(nǎr)	대	어느(어디)

1962	哪怕	nǎpà	접 설령 ~라 해도
1963	那(那儿)	nà(nàr)	대 그. 저 대 그곳. 저기
1964	那么	nàme	대 그렇게. 저렇게 접 그러면. 그렇다면
1965	纳税	nàshuì	동 세금을 납부하다
1966	奶酪	nǎilào	명 치즈
1967	耐心	nàixīn	명 인내심 형 참을성 있다
1968	耐用	nàiyòng	형 질기다. 오래가다
1969	男	nán	명 남자
1970	南	nán	명 남. 남쪽
1971	难	nán	형 어렵다
1972	难道	nándào	부 설마 ~란 말인가?
1973	难怪	nánguài	부 어쩐지 동 ~탓할 수 없다
1974	难过	nánguò	형 괴롭다. 견디기 어렵다
1975	难免	nánmiǎn	동 피할 수 없다
1976	难受	nánshòu	형 (몸·마음이) 괴롭다
1977	脑袋	nǎodài	명 머리. 뇌
1978	脑力	nǎolì	명 지력. 이해력. 사고력
1979	闹	nào	형 시끄럽다. 떠들썩하다
1980	闹钟	nàozhōng	명 자명종. 알람시계
1981	呢	ne	조 의문문 끝에 써서 의문의 어기
1982	内部	nèibù	명 내부
1983	内存	nèicún	명 RAM(메모리)
1984	内地	nèidì	명 내륙. 내지
1985	内行	nèiháng	명 전문가 형 숙련되다
1986	内科	nèikē	명 내과
1987	内容	nèiróng	명 내용
1988	能	néng	조동 ~할 수 있다
1989	能干	nénggàn	형 유능하다. 재능있다
1990	能力	nénglì	명 능력
1991	能源	néngyuán	명 에너지원
1992	你(你们)	nǐ(nǐmen)	대 너(너희들)
1993	拟定	nǐdìng	동 초안을 세우다. 입안하다
1994	年	nián	명 해. 년
1995	年代	niándài	명 연대. 시기. 시대
1996	年度	niándù	명 연도
1997	年纪	niánjì	명 연령. 나이
1998	年龄	niánlíng	명 연령. 나이
1999	年轻	niánqīng	형 젊다. 어리다
2000	年薪	niánxīn	명 연봉

2001	您	nín	때 당신. 선생님. 귀하 ['你'의 존칭]
2002	牛肉	niúròu	명 쇠고기. 소고기
2003	牛奶	niúnǎi	명 우유
2004	扭亏为盈	niǔkuī wéiyíng	적자를 흑자로 돌리다
2005	扭转	niǔzhuǎn	동 바로잡다. 시정하다
2006	农产品	nóngchǎnpǐn	명 농산물
2007	农村	nóngcūn	명 농촌
2008	农贸市场	nóngmào shìchǎng	명 농산물 시장
2009	农民	nóngmín	명 농민
2010	农业	nóngyè	명 농업
2011	弄	nòng	동 하다. 행하다. 만들다
2012	努力	nǔlì	동 노력하다. 힘쓰다
2013	怒	nù	형 분노하다. 격노하다
2014	女	nǚ	명 여자
2015	女儿	nǚ'ér	명 딸
2016	女士	nǚshì	명 여사. 숙녀
2017	女性	nǚxìng	명 여성
2018	暖和	nuǎnhuo	형 따뜻하다
2019	挪	nuó	동 옮기다. 운반하다

O

2020	欧元	Ōuyuán	명 유로(Euro)
2021	欧洲	Ōuzhōu	명 유럽
2022	偶尔	ǒu'ěr	부 간혹. 이따금
2023	偶然	ǒurán	부 우연히. 뜻밖에

P

2024	爬山	páshān	동 등산하다
2025	怕	pà	동 무서워하다. 근심하다
2026	拍	pāi	동 (손바닥으로) 치다. (사진을) 찍다
2027	拍卖	pāimài	동 경매하다
2028	拍摄	pāishè	동 촬영하다. (사진을) 찍다
2029	拍照	pāizhào	동 사진을 찍다
2030	排	pái	동 배열하다 명 (배열한) 줄. 열
2031	排队	páiduì	동 정렬하다. 줄을 서다
2032	排行榜	páihángbǎng	명 순위차트
2033	排列	páiliè	동 배열하다. 정렬하다
2034	排名	páimíng	동 순위를 매기다
2035	牌价	páijià	명 정찰가격. 정가

2036	牌照	páizhào	명	자동차 번호판
2037	牌子	páizi	명	상표, 브랜드, 팻말
2038	派	pài	명	파, 파벌 동 파견하다
2039	派出所	pàichūsuǒ	명	파출소
2040	派对	pàiduì	명	파티(party)
2041	派遣	pàiqiǎn	동	파견하다
2042	盘点	pándiǎn	동	(재고를) 정리·점검하다
2043	盘问	pánwèn	동	꼬치꼬치 따져묻다
2044	盘子	pánzi	명	쟁반, 상품의 시세
2045	判定	pàndìng	동	가리다, 판정하다
2046	判断	pànduàn	명 동	판단(하다)
2047	盼望	pànwàng	동	간절히 바라다
2048	旁边	pángbiān	명	옆, 곁, 부근, 근처
2049	胖	pàng	형	뚱뚱하다
2050	抛售	pāoshòu	동	덤핑 판매하다
2051	跑步	pǎobù	동	달리다, 구보하다
2052	泡沫	pàomò	명	(물)거품, 포말
2053	泡汤	pàotāng	동	수포로 돌아가다
2054	陪同	péitóng	동	수행하다, 동반하다
2055	培训	péixùn	동	훈련하다, 양성하다
2056	培养	péiyǎng	동	배양하다, 키우다
2057	赔本	péiběn	동	손해를 보다
2058	赔偿	péicháng	동	배상하다, 보상하다
2059	佩服	pèifú	동	감탄하다, 탄복하다
2060	配备	pèibèi	동	분배하다, 배치하다
2061	配合	pèihé	동	협동하다, 협력하다
2062	配件	pèijiàn	명	부품, 부속품
2063	配套	pèitào	동	조립하다, 맞추다
2064	配置	pèizhì	동	배치하다, 장착하다
2065	朋友	péngyou	명	친구
2066	碰	pèng	동	부딪치다, 충돌하다
2067	批	pī	양	무리, 무더기 형 대량의
2068	批发	pīfā	동	도매하다
2069	批量	pīliàng	부	대량으로 명 대량
2070	批评	pīpíng	동	비판하다, 꾸짖다
2071	批准	pīzhǔn	동	승인하다, 허가하다
2072	疲劳	píláo	형	피로하다, 지치다
2073	啤酒	píjiǔ	명	맥주
2074	脾气	píqi	명	성격, 성깔, 기질

2075	偏差	piānchā	명	편차. 오차
2076	偏见	piānjiàn	명	편견. 선입견
2077	篇	piān	양	편. 장 [문장·종이 등 세는 단위]
2078	便宜	piányi	형	(값이) 싸다
2079	片	piàn	명 조각. 편 양 편평하고 얇은 물건세는 양사	
2080	片面	piànmiàn	형	일방적이다. 단편적이다
2081	骗	piàn	동	속이다. 기만하다
2082	票	piào	명	표
2083	票据	piàojù	명	어음. 수표. 영수증
2084	漂亮	piàoliang	형	예쁘다
2085	拼搏	pīnbó	동	끝까지 싸우다
2086	拼车	pīnchē		택시 합승 시 함께 비용을 분담하다. 카풀(car pool)을 하다
2087	拼命	pīnmìng	동	필사적으로 하다
2088	拼音	pīnyīn	명	병음
2089	频道	píndào	명	채널
2090	频繁	pínfán	형	잦다. 빈번하다
2091	频率	pínlǜ	명	주파수. 빈도
2092	品尝	pǐncháng	동	시식하다. 맛보다
2093	品牌	pǐnpái	명	브랜드. 상표
2094	品质	pǐnzhì	명	품성. 소질. 인품. 품질
2095	品种	pǐnzhǒng	명	품종. 제품의 종류
2096	聘请	pìnqǐng	동	초빙하다. 모셔 오다
2097	聘任	pìnrèn	동	초빙하여 임용하다
2098	聘用	pìnyòng	동	초빙하여 임용하다
2099	乒乓球	pīngpāngqiú	명	탁구
2100	平	píng	형	평평하다. 고르다
2101	平安	píng'ān	형	평안하다. 무사하다
2102	平板电脑	píngbǎn diànnǎo	명	태블릿 PC
2103	平等	píngděng	형	평등하다. 대등하다
2104	平方米	píngfāngmǐ	양	제곱미터(m²)
2105	平衡	pínghéng	형 균형이 맞다 동 균형을 맞추다	
2106	平静	píngjìng	형	조용하다. 평온하다
2107	平均	píngjūn	형 평균의 동 균등히 하다	
2108	平时	píngshí	명	평소. 평상시
2109	平台	píngtái	명	옥상 테라스. 플랫폼
2110	平稳	píngwěn	형	평온하다. 안정되다
2111	评比	píngbǐ	동	비교하여 평가하다
2112	评估	pínggū	동	(수준·성적 등을) 평가하다
2113	评级	píngjí	동	등급을 평가하다

2114	评价	píngjià	몡 동 평가(하다)
2115	评论	pínglùn	몡 동 평론(하다), 논평(하다)
2116	评审	píngshěn	동 평가하다, 심사하다
2117	评选	píngxuǎn	동 평가하여 선발하다
2118	凭	píng	동 기대다 전 ~에 의거하여
2119	凭证	píngzhèng	몡 증빙, 근거, 증거물
2120	苹果	píngguǒ	몡 사과
2121	屏幕	píngmù	몡 스크린
2122	瓶	píng	몡 병 양 병
2123	迫切	pòqiè	혱 절실하다, 절박하다
2124	破产	pòchǎn	동 파산하다, 부도나다
2125	葡萄	pútao	몡 포도
2126	朴实	pǔshí	혱 소박하다, 착실하다
2127	普遍	pǔbiàn	혱 보편적인, 전면적인
2128	普及	pǔjí	동 대중화시키다 혱 보편화된
2129	普通话	pǔtōnghuà	몡 현대 중국 표준어

Q

2130	七/柒	qī/qī	수 칠, 7 / '七'의 갖은자
2131	沏	qī	동 (뜨거운 물에) 타다, 우리다
2132	妻子	qīzi	몡 아내
2133	期待	qīdài	동 기대하다, 고대하다
2134	期间	qījiān	몡 기간
2135	期望	qīwàng	몡 기대 동 바라다
2136	期限	qīxiàn	몡 기한, 시한
2137	欺负	qīfu	동 얕보다, 괴롭히다
2138	欺骗	qīpiàn	동 기만하다, 속이다
2139	欺诈	qīzhà	동 사기를 치다
2140	齐全	qíquán	혱 완비하다, 완벽히 갖추다
2141	其次	qícì	대 다음, 그 다음
2142	其实	qíshí	부 사실로, 실제로
2143	其他/其它	qítā/qítā	대 기타, 다른 사람(사물)
2144	其余	qíyú	대 나머지, 남은 것
2145	其中	qízhōng	몡 그 중에, 그 안에
2146	奇怪	qíguài	혱 괴상하다, 이상하다
2147	奇迹	qíjì	몡 기적
2148	骑	qí	동 (동물이나 자전거 등에) 타다
2149	企业	qǐyè	몡 기업
2150	启程	qǐchéng	동 출발하다, 길을 나서다

2151	启动	qǐdòng	(동) (기계·설비 등의) 시동을 걸다
2152	启发	qǐfā	(명) 계발. 깨우침 (동) 일깨우다
2153	启示	qǐshì	(명)(동) 계시(하다)
2154	启事	qǐshì	(명) 광고. 공고
2155	起草	qǐcǎo	(동) 초안을 작성하다
2156	起床	qǐchuáng	(동) 기상하다. 일어나다
2157	起点	qǐdiǎn	(명) 기점. 시작점. 출발점
2158	起飞	qǐfēi	(동) 이륙하다
2159	起伏	qǐfú	(동) (정서·감정 등이) 변화하다
2160	起来	qǐlái	(동) 일어나다
2161	起码	qǐmǎ	(형) 최소한. 최소한도의
2162	起诉	qǐsù	(동) 고소하다. 기소하다
2163	起薪	qǐxīn	(명) 초봉
2164	气	qì	(명) 기체. 가스. 공기
2165	气氛	qìfēn	(명) 분위기
2166	气候	qìhòu	(명) 기후
2167	气色	qìsè	(명) 안색. 혈색. 얼굴빛. 기색
2168	气温	qìwēn	(명) 기온
2169	汽油	qìyóu	(명) 휘발유. 가솔린
2170	恰当	qiàdàng	(형) 알맞다. 적당하다
2171	恰到好处	qiàdào hǎochù	(말·행동 등이) 꼭 들어맞다
2172	恰巧	qiàqiǎo	(부) 때마침. 공교롭게도
2173	恰如其分	qiàrú qífèn	(일처리나 말이) 매우 적절하다
2174	洽谈	qiàtán	(동) 협의하다. 상담하다
2175	千/仟	qiān/qiān	(수) 천 / '千'의 갖은자
2176	千克	qiānkè	(양) 킬로그램(kg)
2177	千万	qiānwàn	(부) 부디. 절대로. 반드시
2178	铅笔	qiānbǐ	(명) 연필
2179	谦虚	qiānxū	(형) 겸손하다. 겸허하다
2180	签	qiān	(동) 서명하다. 사인하다
2181	签订	qiāndìng	(동) 조인하다. 서명하다
2182	签名	qiānmíng	(동) 사인하다. 서명하다
2183	签署	qiānshǔ	(동) (중요한 문서에) 정식 서명하다
2184	签约	qiānyuē	(동) (조약·계약서에) 서명하다
2185	签证	qiānzhèng	(명) 비자 (동) 비자를 발급해 주다
2186	签字	qiānzì	(동) 서명하다. 조인하다
2187	前	qián	(명) (장소에서) 앞. (시간에서) 전. 이전
2188	前景	qiánjǐng	(명) 앞날. 장래
2189	前年	qiánnián	(명) 재작년

2190	前期	qiánqī	명	전기
2191	前台	qiántái	명	무대
2192	前提	qiántí	명	전제조건, 선결조건
2193	前天	qiántiān	명	그저께
2194	前途	qiántú	명	전도, 앞길, 전망
2195	钱	qián	명	돈
2196	潜力	qiánlì	명	잠재력, 저력
2197	潜在	qiánzài	동	잠재하다
2198	浅	qiǎn	형	얕다
2199	欠	qiàn	동	하품하다, 빚지다
2200	歉意	qiànyì	명	미안한 마음
2201	墙	qiáng	명	담장, 벽, 울타리
2202	强	qiáng	형	강하다, 굳세다
2203	强调	qiángdiào	동	강조하다
2204	强烈	qiángliè	형	강렬하다, 맹렬하다
2205	抢	qiǎng	동	빼앗다, 앞을 다투다
2206	抢救	qiǎngjiù	동	구조하다, 응급 처치하다
2207	抢手	qiǎngshǒu	형	잘팔리다, 인기있다
2208	强迫	qiǎngpò	동	핍박하다, 강요하다
2209	敲	qiāo	동	두드리다, 치다
2210	桥	qiáo	명	다리, 교량
2211	瞧	qiáo	동	보다, 구경하다
2212	巧	qiǎo	형	교묘하다, 공교롭다
2213	巧合	qiǎohé	형	우연히 일치하다
2214	巧克力	qiǎokèlì	명	초콜릿(chocolate)
2215	窍门	qiàomén	명	방법, 비결
2216	切	qiē	동	자르다, 끊다, 가르다
2217	亲戚	qīnqi	명	친척
2218	亲切	qīnqiè	형	친절하다, 친밀하다
2219	亲自	qīnzì	부	직접, 손수, 친히
2220	勤奋	qínfèn	형	꾸준하다, 부지런하다
2221	勤快	qínkuai	형	부지런하다, 근면하다
2222	青睐	qīnglài	명	총애, 호감, 호의
2223	轻	qīng	형	(무게나 비중이) 가볍다
2224	轻工业	qīnggōngyè	명	경공업
2225	轻视	qīngshì	동	경시하다
2226	轻松	qīngsōng	형	수월하다, 홀가분하다
2227	轻易	qīngyì	부	함부로, 가볍게
2228	清楚	qīngchu	형	분명하다

2229	清单	qīngdān	명 명세서. 목록
2230	清理	qīnglǐ	동 깨끗이 정리하다
2231	清晰	qīngxī	형 또렷하다. 분명하다
2232	情报	qíngbào	명 (주로 기밀성을 띤) 정보
2233	情景	qíngjǐng	명 정경. 장면. 광경
2234	情况	qíngkuàng	명 상황. 정황
2235	情绪	qíngxù	명 정서. 기분
2236	晴	qíng	형 하늘이 맑다
2237	请	qǐng	동 부탁하다. 초청하다
2238	请假	qǐngjià	동 휴가를 신청하다
2239	请柬	qǐngjiǎn	명 초대장
2240	请教	qǐngjiào	동 가르침을 청하다
2241	请客	qǐngkè	동 초대하다. 한턱 내다
2242	请求	qǐngqiú	명 요청. 부탁 동 요청하다. 부탁하다
2243	请示	qǐngshì	동 지시를 바라다
2244	请帖	qǐngtiě	명 초대장. 청첩장
2245	庆贺	qìnghè	동 경축하다. 축하하다
2246	庆祝	qìngzhù	동 경축하다. 축하하다
2247	穷	qióng	형 가난하다
2248	秋	qiū	명 가을
2249	求职	qiúzhí	동 구직하다
2250	区	qū	명 구역. 행정구획 단위
2251	区别	qūbié	명 차이 동 구분하다. 나누다
2252	区域	qūyù	명 구역. 지역
2253	曲线	qūxiàn	명 곡선
2254	驱动	qūdòng	명 구동 동 시동을 걸다
2255	趋势	qūshì	명 추세. 경향
2256	趋向	qūxiàng	명 경향. 추세
2257	渠道	qúdào	명 관개 수로. 방법. 경로
2258	取	qǔ	동 가지다. 취하다. 얻다
2259	取得	qǔdé	동 취득하다. 얻다
2260	取消	qǔxiāo	동 취소하다
2261	去	qù	동 가다
2262	去年	qùnián	명 작년. 지난해
2263	圈子	quānzi	명 동그라미. 범위. 테두리
2264	权力	quánlì	명 권력. 권한
2265	权利	quánlì	명 권리
2266	权限	quánxiàn	명 권한
2267	权威	quánwēi	명 권위 형 권위 있다

2268	权益	quányì	명 권익. 권리와 이익
2269	全部	quánbù	명 전체. 모두 형 전부의
2270	全面	quánmiàn	명 전체 형 전면적이다
2271	全局	quánjú	명 전체 국면. 대세
2272	全球化	quánqiúhuà	명 국제화. 세계화
2273	全体	quántǐ	명 전체. 온몸. 전신
2274	劝告	quàngào	명 동 충고(하다). 권고(하다)
2275	缺	quē	동 모자라다. 결핍되다
2276	缺点	quēdiǎn	명 결점. 단점
2277	缺乏	quēfá	동 결핍되다. 결여되다
2278	缺口	quēkǒu	명 결함. 흠집. 부족한 부분
2279	缺少	quēshǎo	동 부족하다. 모자라다
2280	缺席	quēxí	동 결석하다
2281	却	què	부 오히려. 도리어. 의외로
2282	确保	quèbǎo	동 확실히 보장하다
2283	确定	quèdìng	동 확정하다
2284	确立	quèlì	동 확립하다. 수립하다
2285	确切	quèqiè	형 확실하다. 정확하다
2286	确认	quèrèn	동 확인하다
2287	确实	quèshí	부 확실히 형 확실하다
2288	裙子	qúnzi	명 치마
2289	群	qún	명 무리. 떼 형 무리를 이루다

R

2290	然而	rán'ér	접 그러나
2291	然后	ránhòu	접 연후에. 그러한 후에
2292	让	ràng	동 ~하게 하다. 양보하다
2293	让步	ràngbù	동 양보하다
2294	让利	ànglì	동 (이윤·이익을) 양도하다
2295	热	rè	형 덥다. 뜨겁다
2296	热爱	rè'ài	동 뜨겁게 사랑하다
2297	热点	rèdiǎn	명 인기 장소. 핫 뉴스
2298	热烈	rèliè	형 열렬하다
2299	热闹	rènao	형 번화하다. 떠들썩하다
2300	热情	rèqíng	명 열정 형 친절하다
2301	热线	rèxiàn	명 직통 전화. 인기 노선
2302	热销	rèxiāo	동 불티나게 팔리다
2303	热心	rèxīn	형 열심이다. 열성적이다
2304	人	rén	명 사람

2305	人才	réncái	명 인재
2306	人工	réngōng	형 인위적인 명 인력
2307	人均	rénjūn	동 1인당 평균
2308	人力资源	rénlì zīyuán	인적 자원
2309	人民币	Rénmínbì	명 인민폐 [중국의 법정 화폐]
2310	人身	rénshēn	명 인신 [사람의 생명·건강·행동·명예 따위를 가리킴]
2311	人事部	rénshìbù	인사부
2312	人性化	rénxìnghuà	형 의인화(拟人化)하다
2313	人员	rényuán	명 인원, 요원
2314	人造	rénzào	형 인조의, 인공의
2315	忍不住	rěnbuzhù	참을 수 없다, 견딜 수 없다
2316	忍耐	rěnnài	동 인내하다, 견디다
2317	忍受	rěnshòu	동 이겨내다, 참다
2318	认识	rènshi	동 알다, 인식하다 명 인식
2319	认为	rènwéi	동 ~라 여기다, 생각하다
2320	认真	rènzhēn	형 진지하다
2321	任何	rènhé	대 어떠한 [주로 '都'와 호응]
2322	任命	rènmìng	동 임명하다
2323	任务	rènwu	명 임무, 책무
2324	任职	rènzhí	동 직무를 맡다, 재직하다
2325	扔	rēng	동 던지다, 포기하다, 내버리다
2326	仍旧	réngjiù	부 여전히
2327	仍然	réngrán	부 변함없이, 여전히
2328	日	rì	명 하루, 날, 일
2329	日本	Rìběn	명 일본
2330	日常	rìcháng	형 평소의, 일상적인
2331	日程	rìchéng	명 일정
2332	日记	rìjì	명 일기
2333	日历	rìlì	명 일력
2334	日期	rìqī	명 날짜
2335	日益	rìyì	부 날로, 나날이 더욱
2336	日用品	rìyòngpǐn	명 일용품
2337	日元	Rìyuán	명 엔화 [일본 화폐]
2338	荣幸	róngxìng	형 (매우) 영광스럽다
2339	荣誉	róngyù	명 명예, 영예
2340	容量	róngliàng	명 용량
2341	容纳	róngnà	동 수용하다, 포용하다
2342	容易	róngyì	형 쉽다, 용이하다
2343	融洽	róngqià	형 사이가 좋다, 융화하다

2344	融资	róngzī	명 동	융자(하다)
2345	如果	rúguǒ	접	만약, 만일
2346	如何	rúhé	대	어떠한가, 어떻게, 어째서
2347	如下	rúxià	동	아래와 같다
2348	入境	rùjìng	동	입국하다
2349	入口	rùkǒu	명	입구
2350	入迷	rùmí	동	매혹되다, 반하다
2351	入手	rùshǒu	동	착수하다
2352	入席	rùxí	동	착석하다
2353	软	ruǎn	형	부드럽다
2354	软件	ruǎnjiàn	명	소프트웨어
2355	软卧	ruǎnwò	명	(기차의) 일등 침대
2356	锐减	ruìjiǎn	동	격감하다, 급락하다
2357	弱	ruò	형	허약하다, 약하다
2358	弱点	ruòdiǎn	명	약점

S

2359	撒谎	sāhuǎng	동	거짓말을 하다
2360	三/叁	sān/sān	수	셋, 3 / '三'의 갖은자
2361	三明治	sānmíngzhì	명	샌드위치
2362	伞	sǎn	명	우산
2363	散步	sànbù	동	산책하다
2364	嗓子	sǎngzi	명	목구멍
2365	扫描	sǎomiáo	동	스캐닝(scanning)하다
2366	杀	shā	동	죽이다, 살해하다
2367	杀毒	shādú	동	바이러스를 제거하다
2368	杀价	shājià	동	값을 깎다
2369	沙发	shāfā	명	소파(sofa)
2370	删除	shānchú	동	삭제하다, 빼다
2371	闪电	shǎndiàn	명	번개
2372	善良	shànliáng	형	선량하다, 착하다
2373	善于	shànyú	동	~에 능숙하다, ~를 잘하다
2374	擅长	shàncháng	동	뛰어나다, 재간이 있다
2375	伤害	shānghài	동	손상시키다, 해치다
2376	伤心	shāngxīn	동	상심하다, 슬퍼하다
2377	商标	shāngbiāo	명	상표
2378	商场	shāngchǎng	명	상가
2379	商店	shāngdiàn	명	상점
2380	商机	shāngjī	명	사업 기회
2381	商量	shāngliang	동	상의하다

2382	商品	shāngpǐn	명 상품
2383	商品房	shāngpǐnfáng	명 분양 주택
2384	商人	shāngrén	명 상인. 장사꾼
2385	商谈	shāngtán	동 상담하다. 협의하다
2386	商务	shāngwù	명 비즈니스
2387	商务舱	shāngwùcāng	명 (항공기의) 비즈니스석
2388	商业	shāngyè	명 상업
2389	商议	shāngyì	동 상의하다. 토의하다
2390	上(面)	shàng(miàn)	명 위
2391	上班	shàngbān	동 출근하다. 근무하다
2392	上班族	shàngbānzú	명 샐러리맨
2393	上报	shàngbào	동 신문에 나다. 상부에 보고하다
2394	上层	shàngcéng	명 위층. 상부
2395	上当	shàngdàng	동 속다. 사기를 당하다
2396	上等	shàngděng	형 고급의. 고위의
2397	上海	Shànghǎi	명 상하이. 상해
2398	上级	shàngjí	명 상급. 상사. 상급자
2399	上进	shàngjìn	동 향상하다. 진보하다
2400	上门服务	shàngmén fúwù	방문 서비스
2401	上任	shàngrèn	동 부임하다. 취임하다
2402	上升	shàngshēng	동 상승하다
2403	上市	shàngshì	동 출시되다
2404	上述	shàngshù	형 상술한. 위에서 말한
2405	上网	shàngwǎng	동 인터넷을 하다
2406	上午	shàngwǔ	명 오전
2407	上限	shàngxiàn	명 상한선
2408	上旬	shàngxún	명 상순
2409	上涨	shàngzhǎng	동 (수위나 물가가) 오르다
2410	稍微	shāowēi	부 약간. 다소. 조금
2411	勺子	sháozi	명 숟가락
2412	少	shǎo	형 적다
2413	少量	shǎoliàng	형 소량의. 적은 양의
2414	少数	shǎoshù	명 소수. 적은수
2415	奢侈品	shēchǐpǐn	명 사치품
2416	舍不得	shěbude	동 미련이 남다. 헤어지기 섭섭하다
2417	设备	shèbèi	명 설비. 시설 동 설비하다
2418	设法	shèfǎ	동 방법을 강구하다
2419	设计	shèjì	명 설계. 디자인 동 설계하다

2420	设立	shèlì	동	설립하다. 건립하다
2421	设施	shèshī	명	시설
2422	设想	shèxiǎng	명	상상. 가상 동 상상하다. 가상하다
2423	设宴	shèyàn	동	연회를 베풀다
2424	设置	shèzhì	동	설치하다. 설립하다
2425	社会	shèhuì	명	사회
2426	社区	shèqū	명	지역사회. (아파트 등의) 단지
2427	涉及	shèjí	동	관련되다. 연관되다
2428	涉外	shèwài	동	외교에 관련되다
2429	摄像	shèxiàng	동	촬영하다. 녹화하다
2430	摄影	shèyǐng	동	촬영하다. 사진을 찍다
2431	谁	shéi(shuí)	대	누구
2432	申报	shēnbào	동	서면으로 보고하다
2433	申请	shēnqǐng	동	신청하다
2434	伸	shēn	동	펼치다. 펴다. 내밀다
2435	身份证	shēnfènzhèng	명	신분증
2436	身高	shēngāo	명	키. 신장
2437	身体	shēntǐ	명	몸. 건강
2438	深	shēn	형 깊다 명	깊이. 심도
2439	深厚	shēnhòu	형	깊고 두텁다. 단단하다
2440	深刻	shēnkè	형	(인상이) 깊다
2441	什么	shénme	대	무엇
2442	审查	shěnchá	명 동	심사(하다). 심의(하다)
2443	审核	shěnhé	동	심사하여 결정하다
2444	审计	shěnjì	동	회계 감사를 하다
2445	审批	shěnpī	동	심사하여 비준하다
2446	甚至	shènzhì	접	~까지도. 더욱이
2447	慎重	shènzhòng	형	신중하다
2448	升幅	shēngfú	명	상승폭
2449	升值	shēngzhí	동	평가 절상하다. 화폐 가치가 오르다
2450	升职	shēngzhí	동	승진하다
2451	生	shēng	동	낳다. 태어나다. 생기다
2452	生病	shēngbìng	동	병이 나다
2453	生产	shēngchǎn	동	생산하다
2454	生产率	shēngchǎnlǜ	명	생산율. 생산성
2455	生动	shēngdòng	형	생동감 있다. 생생하다
2456	生活	shēnghuó	명 생활 동	살다
2457	生命	shēngmìng	명	생명
2458	生气	shēngqì	동 화내다 명	생기. 활력

2459	生日	shēngrì	명 생일
2460	生效	shēngxiào	동 효력이 발생하다
2461	生意	shēngyi	명 장사. 영업. 일
2462	声调	shēngdiào	명 성조. 어조. 톤(tone)
2463	声音	shēngyīn	명 소리. 목소리
2464	声誉	shēngyù	명 명성. 명예
2465	胜利	shènglì	명 동 승리(하다)
2466	胜任	shèngrèn	동 (직책·임무 등을) 능히 감당하다
2467	省	shěng	동 아끼다. 절약하다
2468	省会	shěnghuì	명 성 행정부 소재지
2469	省略	shěnglüè	동 생략하다
2470	省钱	shěngqián	동 돈을 아끼다
2471	省事	shěngshì	동 수고를 덜다
2472	圣诞节	Shèngdàn Jié	명 크리스마스
2473	盛情	shèngqíng	명 두터운 정
2474	剩	shèng	동 남다. 남기다
2475	失败	shībài	동 실패하다. 패배하다
2476	失眠	shīmián	동 잠을 이루지 못하다
2477	失陪	shīpéi	동 먼저 실례하겠습니다 [먼저 자리를 뜰 때의 인사말]
2478	失去	shīqù	동 잃다. 잃어버리다
2479	失望	shīwàng	동 실망하다
2480	失误	shīwù	명 동 실수(하다). 실책(하다)
2481	失效	shīxiào	동 실효하다. 효력을 잃다
2482	失业	shīyè	동 직업을 잃다. 실업하다
2483	师范	shīfàn	'사범학교(师范学校)'의 약칭 명 본보기. 모범
2484	师傅	shīfu	명 (학문·기예 등에서) 스승. 그 일에 숙달한 사람
2485	施工	shīgōng	동 시공하다. 공사하다
2486	湿	shī	동 적시다 형 습하다
2487	十/拾	shí/shí	수 십. 10 / '十'의 갖은자
2488	十分	shífēn	부 매우. 대단히
2489	时差	shíchā	명 시차
2490	时常	shícháng	부 늘. 항상
2491	时代	shídài	명 시대
2492	时候	shíhou	명 때. 시간
2493	时机	shíjī	명 시기. 기회
2494	时间	shíjiān	명 시간
2495	时刻	shíkè	명 시각. 시간
2496	时髦	shímáo	형 유행이다. 최신식이다
2497	时期	shíqī	명 (특정한) 시기

2498	时尚	shíshàng	몡 유행. 시대적 유행
2499	时装	shízhuāng	몡 유행(하는) 의상
2500	实话	shíhuà	몡 실화. 참말. 솔직한 말
2501	实惠	shíhuì	몡 실리 혱 실속 있다
2502	实际	shíjì	몡 실제 혱 실제적이다
2503	实践	shíjiàn	몡 동 실천(하다). 실행(하다)
2504	实力	shílì	몡 실력. 힘
2505	实施	shíshī	동 실시하다. 실행하다
2506	实体	shítǐ	몡 실체. 사물의 본질
2507	实习	shíxí	동 실습하다
2508	实现	shíxiàn	동 실현하다. 달성하다
2509	实行	shíxíng	동 실행하다
2510	实验	shíyàn	몡 동 실험(하다)
2511	实用	shíyòng	혱 실용적이다
2512	实在	shízài	븟 정말로. 사실 동 진실하다
2513	食品	shípǐn	몡 (상품으로서의) 식품
2514	食物	shíwù	몡 음식물
2515	使	shǐ	동 (~에게) ~하게 하다
2516	使劲儿	shǐjìnr	동 힘을 쓰다
2517	使用	shǐyòng	동 사용하다. 쓰다
2518	始终	shǐzhōng	몡 처음과 끝 븟 한결같이
2519	世纪	shìjì	몡 세기
2520	世界	shìjiè	몡 세계
2521	市	shì	몡 (행정구획 단위의) 시. 도시
2522	市场	shìchǎng	몡 시장
2523	示范	shìfàn	동 시범하다. 모범을 보이다
2524	示意图	shìyìtú	몡 안내도. 설명도
2525	式样	shìyàng	몡 스타일. 양식
2526	似的	shìde	조 ~와 같다
2527	事故	shìgù	몡 사고. 원인
2528	事假	shìjià	몡 사적인 휴가
2529	事件	shìjiàn	몡 사건
2530	事情	shìqing	몡 일. 사건. 볼일
2531	事实	shìshí	몡 사실
2532	事务	shìwù	몡 사무. 업무. 일
2533	事物	shìwù	몡 사물
2534	事先	shìxiān	몡 사전에. 미리
2535	事项	shìxiàng	몡 사항
2536	事业	shìyè	몡 사업

2537	试	shì	동 시험삼아 해 보다. 시도하다
2538	试点	shìdiǎn	동 시험적으로 해보다
2539	试卷	shìjuàn	명 시험지
2540	试图	shìtú	동 시도하다
2541	试行	shìxíng	동 시험적으로 실행하다
2542	试验	shìyàn	동 실험하다. 테스트하다
2543	试用	shìyòng	동 시험 삼아 쓰다
2544	视频	shìpín	명 동영상
2545	是	shì	동 ~이다
2546	是否	shìfǒu	부 ~인지 아닌지
2547	适当	shìdàng	형 적절하다. 적합하다
2548	适合	shìhé	동 적합하다. 적절하다
2549	适应	shìyìng	동 적응하다
2550	适用	shìyòng	형 사용에 적합하다
2551	收	shōu	동 받다
2552	收购	shōugòu	동 구입하다. 사들이다
2553	收获	shōuhuò	명 수확. 성과 동 수확하다
2554	收据	shōujù	명 영수증. 인수증. 수취증
2555	收入	shōurù	명 수입
2556	收拾	shōushi	동 정리하다. 치우다
2557	收益	shōuyì	명 수익. 이득. 수입
2558	收银台	shōuyíntái	명 계산대
2559	收支	shōuzhī	명 수지. 수입과 지출
2560	手	shǒu	명 손
2561	手表	shǒubiǎo	명 손목시계
2562	手段	shǒuduàn	명 수단
2563	手法	shǒufǎ	명 기교. 수법. 수완
2564	手工	shǒugōng	명 수공. 세공
2565	手机	shǒujī	명 휴대전화
2566	手术	shǒushù	명 수술
2567	手套	shǒutào	명 장갑
2568	手提箱	shǒutíxiāng	명 여행용 가방
2569	手续	shǒuxù	명 수속. 절차
2570	手指	shǒuzhǐ	명 손가락
2571	守法	shǒufǎ	동 법을 준수하다
2572	首	shǒu	명 지도자. 시작. 최초
2573	首都	shǒudū	명 수도
2574	首付	shǒufù	명 계약금
2575	首屈一指	shǒuqū yìzhǐ	첫째로 손꼽다

2576	首席	shǒuxí	명 맨 윗자리. 수석
2577	首先	shǒuxiān	부 우선. 먼저
2578	受不了	shòubuliǎo	동 참을 수 없다
2579	受到	shòudào	동 얻다. 받다
2580	受贿	shòuhuì	동 뇌물을 받다
2581	受伤	shòushāng	동 상처를 입다
2582	授权	shòuquán	동 권한을 부여하다
2583	售后服务	shòuhòu fúwù	명 애프터서비스
2584	售货员	shòuhuòyuán	명 판매원
2585	售票处	shòupiàochù	명 매표소
2586	瘦	shòu	형 마르다
2587	书	shū	명 책
2588	书店	shūdiàn	명 서점
2589	书法	shūfǎ	명 서예
2590	书记	shūjì	명 서기
2591	书架	shūjià	명 책꽂이. 서가
2592	书面语	shūmiànyǔ	명 서면어
2593	舒服	shūfu	형 안락하다. 편안하다
2594	舒适	shūshì	형 쾌적하다
2595	输	shū	동 패하다. 지다. 잃다
2596	输入	shūrù	동 입력하다
2597	蔬菜	shūcài	명 채소
2598	熟	shú	형 (음식이) 익다. 잘알다. 익숙하다
2599	熟练	shúliàn	형 능숙하다. 숙련되다
2600	熟悉	shúxī	동 잘 알다. 익숙하다
2601	暑假	shǔjià	명 여름방학. 여름휴가
2602	属于	shǔyú	동 ~에 속하다
2603	鼠标	shǔbiāo	명 (컴퓨터의) 마우스
2604	数数	shǔshù	동 숫자를 세다
2605	树立	shùlì	동 수립하다. 세우다
2606	数额	shù'é	명 일정한 수. 정액. 액수
2607	数据	shùjù	명 통계 수치. 데이터
2608	数量	shùliàng	명 수량
2609	数码	shùmǎ	명 디지털
2610	数目	shùmù	명 숫자. 금액
2611	数学	shùxué	명 수학
2612	数值	shùzhí	명 수치
2613	数字	shùzì	명 숫자
2614	刷	shuā	동 솔로 닦다. 솔질하다

2615	刷卡	shuākǎ	동	카드를 긁다
2616	刷牙	shuāyá	동	이를 닦다
2617	衰退	shuāituì	동	쇠퇴하다
2618	摔	shuāi	동	넘어지다, 쓰러지다
2619	帅	shuài	형	잘생기다, 멋지다
2620	双	shuāng	양 쌍, 켤레 형 두 개의, 양쪽의
2621	双方	shuāngfāng	명	쌍방, 양자, 양측
2622	双赢	shuāngyíng	동	양측 모두 이익을 얻다
2623	爽快	shuǎngkuài	형	상쾌하다, 통쾌하다
2624	水	shuǐ	명	물
2625	水果	shuǐguǒ	명	과일
2626	水货	shuǐhuò	명	밀수품
2627	水平	shuǐpíng	명	수준
2628	税	shuì	명	세금
2629	税务局	shuìwùjú	명	세무서
2630	睡觉	shuìjiào	동	(잠을) 자다
2631	顺便	shùnbiàn	부	~하는 김에
2632	顺利	shùnlì	형	순조롭다
2633	顺序	shùnxù	명 순서, 차례 부 순서대로
2634	说	shuō	동	말하다
2635	说法	shuōfǎ	명	논조, 논법
2636	说服	shuōfú	동	설득하다, 납득시키다
2637	说话	shuōhuà	동	말하다, 이야기하다
2638	说明	shuōmíng	명 설명, 해설 동 설명하다
2639	说明书	shuōmíngshū	명	설명서
2640	硕士	shuòshì	명	석사
2641	丝绸	sīchóu	명	비단, 견직물
2642	司法	sīfǎ	명	사법
2643	司机	sījī	명	기관사, 운전사
2644	私企	sīqǐ	명	사기업 ['민영기업(私营企业)'의 약칭]
2645	私人	sīrén	명	개인, 민간
2646	私营	sīyíng	형	민간인이 경영하는
2647	私有	sīyǒu	동	사유하다
2648	私自	sīzì	부	제멋대로, 몰래
2649	思考	sīkǎo	동	사고하다, 사색하다
2650	思路	sīlù	명	사고의 맥락, 사고의 방향
2651	思想	sīxiǎng	명 사상, 의식 동 생각하다
2652	撕	sī	동	(손으로) 찢다, 뜯다
2653	死	sǐ	동	죽다

2654	四/肆	sì/sì	㊃ 사. 4 / '四'의 갖은자
2655	似乎	sìhū	㊗ 마치 (~인 것 같다)
2656	送	sòng	㊇ 배웅하다. 보내다. 선물하다
2657	送行	sòngxíng	㊇ 배웅하다
2658	搜集	sōují	㊇ 수집하다. 모아들이다
2659	搜索	sōusuǒ	㊇ 검색하다
2660	素质	sùzhì	㊍ 소양. 자질. 천성
2661	速度	sùdù	㊍ 속도
2662	宿舍	sùshè	㊍ 숙소. 기숙사
2663	酸	suān	㊊ 시다. 시큼하다
2664	算	suàn	㊇ 계산하다. 셈하다
2665	算了	suànle	㊇ 개의하지 않다
2666	虽然…但是	suīrán…dànshì	비록 ~하지만
2667	随便	suíbiàn	㊗ 마음대로. 함부로
2668	随身	suíshēn	㊇ 몸에 지니다. 휴대하다
2669	随时	suíshí	㊗ 수시로. 아무 때나
2670	随手	suíshǒu	㊗ ~하는 김에. 겸해서
2671	随意	suíyì	㊇ 뜻대로 하다
2672	随着	suízhe	㊉ ~에 따라서
2673	岁	suì	㊂ 살. 세 [나이를 세는 단위]
2674	碎	suì	㊇ 부서지다. 깨지다
2675	损耗	sǔnhào	㊍ 손실. 소모 ㊇ 소모되다
2676	损坏	sǔnhuài	㊇ 손상시키다. 파괴하다
2677	损失	sǔnshī	㊍ 손실. 손해 ㊇ 손해보다
2678	缩短	suōduǎn	㊇ (거리·시간 등을) 단축하다
2679	缩小	suōxiǎo	㊇ 축소하다
2680	缩写	suōxiě	㊇ 줄여 쓰다. 축소하여 쓰다
2681	所	suǒ	㊍ 장소. 곳 ㊂ 개 [학교를 세는 단위]
2682	所得税	suǒdéshuì	㊍ 소득세
2683	所以	suǒyǐ	㊋ 그래서
2684	所有	suǒyǒu	㊊ 모든 ㊇ 소유하다
2685	索赔	suǒpéi	㊇ 배상을 요구하다
2686	锁	suǒ	㊍ 자물쇠 ㊇ 자물쇠를 채우다

T

2687	他(他们)	tā(tāmen)	㊙ 그(그들)
2688	他人	tārén	㊍ 타인. 남
2689	它	tā	㊙ 그것
2690	她	tā	㊙ 그녀

2691	踏实	tāshi	형	성실하다. 착실하다
2692	台	tái	양	대. 편. 회 [기계·차량·공연 등을 세는 단위]
2693	抬	tái	동	들다. 들어올리다
2694	抬价	táijià	동	가격을 올리다
2695	太	tài	부	너무
2696	太极拳	tàijíquán	명	태극권
2697	太太	tàitai	명	처. 아내. 부인 [기혼 여성에 대한 존칭]
2698	太阳	tàiyáng	명	태양. 해
2699	态度	tàidu	명	태도. 기색
2700	摊位	tānwèi	명	노점. 판매점. 매장
2701	谈	tán	동	이야기하다
2702	谈话	tánhuà	명 담화 동 이야기하다
2703	谈判	tánpàn	동	담판하다. 협상하다
2704	坦白	tǎnbái	동	솔직하게 말하다
2705	坦率	tǎnshuài	형	솔직하다. 정직하다
2706	探亲	tànqīn	동	친척(가족)을 방문하다
2707	探讨	tàntǎo	동	연구 토론하다
2708	汤	tāng	명	국. 탕
2709	糖	táng	명	사탕. 설탕
2710	躺	tǎng	동	눕다
2711	烫	tàng	동	데다. 화상 입다
2712	趟	tàng	양	차례. 번 [왕복 횟수를 셀 때]
2713	逃避	táobì	동	도피하다
2714	淘汰	táotài	동	도태하다
2715	讨价还价	tǎojià huánjià		가격을 흥정하다
2716	讨论	tǎolùn	동	토론하다
2717	讨厌	tǎoyàn	동	싫다. 밉살스럽다
2718	套	tào	양	벌. 조. 세트. 질 [세트로 된 것을 세는 단위]
2719	特别	tèbié	부 특별히 형 특별하다
2720	特长	tècháng	명	장점. 장기. 특기
2721	特点	tèdiǎn	명	특징. 특색
2722	特区	tèqū	명	특구. 경제특구. 특별구역
2723	特权	tèquán	명	특권
2724	特色	tèsè	명 특색. 특징 형 독특한
2725	特殊	tèshū	형	특수하다
2726	特意	tèyì	부	특별히. 일부러
2727	特征	tèzhēng	명	특징
2728	疼	téng	형	아프다
2729	疼爱	téng'ài	동	매우 사랑하다

2730	踢足球	tī zúqiú	축구를 하다
2731	提案	tí'àn	명 제안
2732	提拔	tíbá	동 등용하다. 발탁하다
2733	提倡	tíchàng	동 제창하다
2734	提成	tíchéng	동 총액에서 일정한 비율만큼 떼다. 공제하다
2735	提纲	tígāng	명 요점. 대강. 개요
2736	提高	tígāo	동 제고하다. 향상시키다
2737	提供	tígōng	동 제공하다
2738	提货	tíhuò	동 출고하다. 출하하다
2739	提交	tíjiāo	동 제출하다
2740	提前	tíqián	동 (예정된 시간을) 앞당기다
2741	提升	tíshēng	동 진급하다. 진급시키다
2742	提示	tíshì	동 제시하다. 힌트를 주다
2743	提问	tíwèn	동 질문하다
2744	提醒	tíxǐng	동 일깨우다. 깨우치다
2745	提议	tíyì	명 동 제의(하다)
2746	题材	tícái	명 제재. 작품의 소재
2747	题目	tímù	명 제목. 표제. 테마
2748	体会	tǐhuì	명 느낌. 경험 동 체득하다
2749	体力劳动	tǐlì láodòng	명 육체노동
2750	体谅	tǐliàng	동 이해하다. 알아주다
2751	体贴	tǐtiē	동 자상하게 돌보다
2752	体系	tǐxì	명 체계. 체제
2753	体现	tǐxiàn	동 구현하다. 체현하다
2754	体验	tǐyàn	동 체험하다
2755	体制	tǐzhì	명 체제. 형식. 제도
2756	体重	tǐzhòng	명 체중
2757	替代	tìdài	동 대신하다. 대체하다
2758	天空	tiānkōng	명 하늘
2759	天气	tiānqì	명 날씨
2760	天然	tiānrán	형 자연의. 자연적인
2761	添	tiān	동 보태다. 첨가하다
2762	甜	tián	형 (맛이) 달다
2763	填	tián	동 채우다. 메우다
2764	填空	tiánkòng	동 괄호를 채우다
2765	挑选	tiāoxuǎn	동 고르다. 선택하다
2766	条	tiáo	양 줄기. 가닥. 항목 [가늘고 긴 것]
2767	条件	tiáojiàn	명 조건
2768	条款	tiáokuǎn	명 조항. 조목

2769	条形码	tiáoxíngmǎ	명 바코드(bar cord)
2770	条例	tiáolì	명 조례, 규정
2771	调剂	tiáojì	동 조제하다
2772	调节	tiáojié	동 (수량·정도 등을) 조절하다
2773	调解	tiáojiě	동 조정하다, 중재하다
2774	调理	tiáolǐ	동 돌보다, 관리하다
2775	调料	tiáoliào	명 조미료, 양념
2776	调整	tiáozhěng	동 조정하다, 조절하다
2777	挑战	tiǎozhàn	명 동 도전(하다)
2778	跳槽	tiàocáo	동 직업을 바꾸다
2779	跳舞	tiàowǔ	동 춤을 추다
2780	听	tīng	동 듣다
2781	听说	tīngshuō	동 듣자하니, 듣건대
2782	停	tíng	동 멈추다
2783	停车位	tíngchēwèi	주차 자리
2784	停工	tínggōng	동 일을 멈추다
2785	停留	tíngliú	동 (잠시) 머물다, 체류하다
2786	停止	tíngzhǐ	동 정지하다
2787	停滞	tíngzhì	동 정체되다, 침체하다
2788	挺	tǐng	부 꽤, 매우
2789	通常	tōngcháng	명 보통, 통상
2790	通告	tōnggào	명 알림, 통지 동 통고하다
2791	通过	tōngguò	동 통과하다 전 ~을 통해서
2792	通宵	tōngxiāo	명 온밤, 밤새도록
2793	通行	tōngxíng	동 통행하다, 다니다
2794	通讯	tōngxùn	명 통신, 뉴스 동 통신하다
2795	通知	tōngzhī	명 동 통지(하다)
2796	同比	tóngbǐ	동 전년 동기(同期)와 대비하다
2797	同步	tóngbù	동 보조를 맞추다
2798	同等	tóngděng	형 (등급·지위가) 동등하다
2799	同行	tóngháng	명 동종업자 동 업종이 같다
2800	同类	tónglèi	명 같은 무리 동 같은 종류이다
2801	同期	tóngqī	명 같은 시기, 동일한 시기
2802	同情	tóngqíng	동 동정하다
2803	同时	tóngshí	명 동시 부 동시에
2804	同事	tóngshì	명 직장동료
2805	同学	tóngxué	명 학우
2806	同样	tóngyàng	형 서로 같다
2807	同意	tóngyì	동 동의하다, 찬성하다

2808	同志	tóngzhì	명 동지 [같은 이상과 사업을 위해 분투하는 사람]
2809	统筹	tǒngchóu	동 통일된 계획을 세우다
2810	统计	tǒngjì	동 통계하다
2811	统一	tǒngyī	동 통일하다 형 통일된
2812	痛苦	tòngkǔ	형 고통스럽다. 괴롭다
2813	痛快	tòngkuài	형 통쾌하다. 시원시원하다
2814	偷	tōu	동 훔치다 부 남몰래. 슬그머니
2815	偷懒	tōulǎn	동 게으름을 피우다
2816	偷税	tōushuì	동 탈세하다
2817	头	tóu	명 머리. 두목. 우두머리
2818	头等舱	tóuděngcāng	명 일등석
2819	头发	tóufa	명 머리카락
2820	投标	tóubiāo	동 (경쟁) 입찰하다
2821	投产	tóuchǎn	동 생산에 들어가다
2822	投放	tóufàng	동 투자하다. 던져넣다
2823	投机	tóujī	동 의기투합하다
2824	投票	tóupiào	동 투표하다
2825	投入	tóurù	동 투입하다 형 몰두하다
2826	投诉	tóusù	동 소송하다. 하소연하다
2827	投影仪	tóuyǐngyí	명 프로젝터
2828	投资	tóuzī	명 동 투자(하다)
2829	透明度	tòumíngdù	명 투명도
2830	透支	tòuzhī	동 적자가 나다
2831	突出	tūchū	동 돌출하다 형 뛰어나다
2832	突然	tūrán	부 돌연. 갑자기 형 갑작스럽다
2833	图案	tú'àn	명 도안
2834	图表	túbiǎo	명 도표. 그림표
2835	图片	túpiàn	명 사진·그림 등의 총칭
2836	图书馆	túshūguǎn	명 도서관
2837	图像	túxiàng	명 이미지. 영상
2838	图纸	túzhǐ	명 설계도. 도면
2839	途径	tújìng	명 경로. 절차. 순서
2840	团队	tuánduì	명 단체
2841	团购	tuángòu	동 공동 구매하다
2842	团结	tuánjié	동 단결하다
2843	推测	tuīcè	동 추측하다. 헤아리다
2844	推迟	tuīchí	동 미루다. 연기하다
2845	推出	tuīchū	동 내놓다. 출시하다
2846	推辞	tuīcí	동 거절하다. 사양하다

2847	推动	tuīdòng	동	추진하다. 촉진하다
2848	推断	tuīduàn	동	추리하고 판단하다
2849	推广	tuīguǎng	동	널리 보급하다
2850	推荐	tuījiàn	동	추천하다
2851	推销	tuīxiāo	동	판로를 확장하다
2852	腿	tuǐ	명	다리
2853	退	tuì	동	(구매한 물건 등을) 반환하다
2854	退步	tuìbù	명 퇴로 동 퇴보하다	
2855	退出	tuìchū	동	물러나다. 로그아웃 하다
2856	退还	tuìhuán	동	반환하다. 돌려주다
2857	退换	tuìhuàn	동	교환하다
2858	退休	tuìxiū	동	퇴직하다. 은퇴하다
2859	吞并	tūnbìng	동	병탄하다. 삼키다
2860	托运	tuōyùn	동	운송을 위탁하다
2861	拖延	tuōyán	동	(시간을) 끌다. 지연하다
2862	脱	tuō	동	(몸에서) 벗다. 벗어나다
2863	妥当	tuǒdàng	형	알맞다. 타당하다
2864	妥善	tuǒshàn	형	나무랄 데 없다. 알맞다
2865	妥协	tuǒxié	동	타협하다. 타결되다
2866	拓展	tuòzhǎn	동	확장하다. 개척하다

W

2867	袜子	wàzi	명	양말
2868	歪	wāi	형 비뚤다 동 비뚤게 하다	
2869	外(边)	wài(bian)	명	밖. 겉. 바깥(쪽)
2870	外包	wàibāo	동	하청을 내다. 외주하다
2871	外表	wàibiǎo	명	겉모습. 외모. 외관
2872	外地	wàidì	명	외지
2873	外观	wàiguān	명	외관. 겉모양
2874	外国	wàiguó	명	외국
2875	外行	wàiháng	명	문외한. 비전문가
2876	外汇	wàihuì	명	외환. 외화
2877	外交	wàijiāo	명	외교
2878	外快	wàikuài	명	부수입
2879	外卖	wàimài	명 배달음식 동 포장 판매하다	
2880	外贸	wàimào	명	'대외무역(**对外贸易**)'의 줄임말
2881	外企	wàiqǐ	명	'외자기업(**外商投资企业**)'의 줄임말
2882	外套	wàitào	명	외투. 겉옷
2883	外向	wàixiàng	형	(성격이) 외향적이다

2884	外语	wàiyǔ	명	외국어
2885	外资	wàizī	명	외국자본
2886	完	wán	동	끝내다. 마치다
2887	完成	wánchéng	동	완성하다. 완수하다
2888	完美	wánměi	형	매우 훌륭하다
2889	完全	wánquán	부	완전히 형 완전하다
2890	完善	wánshàn	형	완전하다. 완벽하다
2891	完整	wánzhěng	형	온전하다. 완전무결하다
2892	玩	wán	동	놀다
2893	玩具	wánjù	명	장난감. 완구
2894	玩笑	wánxiào	명 동	농담(하다). 장난(하다)
2895	挽回	wǎnhuí	동	만회하다. 회수하다
2896	晚	wǎn	명	밤. 저녁 형 늦다
2897	晚安	wǎn'ān	동	안녕히 주무세요 [밤에 하는 인사말]
2898	晚点	wǎndiǎn	동	규정 시간보다 늦다
2899	晚会	wǎnhuì	명	저녁모임. 이브닝 파티
2900	晚上	wǎnshang	명	저녁
2901	碗	wǎn	명	그릇. 공기 양 그릇 세는 단위
2902	万	wàn	수	만. 10,000
2903	万一	wànyī	명	만일의 경우 접 만일
2904	万事如意	wànshì rúyì		모든 일이 뜻대로 이루어지다
2905	网吧	wǎngbā	명	PC방
2906	网点	wǎngdiǎn	명	판매망. 점포망. 서비스망
2907	网购	wǎnggòu	동	인터넷 구매하다
2908	网络	wǎngluò	명	인터넷
2909	网球	wǎngqiú	명	테니스
2910	网页	wǎngyè	명	인터넷 홈페이지
2911	网站	wǎngzhàn	명	(인터넷) 웹사이트
2912	网址	wǎngzhǐ	명	웹사이트 주소
2913	往	wǎng	전	~쪽으로. ~을 향해
2914	往常	wǎngcháng	명	평소. 평상시
2915	往返	wǎngfǎn	동	왕복하다
2916	往来	wǎnglái	동	왕래하다
2917	往事	wǎngshì	명	지난 일. 옛일
2918	往往	wǎngwǎng	부	종종. 왕왕. 때때로
2919	忘记	wàngjì	동	잊다. 잊어버리다
2920	旺季	wàngjì	명	성수기
2921	危害	wēihài	동	해를 끼치다
2922	危机	wēijī	명	위기

2923	危险	wēixiǎn	몡 쥉 위험(하다)
2924	威胁	wēixié	동 (무력·권세로) 위협하다
2925	威信	wēixìn	명 위신. 위엄과 신망
2926	微博	Wēibó	명 블로그
2927	微笑	wēixiào	명 미소 동 미소짓다
2928	微信	Wēixìn	위채트(Wechat) [인터넷 메신저의 일종]
2929	为期	wéiqī	동 ~을 기한으로 하다
2930	为止	wéizhǐ	동 ~까지 하다
2931	违背	wéibèi	동 위반하다. 위배하다
2932	违法	wéifǎ	동 위법하다. 법을 어기다
2933	违反	wéifǎn	동 위반하다. 어기다
2934	围绕	wéirào	동 둘러싸다
2935	唯一	wéiyī	형 유일한. 하나밖에 없는
2936	维持	wéichí	동 유지하다. 지키다
2937	维护	wéihù	동 유지하고 보호하다
2938	维修	wéixiū	동 수리하다. 보수하다
2939	伟大	wěidà	형 위대하다
2940	伪造	wěizào	동 위조하다. 날조하다
2941	尾款	wěikuǎn	명 (지불해야 할) 잔여 금액
2942	委屈	wěiqu	형 억울하다 명 억울함
2943	委托	wěituō	동 위탁하다. 의뢰하다
2944	委员会	wěiyuánhuì	명 위원회
2945	卫生	wèishēng	명 위생 형 위생적이다
2946	为	wèi	전 ~을 위하여
2947	为了	wèile	전 ~을 위해서
2948	为什么	wèishénme	왜. 어째서
2949	未必	wèibì	부 반드시 ~한 것은 아니다
2950	未来	wèilái	명 미래. 향후 형 머지않은
2951	位	wèi	양 분. 명 [사람을 셀 때 쓰는 양사로 높임의 의미가 있음]
2952	位于	wèiyú	동 ~에 위치하다
2953	位置	wèizhì	명 위치. 지위. 직위
2954	味道	wèidào	명 맛
2955	胃	wèi	명 위
2956	胃口	wèikǒu	명 식욕. (어떤 일에 대한) 흥미. 구미
2957	喂	wèi	동 (동물에게) 먹이를 주다. (사람을) 먹이다
2958	温度	wēndù	명 온도
2959	温暖	wēnnuǎn	형 따뜻하다
2960	温柔	wēnróu	형 부드럽고 상냥하다
2961	文本	wénběn	명 텍스트. 원본. 판본

2962	文档	wéndàng	명	서류. 문서. 파일
2963	文化	wénhuà	명	문화
2964	文件	wénjiàn	명	문건. 서류
2965	文件夹	wénjiànjiā	명	서류집게. 클립
2966	文学	wénxué	명	문학
2967	文章	wénzhāng	명	독립된 한 편의 글. 문장
2968	文字	wénzì	명	문자. 글자
2969	闻	wén	동	듣다. 냄새를 맡다
2970	稳定	wěndìng	형	안정되다. 안정적이다
2971	稳重	wěnzhòng	형	신중하다. 분별력 있다
2972	问	wèn	동	묻다
2973	问候	wènhòu	동	안부를 묻다
2974	问卷	wènjuàn	명	설문조사. 앙케이트
2975	问题	wèntí	명	(해답을 요구하는) 문제. (해결해야 할) 문제
2976	我(我们)	wǒ(wǒmen)	대	나(우리들)
2977	卧铺	wòpù	명	(기차나 여객선의) 침대
2978	握手	wòshǒu	동	악수하다
2979	污染	wūrǎn	동	오염되다
2980	屋子	wūzi	명	방
2981	无偿	wúcháng	형	무상의
2982	无聊	wúliáo	형	무료하다. 심심하다
2983	无论	wúlùn	접	~을 막론하고
2984	无人问津	wúrén wènjīn		신경 쓰는 사람이 없다
2985	无数	wúshù	형	수를 헤아리기 어렵다
2986	无所谓	wúsuǒwèi		상관없다. 개의치 않다
2987	无限	wúxiàn	형	끝이 없다. 무한하다
2988	无效	wúxiào	동	효과가 없다. 무효이다
2989	五/伍	wǔ/wǔ	수	오. 5 / '五'의 갖은자
2990	午饭	wǔfàn	명	점심밥
2991	舞会	wǔhuì	명	무도회
2992	勿	wù	부	~하지 마라. ~해서는 안 된다
2993	务必	wùbì	부	반드시. 꼭. 기필코
2994	物超所值	wùchāo suǒzhí		가성비가 좋다
2995	物美价廉	wùměi jiàlián		물건도 좋고 값도 싸다
2996	物价	wùjià	명	물가
2997	物流	wùliú	명	물류. 물품유통
2998	物品	wùpǐn	명	물품
2999	物业	wùyè	명	(가옥 등의) 부동산
3000	物质	wùzhì	명	물질

3001	误差	wùchā	명 오차
3002	误会	wùhuì	명 오해 동 오해하다
3003	雾	wù	명 안개
3004	雾霾	wùmái	명 스모그, 연무

X

3005	西	xī	명 서쪽
3006	西餐	xīcān	명 서양요리
3007	西方	xīfāng	명 서쪽, 서방 선진국
3008	西瓜	xīguā	명 수박
3009	西医	xīyī	명 서양 의학
3010	西装	xīzhuāng	명 양복
3011	吸取	xīqǔ	동 (교훈이나 경험을) 받아들이다
3012	吸收	xīshōu	동 (양분 등을) 흡수하다
3013	吸烟	xīyān	동 흡연하다
3014	吸引	xīyǐn	동 끌어당기다, 매료시키다
3015	希望	xīwàng	명 희망, 바람 동 바라다
3016	习惯	xíguàn	명 버릇, 습관 동 습관되다
3017	习俗	xísú	명 풍속, 습속
3018	洗	xǐ	동 씻다, 빨다
3019	洗手间	xǐshǒujiān	명 화장실
3020	洗澡	xǐzǎo	동 목욕하다
3021	喜欢	xǐhuan	동 좋아하다
3022	系列	xìliè	명 계열, 시리즈
3023	系统	xìtǒng	명 계통, 체계, 시스템
3024	细节	xìjié	명 세부(사항), 세목
3025	细心	xìxīn	형 (생각이나 일처리가) 세심하다
3026	细则	xìzé	명 세칙, 세부 규정
3027	下(面)	xià(miàn)	명 아래, 밑
3028	下班	xiàbān	동 퇴근하다
3029	下达	xiàdá	동 (명령·지시 등을) 하달하다
3030	下跌	xiàdiē	동 하락하다
3031	下岗	xiàgǎng	동 퇴직하다, 실직하다
3032	下功夫	xià gōngfu	공을 들이다
3033	下滑	xiàhuá	동 하락하다
3034	下级	xiàjí	명 하급부서, 하급자
3035	下降	xiàjiàng	동 하강하다, 떨어지다
3036	下列	xiàliè	형 아래에 열거한
3037	下属	xiàshǔ	명 부하, 아랫사람

3038	下调	xiàtiáo	동 (가격·이율 등을) 하향 조정하다
3039	下午	xiàwǔ	명 오후
3040	下雨	xiàyǔ	동 비가 오다
3041	下载	xiàzài	동 다운로드하다
3042	吓	xià	동 놀라다, 놀라게 하다
3043	夏	xià	명 여름
3044	夏季	xiàjì	명 하계, 여름
3045	先	xiān	부 우선, 먼저 명 (공간·시간상의) 앞, 전
3046	先进	xiānjìn	형 선진의, 진보적인
3047	先生	xiānsheng	명 선생님, 씨 [성인 남자에 대한 경칭]
3048	掀	xiān	동 들어 올리다, 들추다
3049	咸	xián	형 (맛이) 짜다
3050	衔接	xiánjiē	동 맞물리다, 잇다
3051	嫌	xián	명 혐의, 의심 동 싫어하다
3052	显得	xiǎnde	동 (어떤 상황이) 드러나다
3053	显然	xiǎnrán	형 (상황이나 이치가) 분명하다
3054	显示器	xiǎnshìqì	명 모니터
3055	显著	xiǎnzhù	형 현저하다, 뚜렷하다
3056	县	xiàn	명 현 [중국 행정구획 단위의 하나]
3057	现场	xiànchǎng	명 현장
3058	现代化	xiàndàihuà	동 현대화 하다
3059	现货	xiànhuò	명 현품, 현물
3060	现金	xiànjīn	명 현금
3061	现实	xiànshí	명 현실 형 현실적이다
3062	现象	xiànxiàng	명 현상
3063	现在	xiànzài	명 현재
3064	限	xiàn	명 한도, 한계 동 제한하다
3065	限期	xiànqī	명 기한 동 기일을 정하다
3066	限行	xiànxíng	(규정된 지역·시간에) 차량 통행을 제한하다
3067	限制	xiànzhì	명 제한, 한계 동 제한하다
3068	线	xiàn	명 선, 라인
3069	线路	xiànlù	명 노선, 회선
3070	陷	xiàn	명 함정 동 (진흙·함정 따위에) 빠지다
3071	陷阱	xiànjǐng	명 함정
3072	羡慕	xiànmù	동 부러워하다
3073	相差	xiāngchà	동 서로 차이가 나다
3074	相处	xiāngchǔ	동 함께 살다, 함께 지내다
3075	相当	xiāngdāng	동 상당하다 부 상당히
3076	相对	xiāngduì	부 상대적으로 형 상대적이다

3077	相反	xiāngfǎn	접 반대로 형 상반되다
3078	相符	xiāngfú	동 서로 부합하다
3079	相关	xiāngguān	동 서로 관련 되다
3080	相互	xiānghù	부 서로 간에. 상호
3081	相继	xiāngjì	부 잇따라. 연이어
3082	相似	xiāngsì	형 닮다. 비슷하다
3083	相同	xiāngtóng	형 서로같다. 똑같다
3084	相信	xiāngxìn	동 믿다. 신뢰하다
3085	相应	xiāngyìng	동 상응하다. 호응하다
3086	香	xiāng	형 향기롭다. (음식이) 맛있다
3087	香蕉	xiāngjiāo	명 바나나
3088	香皂	xiāngzào	명 비누
3089	箱子	xiāngzi	명 상자. 궤짝. 트렁크
3090	详细	xiángxì	형 상세하다. 자세하다
3091	享受	xiǎngshòu	동 누리다. 즐기다
3092	享有	xiǎngyǒu	동 향유하다. 누리다
3093	享誉	xiǎngyù	동 명성을 누리다
3094	响	xiǎng	동 소리가 나다
3095	想	xiǎng	조동 ~하고 싶다 동 생각하다. 그리워하다
3096	想法	xiǎngfǎ	명 생각. 견해
3097	想念	xiǎngniàn	동 그리워하다
3098	想象	xiǎngxiàng	명 동 상상(하다)
3099	向	xiàng	전 ~을 향해
3100	项	xiàng	명 항. 조목. 조항. 목덜미
3101	项目	xiàngmù	명 항목. 사항. 프로젝트
3102	象征	xiàngzhēng	명 동 상징(하다)
3103	像	xiàng	동 닮다. 비슷하다 부 마치 ~같다
3104	消除	xiāochú	동 없애다. 제거하다
3105	消费品	xiāofèipǐn	명 소비품. 소비 물자
3106	消耗	xiāohào	명 동 (정신·힘·물자 등을) 소모(하다)
3107	消化	xiāohuà	동 소화하다
3108	消失	xiāoshī	동 사라지다. 소실되다
3109	消息	xiāoxi	명 소식. 뉴스. 정보
3110	销毁	xiāohuǐ	동 소각하다. 불살라 버리다
3111	销路	xiāolù	명 (상품의) 판로
3112	销售	xiāoshòu	동 팔다. 판매하다
3113	小	xiǎo	형 (부피·면적·나이 등이) 작다
3114	小吃	xiǎochī	명 간단한 음식. 간식. 스낵
3115	小贩	xiǎofàn	명 소상인. 영세상인

3116	小费	xiǎofèi	명	팁
3117	小姐	xiǎojiě	명	아가씨. 젊은 여자
3118	小票	xiǎopiào	명	영수증. 물건 구매증명
3119	小时	xiǎoshí	명	시간 [시간의 단위]
3120	小数点	xiǎoshùdiǎn	명	소수점
3121	小偷	xiǎotōu	명	도둑. 좀도둑
3122	小心	xiǎoxīn	동	조심하다 형 신중하다
3123	小意思	xiǎo yìsi	명	작은 성의
3124	小组	xiǎozǔ	명	소그룹. 팀. 동아리
3125	孝顺	xiàoshùn	동	효도하다. 공경하다
3126	效果	xiàoguǒ	명	효과
3127	效劳	xiàoláo	동	힘쓰다. 충성을 다하다
3128	效率	xiàolǜ	명	효율
3129	效益	xiàoyì	명	효익. 효과와 이익
3130	笑	xiào	동	웃다
3131	笑话	xiàohua	명	우스갯소리
3132	些	xiē	양	약간. 조금
3133	歇	xiē	동	휴식하다. 쉬다
3134	协办方	xiébànfāng	명	협력측
3135	协定	xiédìng	명 동	협정(하다)
3136	协会	xiéhuì	명	협회
3137	协商	xiéshāng	동	협상하다. 협의하다
3138	协调	xiétiáo	형	조화롭다 동 조화롭게 하다
3139	协议	xiéyì	명 동	협의(하다). 합의(하다)
3140	协助	xiézhù	동	협조하다. 거들어주다
3141	协作	xiézuò	동	합력하다. 협업하다
3142	携带	xiédài	동	휴대하다
3143	鞋	xié	명	신발
3144	写	xiě	동	쓰다
3145	写字楼	xiězìlóu	명	사무용 건물. 사옥
3146	泄漏	xièlòu	동	새다. 누설되다
3147	卸	xiè	동	짐을 내리다. 제거하다
3148	谢谢	xièxie	동	감사합니다
3149	谢意	xièyì	명	사의. 감사의 뜻
3150	心理	xīnlǐ	명	심리. 심적상태
3151	心情	xīnqíng	명	심정. 마음
3152	心事	xīnshì	명	고민거리. 걱정거리
3153	心意	xīnyì	명	마음. 성의. 생각. 뜻
3154	心愿	xīnyuàn	명	염원. 바람. 소망

3155	辛苦	xīnkǔ	형	고생스럽다. 수고롭다
3156	欣赏	xīnshǎng	동	감상하다. 좋아하다
3157	欣慰	xīnwèi	형	기쁘고 안심이 되다
3158	新	xīn	형	새롭다
3159	新闻	xīnwén	명	(매스컴의) 뉴스. 새 소식
3160	新鲜	xīnxiān	형	신선하다. 싱싱하다
3161	新颖	xīnyǐng	형	새롭다. 참신하다
3162	薪酬	xīnchóu	명	봉급. 급료. 임금
3163	薪水	xīnshui	명	월급. 급여
3164	信	xìn	명	편지
3165	信封	xìnfēng	명	편지봉투
3166	信号	xìnhào	명	신호. 사인
3167	信赖	xìnlài	동	신뢰하다
3168	信任	xìnrèn	동	신임하다. 믿고 맡기다
3169	信息	xìnxī	명	소식. 정보
3170	信心	xìnxīn	명	자신감. 확신. 신념
3171	信用卡	xìnyòngkǎ	명	신용카드
3172	信誉	xìnyù	명	신용. 명성. 위신
3173	兴办	xīngbàn	동	창건하다. 창립하다
3174	兴奋	xīngfèn	형	흥분하다 동 흥분시키다
3175	兴隆	xīnglóng	동	번창하다. 흥하다
3176	兴旺	xīngwàng	형	흥성하다. 번창하다
3177	星期	xīngqī	명	주. 요일
3178	行	xíng	동	걷다. 가다 형 좋다. 괜찮다
3179	行程	xíngchéng	명	노정. 여정. 진행 과정
3180	行动	xíngdòng	명 동	행동(하다)
3181	行贿	xínghuì	동	뇌물을 주다
3182	行李箱	xínglǐxiāng	명	트렁크. 여행용 가방
3183	行驶	xíngshǐ	동	(차·배 등이) 운항하다
3184	行为	xíngwéi	명	행위. 행동
3185	行政	xíngzhèng	명	행정. 관리. 운영
3186	形成	xíngchéng	동	형성되다. 이루어지다
3187	形式	xíngshì	명	형식. 형태
3188	形势	xíngshì	명	정세. 형편. 상황
3189	形象	xíngxiàng	명	형상. 이미지
3190	形状	xíngzhuàng	명	물체의 외관. 생김새
3191	型号	xínghào	명	모델. 사이즈. 타입
3192	醒	xǐng	동	(잠·마취·취기 등에서) 깨다
3193	兴趣	xìngqù	명	흥미. 흥취. 취미

3194	幸福	xìngfú	명 행복 형 행복하다
3195	幸好	xìnghǎo	부 다행히. 운 좋게
3196	幸会	xìnghuì	동 만나 뵙게 되어 영광이다
3197	幸亏	xìngkuī	부 다행히. 운 좋게
3198	幸运	xìngyùn	명 행운 형 운이 좋다
3199	性别	xìngbié	명 성별
3200	性格	xìnggé	명 성격
3201	性价比	xìngjiàbǐ	명 가성비
3202	性能	xìngnéng	명 성능
3203	性质	xìngzhì	명 성질. 성분
3204	姓	xìng	명 성(씨) 동 성이 ~이다
3205	姓名	xìngmíng	명 성명
3206	胸卡	xiōngkǎ	명 (가슴에 다는) 명찰. 네임 태그
3207	休假	xiūjià	동 쉬다. 휴가를 보내다
3208	休息	xiūxi	동 쉬다. 휴식하다
3209	休闲	xiūxián	동 한가하게 지내다
3210	修	xiū	동 수리하다
3211	修订	xiūdìng	동 (서적 등을) 수정하다
3212	修改	xiūgǎi	동 (원고를) 고치다. 수정하다
3213	修理	xiūlǐ	동 수리하다. 고치다
3214	修饰	xiūshì	동 꾸미다. 장식하다
3215	修正	xiūzhèng	동 수정하다. 고치다
3216	须知	xūzhī	명 주의사항
3217	虚假	xūjiǎ	형 거짓의. 허위의. 가짜의
3218	虚伪	xūwěi	형 허위의. 거짓의. 속임수의
3219	虚心	xūxīn	형 겸손하다. 겸허하다
3220	需求	xūqiú	명 수요. 필요
3221	需要	xūyào	명 요구 동 필요하다
3222	许多	xǔduō	형 매우 많다. 허다하다
3223	序号	xùhào	명 순위. 순번. 시리얼 넘버(serial number)
3224	序言	xùyán	명 서문. 서언. 머리말
3225	叙述	xùshù	동 서술하다. 기술하다
3226	续约	xùyuē	명 재계약 동 (계약·협약 등이 만료된 후) 재계약하다
3227	宣布	xuānbù	동 선포하다. 공표하다
3228	宣传	xuānchuán	동 선전하다. 홍보하다
3229	选拔	xuǎnbá	동 (인재를) 선발하다
3230	选择	xuǎnzé	동 고르다. 선택하다
3231	削减	xuējiǎn	동 삭감하다. 줄이다. 깎다
3232	学历	xuélì	명 학력

3233	学期	xuéqī	명	학기
3234	学生	xuésheng	명	학생
3235	学位	xuéwèi	명	학위
3236	学问	xuéwen	명	학문. 학식. 지식
3237	学习	xuéxí	동	학습하다
3238	学校	xuéxiào	명	학교
3239	雪	xuě	명	눈
3240	血型	xuèxíng	명	혈액형
3241	寻求	xúnqiú	동	찾다. 모색하다
3242	寻找	xúnzhǎo	동	찾다. 구하다
3243	询问	xúnwèn	동	알아보다. 문의하다
3244	训练	xùnliàn	동	훈련하다. 훈련시키다
3245	迅速	xùnsù	형	신속하다. 재빠르다

Y

3246	压力	yālì	명	압력. 스트레스
3247	压缩	yāsuō	동	압축하다. 축소하다
3248	押金	yājīn	명	보증금
3249	牙齿	yáchǐ	명	치아
3250	牙膏	yágāo	명	치약
3251	牙刷	yáshuā	명	칫솔
3252	亚洲	Yàzhōu	명	아시아
3253	烟	yān	명	연기. 담배
3254	延长	yáncháng	동	연장하다. 늘이다
3255	延迟	yánchí	동	연기하다. 늦추다
3256	延缓	yánhuǎn	동	늦추다. 지연시키다
3257	延期	yánqī	동	(기간을) 연장하다. 늘리다
3258	延误	yánwù	동	(일을) 지체하다
3259	延续	yánxù	동	계속하다. 지속하다
3260	严格	yángé	형	엄격하다 동 엄격히 하다
3261	严谨	yánjǐn	형	신중하다. 치밀하다
3262	严禁	yánjìn	동	엄격하게 금지하다
3263	严厉	yánlì	형	호되다. 매섭다
3264	严肃	yánsù	형	(표정·분위기가) 엄숙하다
3265	严重	yánzhòng	형	심각하다
3266	沿海	yánhǎi	명	연해. 바닷가 근처 지방
3267	沿途	yántú	명	길가 부 길을 따라
3268	研究生	yánjiūshēng	명	대학원생
3269	研讨会	yántǎohuì	명	연구 토론회

3270	盐	yán	명	소금
3271	颜色	yánsè	명	색깔
3272	眼光	yǎnguāng	명	안목. 식견
3273	眼睛	yǎnjing	명	눈
3274	眼镜	yǎnjìng	명	안경
3275	眼色	yǎnsè	명	윙크. 눈짓. 눈치
3276	眼下	yǎnxià	명	지금. 현재
3277	演出	yǎnchū	동	공연하다
3278	演讲	yǎnjiǎng	동	강연하다
3279	演示	yǎnshì	동	시범을 보이다
3280	演员	yǎnyuán	명	배우
3281	咽	yàn	동	(음식물 따위를) 삼키다
3282	宴会	yànhuì	명	연회. 파티
3283	宴请	yànqǐng	동	주연을 베풀어 대접하다
3284	宴席	yànxí	명	연회석. 주연석
3285	验收	yànshōu	동	검수하다
3286	验证	yànzhèng	동	검증하다
3287	养成	yǎngchéng	동	양성하다. 기르다
3288	样本	yàngběn	명	견본. 샘플
3289	样品	yàngpǐn	명	샘플. 견본품
3290	样式	yàngshì	명	형식. 모양. 스타일
3291	样子	yàngzi	명	모양. 모습. 꼴
3292	要求	yāoqiú	명 동	요구하다. 요망(하다)
3293	邀请	yāoqǐng	동	초청하다
3294	摇	yáo	동	흔들다. 흔들어 움직이다
3295	摇头	yáotóu	동	고개를 가로젓다
3296	遥控器	yáokòngqì	명	리모콘
3297	药	yào	명	약
3298	要	yào	동 조동	필요하다 ~하려 하다
3299	要不	yàobù	접	그렇지 않으면
3300	要点	yàodiǎn	명	요점
3301	要紧	yàojǐn	형	중요하다. 긴요하다
3302	要是	yàoshi	접	만일 ~라면
3303	要素	yàosù	명	요소. 요인
3304	钥匙	yàoshi	명	열쇠
3305	也	yě	부	~도
3306	也许	yěxǔ	부	어쩌면. 아마도
3307	业绩	yèjì	명	업적
3308	业务	yèwù	명	업무

3309	业余	yèyú	명 업무 외. 여가
3310	页	yè	명 쪽. 페이지
3311	页码	yèmǎ	명 쪽 번호. 페이지 번호
3312	夜	yè	명 밤. 밤중
3313	一/壹	yī/yī	수 하나. 1 / '一'의 갖은자
3314	一流	yīliú	형 같은 부류의 명 일류
3315	衣服	yīfu	명 옷
3316	医生	yīshēng	명 의사
3317	医院	yīyuàn	명 병원
3318	依次	yīcì	부 순서에 따라. 차례대로
3319	依据	yījù	명 근거 전 ~에 근거하여
3320	依靠	yīkào	동 의지하다. 기대하다
3321	依赖	yīlài	동 기대다. 의존하다
3322	依然	yīrán	부 여전히 동 여전하다
3323	依托	yītuō	동 의지하다. 기대다
3324	依照	yīzhào	전 ~에 의해. ~에 따라
3325	一次性	yícìxìng	형 일회용인
3326	一旦	yídàn	부 일단 ~한다면
3327	一定	yídìng	부 반드시. 꼭
3328	一概	yígài	부 (예외 없이) 전부. 모조리
3329	一共	yígòng	명 부 합계. 전부
3330	一会儿	yíhuìr	명 잠시. 잠깐
3331	一块儿	yíkuàir	부 함께. 같이
3332	一路顺风	yílù shùnfēng	가시는 길이 순조롭기를 바랍니다
3333	一律	yílǜ	부 일률적으로 형 일률적이다
3334	一切	yíqiè	대 일체. 전부. 모든
3335	一系列	yíxìliè	형 일련의. 연속의
3336	一下儿	yíxiàr	부 단시간에. 갑자기 양 동사 뒤에 쓰여 '시험 삼아 해보다. 좀 ~하다'의 뜻
3337	一样	yíyàng	형 같다. 한 가지이다
3338	一再	yízài	부 수차. 거듭. 반복해서
3339	一致	yízhì	형 일치하다 부 함께. 같이
3340	仪式	yíshì	명 의식
3341	移动	yídòng	동 옮기다. 움직이다
3342	移交	yíjiāo	동 (사람이나 사물을) 넘겨주다. 인도하다
3343	移民	yímín	명 동 이민(하다)
3344	遗憾	yíhàn	명 유감. 여한 형 유감이다
3345	疑问	yíwèn	명 의문. 의혹
3346	疑心	yíxīn	명 의심. 의혹 동 의심하다

3347	乙	yǐ	몡 을 ['천간(天干)'의 둘째]. 두 번째
3348	已经	yǐjīng	뷔 이미. 벌써
3349	以	yǐ	젠 ~(으)로(써). ~을 가지고
3350	以便	yǐbiàn	젭 ~(하기에 편리) 하도록
3351	以后	yǐhòu	몡 이후. 금후
3352	以及	yǐjí	젭 및. 아울러. 그리고
3353	以来	yǐlái	몡 이래. 동안
3354	以前	yǐqián	몡 이전. 과거. 예전
3355	以上	yǐshàng	몡 이상. 상기한 것
3356	以外	yǐwài	몡 이외 [수량·시간·장소 등에 쓰임]
3357	以为	yǐwéi	동 여기다. 생각하다 ['~라고 여겼는데 아니다'의 부정적인 어기]
3358	以下	yǐxià	몡 이하. 아래의 말
3359	椅子	yǐzi	몡 의자
3360	一般	yìbān	혱 보통이다. 일반적이다
3361	一边	yìbiān	몡 한쪽 뷔 ~하면서 ~하다
3362	一点儿	yìdiǎnr	양 조금. 약간
3363	一帆风顺	yìfān fēngshùn	일이 순조롭게 진행되다
3364	一口价	yìkǒujià	몡 고정가. 정찰제
3365	一起	yìqǐ	뷔 함께
3366	一些	yìxiē	양 약간. 조금
3367	一直	yìzhí	뷔 계속. 줄곧. 곧장
3368	义务	yìwù	몡 의무
3369	亿	yì	수 억
3370	艺术	yìshù	몡 예술
3371	议案	yì'àn	몡 의안. 안건
3372	议程	yìchéng	몡 의사 일정
3373	议定书	yìdìngshū	몡 의정서
3374	议论	yìlùn	몡 의견 동 논의하다
3375	异议	yìyì	몡 다른 의견. 이견
3376	抑制	yìzhì	동 억제하다. 억누르다
3377	意见	yìjiàn	몡 견해. 의견
3378	意识	yìshí	몡 동 의식(하다)
3379	意思	yìsi	몡 의미. 뜻. 생각. 의견
3380	意外	yìwài	몡 의외의 사고 혱 뜻밖이다
3381	意向	yìxiàng	몡 의향. 의도
3382	意义	yìyì	몡 뜻. 의미. 의의
3383	毅力	yìlì	몡 굳센 의지. 끈기
3384	因此	yīncǐ	젭 그래서. 이 때문에
3385	因而	yīn'ér	젭 그래서. 그런 까닭에

3386	因素	yīnsù	몡 구성 요소. 원인
3387	因为…所以…	yīnwèi…suǒyǐ…	젠 ~때문에 그래서 ~하다
3388	阴天	yīntiān	몡 흐린 날
3389	音乐	yīnyuè	몡 음악
3390	银	yín	몡 은
3391	银行	yínháng	몡 은행
3392	引导	yǐndǎo	동 인솔하다. 이끌다
3393	引起	yǐnqǐ	동 야기하다. (주의를) 끌다
3394	引入	yǐnrù	동 끌어들이다. 도입하다
3395	引用	yǐnyòng	동 인용하다
3396	饮料	yǐnliào	몡 음료
3397	隐瞒	yǐnmán	동 (진상을) 숨기다. 속이다
3398	隐私	yǐnsī	몡 사적인 비밀. 프라이버시
3399	印刷	yìnshuā	동 인쇄하다
3400	印象	yìnxiàng	몡 인상
3401	印章	yìnzhāng	몡 도장. 인장
3402	应该	yīnggāi	조동 마땅히 ~해야 한다
3403	应届	yīngjiè	형 본기의. 당해 연도의 [졸업생에게만 사용]
3404	英镑	Yīngbàng	몡 파운드 [영국의 화폐 단위]
3405	英国	Yīngguó	몡 영국
3406	英雄	yīngxióng	몡 영웅
3407	英文	Yīngwén	몡 영문. 영어
3408	迎接	yíngjiē	동 영접하다. 맞이하다
3409	盈利	yínglì	몡 이윤 동 이익을 보다
3410	营销	yíngxiāo	동 판촉하다. 마케팅하다
3411	营养	yíngyǎng	몡 영양 동 영양 보충하다
3412	营业	yíngyè	동 영업하다
3413	赢	yíng	동 승리하다. 이기다
3414	影响	yǐngxiǎng	몡 영향 동 영향을 주다
3415	应酬	yìngchou	몡 연회. 파티 동 접대하다
3416	应付	yìngfu	동 (일·사람에) 대응하다
3417	应聘	yìngpìn	동 초빙에 응하다. 지원하다
3418	应邀	yìngyāo	동 초대(초청)에 응하다
3419	应用	yìngyòng	몡 동 응용(하다)
3420	硬	yìng	형 단단하다 부 완강하게
3421	硬币	yìngbì	몡 동전. 금속 화폐
3422	硬件	yìngjiàn	몡 하드웨어
3423	硬盘	yìngpán	몡 하드 드라이버
3424	硬卧	yìngwò	몡 (기차의) 일반 침대석

3425	硬座	yìngzuò	명 (기차의) 일반석. 보통석
3426	拥抱	yōngbào	동 포옹하다. 껴안다
3427	拥护	yōnghù	동 옹호하다. 지지하다
3428	拥挤	yōngjǐ	형 붐비다. 혼잡하다
3429	拥有	yōngyǒu	동 보유하다. 가지다
3430	永远	yǒngyuǎn	부 항상. 언제나. 영원히
3431	勇敢	yǒnggǎn	형 용감하다
3432	勇气	yǒngqì	명 용기
3433	涌现	yǒngxiàn	동 한꺼번에 나타나다
3434	用	yòng	동 쓰다. 사용하다
3435	用法	yòngfǎ	명 용법
3436	用户	yònghù	명 사용자. 아이디(ID)
3437	用力	yònglì	동 힘을 내다
3438	用途	yòngtú	명 용도
3439	用心	yòngxīn	동 애쓰다. 마음을 쓰다
3440	佣金	yòngjīn	명 수수료. 커미션
3441	优点	yōudiǎn	명 장점
3442	优化	yōuhuà	동 최적화하다
3443	优惠	yōuhuì	형 특혜의. 우대의
3444	优良	yōuliáng	형 아주 좋다. 우량하다
3445	优美	yōuměi	형 우아하고 아름답다
3446	优盘	yōupán	명 이동식 저장디스크(USB)
3447	优势	yōushì	명 우세. 우위
3448	优先	yōuxiān	동 우선하다
3449	优秀	yōuxiù	형 우수하다
3450	优越	yōuyuè	형 우월하다
3451	幽默	yōumò	형 유머러스한
3452	尤其	yóuqí	부 더욱이. 특히
3453	由	yóu	명 유래. 원인 전 ~으로부터
3454	由于	yóuyú	전 ~때문에. ~로 인하여
3455	由衷	yóuzhōng	동 충심의
3456	邮购	yóugòu	동 통신 구매하다
3457	邮寄	yóujì	동 우송하다
3458	邮件	yóujiàn	명 우편물
3459	邮局	yóujú	명 우체국
3460	邮票	yóupiào	명 우표
3461	邮箱	yóuxiāng	명 우편함. 우체통
3462	邮政编码	yóuzhèng biānmǎ	명 우편번호
3463	犹豫	yóuyù	형 망설이다. 주저하다

3464	油腻	yóunì	형 느끼하다	명 기름진 식품
3465	游览	yóulǎn	동 (풍경·명승 등을) 유람하다	
3466	游戏	yóuxì	명 게임	
3467	游泳	yóuyǒng	동 수영하다	
3468	友好	yǒuhǎo	명 친한 친구	형 우호적이다
3469	友情	yǒuqíng	명 우정. 우의	
3470	友谊	yǒuyì	명 우의. 우정	
3471	有	yǒu	동 있다 [소유를 나타냄]	
3472	有关	yǒuguān	동 관계가 있다	
3473	有利	yǒulì	형 유익하다. 이롭다	
3474	有名	yǒumíng	형 유명하다. 명성이 높다	
3475	有趣	yǒuqù	형 흥미 있다	
3476	有时候	yǒushíhou	부 간혹. 이따금	
3477	有限	yǒuxiàn	형 유한하다. 한계가 있다	
3478	有效	yǒuxiào	형 유효하다. 효력이 있다	
3479	有益	yǒuyì	동 유익하다. 도움이 되다	
3480	有意思	yǒuyìsi	형 재미있다. 흥미 있다	
3481	有用	yǒuyòng	동 유용하다. 쓸모가 있다	
3482	又	yòu	부 또. 다시 [반복 또는 연속 표시]	
3483	右	yòu	명 오른쪽	
3484	于是	yúshì	접 그래서	
3485	余	yú	동 남기다. 남다	수 ~여. 남짓
3486	鱼	yú	명 물고기	
3487	娱乐	yúlè	명 오락. 엔터테인먼트	
3488	愉快	yúkuài	형 기쁘다. 유쾌하다	
3489	逾期	yúqī	동 기한을 넘기다	
3490	与其	yǔqí	접 ~하기 보다는. ~하느니	
3491	羽毛球	yǔmáoqiú	명 배드민턴	
3492	语气	yǔqì	명 말투. 어투	
3493	语言	yǔyán	명 언어	
3494	与会	yùhuì	동 회의에 참가하다	
3495	预报	yùbào	명 예보	동 미리 알리다. 예보하다
3496	预测	yùcè	동 예측하다	
3497	预订	yùdìng	동 예약하다	
3498	预防	yùfáng	동 예방하다	
3499	预付	yùfù	동 선불하다. 미리 지불하다	
3500	预计	yùjì	동 예측하다. 예상하다	
3501	预期	yùqī	동 예기하다. 기대하다	
3502	预算	yùsuàn	명 동 예산(하다)	

3503	预习	yùxí	동 예습하다
3504	预约	yùyuē	동 예약하다
3505	欲望	yùwàng	명 욕망
3506	遇到	yùdào	동 만나다. 마주치다
3507	遇见	yùjiàn	동 만나다. 우연히 만나다
3508	元	yuán	양 위안. 원 [중국의 화폐 단위]
3509	元旦	Yuándàn	명 설날. 양력 1월 1일
3510	员工	yuángōng	명 직원과 노무자
3511	原告	yuángào	명 (법률상의) 원고
3512	原价	yuánjià	명 원가
3513	原件	yuánjiàn	명 (문서의) 원본
3514	原来	yuánlái	명 원래의 부 알고보니
3515	原谅	yuánliàng	동 양해하다. 용서하다
3516	原料	yuánliào	명 원료. 감
3517	原始	yuánshǐ	형 원래의. 오리지널의
3518	原文	yuánwén	명 (인용하거나 의거한) 원문
3519	原因	yuányīn	명 원인
3520	原则	yuánzé	명 원칙
3521	圆	yuán	형 둥글다
3522	圆满	yuánmǎn	형 원만하다
3523	援助	yuánzhù	동 원조하다. 지원하다
3524	缘分	yuánfèn	명 연분. 인연
3525	缘故	yuángù	명 연고. 원인. 이유
3526	远	yuǎn	형 (거리상으로) 멀다
3527	远程	yuǎnchéng	형 장거리의. 먼거리의
3528	愿望	yuànwàng	명 바람. 희망
3529	愿意	yuànyì	동 바라다. 희망하다
3530	约定	yuēdìng	동 약정하다
3531	约会	yuēhuì	명 약속 동 약속을 하다
3532	约束	yuēshù	동 구속하다. 속박하다
3533	月	yuè	명 월. 달
3534	阅读	yuèdú	동 읽다. (책이나 신문을) 보다
3535	阅历	yuèlì	명 동 경험(하다). 체험(하다)
3536	越	yuè	동 넘다. 뛰어넘다. 건너다
3537	晕	yūn	형 어지럽다. 기절하다
3538	云	yún	명 구름
3539	允许	yǔnxǔ	동 허가하다. 허락하다
3540	运动	yùndòng	명 동 운동(하다)
3541	运气	yùnqi	명 운수. 운세 형 운이 좋다

3542	运输	yùnshū	동 운송하다. 수송하다
3543	运行	yùnxíng	동 (차·열차 등이) 운행하다
3544	运营	yùnyíng	동 운영하다
3545	运用	yùnyòng	동 운용하다. 활용하다
3546	运转	yùnzhuǎn	동 회전하다. 돌아가다
3547	酝酿	yùnniàng	동 술을 빚다. 미리 준비하다

Z

3548	杂志	zázhì	명 잡지
3549	杂质	zázhì	명 불순물. 이물
3550	灾害	zāihài	명 재해. 화. 재난
3551	再	zài	부 다시. 또
3552	再见	zàijiàn	동 또 뵙겠습니다
3553	再三	zàisān	부 재삼. 여러 번
3554	在	zài	동 ~에 있다 전 ~에서 부 ~하는 중이다 [동작의 진행을 나타냄]
3555	在乎	zàihu	동 마음에 두다. 개의하다
3556	在线	zàixiàn	명 온라인 상태이다
3557	在意	zàiyì	동 마음에 두다
3558	咱	zán	대 우리(들)
3559	攒	zǎn	동 쌓다. 모으다
3560	暂时	zànshí	명 잠시. 잠깐
3561	赞成	zànchéng	동 찬성하다. 동의하다
3562	赞美	zànměi	동 찬미하다. 찬양하다
3563	赞助	zànzhù	동 찬조하다. 협찬하다
3564	脏	zāng	형 더럽다. 지저분하다
3565	遭受	zāoshòu	동 (불행·손해를) 당하다
3566	糟糕	zāogāo	동 엉망이 되다. 망치다
3567	早	zǎo	형 이르다
3568	早晨	zǎochen	명 아침
3569	早点	zǎodiǎn	명 (간단한) 아침식사
3570	早上	zǎoshang	명 아침
3571	造成	zàochéng	동 조성하다. 초래하다
3572	造价	zàojià	명 건설비. 제조비용
3573	造型	zàoxíng	명 형상 동 조형하다
3574	噪音	zàoyīn	명 잡음. 소음
3575	则	zé	명 규칙. 규정. 규범. 본보기
3576	责备	zébèi	동 책망하다. 탓하다
3577	责任	zérèn	명 책임
3578	怎么	zěnme	대 어떻게. 왜

3579	怎么样	zěnmeyàng	대 어떠하다. 어떻다
3580	增幅	zēngfú	명 증가폭
3581	增加	zēngjiā	동 증가하다. 늘리다
3582	增进	zēngjìn	동 증진하다. 증진시키다
3583	增强	zēngqiáng	동 증강하다. 강화하다
3584	增长	zēngzhǎng	동 증가하다. 늘어나다
3585	赠送	zèngsòng	동 증정하다. 주다
3586	赠品	zèngpǐn	명 증정품
3587	诈骗	zhàpiàn	동 갈취하다. 사취하다
3588	摘	zhāi	동 따다. 꺾다. 뜯다
3589	摘要	zhāiyào	명 적요. 개요 동 요약하다
3590	窄	zhǎi	형 좁다. 협소하다
3591	债	zhài	명 빚. 부채
3592	债权	zhàiquán	명 (법률) 채권
3593	债券	zhàiquàn	명 (경제) 채권
3594	债务	zhàiwù	명 채무. 빚
3595	粘	zhān	동 (풀 따위로) 붙이다. 들어붙다
3596	粘贴	zhāntiē	동 (풀 따위로) 붙이다
3597	展出	zhǎnchū	동 전시하다. 진열하다
3598	展开	zhǎnkāi	동 펴다. 펼치다. 전개하다
3599	展览	zhǎnlǎn	동 전람하다
3600	展品	zhǎnpǐn	명 전시품 ['展览品'의 약칭]
3601	展示	zhǎnshì	동 전시하다. 드러내다
3602	展望	zhǎnwàng	명 동 전망(하다)
3603	展销	zhǎnxiāo	동 전시판매하다
3604	崭新	zhǎnxīn	형 참신하다. 아주 새롭다
3605	占据	zhànjù	동 점거하다. 점유하다
3606	占线	zhànxiàn	동 (전화가) 통화중이다
3607	占用	zhànyòng	동 (남의 것을) 점용하다
3608	占有率	zhànyǒulǜ	명 점유율
3609	战略	zhànlüè	명 전략
3610	站	zhàn	동 일어서다 명 정거장. 역
3611	站台	zhàntái	명 플랫폼
3612	张	zhāng	양 장 [넓고 표면이 있는 것을 세는 양사]
3613	章	zhāng	명 조목. 조항. (시문 등의) 단락
3614	长辈	zhǎngbèi	명 손윗사람. 연장자
3615	涨	zhǎng	동 (수위나 물가 등이) 오르다
3616	涨跌	zhǎngdiē	동 (물가 등이) 등락하다
3617	涨幅	zhǎngfú	명 (물가 등의) 상승폭

3618	涨价	zhǎngjià	동 물가가 오르다
3619	掌握	zhǎngwò	동 장악하다. 숙달하다
3620	丈夫	zhàngfu	명 남편
3621	账单	zhàngdān	명 계산서. 명세서
3622	账号	zhànghào	명 (은행 등의) 계좌번호
3623	账户	zhànghù	명 계좌. 구좌
3624	障碍	zhàng'ài	명 장애물 동 방해하다
3625	招标	zhāobiāo	동 입찰공고 하다
3626	招待	zhāodài	동 접대하다. 대접하다
3627	招牌	zhāopai	명 간판
3628	招聘	zhāopìn	동 (공모로) 모집하다
3629	招收	zhāoshōu	동 모집하다
3630	着	zháo	동 부착하다. 달라붙다
3631	着急	zháojí	동 조급해하다. 초조해하다
3632	着凉	zháoliáng	동 감기에 걸리다
3633	找	zhǎo	동 찾다. 구하다. 거슬러 주다
3634	召集	zhàojí	동 소집하다. 불러 모으다
3635	召开	zhàokāi	동 (회의 등을) 소집하다
3636	照常	zhàocháng	동 평소대로 하다
3637	照顾	zhàogù	동 돌보다. 보살피다
3638	照旧	zhàojiù	동 예전대로 따르다
3639	照片	zhàopiàn	명 사진
3640	照相机	zhàoxiàngjī	명 사진기
3641	折	zhé	동 꺾다. 끊다. 굽히다
3642	折合	zhéhé	동 환산하다
3643	折价	zhéjià	동 상품을 할인하여 팔다
3644	折扣	zhékòu	명 할인. 에누리
3645	折中	zhézhōng	동 절충하다
3646	这(这儿)	zhè(zhèr)	대 이. 여기
3647	这么	zhème	대 이렇게
3648	这会儿	zhèhuìr	대 이 때. 지금
3649	这些	zhèxiē	대 이런 것들
3650	这样	zhèyàng	대 이렇다. 이와같다
3651	着	zhe	조 ~하고 있다. ~하는 중이다
3652	针对	zhēnduì	동 겨누다. 맞추다
3653	珍惜	zhēnxī	동 소중히 여기다
3654	真	zhēn	부 진정으로 형 진실하다
3655	真诚	zhēnchéng	형 진실하다. 성실하다
3656	真实	zhēnshí	형 진실하다

3657	真相	zhēnxiàng	명	진상. 실상
3658	真正	zhēnzhèng	형 진정한 부	정말로
3659	诊断	zhěnduàn	동	진단하다
3660	振动	zhèndòng	동	진동하다
3661	振奋	zhènfèn	형	분발하다. 진작하다
3662	振兴	zhènxīng	동	흥성하게 하다
3663	镇静	zhènjìng	형 침착하다 동	진정하다
3664	争端	zhēngduān	명	싸움의 발단
3665	争论	zhēnglùn	동	논쟁하다
3666	争取	zhēngqǔ	동	쟁취하다. 얻다
3667	争议	zhēngyì	동	논쟁하다. 쟁론하다
3668	争执	zhēngzhí	동	서로 의견을 고집하다
3669	征求	zhēngqiú	동	널리 구하다. 모집하다
3670	征收	zhēngshōu	동	징수하다
3671	睁	zhēng	동	눈을 뜨다
3672	整	zhěng	형 정돈되다 동	정리하다
3673	整顿	zhěngdùn	동	정비하다. 바로잡다
3674	整个	zhěnggè	형	전체의. 온통의
3675	整合	zhěnghé	동	재통합시키다
3676	整洁	zhěngjié	형	단정하고 깨끗하다
3677	整理	zhěnglǐ	동	정리하다
3678	整齐	zhěngqí	형	가지런하다. 단정하다
3679	整数	zhěngshù	명	(수학) 정수
3680	整体	zhěngtǐ	명	전체. 총체
3681	正	zhèng	부 마침. 꼭. 딱 형	바르다
3682	正版	zhèngbǎn	명	정품. 정식 판본
3683	正比	zhèngbǐ	명	정비례
3684	正常	zhèngcháng	형	정상적이다
3685	正负	zhèngfù	명	플러스 마이너스
3686	正规	zhèngguī	형	정규의. 표준의
3687	正好	zhènghǎo	형 딱맞다 부	때마침
3688	正品	zhèngpǐn	명	정품
3689	正巧	zhèngqiǎo	부 마침 형	공교롭다
3690	正确	zhèngquè	형	정확하다. 올바르다
3691	正式	zhèngshì	형	정식의. 공식의
3692	正在	zhèngzài	부	마침 ~하는 중이다
3693	正装	zhèngzhuāng	명	정장
3694	证件	zhèngjiàn	명	(신분증 등의) 증명서
3695	证据	zhèngjù	명	증거. 근거

3696	证明	zhèngmíng	몡 증명서 동 증명하다
3697	证券	zhèngquàn	몡 (유가)증권
3698	证人	zhèngrén	몡 (법률) 증인
3699	证实	zhèngshí	동 사실을 증명하다
3700	证书	zhèngshū	몡 증서, 증명서
3701	政策	zhèngcè	몡 정책
3702	政府	zhèngfǔ	몡 정부
3703	政治	zhèngzhì	몡 정치
3704	挣钱	zhèngqián	동 돈을 벌다
3705	之	zhī	대 이, 그 조 ~의, ~한
3706	支	zhī	양 자루, 개피 [가늘고 긴 물건을 세는 단위]
3707	支持	zhīchí	동 지지하다, 지탱하다
3708	支出	zhīchū	몡 동 지출(하다)
3709	支付	zhīfù	동 지불하다, 내다
3710	支票	zhīpiào	몡 지폐
3711	知道	zhīdào	동 알다
3712	知识	zhīshí	몡 지식
3713	执行	zhíxíng	동 집행하다, 수행하다
3714	执照	zhízhào	몡 허가증, 면허증
3715	直	zhí	형 곧다 부 곧장, 바로, 줄곧
3716	直达	zhídá	동 직행하다, 곧바로 도달하다
3717	直接	zhíjiē	형 직접적인
3718	直属	zhíshǔ	동 직속되다 형 직속의
3719	直销	zhíxiāo	동 직접 판매하다
3720	值班	zhíbān	동 당직을 서다
3721	值得	zhídé	동 ~할 만한 가치가 있다
3722	职称	zhíchēng	몡 직명, 직무상의 칭호
3723	职工	zhígōng	몡 직원
3724	职能	zhínéng	몡 직능, 직책과 기능
3725	职权	zhíquán	몡 직권
3726	职位	zhíwèi	몡 직위
3727	职务	zhíwù	몡 직무
3728	职业	zhíyè	몡 직업 형 전문의
3729	职员	zhíyuán	몡 직원, 사무원
3730	只	zhǐ	부 단지, 다만, 오직
3731	只好	zhǐhǎo	부 할 수 없이, 부득이
3732	只是	zhǐshì	부 단지, 오로지
3733	只要	zhǐyào	접 ~하기만 하면
3734	只有	zhǐyǒu	접 오로지 ~해야만

3735	纸	zhǐ	명	종이
3736	纸币	zhǐbì	명	지폐
3737	纸巾	zhǐjīn	명	티슈, 냅킨
3738	指	zhǐ	명 손가락 동	가리키다
3739	指标	zhǐbiāo	명	지표, 목표, 수치
3740	指导	zhǐdǎo	동	지도하다, 이끌어주다
3741	指点	zhǐdiǎn	동	지시하다, 가르치다
3742	指定	zhǐdìng	동 지정하다 부	확실히
3743	指教	zhǐjiào	동	지도하다, 가르치다
3744	指令	zhǐlìng	동	지시하다, 명령하다
3745	指示	zhǐshì	명 동	지시(하다), 명령(하다)
3746	指责	zhǐzé	동	지적하다, 질책하다
3747	指正	zhǐzhèng	동	시정하다, 바로잡다
3748	至今	zhìjīn	부	지금까지, 여태껏
3749	至少	zhìshǎo	부	적어도, 최소한
3750	至于	zhìyú	동 ~의 정도에 이르다 전	~으로 말하면
3751	制订	zhìdìng	동	제정하다, 창제하다
3752	制定	zhìdìng	동	(방침·정책 등을) 제정하다
3753	制度	zhìdù	명	제도
3754	制服	zhìfú	명	제복
3755	制约	zhìyuē	동	제약하다
3756	制造	zhìzào	동	제조하다, 만들다
3757	制止	zhìzhǐ	명 동	제지(하다)
3758	制作	zhìzuò	동	제작하다
3759	质地	zhìdì	명	품질, 재질
3760	质量	zhìliàng	명	질, 품질
3761	治疗	zhìliáo	동	치료하다
3762	致辞	zhìcí	동	축사를 하다
3763	致电	zhìdiàn	동	전보를 치다
3764	致敬	zhìjìng	동	경의를 표하다
3765	致力于	zhìlìyú		~에 애쓰다, 힘쓰다
3766	致使	zhìshǐ	동	~를 초래하다
3767	致谢	zhìxiè	동	사의를 표하다
3768	秩序	zhìxù	명	질서, 순서
3769	智慧	zhìhuì	명	지혜, 슬기
3770	智力	zhìlì	명	지력, 지능
3771	智能	zhìnéng	명 지능 형	지능이 있는
3772	滞纳金	zhìnàjīn	명	체납금
3773	置换	zhìhuàn	동	바꾸다, 교체하다

3774	中	zhōng	명 중심. 안. 속
3775	中餐	Zhōngcān	명 중국요리
3776	中断	zhōngduàn	동 중단하다. 끊기다
3777	中国	Zhōngguó	명 중국
3778	中间	zhōngjiān	명 속. 안. 중간
3779	中介	zhōngjiè	명 동 중개(하다)
3780	中立	zhōnglì	동 중립하다. 중립을 지키다
3781	中秋	Zhōngqiū	명 한가위. 추석
3782	中途	zhōngtú	명 중도. 도중
3783	中文	Zhōngwén	명 중국의 언어와 문자
3784	中午	zhōngwǔ	명 정오. 낮 12시 전후
3785	中心	zhōngxīn	명 중심. 중요지역. 센터
3786	中旬	zhōngxún	명 중순
3787	中央	zhōngyāng	명 중앙. 정부의 최고 기관
3788	中药	zhōngyào	명 한약. 중국 의약
3789	中医	zhōngyī	명 한방의. 한의사
3790	中止	zhōngzhǐ	동 중지하다. 중단하다
3791	终点	zhōngdiǎn	명 종점. (체육에서의) 결승점
3792	终端	zhōngduān	명 (컴퓨터) 단말. 단자
3793	终究	zhōngjiū	부 결국. 필경. 어쨌든
3794	终身	zhōngshēn	명 일생. 평생. 종신
3795	终于	zhōngyú	부 마침내. 결국
3796	终止	zhōngzhǐ	동 마치다. 중지하다
3797	钟	zhōng	명 시각. 시간. 시계
3798	钟点工	zhōngdiǎngōng	명 시간제 아르바이트. 파트타이머
3799	种	zhǒng	명 종자. 열매 양 종. 종류
3800	种类	zhǒnglèi	명 종류
3801	众多	zhòngduō	형 매우 많다
3802	重	zhòng	형 무겁다. 중요하다
3803	重大	zhòngdà	형 중대하다. 무겁고 크다
3804	重点	zhòngdiǎn	명 중점 부 중점적으로
3805	重工业	zhònggōngyè	명 중공업
3806	重量	zhòngliàng	명 중량. 무게
3807	重视	zhòngshì	동 중시하다. 중요시하다
3808	重要	zhòngyào	형 중요하다
3809	周	zhōu	명 둘레. 주위. 주
3810	周边	zhōubiān	명 주변. 주위
3811	周到	zhōudào	형 세심하다. 꼼꼼하다
3812	周末	zhōumò	명 주말

3813	周年	zhōunián	명 주년
3814	周期	zhōuqī	명 주기
3815	周围	zhōuwéi	명 주위, 사방, 둘레
3816	周转	zhōuzhuǎn	동 (자금을) 회전시키다, 융통하다
3817	猪	zhū	명 돼지
3818	逐步	zhúbù	부 차츰차츰, 점차
3819	逐渐	zhújiàn	부 점점, 점차
3820	逐年	zhúnián	부 한 해 한 해, 해마다
3821	主办	zhǔbàn	동 주최하다
3822	主持	zhǔchí	동 주관하다, 주재하다
3823	主导	zhǔdǎo	명 동 주도(하다)
3824	主动	zhǔdòng	형 능동적이다
3825	主观	zhǔguān	형 주관적이다
3826	主管	zhǔguǎn	동 주관하다 명 팀장
3827	主机	zhǔjī	명 (컴퓨터의) 본체
3828	主流	zhǔliú	명 주류, 본류
3829	主人	zhǔrén	명 주인
3830	主任	zhǔrèn	명 장, 주임
3831	主食	zhǔshí	명 주식
3832	主题	zhǔtí	명 주제
3833	主体	zhǔtǐ	명 주체, 사물의 주요 부분
3834	主席	zhǔxí	명 (회의 주재하는) 의장, 주석
3835	主要	zhǔyào	형 주로, 대부분
3836	主意	zhǔyi	명 아이디어, 생각, 방법
3837	主张	zhǔzhāng	명 동 주장(하다)
3838	助理	zhùlǐ	명 보좌관 동 보좌하다
3839	助手	zhùshǒu	명 조수
3840	住	zhù	동 살다, 묵다
3841	住院	zhùyuàn	동 입원하다
3842	住宅	zhùzhái	명 주택
3843	注册	zhùcè	동 (기관·학교 등에) 등록하다
3844	注入	zhùrù	동 주입하다, 부어 넣다
3845	注释	zhùshì	동 주해하다, 주석하다
3846	注销	zhùxiāo	동 (등기한 것을) 말소하다
3847	注意	zhùyì	동 주의하다, 조심하다
3848	祝	zhù	동 축하하다, 기원하다
3849	祝福	zhùfú	동 축복하다
3850	祝贺	zhùhè	동 축하하다
3851	祝愿	zhùyuàn	동 축원하다

3852	著名	zhùmíng	형 저명하다. 유명하다
3853	抓紧	zhuājǐn	동 꽉 쥐다. 단단히 잡다
3854	专长	zhuāncháng	명 특기. 특수 기능
3755	专家	zhuānjiā	명 전문가
3856	专科	zhuānkē	명 '전문학교(专科学校)'의 약칭
3857	专款	zhuānkuǎn	명 특별 비용. 특수 비용
3858	专利	zhuānlì	명 특허. 특허권
3859	专卖店	zhuānmàidiàn	명 전문매장
3860	专门	zhuānmén	형 전문적이다 부 전문적으로
3861	专题	zhuāntí	명 특정한 제목
3862	专心	zhuānxīn	동 몰두하다. 전념하다
3863	专业	zhuānyè	명 전공 형 전문의
3864	专员	zhuānyuán	명 전문요원
3865	专职	zhuānzhí	명 전임
3866	转	zhuǎn	동 바뀌다. 전환하다
3867	转变	zhuǎnbiàn	동 바뀌다. 전환하다
3868	转达	zhuǎndá	동 전달하다. 전하다
3869	转告	zhuǎngào	동 (말을) 전달하다
3870	转让	zhuǎnràng	동 (재물·권리를) 양도하다
3871	转弯	zhuǎnwān	동 모퉁이를 돌다
3872	转移	zhuǎnyí	동 옮기다. 이동하다
3873	转折	zhuǎnzhé	동 (사물의 발전 추세의) 방향이 바뀌다. 전환하다
3874	赚	zhuàn	동 (돈을) 벌다
3875	庄严	zhuāngyán	형 장엄하다
3876	装备	zhuāngbèi	명 장비 동 장착하다
3877	装配	zhuāngpèi	동 조립하다. 맞추다
3878	装饰	zhuāngshì	동 장식하다
3879	装卸	zhuāngxiè	동 조립하고 해체하다
3880	装修	zhuāngxiū	동 내장 공사하다
3881	状况	zhuàngkuàng	명 상황. 상태. 형편
3882	状态	zhuàngtài	명 상태
3883	追	zhuī	동 쫓다. 추격하다
3884	追查	zhuīchá	동 캐내다. 추적 조사하다
3885	追究	zhuījiū	동 (원인·연유를) 추궁하다
3886	追求	zhuīqiú	동 추구하다
3887	准	zhǔn	형 허락하다. 정확하다
3888	准备	zhǔnbèi	동 준비하다
3889	准确	zhǔnquè	형 확실하다
3890	准时	zhǔnshí	형 정시의. 제때의

3891	准许	zhǔnxǔ	동	허가하다. 허락하다
3892	准则	zhǔnzé	명	준칙. 규범
3893	卓越	zhuóyuè	형	탁월하다. 출중하다
3894	桌子	zhuōzi	명	탁자
3895	酌情	zhuóqíng	동	(사정 등을) 참작하다
3896	着手	zhuóshǒu	동	착수하다
3897	着想	zhuóxiǎng	동	생각하다. 고려하다
3898	着装	zhuózhuāng	명	옷차림. 복장
3899	着重	zhuózhòng	동	강조하다. 역점을 두다
3900	咨询	zīxún	동	자문하다. 상의하다
3901	姿势	zīshì	명	자세. 모양. 형
3902	资本	zīběn	명	자본. 밑천. 본전
3903	资产	zīchǎn	명	자산. 재산
3904	资格	zīgé	명	자격. 경력. 관록
3905	资金	zījīn	명	자금. 자본금
3906	资料	zīliào	명	자료. 생필품
3907	资深	zīshēn	형	베테랑의
3908	资源	zīyuán	명	자원
3909	资质	zīzhì	명	(타고난) 자질. 소질
3910	资助	zīzhù	동	(재물로) 돕다
3911	子公司	zǐgōngsī	명	자회사
3912	仔细	zǐxì	형	자세하다. 꼼꼼하다
3913	自	zì	전	~에서부터. ~에서 시작하여
3914	自从	zìcóng	전	~에서. ~부터
3915	自动	zìdòng	부	자발적으로 형 자동으로
3916	自发	zìfā	형	자발적인. 자연적인
3917	自费	zìfèi	명	자비. 자기 부담
3918	自负盈亏	zìfù yíngkuī		손익을 스스로 책임지다
3919	自豪	zìháo	형	스스로 긍지를 느끼다
3920	自己	zìjǐ	대	자기. 자신. 스스로
3921	自觉	zìjué	동	자각하다 형 자발적인
3922	自理	zìlǐ	동	스스로 처리하다
3923	自私	zìsī	형	이기적이다
3924	自信	zìxìn	명	자신감 동 자신하다
3925	自行车	zìxíngchē	명	자전거
3926	自由	zìyóu	명	자유 형 자유롭다
3927	自愿	zìyuàn	동	자원하다
3928	字典	zìdiǎn	명	자전
3929	字母	zìmǔ	명	자모. 알파벳

3930	字幕	zìmù	명	(영화 따위의) 자막
3931	宗旨	zōngzhǐ	명	취지. 목적. 의향
3932	综合	zōnghé	동	종합하다. 총괄하다
3933	棕色	zōngsè	명	갈색. 다갈색
3934	总	zǒng	부	늘. 줄곧. 언제나
3935	总部	zǒngbù	명	총본부. 총사령부
3936	总裁	zǒngcái	명	(정당) 총재. (기업) 총수
3937	总额	zǒng'é	명	총액
3938	总共	zǒnggòng	부	모두. 전부. 합쳐서
3939	总和	zǒnghé	명	총계. 총수. 총화
3940	总计	zǒngjì	동	총계하다. 합계하다
3941	总监	zǒngjiān	명	총감독
3942	总结	zǒngjié	명	총결산 동 총괄하다
3943	总经理	zǒngjīnglǐ	명	(기업) 최고 책임자
3944	总是	zǒngshì	부	언제나. 늘
3945	总算	zǒngsuàn	부	겨우. 간신히
3946	总统	zǒngtǒng	명	대통령
3947	总之	zǒngzhī	접	한마디로 말하면
3948	走	zǒu	동	가다
3949	走访	zǒufǎng	동	방문하다
3950	走廊	zǒuláng	명	복도
3951	走势	zǒushì	명	발전적 추세
3952	走私	zǒusī	동	밀수하다
3953	租	zū	동	빌리다. 임대하다. 세내다
3954	租赁	zūlìn	동	임대하다. 세를 놓다
3955	阻碍	zǔ'ài	명	장애물 동 방해하다
3956	阻挡	zǔdǎng	동	저지하다. 가로막다
3957	阻力	zǔlì	명	(물리) 저항
3958	阻止	zǔzhǐ	동	저지하다. 가로막다
3959	组	zǔ	명	조. 그룹. 팀
3960	组成	zǔchéng	동	짜다. 조성하다
3961	组合	zǔhé	명 동	조합(하다)
3962	组织	zǔzhī	명	조직. 시스템 동 조직하다
3963	嘴	zuǐ	명	입
3964	最	zuì	부	가장
3965	最初	zuìchū	명	최초. 맨 처음
3966	最好	zuìhǎo	부	~하는 게 제일 좋다
3967	最后	zuìhòu	명	최후. 제일 마지막
3968	最佳	zuìjiā	형	최적이다. 가장 적당하다

3969	最近	zuìjìn	명	최근
3970	最终	zuìzhōng	명	최후, 최종
3971	罪	zuì	명	죄, 범죄
3972	罪犯	zuìfàn	명	범인, 죄인
3973	醉	zuì	동	취하다
3974	尊称	zūnchēng	명	존칭
3975	尊敬	zūnjìng	동	존경하다
3976	尊严	zūnyán	형 존엄하다 명	존엄
3977	尊重	zūnzhòng	동 존중하다 형	점잖다
3978	遵守	zūnshǒu	동	준수하다, 지키다
3979	遵循	zūnxún	동	따르다
3980	遵照	zūnzhào	동	~에 따르다, ~대로 하다
3981	昨天	zuótiān	명	어제
3982	左	zuǒ	명	왼쪽
3983	左边	zuǒbian	명	좌(측), 왼쪽, 왼편
3984	作废	zuòfèi	동	폐기하다
3985	作家	zuòjiā	명	작가
3986	作品	zuòpǐn	명	작품
3987	作为	zuòwéi	동 ~로 여기다, ~의 신분으로서 명	소행, 행위
3988	作业	zuòyè	명	숙제
3989	作用	zuòyòng	명 동	작용(하다)
3990	作者	zuòzhě	명	저자, 필자
3991	坐	zuò	동	앉다
3992	座	zuò	양	좌, 동, 채 [비교적 크고 고정된 물체를 세는 데 쓰임]
3993	座谈	zuòtán	동	좌담하다
3994	座位	zuòwèi	명	좌석, 자리
3995	做	zuò	동	하다
3996	做东	zuòdōng	동	한턱 내다
3997	做法	zuòfǎ	명	(하는) 방법
3998	做客	zuòkè	동	손님이 되다
3999	做生意	zuò shēngyi	동	장사를 하다
4000	做主	zuòzhǔ	동	책임지고 결정하다

Memo

Memo

착!붙는
비즈니스 중국어 단어장